交通职业教育教学指导委员会推荐教材
全国交通高级技工学校、技师学院公路施工与养护专业教学用书

全国交通技师培训教材

Gonglu Shigong Xiangmu Guanli

公路施工项目管理

主编 李新梅
主审 高连生

人民交通出版社

内 容 提 要

本书是全国交通技师培训教材，由交通职业教育教学指导委员会公路（技工）专业指导委员会组织编写。书中介绍了公路施工项目管理方面的基本知识。全书共分十一个单元，主要内容包括：项目管理基础、公路项目施工前期工作、施工项目进度管理、施工项目质量管理、施工项目材料管理、施工机械设备管理、施工技术管理、施工项目安全管理、劳动管理、施工项目成本管理、计量支付与合同管理的基本知识。

本书是全国交通高级技工学校、技师学院公路施工与养护专业教学用书，也可作为职业培训和技能鉴定教材，或供有关人员学习参考。

图书在版编目（CIP）数据

公路施工项目管理 / 李新梅主编 . -- 北京 : 人民交通出版社，2008.1

ISBN 978-7-114-06703-7

Ⅰ. 公… Ⅱ. 李… Ⅲ. 道路工程 –项目管理 Ⅳ. U415.1

中国版本图书馆 CIP 数据核字（2007）第 108901 号

书　　名：全国交通技师培训教材
　　　　　公路施工项目管理
著 作 者：李新梅
责任编辑：尤晓暐
出版发行：人民交通出版社
地　　址：（100011）北京市朝阳区安定门外外馆斜街3号
网　　址：http：//www.ccpress.com.cn
销售电话：（010）59757973
总 经 销：人民交通出版社发行部
经　　销：各地新华书店
印　　刷：北京交通印务实业公司
开　　本：787 × 1092　1/16
印　　张：16.25
字　　数：409千
版　　次：2008年 1 月　第 1 版
印　　次：2013年 7 月　第 3 次印刷
书　　号：ISBN 978-7-114-06703-7
印　　数：4001-6000册
定　　价：29.00元

交通职业教育教学指导委员会
公路(技工)专业指导委员会

前 言 Qianyan

交通行业是一个劳动密集型行业，全行业约有4000万从业人员，其中90%以上是在交通建设、养护和运输服务等一线工作的，处于交通工程建设、养护和交通运输服务的终端环节，其素质和能力在很大程度上决定了交通发展的质量和效益。目前，各个专业和工种都普遍缺乏技能型人才，特别是高技能人才，公路施工与养护、筑路机械操作与维护等工种都属于交通行业技能型紧缺人才。

为了配合“交通行业技能型紧缺人才培养培训工程”的实施，加快高技能人才的培养培训步伐，交通职业教育教学指导委员会公路（技工）专业指导委员会组织全国交通类高级技工学校、技师学院的教师编写了《公路施工与养护》和《公路工程机械使用与维修》两个专业工种的技师培训教材。编写人员进行了广泛的一线走访，听取了工程施工与养护生产一线高技能人员的意见，使本套教材具有良好的实用性和先进性。本套教材填补了我国在公路施工与养护和公路工程机械使用与维修方面技师培养培训教材的空白，既可作为技师学院教学用书，又可作为在职培训技师用教材，对本行业高技能人才的培养培训具有重要的现实意义。

本套教材具有以下特点：

1. 教材内容与技师等级标准、考核标准相衔接，适应现代公路工程机械化施工与养护的要求。

2. 教材全部采用最新的标准和规范，符合先进性、科学性和实用性的要求。

3. 教材编写满足理实一体化和模块式的教学方式，体现职业教育特色，重点培养学生的实际操作技能。

4. 每个单元后均附有思考题，力求提高学生思考问题、解决实际问题的能力，以达到技师标准的要求。

《公路施工项目管理》是全国交通高级技工学校、技师学院公路施工与养护专业通用教材之一，内容包括：项目管理基础、公路项目施工前期工作、施工项目进度管理、施工项目质量管理、施工项目材料管理、施工项目机械设备管理、施工技术管理、施工项目安全管理、劳动管理、施工项目成本管理、计量支付与合同管理的基本知识。

参加本书编写工作的有：广东省交通高级技工学校李新梅（编写单元一的课题一，单元五、六、七、九）、周铁娥（编写单元一的课题二、三，单元二），江苏交通技师学院何宏明（编写单元一的课题四，单元十、十一）、曹妍（编写单元三、四、八）。全书由李新梅担任主编，北京市路政局技工学校高连生担任主审。

本套教材在编写过程中得到了全国20余所交通类职业院校领导、工程施工养护领域的专家及一线高技能人员的大力支持和帮助，共有70余名专业教师参与了教材的编审工作，在此表示感谢。

由于我们的业务水平和教学经验有限，编审人员工作繁忙、时间仓促，书中难免有不妥之处，恳切希望使用本书的教师和读者批评指正。

交通职业教育教学指导委员会

公路（技工）专业指导委员会

二〇〇七年四月

目录 *Mulu*

单元一　项目管理基础 …… 1
　课题一　项目管理概述 …… 1
　课题二　项目管理的组织机构 …… 9
　课题三　项目经理部的建立 …… 15
　课题四　施工项目管理目标和规划 …… 23
单元二　公路项目施工前期工作 …… 30
　课题一　招揽工程任务与工程投标 …… 30
　课题二　公路项目施工准备工作 …… 42
单元三　施工项目进度管理 …… 56
　课题一　施工项目进度管理概述 …… 56
　课题二　施工项目进度计划编制 …… 60
　课题三　施工进度计划检查与控制 …… 77
单元四　施工项目质量管理 …… 89
　课题一　施工项目质量管理概述 …… 89
　课题二　施工质量分析 …… 102
　课题三　施工项目质量控制 …… 113
　课题四　施工项目质量缺陷处理 …… 118
　课题五　施工项目质量检查与评定 …… 125
　课题六　施工项目交(竣)工验收 …… 128
　课题七　施工项目工程移交与缺陷责任 …… 132
单元五　施工项目材料管理 …… 135
　课题一　材料管理的任务 …… 135
　课题二　材料定额 …… 136
　课题三　材料计划的编制 …… 139
　课题四　材料管理的主要工作 …… 141
　课题五　几种主要材料的管理 …… 144
　课题六　降低材料成本的措施 …… 146
单元六　施工机械设备管理 …… 149
　课题一　施工机械设备管理的任务 …… 149
　课题二　公路施工机械的选择 …… 150
　课题三　公路施工机械装备 …… 156
　课题四　施工机械使用管理 …… 158
　课题五　机械设备的检查、保养和修理 …… 160

单元七　施工技术管理 …… 164
课题一　日常施工技术管理工作 …… 164
课题二　测量管理 …… 169
课题三　试验管理 …… 171
课题四　工程变更管理 …… 173
课题五　工程技术档案管理 …… 175
单元八　施工项目安全管理 …… 177
课题一　施工项目安全管理概述 …… 177
课题二　公路施工安全管理措施 …… 181
课题三　公路工程施工安全技术措施 …… 186
课题四　公路施工安全事故预防 …… 192
课题五　文明施工与环境保护 …… 196
单元九　劳动管理 …… 202
课题一　劳动管理的任务和主要内容 …… 202
课题二　劳动定额 …… 204
课题三　劳动定员和劳动组织 …… 207
课题四　劳动合同 …… 210
单元十　施工项目成本管理 …… 213
课题一　施工项目成本管理概述 …… 213
课题二　施工项目的责任成本 …… 217
课题三　项目成本预测与成本计划 …… 225
课题四　施工项目成本控制与核算 …… 228
单元十一　计量支付与合同管理 …… 237
课题一　合同 …… 237
课题二　工程计量与支付 …… 243
课题三　工程费用的结算 …… 248
参考文献 …… 252

单元一　项目管理基础

知识点

1. 项目管理的概念、特征、基本职能及发展历程；
2. 公路施工项目管理的特征、职能、任务及工作内容；
3. 公路施工项目管理组织机构的概念、作用、设置原则及组织形式；
4. 项目经理部的建立及其内外各种关系及协调；
5. 公路施工项目管理制度及项目经理的责、权、利；
6. 工程项目分解、工作体系及施工项目的目标管理与规划。

技能点

1. 识别施工项目管理组织机构的形式；
2. 理顺项目经理部的内外关系；
3. 进行简单施工项目的目标管理与规划。

本单元主要学习项目管理概述、项目管理的组织机构、项目经理部的建立、施工项目管理目标和规划。

课题一　项目管理概述

一、项目

1. 项目的概念

作为管理对象的项目，是指某种一次性的任务，具有一个明确的目标，包括数量、功能和质量标准，要求项目执行者按照限定的时间和财务预算完成项目所规定的目标。

2. 项目的特征

1）项目的一次性

项目的一次性也可称为单件性，这是项目的最主要特征。也就是说，没有与此项目完全相同的另一项任务。只有认识项目的一次性，才能有针对性地根据项目的特殊情况和要求进行管理。

2）项目目标的明确性

项目的目标有成果性目标和约束性目标。成果性目标是根据项目的功能性要求，如一条公路的设计车速、通行能力及其技术指标。约束性目标是指限制条件，如施工工期、承包单价或总价、质量要求等方面的限制条件。

3）项目作为管理对象的整体性

一个项目是一个整体管理对象，在按其需要配置生产要素时，必须以总体效益的提高为标准,做到数量、质量、结构的总体优化。由于内外环境是变化的,所以管理和生产要素的配置是动态的。

每个项目都必须具备以上三个特征,缺一不可。重复的、大批量的生产活动及其成果不能称作"项目"。按照项目的最终成果分,项目的种类有科研开发项目、基本建设项目、航天项目及大型维修项目等。

二、项目管理

1. 项目管理的概念及目标

项目管理是为使项目取得成功(实现所要求的质量、所规定的时限和费用)所进行的全过程、全方位的规划、组织、控制与协调。因此,项目管理的对象是项目。项目管理的职能与所有管理的职能相同。

需要特别指出的是,由于项目的一次性,项目只能成功,不许失败,要求项目管理具有程序性、全面性和科学性,要运用系统工程的观念、理论和方法进行管理。管理学的一般原理在项目管理中也是适用的,项目管理的目标就是项目的目标。该目标界定了项目管理的主要内容,那就是"三控制二管理一协调",即进度控制、质量控制、费用控制、合同管理、信息管理和组织协调,以及与"三控制"相适应的配套管理工作(如物资、设备、技术、劳务等方面的管理工作)。

2. 项目管理的特征

项目管理与其他管理活动相比具有以下显著特征:

(1)项目管理实行的是项目经理个人全面负责制。这个特征主要是由于项目的系统性决定的。集体领导的委员会制不能全面、正确地反映项目客观规律的要求。

(2)项目管理对象是一次性的。项目管理组织是临时的,按项目的生产任务设置项目管理机构,组建生产队伍。项目完成后,其组织机构随之撤销。

(3)项目经理是项目管理的核心。在项目实施过程中,要建立以项目经理部或承包班子为主要组织管理形式的生产管理系统,实行项目经理负责制。项目管理要求实行企业内部承包制,用以确立项目承包者与企业、职工之间的责、权、效、利的关系。企业总经理一般要授予项目经理较大的权力,以便处理项目同社会各方面的关系。

3. 项目管理的基本职能

1)计划

计划是对未来活动的一种事前安排。它包括确定未来活动的目标和方向,行动的程序和工作步骤,有效的执行方法,完成的时间,人、财、物、资源的合理分配和组织等。计划的要求在于把握未来的发展,有效地利用现有资源,以获得最大的经济效益。

2)组织

组织是把生产的各要素、各个环节和各个方面,从劳动分工和协作上,从生产过程的空间和时间的相互联系上,科学地组织成一个有机的整体,从而最大限度地发挥它们的作用。组织职能所要解决的问题主要包括:确定科学的管理组织,建立合理的生产结构,正确配备人员以及规定他们之间的相互关系,使组织机构得以协调运转。

3)控制

控制包括检查、监督、调节等工作内容,其目的是使管理活动符合预定的计划目标。控制的过程就是把管理活动及其实际成果与计划加以比较,发现差异,找出问题,查明原因,及时采取措施加以解决,并防止其再度发生,必要时也可调整原定的计划目标。

上述计划—组织—控制职能是有序循环的。它们环环相扣、无限循环（至少在项目实施过程中循环），促使管理工作向更高水平发展。这种循环，也反映了管理工作的运动状态和管理工作的规律。按照这一规律执行，管理工作不是愈做愈死，而是愈做愈活。因此，项目实施中的一切管理工作都应遵循这一规律，建立正常的管理秩序和完善的管理工作体系。

4）激励

在政治思想教育的前提下，要做好职工的精神激励和物质激励，以充分发挥职工的积极性和创造性。

4. 项目管理的发展历程

1）项目管理的产生

有了建设项目，就有了项目管理。因此，项目管理是古老的人类生产实践活动，然而项目管理形成为一门学科却是20世纪60年代以后的事。随着复杂的科研项目、军事项目、航天项目和大型的建设项目大量出现，市场竞争异常激烈，使人们认识到，由于项目的一次性和约束条件的确定性，要取得成功，必须加强管理，引进科学的管理方法，于是项目管理科学作为一种客观需要而被提出来。

此外，第二次世界大战以后，科学管理方法大量出现，逐渐形成了管理科学体系，并被广泛应用于生产管理实践，如系统论、控制论、信息论、组织论、行为科学、价值工程、预测技术、决策技术、网络计划技术、数理统计等，均已发展成熟，应用于生产管理实践并获得成功，产生了巨大效益。网络计划在20世纪50年代末的产生、应用和迅速推广，在管理理论和方法上是一个突破，它特别适用于项目管理，并已有极为成功的应用范例，引起世界性的轰动。

2）工程项目管理理论在我国的应用

（1）背景

我国进行工程项目管理的实践活动源远流长，至今已有2000多年的历史。我国许多伟大的工程，如都江堰水利工程、宋朝丁渭修复皇宫工程、北京故宫工程等都是名垂史册的工程项目管理实践活动，其中许多工程运用了科学的思想和组织方法，反映了我国古代工程项目管理的水平和成就。

新中国成立以来，随着我国经济发展需求的日益增长，建设事业得到迅猛发展，因此进行了数量更多、规模更大、成就更辉煌的工程项目管理实践活动。如第一个五年计划的156项重点工程项目管理实践；第二个五年计划十大国庆工程项目管理的实践；大庆建设、南京长江大桥工程、长江葛洲坝水电站工程、宝钢工程等都进行了成功的项目管理实践活动。

然而我国长期以来大规模的工程项目管理实践活动，并没有系统地上升为工程项目管理理论。相反，在计划经济管理体制影响下，许多做法违背了经济规律和科学道理，如违背项目建设程序、盲目抢工而忽视质量节约、不按合同进行管理、施工中的主观随意性等。所以，长时间以来，我国在工程项目管理科学理论上是一片盲区，更谈不上按工程项目管理模式组织建设。

（2）引进和试验

随着我国社会主义市场经济体制的建立，并结合我国工程建设领域改革的需要，20世纪80年代初，我国首先从日本和西德引进了工程项目管理理论。之后，其他市场经济国家，特别是美国和世界银行的项目管理理论和实践经验陆续传入我国，结合我国施工企业体制改革和招投标体制的推行，全国许多施工企业和建设单位中开展了工程项目管理的试验。

1984年11月开工的鲁布革水电站工程是我国较早采用项目法施工管理的大型工程项目。该项目是我国第一个利用世界银行贷款,并按世界银行规定进行国际竞争性招标和项目管理的工程。该项目涉及世界银行、国外咨询机构、日本大成公司、国家计委、财政部、水电部、中技公司、中国银行、建没银行、水电部第十四工程局、云南省电力局、云南水电设计院等几十家大单位,以及美国、日本、德国等70家设备供应商,这样大的项目要协调各方的关系十分复杂,只有采用项目管理法才能得以完成。事实上,在4年多的施工过程中,创造了著名的"鲁布革工程项目管理经验",受到中央领导同志的重视,号召全国施工企业进行学习。

鲁布革工程的经验总结起来主要有以下几条:

①最核心的是把竞争机制引入工程建设领域,实行铁面无私的招标、投标;

②工程建设实行全过程总承包方式和项目管理;

③施工现场的管理机构和作业队伍精干灵活,真正能战斗;

④科学组织施工,讲求综合经济效益。

1987年,在推广鲁布革工程经验的活动中,建设部提出了在全国推行项目法施工理论,并开展了广泛的实践活动。项目法施工的内涵包括两个方面的含义:一是转换施工企业的经营机制;二是加强工程项目管理。这也是施工企业经营管理方式和生产管理方式的变革,目的是建立以工程项目管理为核心的企业经营管理体制。1994年9月中旬,建设部召开了"工程项目管理工作会议",明确提出,要把项目法施工包含的两方面工作内容向前推进一步,强化工程项目管理,继续推行并不断扩大工程项目管理体制改革。要围绕建立现代企业制度,搞好"二制"建设:一是完善项目经理责任制,解决好项目经理与企业法人之间、项目层次与企业层次之间的关系;项目经理是企业法人代表在具体工程项目上的代理人,他们之间是委托与被委托的关系,企业层次要服务于项目层次,项目层次要服从于企业层次,企业层次对项目层次主要采取项目经理责任制。二是要完善项目成本核算制,切实把企业的经营管理和经济核算工作的重心落实到工程项目上。

为了提高项目经理素质,加强工程项目管理,推动企业转换经营机制,建设部于1992年印发了《施工企业项目经理资质管理试行办法》,决定广泛开展对项目经理的培训工作,并从1995年起实行项目经理持证上岗制度。为响应建设部的要求,交通部公路管理司于1995年8月印发了《关于对公路施工企业项目经理进行资质等级评审工作的通知》,决定在公路管理司成立项目经理资质考核委员会,负责对公路施工企业项目经理资质等级的考核、定级工作。

在做好项目经理培训、资质管理工作的同时,还应积极稳妥地建立我国注册营造师制度。注册营造师是一个从业资格,表示他具备了从事工程项目管理的资格。营造师可以是企业经理、项目经理,也可以是政府官员、专家教授。营造师不一定是项目经理,但项目经理必须是营造师。建设部已组织我国注册营造师协会筹备工作小组,分两个层次进行工作:低一层次的营造师就是现在量大面广的项目经理。项目经理必须按规定进行培训和考试,才能成为注册营造师;高一层次的营造师是与国际惯例接轨的,可以和有关国家的营造师互认。建设部计划用5~10年的时间建立我国的注册营造师制度,造就一批高素质、高水平的工程项目经理队伍,以适应我国工程建设市场的需要。

在公路建设中,高等级公路耗资巨大,尤其是世界银行贷款项目,采用国际招投标,其协作关系和管理手段都十分复杂。在京津塘高速公路、西安—三原一级公路、广州—佛山高速公路建设中,我们取得了既符合国际惯例又符合我国国情的公路建设项目管理的宝贵经验。但公路建设项目管理中的一些具体问题,尤其是公路施工企业在项目法施工中的许多理论问题,还需要我们去继续学习、总结和推广，以适应我国公路建设事业发展的需要，适应公路施工企业转换经营机制、提高经济效益的需要。

三、公路施工项目管理概述

1. 公路工程项目的特征

公路工程项目也称公路基本建设项目，一般是指在一个总体设计或初步设计范围内，由一个或若干个互相有内在联系的单项工程组成，实行统一核算、统一管理的建设单位，如一个完整的公路项目、渡口改桥项目等都可以看成一个公路工程项目。属于一个总体设计中的主体工程和相应的附属配套工程、综合利用工程、环境保护工程等，只能作为一个单项工程，如公路工程中的通信设施、安全设施、公路标志、公路声屏障等设施，它附属于主体工程，不能作为一个工程项目。同时也不能把不属于一个总体设计内的分别核算的项目，按地区"捆在一起"，作为一个建设项目。在一个总体设计内，分期建设的工程，也只能作为一个工程项目，不得按年度分期另立项目，只能标明××工程项目第一期工程或第二期工程。根据我国对工程项目的上述规定，并参照世界各国有关工程项目管理资料，构成工程项目的主要条件及其特点概括如下：

(1)按是否属于一个总体设计或初步设计范围，是否统一核算、统一管理作为划分工程项目的基本依据。

(2)工程项目有明确的目标任务。主要有：①建成工期目标；②按质量标准和设计要求完成项目，达到交付验收使用标准；③投资控制目标，即项目必须在预算投资控制范围内完成。

(3)必须是兴工动料的施工活动。

(4)工程项目是按任务而不是按职能组织起来的，任务是一次性的，或者说每次任务都具有区别于其他任务的特点，需要专门的可行性研究、专门的设计、专门的施工组织与管理。

每个项目都有其时间、地点、技术、经济等特殊性，不可能像工业产品一样重复批量生产，因此需要采用项目管理法，因地制宜，重视项目特性，采用不同的管理方法。

(5)尽管工程项目类型繁多，但项目的建设程序是一致的。即经过规划立项、可行性研究、设计、施工、项目总结评价等阶段。而项目管理就是以工程项目为研究对象，对项目建设的全过程的管理活动。

2. 公路工程项目管理的内容

公路工程项目管理是以公路工程项目为研究对象，按项目组建管理机构，对项目实施管理，项目完成后，其管理机构随之撤消的一种管理方法。

广义的公路工程项目管理包括从规划、立项到交付使用及后评价全过程的管理，主要包括以下工作内容：

(1)确定项目建设意图；

(2)调查研究，如交通量调查，工程地质、水文地质勘察，地形测量，科学研究，工程和工艺技术研究试验，地震、气象、环境保护资料收集及各类建筑材料供应调查等；

(3)路线走向及主要控制点的确定；

(4)公路项目可行性研究，包括预可行性研究和工程可行性研究两个阶段，在技术、经济和生产力布局上对公路工程项目进行可行性论证，并经多方案比较，推荐最佳方案，为投资决策和进一步编制设计任务书提供依据；

(5)投资决策和资金筹措；

(6)编制项目建设规划；

(7)编制设计任务书；

(8)评选方案和委托设计；

(9)进行项目设计和审批，包括初步设计、施工图设计；

(10)项目施工；

(11)项目竣工验收、交付使用和后评价。

以上这些过程，有些是依次进行的，有些是平行交叉进行的。在投资决策以前的各项工作，属于建设项目投资决策阶段研究的范畴；投资决策以后的工作，属于建设项目实施阶段研究的范畴。本教材则以公路项目实施阶段的各项管理工作为主要研究对象。

狭义的公路项目管理是指公路项目实施阶段的管理。在该阶段，以实施管理的参与者来分，主要有业主的项目管理、监理方的项目管理和施工单位的项目管理。本教材重点研究施工单位的项目管理。对于同一个公路工程项目，上述各方的管理任务和管理目标是不同的，同时各方之间需要建立起互相制约、相互协作的关系，这种关系是通过经济合同的形式来体现的。

3. 公路施工项目管理的特征与职能

公路施工项目管理的有效方法是采用项目法施工。即公路施工单位以工程项目为对象组建施工组织机构，实行项目经理负责制，以企业内部承包合同为纽带，对工程项目进行高效率地计划、组织、协调和控制，项目完成后其组织机构随之撤销的施工管理方法。

1)公路施工项目管理的特征

公路施工项目管理具有以下特征：

(1)管理对象——公路工程项目是一次性的，而不是工厂式的重复生产，施工企业应当以工程项目为对象组织生产。

(2)施工管理的组织机构是临时性的，随工程项目的确定而产生，随工程项目的完成而撤销。管理组织机构的设置，要求最大限度地使企业各生产要素在施工现场上得到最佳的动态组合。

(3)项目经理是项目管理的核心，企业要建立以项目经理部或承包班子为主要组织管理形式的生产经营管理系统，实行项目经理负责制。

(4)企业要建立以工程项目为对象的经济核算体系，以体现工程项目的责、权、效、利关系。

(5)为适应项目管理的需要，企业要建立多功能相对稳定的劳务管理后方基地，发展多种经营，以便转移、安置富余人员。

为适应施工管理的要求，企业应当建立内部市场机制，把社会市场的公平竞争、买卖关系、经济杠杆、优胜劣汰等机制引进企业内部管理中，为进一步推行施工项目管理创造条件。

综上所述，采用项目法施工要求做到：一是施工生产人员不拖家带口到现场；二是动态投入生产要素；三是按管理与劳务两个层次组织施工。

2)公路施工项目管理的职能

公路施工项目管理主要有以下 4 个职能：

(1)计划职能。在实施施工管理的全过程中，应将全部目标和全部经营活动统统纳入计划轨道，用一个动态的计划来协调控制整个项目，使项目协调、有序地达到预期目标。

(2)组织职能。通过职权划分、授权、合同的签订与执行和运用各种规章制度等方式，建立一个高效率的组织体系，以确保项目目标的实现。

(3)协调职能。项目施工需要在不同阶段、不同部门、不同层次间进行协调与沟通。

(4)控制职能。项目施工要通过计划、决策实施、反馈、调整来对项目实行有效的控制，其控制的中心内容是质量控制、工期控制、成本控制和安全控制。

4. 公路施工项目管理目标和基本任务

公路施工项目管理的目标是在确保承包合同规定的工期和质量要求的前提下，降低工程成本。然而，质量、工期、成本三者不是彼此孤立的，项目管理的基本任务就在于求得上述三大目标的和谐统一。据此，施工项目管理的基本任务为：合理组织项目的施工过程，充分利用人力物力，有效使用时间和空间，保证综合协调施工，按期、保质并以较低的工程成本完成工程任务。

5. 公路施工项目管理的工作内容

公路项目的施工过程，从大的方面可分为施工准备、正式施工和工程移交三个阶段，下面分别介绍各阶段的工作内容。

1)施工准备阶段

(1)施工准备阶段的工作内容

施工准备阶段是项目施工生产的首要环节，其基本任务是为工程的正式展开和顺利施工创造必须的条件，其主要工作如下。

①建立施工的技术条件

a. 编制施工组织设计；

b. 编制施工预算；

c. 编制作业计划；

d. 下达责任书、签订承包及分包合同。

②建立施工的物资条件

a. 组织材料订货、加工、运输和进场；

b. 施工机械设备的进场、安装和调试；

c. 设置施工临时设施。

③组织施工力量

a. 组建施工队伍，成立项目管理机构；

b. 组织特殊工种、新技术工种的技术培训；

c. 落实协作配合条件，组织专业施工班组，签订专业分包合同；

d. 对临时工进行教育和培训。

④做好项目管理的基础工作

a. 建立以责任制为核心的规章制度。主要包括：

I. 岗位责任制。人人有基本职责，有明确的考核标准及办事细则。

II. 经济管理规章制度，如内外合同制度、考勤制度、奖惩制度、领用料制度、仓库保管制度、内部计价及核算制度、财务制度等。

b. 标准化工作，包括技术标准、技术规程和管理标准的制订、执行和管理工作。

c. 制订各类技术经济定额。根据项目管理的实际情况，制订出反映项目水平的消耗定额、状态定额和效率定额。

d. 计量工作，包括计量核定、测试、化验分析等方面的计量技术和计量手段的管理工作。

⑤施工现场的场地准备

根据施工组织设计及施工平面图布局的要求，进行施工场地准备及工作条件的准备工作。

工程施工对象的性质、规模不同，施工准备工作的内容和组成也不尽相同。然而施工准备工作的基本内容主要有以下两个方面：一是抓规划，编制施工组织设计；二是在施工组织设计的指导下，抓施工条件的落实。

(2)技术经济调查

技术经济调查的目的是为编制施工组织设计进行资料准备。这与投标前的调查在大的范围上是基本一致的，但是深度不同。因为编制施工组织设计要求掌握的资料更为具体和详细。技术经济调查的主要内容有：

①施工地区的自然条件，如气象、水文、地质及地形情况等。

②地方材料市场及供应情况，如灰、砂、石等材料的生产、质量、价格、供应条件等，同时必须了解材料供应季节性的特点。

③施工地区的交通运输条件，如现有交通运输设施条件以及可能为施工服务的能力大小等。

④施工地区可供施工使用的施工机械设备情况，包括数量、规格、能力等。

⑤施工现场情况，如有无障碍物和待拆迁的设施，可供施工利用的原有建筑物及设施，可作为施工临时用地的面积大小等。

⑥当地市政、公用服务设施情况，如当地供水、供电、通信、生活、医疗等方面的条件，可为施工服务的能力。

⑦施工地区的其他建筑安装企业、建筑制品或构件工厂的可能协作配合条件，以及当地可作为临时劳动力情况等。

⑧施工地区对环境保护、防治施工公害方面的要求及技术标准等。

(3)施工组织设计(详见教材《施工组织与概预算》)。

(4)全现场性施工准备工作

全现场性施工准备工作的主要内容有：

①进行全现场的场地准备；

②修建施工便道，接通施工上下水管线，敷设动力、照明、通信线路；

③修建为施工服务的生活、生产暂设工程及辅助、附属设施；

④组织施工力量，调整和健全施工组织机构；

⑤组织材料、半成品的加工、订货和分批进场；

⑥施工机具的维修、组装、试验、测试和鉴定；

⑦特殊工种的技术培训。

上述施工准备工作按计划完成后，应进行必要的检查验收，同时必须按开工报告制度申请开工。

2)施工阶段

施工阶段管理工作的主要内容包括：一是按计划组织综合施工；二是对施工过程进行全面控制。

(1)按计划组织综合施工

所谓综合施工，就是按不同工种，配备不同机械设备，使用不同材料的工人班组，在不同的地点和工程部位按着预定的顺序和时间协调地从事施工作业。

施工的综合性要求施工过程组织具有严密性。而施工组织的严密性，则要靠周密的计划来保证。为此，必须做到以下几点。

①提高计划的科学性，为此要求：

a. 计划顺序符合施工工艺要求；

b. 计划采用的定额水平要合理，应当制订反映企业整体水平的劳动定额、消耗定额。

c. 对计划要进行综合平衡。

②实行整个项目、单位工程和作业班组经济承包责任制。要求项目经理、单位工程负责人有较强的组织能力，从而可以弥补计划和管理上的不足。

③保证现场需要，做好后勤供应。企业的后勤部门要为工程项目施工服务，并按计划规定的时间和数量供应所需要的材料、设备、技术资料等。

(2)施工进程中的全面控制

施工过程中的全面控制主要包括以下内容。

①进度控制。其目的在于按合理工期组织施工，保证按合同规定的工期交工。工程进度控制，就是要经常掌握工程的进展情况，及早发现计划与实际脱节现象，并采取相应改进措施。为此，通常采用横道图和网络图两种方法进行工程进度管理和控制。

②质量控制。施工过程的质量控制，从工作深度上讲，要把单纯事后检验的质量管理方式，转变为既检验又预防的质量管理方式，进而转变为控制与提高的全面质量管理方式。从广义上讲，也就是对公路产品质量形成的全过程进行质量控制。

③成本控制。工程成本控制包括事前控制、事中控制和计量工作三个方面。事前控制就是要做到“算了再干”，主要工作有成本预测和成本计划的编制；事中控制包括：注意各施工阶段的节约，并采取一定的技术措施降低工程成本。

④安全控制。其主要工作内容是：a. 建立安全教育制度；b. 制订安全技术措施；c. 制订安全操作规程；d. 安全保护设施的设计与设置；e. 施工过程中的安全检查和安全监督；f. 安全事故的处理和分析；g. 建立安全值班制等。

⑤施工总平面图管理（总图管理）。总图管理的工作内容主要有：a. 按总图规划修建临时设施、施工便道和管线，以及进行材料、构件、配件的堆放；b. 现场局部断水、断电、断路，事先要有计划，并有相应的应急措施；c. 根据施工进程，不断地修正总平面图。总图的有效管理，可以使施工各环节在空间上充分协调，保证施工的正常进行并实现文明施工。

3)工程移交阶段

工程移交首先要对工程质量进行全面的检验，详见单元四课题七有关内容。

课题二　项目管理的组织机构

一、组织的概念与职能

“组织”有两种含义。组织的第一种含义是作为名词出现的，指组织机构。组织机构是按一定领导体制、部门设置、层次划分、职责、分工、规章制度和信息系统等构成的有机整体，是社会人的结合形式，可以完成一定的任务，并为此而处理人和人、人和事、人和物的关系。组织的第二种含义是作为动词出现的，指组织行为（活动），即通过一定权力和影响力，为达到一定目标，对所需资金进行合理配置，处理人和人、人和事、人和物关系的行为（活动）。

组织职能是项目管理的基本职能之一，其目的是通过合理设计职权关系结构来使各方面的工作协调一致。项目管理的组织职能包括以下5个方面。

①组织设计。包括选定一个合理的组织系统,划分各部门的权限和职责,确立各种基本的规章制度,此外,还包括生产指挥系统组织设计、职能部门组织设计等。

②组织联系。就是规定组织机构中各部门的相互关系,明确信息流通和信息反馈的渠道,以及它们之间的协调原则和方法。

③组织运行。就是按分担的责任完成各自的工作,规定各组织体的工作顺序和业务管理活动的运行过程,组织运行要抓好3个关键性问题:一是人员配置,二是业务交流,三是信息反馈。

④组织行为。就是指应用行为科学、社会学及社会心理学原理来研究、理解和影响组织中人的行为、言语、组织过程、管理风格以及组织变更等。

⑤组织调整。组织调整是指根据工作需要、环境变化,分析原有的项目组织系统的缺陷、适应性和有效性,对原组织系统进行调整和重新组合,包括组织形式的变化、人员的变动、规章制度的修订或废止、责任系统的调整以及信息流通系统的调整等。

二、公路施工项目管理组织机构

1. 项目管理组织机构与管理组织的概念

施工项目管理组织机构是指为了实现项目的总指标,对所需一切资源进行合理配置而建立的一次性临时组织机构。

施工项目管理组织机构与企业管理组织机构是局部与整体的关系。组织机构设置的目的是为了进一步充分发挥项目管理功能,提高项目整体管理效率,以达到项目管理的最终目标。

高效率的组织体系和组织机构的建立是施工项目管理成功的组织保证。

施工项目管理组织,是指为进行施工项目管理、实现组织职能而进行组织系统的设计与建立、组织运行和组织协调3个方面。组织系统的设计与建立,是指经过筹划、设计,建成一个可以完成施工项目管理任务的组织机构,建立必要的规章制度,划分并明确岗位、层次、部门的责任和权力,建立和形成管理信息系统及责任分担系统,并通过一定岗位部门内人员的规范化的活动和信息流通实现组织目标。

为适应公路施工项目管理的需要,公路施工企业组织机构的设置应当有3个层次:①经营决策层。它是企业的核心,其任务主要是开拓企业外部市场,控制项目的总成本,承揽工程任务等。企业经营决策层由总经理为首的行政指挥系统、党委和职工代表大会组成的监督系统构成。②施工管理层。这是企业为推行项目法施工所建立的生产指挥中心,它应当掌握生产要素调配权,同时拥有一批施工、生产管理和技术方面的复合型人才,包括各类专业技术人员、财会人员、合同管理人员和其他人员。③劳务作业层。这是为工程项目的施工输出劳务的一级组织、包括施工队一级的管理人员和操作人员。

在公路项目的施工管理过程中,为确保合同目标的实现,必须确立项目承包者与企业、职工三者之间的责、权、效、利关系,并依此建立一种项目施工管理的承包制度。承包对象是某一工程项目,实行“项目经理个人在承包中的全面责任”。因此,它既区别于领导班子负责的那种集体承包,又区别于一些单位实行的职工个人承包或租赁承包。

2. 公路施工项目管理组织机构的作用

1)组织机构是项目管理的组织保证

项目经理在启动项目之前,首先要做组织准备,建立一个能完成管理任务,且使项目经理指挥灵便、运转自如、效率很高的项目管理组织机构——项目经理部，其目的就是为了提供进行公路施工项目管理的组织保证。一个好的组织机构，可以应付各种环境条件的变化，有效地供给组织成员生理、心理和社会需要，形成组织力量，使组织系统正常运转，产生集体思想和集体意识，顺利完成公路项目的施工任务。

2）组织机构应当成为有一定权力的集中统一的指挥系统

权力由法定和拥戴产生。“法定”来自于授权，“拥戴”来自于信赖。法定和拥戴都会产生权力和组织力。组织机构的形成产生权力。权力是工作的需要，是管理地位形成的前提，是组织活动的反映。没有组织机构便没有权力，也没有权力的运用。权力取决于组织机构内部是否团结一致，越团结，组织就越有权力，越有组织力。所以，公路施工项目管理组织机构的建立要伴随着授权，使权力的使用与项目管理的目标一致。

3）组织机构形成责任制和信息沟通体系

责任制是公路施工项目管理中的核心问题。没有责任也就不成其为管理机构，也就不存在项目管理。一个项目组织能否有效地运转，取决于是否有健全的岗位责任制。责任是项目组织对每个成员规定的一部分管理活动和生产活动的具体内容，因此，公路施工项目组织的每一位成员都应肩负一定的责任。

4）信息沟通是组织力形成的重要因素

信息产生的根源在组织活动之中，下级以报告或其他形式向上级传递信息；同级不同部门之间为了相互协作而横向传递信息。越是高层领导，越需要信息，越要深入下层获得信息。领导有了充分的信息才能进行有效的决策。

3. 公路施工项目管理组织机构的设置原则

建立适合公路施工特点的项目管理组织机构，首先必须考虑公路施工单件性和一次性的特点，使生产要素的配置按项目的需要处于动态组合状态，这样有利于施工项目一气呵成。同时要符合公路施工企业体制改革的总体思路。面对复杂多变的市场环境，组织机构设置应有利于企业走向市场，从而提高企业招揽任务、项目估价及投标决策的能力。此外，还要有利于企业内部多个项目之间的协调和企业对各项目的有效控制；有利于合同管理，强化履行责任，有效地处理经济纠纷。为此，公路施工项目管理组织机构的设置应遵循以下原则。

1）任务与目标原则

所谓任务与目标，就是项目管理者所要进行和完成的事。项目组织管理机构的设置要以事为中心，因事设机构、设职务、配人员，做到人与事高度配合，而不能以人为中心，因人设职、因职设事。

2）分工协作原则

就是根据提高管理效率的要求，把项目管理的任务目标分解成各级、各部门、各成员的任务和目标，在此基础上，确定他们之间的协调配合关系。不能出现职责不清、无人负责的混乱局面。

3）责、权、利一致原则

明确了责任，就要授予相应的权力，做到负有责任的人必须有权，有权的人必须负责，并把责任大小，同经济利益挂钩。做到以责任为中心，以责定权，以尽责定利。

4）命令统一原则

为了保证命令和指挥统一，下级机构只能接受一个上级机构的命令和指挥，而不能有多头领导。

5）精干高效原则

项目管理组织在保证履行必要职能的前提下，应尽量简化机构，不用多余的人，做到"一专多能"。特别是要从严控制二、三线人员，以便提高工作效率。当然，精干不等于少，更不是愈少愈好，关键在于适度，要减少管理业务中的重复的环节，如何掌握这个"度"，国内一些企业曾做过一些探索，如上海某公司对项目班子的规模定量为年均每名项目管理人员每年应完成工作量42万元；北京市规定项目班子"人数一般不少于现场施工人员总数的5%"。

6）类型适应原则

项目管理组织有多种类型，分别适应于规模、地域、工艺技术等各不相同的工程项目。应在正确分析工程特点的基础上选择适当的类型，设置相应的项目管理组织机构。

7）管理跨度和分层统一原则

管理跨度是指一个主管人员直接管理下属人员的数量。跨度越大，管理人员接触下属人员的机会增多，工作量增大。管理跨度小，则管理层次多，信息传递环节增多。因此管理跨度的设置要根据领导人员的知识、经验、精力以及工程项目的大小、工程项目的分散程度来确定。对于公路施工项目管理来说，管理跨度应尽量少些，以便集中精力进行施工管理。在日本施工的鲁布革工程中，项目经理下属33人，分成所长、科长、系长、工长4个层次，项目管理的跨度是5。项目经理在组建组织机构时，必须认真设计切实可行的跨度和层次，画出机构系统图，以便讨论、修正、按设计组建。

8）业务系统化管理原则

由于公路施工项目是一个开放的系统，由众多子系统组成一个大系统，各子系统之间，不同组织、工种、工序之间，存在着大量结合部，这就要求项目组织也必须是一个完整的组织结构系统，恰当分层和设置部门，以便在结合部能形成一个相互制约、相互联系的有机整体，防止产生职能分工、权限划分和信息沟通上相互矛盾或重叠。要求在设计组织机构时，以业务工作系统化原则作指导，周密考虑层间关系、分层与跨度关系、部门划分、授权范围、人员配备及信息沟通等，使组织机构自身成为一个严密的、封闭的组织系统，能够为完成项目管理总目标而实行分工及协调的工作。

9）弹性和流动性原则

公路施工项目由于具有单件性、露天性和流动性的特点，必然带来生产对象数量、质量和地点的变化，进而带来资源配置的品种和数量的变化。于是要求管理工作和组织机构随之进行调整，使组织机构适应施工任务的变化。也就是说，要按照弹性和流动性的原则建立组织机构，不能一成不变，要及时调整人员及部门设置，以适应工程任务变动对管理机构流动性的要求。

10）项目组织与企业组织一体化原则

项目组织是企业组织的有机组成部分，企业是它的母体，归根到底，项目组织是由企业组建的。从管理方面来看，企业是项目管理的外部环境，项目管理的人员全部来自企业，项目管理组织解体后，其人员仍回企业。即使进行组织机构调整，人员也是进入企业内部人才市场的，施工项目的组织形式与企业的组织形式密切相关。

三、工程项目管理的组织形式

工程项目管理的组织形式取决于工程项目的组成和结构。

1. 工程项目的结构

工程项目组织结构，也就是指在整个工程项目建设中，参与项目实施的各方相互联系、相互作用的方式或框架，它反映了各方（业主、监理方及承包商）在项目管理中的地位和作用。影响项目组织结构的因素有以下几个方面。

1）项目组成和结构

如果项目比较简单、规模较小时，业主只需委托一家咨询公司或监理公司来代自己实施项目管理，选定一家承包商来负责施工；如果项目复杂程度高，规模大，则可能需要委托几家监理单位，选定一家大的承包商，或施工联合体，或合作体，或多个承包商来承担施工任务，并且还可能需要选定一家施工管理服务公司。

2）监理委托方式

业主可结合工程项目的特点和所有的项目管理力量，委托监理单位来作为自己的项目管理顾问，或代为进行工程项目管理。其中以第二种方式最为常见。我国目前还采用混合型的管理方式，即业主、监理工程师都可以向承包商下达指令。采用这种形式，容易出现多头管理，也易造成矛盾。但鉴于我国监理制度尚在完善之中，监理单位素质尚待提高，业主在一定程度上对监理单位的授权还显得较为谨慎。

3）工程承发包方式

项目的组织结构形式，还与发包方式有关，常见的工程发包方式有：

（1）按承包范围分

①设计施工总承包（亦称交钥匙工程或一揽子工程）；

②阶段承包，主要有以下几种形式：

a. 包工包料承包；

b. 包工部分包料承包；

c. 包工不包料承包。

③专业承包。

（2）按承包商所处地位分

①总承包；

②平行发包（直接发包）；

③分包；

④转包；

⑤联合承包；

⑥合作体承包合作。

（3）按计价方式分

①总价合同承包，主要有以下几种形式：

a. 固定总价合同；

b. 调价总价合同；

c. 固定工程量总价合同。

②工程量清单合同承包；

③单价表合同。

（4）按成本加酬金合同分

①成本加固定百分数酬金；

②成本加固定数酬金；

③成本加浮动酬金；

④目标成本加奖惩。

(5)按投资总额或承包工作量计取酬金

(6)其他承包方式

2. 工程项目管理的组织形式

工程项目管理的组织形式,主要有以下5种。

1)自营形式

即建设单位自己设置工程项目管理组织机构,负责支配建设资金、办理规划手续及准备场地、委托设计、采购器材、招标施工、施工管理验收工程等全部工作。有的还自己组织设计、施工队伍,直接进行设计和施工。这是我国多年来常用的方式。近年来,在社会主义市场经济条件下,有较大改变,特别是工程建设中推行招标投标制、工程监理制以来,采用这种方式进行工程项目管理的工程逐步减少。采用这种方式,建设单位与设计、施工及设备物资供应等单位的关系如图1-1所示。

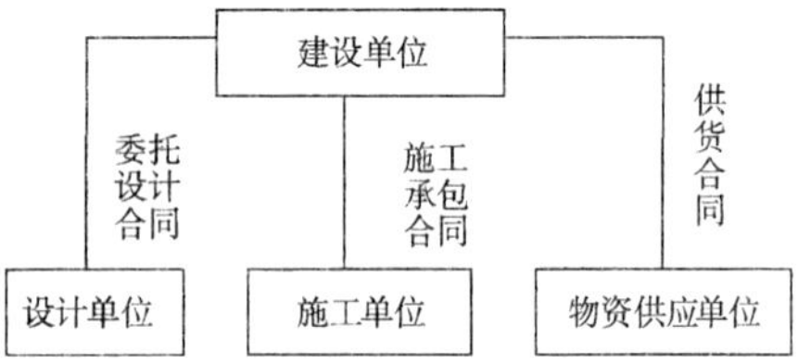

图1-1 建设单位自营形式

2)工程指挥部管理方式

在计划经济体制下,过去我国一些大型工程项目和重点工程的管理多采用这种方式。指挥部通常由政府主管部门指令各有关方面派代表组成。在进入社会主义市场经济后,这种方式已不多用。这种方式的组织形式如图1-2所示。

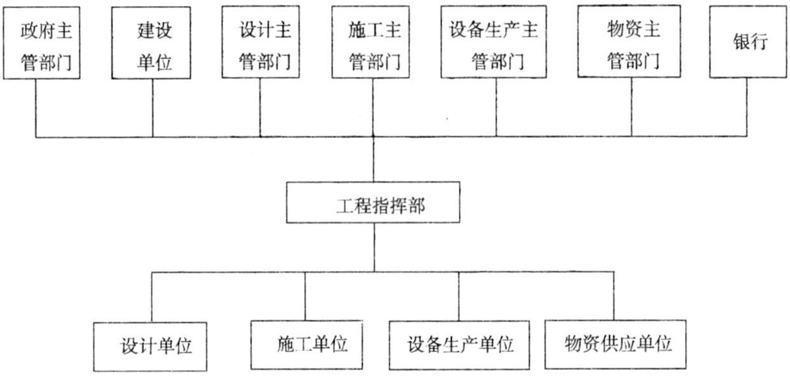

图1-2 工程指挥部管理方式

3)总承包管理方式

建设单位仅提出工程项目的使用要求,而将勘察设计、设备选购、工程施工、材料供应、试车验收等全部工作都委托一家承包公司(承包商)去做,竣工以后即可启用。承担这种任务的承包企业有的是科研、设计、施工一体化的公司,有的是设计、施工、物资供应和设备制造厂家以及咨询公司等组成的联合集团。我国把这种管理组织形式称为"全过程承包"或工程项目总承包。这种管理组织形式如图1-3所示。

4)工程托管方式

建设单位将整个工程项目的全部工作,包括可行性研究、场地准备、规划、勘察设计、材料供应、设备采购、施工监理及工程验收等全部任务,都委托给工程项目管理专业公司工程承发包公司(或项目管理咨询公司)去做。工程承发包公司或咨询公司派出项目经理,再进行招标或组织有关专业公司共同完成整个建设项目。这种管理组织形式如图1-4所示。

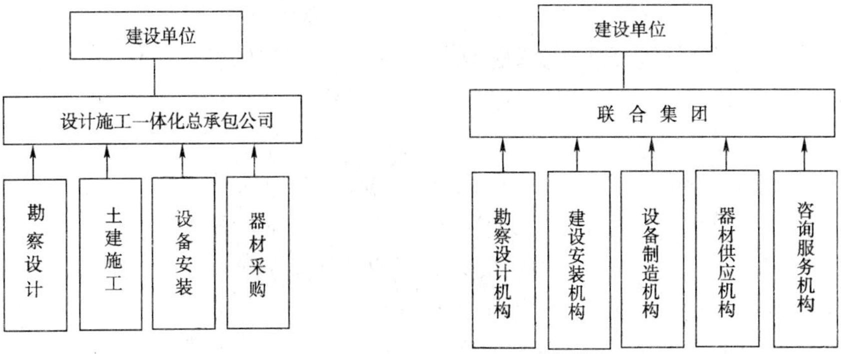

图 1-3　总承包管理方式

5)三角形管理方式

由建设单位分别与承包单位和咨询公司签订合同，由咨询公司代表建设单位对承包商进行管理。国际上广为采用这种方式进行工程项目管理。我国目前在大中型工程项目建设管理中，实行工程监理制，实际就是这种管理方式。如图 1-5 所示。

近年来，我国在工程项目管理上有较大进步，除了招标投标制、工程监理制外，还规定在工程项目建设中实行业主制，明确业主，由业主对项目建设及管理负责，以提高工程建设的效率。项目业主在工程管理中，通常通过建立业主项目部一类的专门机构，代表业主对工程项目进行管理。

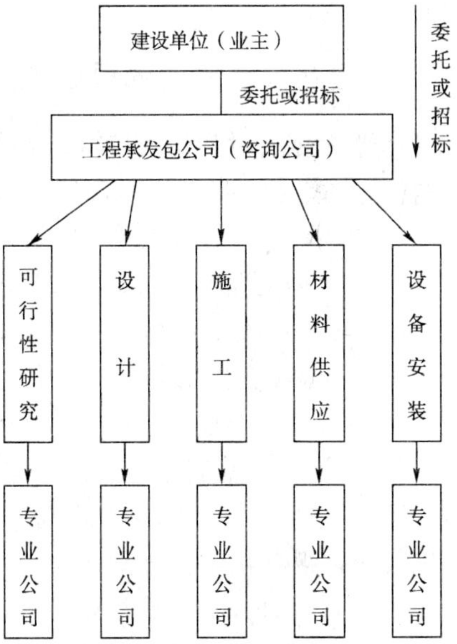

图 1-4　工程托管方式

3. 工程项目管理的组织机构形式

工程项目管理的组织机构形式根据在工程建设中参与工程建设各方面的管理目的和要求，具有不同的管理组织机构形式。常见的工程项目组织机构形式有：

(1)直线式；

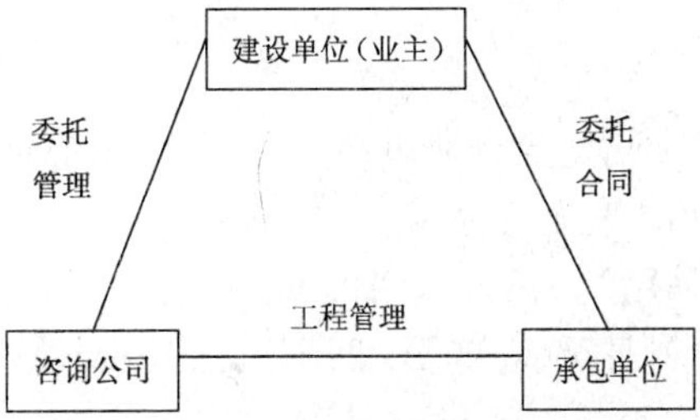

图 1-5　三角形管理方式

(2)职能式；

(3)直线职能式；

(4)事业部式；

(5)矩阵式；

(6)部门控制式；

(7)工作队式。

课题三　项目经理部的建立

一、项目经理部的功能

项目经理部是公路施工项目管理的班子，受项目经理的领导。为了充分发挥项目经理部在施工项目中的主体作用，必须重视项目经理部的设置，使其发挥应有的功能。

(1)项目经理部是项目管理的组织机构，负责项目全过程的管理工作，是企业在该项目的管理层，同时对作业层具有管理与服务的作用。其中，作业层的工作质量取决于项目经理部的工作质量。

(2)在项目经理的领导下，项目经理部设置办事机构，为项目经理决策提供信息依据，当好参谋，同时又要执行项目经理的决策意图，向项目经理全面负责。

(3)项目经理部是一个组织体，不仅要完成企业所赋予的项目管理和专业管理任务，而且要凝集管理人员的力量，调动其积极性，促进管理人员的相互合作，协调各部门之间、管理人员之间的关系，发挥每一个人的岗位作用，为完成目标而工作。

(4)项目经理部是代表企业执行的主体，也是市场竞争的主体成员，要全面对最终建筑产品和业主负责。

二、组建公路施工项目经理部的原则

(1)要根据所设计的项目组织形式设置项目经理部。因为项目组织形式与企业对施工项目的管理方式及企业对项目经理部的授权有关。不同的组织形式对项目经理部的管理力量和管理职责提出了不同要求，并提供不同的管理环境。

(2)要根据工程项目的规模、复杂程度和专业特点设置项目经理部。例如大型项目经理部可以设职能部、处，中型项目经理部可以设处、科，小型项目经理部一般只须设职能人员即可。如果项目的专业性强，便可设置专业性强的职能部门，如水电处、安装处、打桩处等等。

(3)项目经理部是一个具有弹性的一次性施工生产组织，随工程任务的变化而进行调整，在工程项目施工开始前建立，在工程竣工交付使用后，项目管理任务完成，项目经理部应解体。项目经理部不应有固定的作业队伍，而是根据施工的需要，在企业内部市场或社会市场吸收人员，进行优化组合和动态管理。

(4)项目经理部的人员配置，应面向施工现场，满足现场的计划与调整、技术与质量、成本与核算、劳动与物资、安全与文明施工的需要；不应设置专管经营与咨询、研究与发展、政工与人事等与项目关系较少的非生产性部门。

(5)在项目管理机构建成以后，应建立有益于组织运转的工作制度。

三、公路施工项目经理部的部门设置

公路施工项目经理部的部门设置，总的指导思想是把项目建成企业市场竞争的核心、企业管理的重心、成本核算的中心、代表企业履行合同的主体和工程管理实体。

根据各地的经验，大、中等公路施工项目经理部可以采用“一长一师四大员”的模式，即项目经理(一长)、项目工程师(一师)、项目经济员、技术员、料具员、总务员(四大员)，其中包含了项目管理所必须的预算、成本、合同、技术、施工、质量、安全、场所、机械、材料、档案、后勤等多种职能。

北京市第一城市建设工程公司按照动态管理，优化配置的原则对项目经理部的编制设岗定员及人员配备，分别由项目经理、总工程师、总经济师、总会计师、政工师和技术、预算、劳资、定额、计划、质量、保卫、测试、计量以及辅助生产人员 15 ~ 45 人组成。一级项目经理部 30 ~ 45 人，二级项目经理部 20 ~ 30 人，三级项目经理部 15 ~ 20 人。其中，专业职称设岗为：高级 3% ~ 8%，中级 30% ~ 40%，初级 37% ~ 42%，其他 10%。实行一职多岗，全部岗位职责覆盖项目施工全过程的全面管理，不留死角，避免了职责重叠交叉。

根据项目管理实践经验，项目经理部一般下设以下5个部门。

1. 合同预算部

主要负责预算、合同、索赔、资金收支、成本核算、劳动配置及劳动分配等工作。

2. 工程技术部

主要负责生产调度、文明施工、技术管理、施工组织设计、计划统计等工作。

3. 物资设备部

主要负责材料的询价、采购、计划供应、管理、运输、工具管理、机械设备的租赁配套使用等工作。

4. 监控管理部

主要负责工作质量、安全管理、消防保卫、环境保护等工作。

5. 测试计量部

主要负责计量、测量、试验、检验等工作。

四、项目经理部的党工团组织和民主管理

1. 党工团组织在项目管理中的地位

为了使党、团、工会建设适应项目管理，并围绕项目做好服务，项目经理部组建时还要加强党团工会组织建设。项目经理部人员的党、团、工会关系原则上在原单位业务系统不动，但因工程项目施工周期长，应在项目经理部设党支部、工会、团小组。党支部书记一般由政工系统派出的专职正式人员担任，全面负责项目经理部人员的日常思想政治工作、工会工作和团的工作，并实行党员、团员、工会手册跟踪考核制度。

2. 项目管理委员会在项目中的地位

为了充分发挥全体职工的主人翁责任感，项目经理部应设立项目管理委员会，由7~11人组成，由参与任务承包的劳务作业队全体职工选举产生。但项目经理、各劳务输出单位领导或各作业承包队长应为法定委员，项目管理委员会的主要职责是听取项目经理的工作汇报，参与有关生产分配会议，及时反映职工的建议和要求，帮助项目经理解决施工中出现的问题，定期（每季度一次）评议项目经理的工作等。

五、施工项目的劳动力管理

施工项目的劳动力来源于社会的劳务市场。企业劳务由企业劳务管理部门（或劳务公司）管理，对外用合同向劳务分包公司招用劳动力。

1. 劳务输入

坚持“计划管理，定向输入，市场调节，双向选择，统一调配，合理流动”的方针。具体做法是：项目经理部根据所承担的工程项目任务，编制年度劳动力需要计划，交公司劳动管理部门。公司以内部施工队伍为主，外部施工队伍为辅进行平衡，然后由项目经理部根据公司平衡的结果，进行供需见面，双向选择，与施工劳务队签订劳务合同，明确需要的工种、人员数量、进出场时间和有关奖罚条款等，正式将劳动力组织引入施工项目，形成施工项目作业层。如果项目经理部直接与劳务分包公司签订合同，必须有法定代表人授权。

2. 劳动力组织

劳务施工队均要以整建制进入施工项目，由项目经理部和劳务分包公司配合，双方协商共

同组建栋号施工(作业)承包队,栋号(作业)承包队的组建要注意打破工种界限,实行混合编班,提倡一专多能,一岗多职,形成既有主力专业工种,又有协作配套力量,并能独立施工的栋号(作业)承包队。

3. 劳务队伍管理

项目经理部对于到位的施工劳务队伍组建的现场施工作业队,除配备专职的栋号负责人外,还要实行"三员"管理岗位责任制,即由项目经理派出专职质量员、安全员、材料员,实行一线职工操作全过程的监控、检查、考核和严格管理。

六、项目经理部的内外关系及协调

1. 项目经理部内部的关系

这种关系体现在项目经理部的管理层与作业层的关系上,主要表现为领导关系、协作关系和承包关系。作业层与项目经理部之间,在行政上介于授权和管理责任之间,更多更直接反映的是以经济承包责任合同制为中心的经济制约关系。

2. 项目经理部与企业的关系

首先在党务、行政管理上,依据党委指令和企业管理制度,项目经理应当接受企业有关职能部、室的领导,二者是上下级领导关系;其次在经济往来上,依据企业总经理与项目经理签订的承包合同,项目经理部与相关职能部、室又是平等的甲乙双方合同关系;此外,在业务管理上,项目经理部作为企业内部工程项目的管理层,接受企业职能部门、室的业务指导。一切统计报表,包括技术、质量、预算、定额、工资、分包工程的计划及各种资料都要按照系统管理和有关规定准时报送主管部门。其主要业务关系如下:

①计划统计;

②财务核算;

③材料供应;

④周转料具供应;

⑤预算及经济洽谈签证;

⑥质量管理、安全管理、行政管理、测试计量等工作;

⑦与水电、运输、吊装分公司之间的关系是总包与分包之间的关系;

⑧与劳务分公司的关系。

3. 项目经理部的内外关系协调

1)要协调好总分包之间的关系

项目管理中总包单位与分包单位在施工配合中,处理经济利益的关系原则是以不突破工程项目包干金额为前提,严格按照国家有关政策和企业的规章制度办理,实事求是。

2)协调好与劳务作业层关系

由于工程项目管理企业内部实行两层分开,在组织施工过程中,难免发生一些矛盾。在处理这方面矛盾时必须做到 3 个坚持:

①坚持履行合同;

②坚持相互尊重、支持,协商解决问题;

③坚持服务为本,不把自己放在监督地位,而是尽量为作业层创造条件,特别是不损害劳务作业层的利益。

3)协调土建与安装的关系

本着“有主有次，确保重点”的原则，安排好土建、安装施工。定期召开现场协调会，及时解决施工交叉中的矛盾和存在的问题。

4）协调好与机关科室的关系

坚持定期报告制度，自觉接受各业务系统对本部工作的监督指导，并按规定及时准确地报送各项技术经济指标，完成统计报表。

5）重视公共关系

施工中要经常和建设单位、设计单位、质量监督部门以及政府主管部门取得联系，主动争取它们的支持和帮助，充分利用它们各自的优势，为工程项目服务。

七、公路施工项目管理制度

1. 公路施工项目管理制度的作用

管理制度，是组织为保证其任务的完成和目标的实现，对例行性活动，应遵循的方法、程序、要求及标准，所作的规定；是根据国家和地方法规和上级主管部门的规定，制订的内部法规，公路施工项目管理制度是施工项目经理部制订的，对项目经理及其作业组织全体职工有约束力。

公路施工项目管理制度的作用主要是：贯彻国家和企业与施工项目有关的法律、法规、方针、政策、标准、规程等，用以指导本施工项目的管理，规范施工项目组织及职工的行为，使之按规定的方法、程序、要求、标准进行施工和管理活动，从而保证施工项目组织按正常秩序运转，避免发生混乱，保证各项工作的质量和效率，防止出现事故和纰漏。

2. 建立施工项目管理制度的原则

（1）制订施工项目规章制度必须贯彻国家法律政策，以及部门、企业的法律等文件精神，不得有抵触和矛盾，不得危害公众利益。

（2）制订施工项目管理制度必须实事求是，即应符合本施工项目的需要。施工项目最需要的管理制度是有关工程技术计划、统计、经营核算、承包分配及各项业务管理，它们应是制订管理制度的主要目标。

（3）管理制度要配套，不留有漏洞，应形成完整的管理制度和业务交叉体系。

（4）各种管理制度之间不能产生矛盾，以免职工无所适从。

（5）管理制度的制订要有针对性，任何一项条款都必须具体、明确，可以检查，文字表述要简洁、明确。

（6）管理制度的颁布、修改、废除要有严格程序。项目经理是总决策者，凡不涉及企业的管理制度，由项目经理签字决定，报公司备案；凡涉及公司的管理制度应由公司总经理批准才有效。

3. 施工项目的主要管理制度

1）施工项目管理制度的种类

（1）按颁发的单位分类

①由企业颁发的涉及进行施工项目管理的配套改革管理办法。如施工项目经理责任制、经济合同管理实施办法、业务系统化管理办法、劳动工资管理实施办法等。

②由施工项目经理部颁发的管理办法。如施工现场管理实施办法、现场安全管理办法、材料节约实施办法、技术管理、施工计划编制与实施办法等。

（2）按管理制度约束力的不同分类

①责任制度。责任制度是以部门、单位、岗位为主体制订的，规定了每个人应该承担的责

任，强调创造性地完成各项任务。责任制是根据职位划分的，不同的职位、岗位，因其重要程度和责任轻重不同而责任各不相同。责任制标准的完成是多层次的，可以评定等级。

②规章制度。规章制度以各种活动、行为为主体，明确规定人们行为和活动不得逾越的规范和准则，任何人只要涉及或参与其事，都毫无例外地必须遵守。所以规章制度是组织的法规，它更强调约束精神，对谁都同样适用，决不因地位高低而异。执行的结果有是有非，即遵守与违反两个简单明了的衡量标准。

(3)按管理制度的专业特点分类

①施工专业管理制度。这类制度是围绕施工项目的生产要素制订的，包括施工管理制度、技术管理制度、质量管理制度、安全管理制度、材料管理制度、机械设备管理制度、财务管理制度等，这是施工项目管理最主要的管理制度。

②非施工专业类管理制度。非施工专业类制度也很多，如有关责任制度、分配类制度、核算类制度等。

2)施工项目经理部工作制度的建立

公路施工项目经理部的工作制度的建立，应围绕计划、责任、监督、核算、奖惩等方面。计划制是为了使各方面都能协调一致地为施工项目总目标服务，它必须覆盖项目施工的全过程和所有方面；计划的制订必须有科学的依据，计划的执行和检查必须落实到人。责任制建立的基本要求是：一个独立的职责必须由一个人全权负责，应做到人人有责可负。监督制和奖惩制目的是保证计划制和责任制的贯彻落实，对项目任务完成进行控制和激励，它应具备的条件是有一套公平的绩效评价标准和评价方法，有健全的信息管理制度，有完整的监督和奖惩体系。核算制的目的是为落实上述4项制度提供基础，了解各种制度执行的情况和效果，并进行相应的奖惩制度。要求核算必须落实到最小的可控制单位上，即班组上，要有完整的核算手续体系。根据有关单位的经验，可以围绕以下几个方面建立施工项目经理部工作制度。

(1)项目经理部业务系统化管理办法；

(2)工程项目成本管理办法；

(3)工程项目效益核算与经济活动分析办法；

(4)项目经理部内外关系处理的有关规定；

(5)项目经理部值班经理负责制实施办法；

(6)项目经理部社会、经济效益奖罚规定；

(7)项目经理部解体细则；

(8)承包责任制实施办法；

(9)工程项目可控制责任成本管理办法；

(10)承包成本票证使用管理办法；

(11)项目经理部支票管理规定；

(12)项目经理部现金管理规定；

(13)项目经理部业务执行费管理规定；

(14)工程项目施工生产计划管理规定；

(15)工程项目质量管理与控制办法；

(16)项目经理部施工生产调度有关规定；

(17)工程项目现场文明施工管理办法；

(18)工程项目计量管理办法；

(19)工程项目技术管理办法;

(20)工程项目安全管理办法;

(21)施工作业安全技术交底管理规定;

(22)作业承包限额领料管理办法;

(23)施工现场材料管理办法;

(24)劳务作业实物计件工资单价规定;

(25)劳务输入及其作业管理细则;

(26)施工现场消防管理办法;

(27)项目经理部治安保卫管理办法。

八、项目经理的责、权、利

1. 项目经理的职责和任务

项目经理的职责与任务主要包括两个方面:一是保证施工项目按照规定的目标高速、优质、低耗地全面完成;二是保证各生产要素在项目经理授权范围内最大限度地优化配置。

1)项目经理的任务

(1)确定项目管理组织机构的构成并配备人员,制订规章制度,明确有关人员的职责,组织项目经理部开展工作。

(2)确定管理总目标和阶段目标,进行目标分解,实行总体控制,确保项目建设成功。

(3)及时、适当地作出项目管理决策,包括投标报价决策、人事任免决策、重大技术组织措施决策、财务工作决策、进度决策、合同签订及变更决策,对合同自行进行严格管理。

(4)协调本组织机构与各协作单位之间的协作配合及经济技术关系,在授权范围内代理(企业法人)进行有关签证,并进行相互监督、检查,确保质量、工期、成本控制。

(5)建立完善的内部及外部信息管理系统。

(6)实施合同,处理好合同变更、洽商纠纷、索赔、总包与分包的关系,搞好与有关单位的协作配合,与建设单位相互监督。

2)项目经理的职责

(1)贯彻执行国家和工程所在地政府的有关法律、法规和政策,执行企业的各项管理制度,维护企业整体利益和经济效益。

(2)严格财经制度,加强成本核算,积极组织工程款回收,正确处理国家、企业、项目、其他单位、个人的利益关系。

(3)签订与组织履行《项目管理目标责任书》,执行企业与业主签订的《项目承包合同》中由项目经理负责履行的各项条款。

(4)对工程施工项目进行有效控制,执行有关技术规范和标准,积极推广应用新技术、新工艺、新材料和项目管理软件集成系统,确保工程质量和工期,实现安全、文明生产,努力提高效益。

(5)组织编制工程项目施工组织设计,包括工程进度和技术方案,制订安全生产和质量保证措施,并组织实施。

(6)根据公司年(季)度施工生产计划和合同工期,组织编制项目年(季)度施工计划,包括劳动力、材料、构件、机械设备的使用计划。据此与相关部门签订供需承包和租赁合同,并严格履行。

(7)科学组织和管理进入项目工地的人、财、物等资源,做好人力、物力和机械设备等资源的优化配置,沟通、协调、处理与分包单位、监理单位、建设单位之间的关系,及时解决施工中出现的问题。

(8)组织制订项目经理部各类管理人员的职责权限和各项规章制度,搞好与公司机关各职能部门的业务联系和经济往来,定期向公司经理汇报工作。

(9)做好工程竣工结算、资料整理归档,接受企业审计并做好项目经理部的解体与善后工作。

2. 项目经理的授权

赋予项目经理一定的权力是确保项目经理承担相应责任的先决条件。为了履行项目经理的职责,项目经理必须有一定的权限,这些权限应由企业法人代表授予,并用制度和目标责任书的形式具体确定下来。

1)用人决策权

项目经理有权决定项目管理机构班子的设置,聘任有关管理人员,选择作业队伍,对班子成员任职情况进行考核监督,决定奖惩,乃至辞退。用人决策权应不违背企业的人事制度、国家的相关法律、法规。

2)财务支付权

项目经理有权根据工程需要和生产建设计划的安排,作出投资动用、流动资金周转、固定资产机械设备租赁、使用的决策,对项目管理班子的计酬方式、分配办法、分配方案等作出决策。

3)进度计划控制权

参与企业进行的施工项目承包投标和合同签订,并根据项目进度总目标和阶段性目标的要求,对施工项目的进度进行检查、调整,并在资源上进行调配,从而对进度计划进行有效控制。

4)技术质量决策权

根据项目管理实施规划或施工组织设计,有权批准重大技术方案和重大技术措施,必要时召开技术方案论证会,把好技术决策关和质量关,防止技术上决策失误,主持处理重大质量事故。

5)物资采购管理权

按照企业物资采购分类和分工对采购方案、目标、到货要求,乃至对供货单位的选择、项目现场存放策略等进行决策和管理。

6)现场管理协调权

代表公司协调与施工项目有关的内外部关系,有权处理现场突发事件,但事后需及时上报公司主管部门。

7)企业法人授予的其他权力。

对公司和有关部门违反规定摊派的拒绝接受权,对违反合同所造成损失的索赔权等。

建设部有关文件中对项目经理的管理权力作出了如下规定:

(1)组织项目管理班子。

(2)以企业法人代表人的代表身份处理与所承担的工程施工项目有关的外部关系,受委托签署有关合同。

(3)指挥工程项目建设的生产经营活动,调配并管理进入工程项目的人力、资金、物资、机械设备等生产要素。

(4)选择施工作业队伍。

(5)进行合理的经济分配。

(6)企业法定代表人授予的其他管理权力。

各省、自治区、直辖市的建筑施工企业根据上述规定,结合本企业的实际,亦作出了相应的规定。如某企业规定,项目经理有以下权限:

(1)有权以法人代表委托代理人的身份与建设单位洽谈业务,签署洽商有关业务性文件。

(2)对工程项目有经营决策和生产指挥权,对凡进入现场的人、财、物有统一调配使用权。

(3)在与有关部门协商的基础上,有聘任项目管理班子成员、选择作业队长以及劳务输入单位的权利。

(4)有内部承包方式的选择权和工资、奖金的分配权,以及按合同的有关规定对工地职工辞退、奖惩权。

(5)对公司经理和有关部门违反合同行为的摊派有权拒绝接受,并对对方违反经济合同所造成的经济损失有索赔权。

3. 项目经理的利益

项目经理最终的利益是项目经理及项目经理班子承担责任和行使权力的结果,也是社会主义市场经济条件下责、权、利、效相互统一的具体体现。利益通常由物质兑现和精神奖励两种。具体利益体现如下:

(1)获得基本工资、岗位工资和绩效工资。

(2)在全面完成《施工项目管理目标责任书》确定的各项责任目标、交工验收并结算后,接受企业的考核和审计,除按规定获得物质兑现外,还可获得表彰、记功、优秀项目经理(部)等荣誉称号和其他精神奖励。

(3)经考核和审计,未完成《施工项目管理目标责任书》确定的各项责任目标或造成亏损的,按有关条款承担责任,并接受相应的经济和行政处罚。

课题四　施工项目管理目标和规划

一、工程项目分解体系及工作体系

1. 工程项目分解体系

1)工程项目分解的概念

工程项目分解是指把工作对象作为一个系统,将它们分解成相互独立、相互制约和相互联系的过程。工程项目分解的基本思路是:以项目目标体系为主导,以工程技术系统范围和项目的总任务为依据,由上而下、由粗到细地进行。

2)工程项目分解的步骤

(1)将项目分解为单个定义的且任务范围明确的子项目。

(2)研究并确定各子项目的特点和结构规则,它的实施结果及完成它所需要的活动,以做进一步分解。

(3)将各层次结构单元收集于检查表中,评价各层次的分解结果。

(4)用系统观点将项目单元分组,构成系统结构图和子结构图。

(5)分析并讨论分解的完整性。

(6)由决策者决定结构图,形成相应文件。

(7)建立项目的编码规则,对分解结果编码。

3)工程项目分解的方法

(1)按项目产品进行分解。根据习惯,工程项目按产品分解如图1-6所示。

图1-6　施工项目分解结构——按项目产品分解

①建设项目是指按一个总的设计意图,由一个或几个单项工程所组成,经济上实行统一核算,行政上实行统一管理的建设单位。一般以一个企业、事业单位或独立的工程作为一个建设项目。

②单项工程是指具有独立的设计文件,可以独立施工,建成后能够独立发挥生产能力或效益的工程。如工业项目的生产车间、设计规定的主要生产线。非工业生产项目是指建设项目中能够发挥设计规定的主要效益的各个独立工程,如办公楼、影剧院、宿舍、教学楼等。单项工程是建设项目的组成部分。

③单位工程是指具有独立设计,可以独立组织施工,但完成后不能独立发挥效益的工程。它是单项工程的组成部分。如一般土建工程包括下列单位工程:a. 路基工程;b. 路面工程;c. 桥梁工程;d. 互通立交工程;e. 隧道工程;f. 环保工程;g. 交通安全设施;h. 机电工程;i. 房屋建筑工程。特大斜拉桥和悬索桥包括下列单位工程:a. 塔及辅助、过渡墩;b. 锚碇;c. 上部构造制作与防护;d. 上部构造浇筑与安装;e. 引道;f. 互通立交工程;g. 互通安全设施。

④分部工程是指按结构部位、路段长度及施工特点或施工任务将单位工程划分的各组成部分。如路基工程一般包括下列分部工程:a. 路基土石方工程;b. 排水工程;c. 小桥、通道、人行天桥、渡槽;d. 涵洞;e. 挡土墙。

⑤分项工程是建设项目的基本组成单元,是根据不同的施工方法、材料、工序及路段长度等划分的。它可以通过较简单的施工过程就能生产出来,可以有适当的计量单位,是计算工料消耗、进行计划安排、统计工作、实施质量检验的基本构成要素。如路基土石方工程一般包括下列分项工程:a. 土方路基;b. 石方路基;c. 软土地基;d. 土工合成材料处治层。

根据施工项目管理的需要可作出如下分析。

①建设项目、单项工程、单位工程、分部工程、分项工程的施工任务都是由施工单位完成的。因此,在他们施工的过程中,都需要由施工单位实施施工项目管理,以保证大小建设项目目标的实现。

②分项工程的实现,依靠每个分项工程中所包含工序的完成。因此对工序施工目标的实现,依靠对施工工序的管理,而施工工序的管理效果,取决于对人、机、料、法、环的控制结果。质量、进度、造价控制效果如何,最基本的就是看分项工程完成后统计检查、质量检查、计划检

查的结果。以统计数据报工程工作量，评定质量管理等级。

③只有单位工程才是施工活动的完整产品。施工项目管理的最简单的完整“项目”，应当是单位工程。施工项目管理要实现的合同目标，应起码是单位工程的整体目标。

④单项工程是由单位工程组成的，应是单位工程的群体组合。它既可以作为一个施工项目进行管理，又可以作为一组施工项目进行管理。即一个单项工程既具有总体目标，又可以通过分解确定其单体目标。单项工程总体目标的实现，有赖于单位工程目标的实现。建设单位对单项工程目标的实现感兴趣，因为单项工程完成可以发挥投资效益。所以每个单项工程完成后，建设单位都要进行验收。

⑤建设项目是由单项工程组成的，所以它是一个更大的群体。它的施工阶段既可以由施工单位作为一个施工项目进行管理，也可以分成若干大小单项工程施工项目进行管理。当建设项目的施工任务全部完成后，还不能形成生产能力，只有生产准备、联动试车及各配套项目完成后，才能形成生产能力。

综上所述，施工项目是一个系统，由整体系统和大小子系统构成。因此施工项目管理也是一个系统。在进行管理时必须首先界定其工程系统，再针对工程系统确定施工项目管理目标，从而实施项目管理。特别注意由于施工项目的阶段局限性和管理主体是建筑业企业的特点，决定了它与建设项目管理或全过程的项目管理不同。

(2)按承担任务的组织进行分解。如图 1-7 所示。

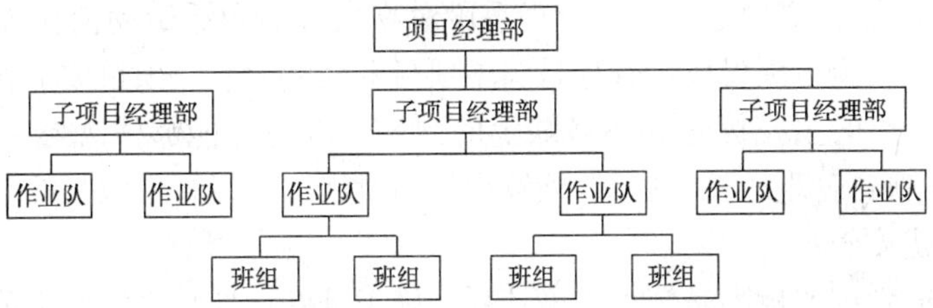

图 1-7　项目结构分解——按承担任务的组织分解

2. 工程项目分解与施工项目管理

工程项目分解是编制施工项目管理规划的前提。要进行施工项目目标管理，也必须进行工程项目分解。要编制计划、计算造价、工程结算等都需要进行工程项目分解。工程项目分解必须以项目目标体系为主导，以工程技术系统范围和项目的总任务为依据。因此，工程项目分解与施工项目管理是相辅相成的关系。

3. 施工项目管理工作体系的建立要点

(1)认真研究、核算工程施工合同中界定的施工项目控制总目标，收集制定控制目标的各种依据，为施工项目管理落到实处做准备。

(2)项目经理与企业经理签订的《施工项目管理目标责任书》确定项目经理的管理目标。

(3)项目经理部编制《施工项目管理实施规划》确定项目经理部的总目标。

(4)制定施工项目的阶段目标和年度目标。

(5)按时间、部门、人员、班组落实目标，明确责任。

二、施工项目目标管理

1. 目标管理的概念

目标管理是一种综合的以工作为中心和以人为中心的系统管理方式。它是在一个组织中由上级管理人员同下级管理人员，以及同员工一起来共同制定组织目标，并把其具体化展开到组织的每个部门、每个层次及每个成员，与组织内部每个单位、部门、层次和成员的责任成果相互密切联系，明确地规定每个单位、部门、层次和成员的贡献和奖励报酬等一套系统化的管理方式。

施工项目管理是施工企业对施工项目进行有效的掌握控制。主要有如下特征：一是施工项目管理者是建筑施工企业，他们对施工项目全权负责；二是施工项目管理的对象是项目，具有时间控制性，也就是施工项目的运作周期（投标—竣工验收）；三是施工项目管理的内容是在一个长时间内进行的有序过程中，根据阶段及要求的变化，管理内容也发生变化；四是施工项目管理要求强化组织协调工作。

2．施工项目的目标管理体系

1）施工项目质量管理

施工项目质量管理是工程建设质量管理的最重要一环，因此施工质量控制的意义应当提高到工程建设质量乃至经济建设的高度来认识。

为全面系统地把质量工作落到实处，当务之急是建立切实可行的质量保证体系。同时，施工企业依据质量保证模式，建立自己的质量保证系统，编写质量手册，制定质量方针、技师目标，使之更具有指令性、系统性、协调性、可操作性、可检查性。

2）施工项目的成本管理

在施工过程中，运用必要的技术与管理手段对物化劳动和活劳动消耗进行严格组织和监督的一个系统过程。施工项目成本管理是施工项目管理的中心。项目成本管理正成为施工项目管理向深层次发展的主要标志和不可缺少的内容。因为它能够体现施工项目管理本质特征，能够反映施工项目管理的核心内容，能够提供衡量施工项目管理效绩的客观尺码。

3）施工项目进度管理

施工项目进度管理的标准是施工进度计划。施工进度计划是表示施工项目中各个单位工程或各分项工程的施工顺序、开竣工时间以及相互衔接关系的计划。

4）施工项目安全生产与文明施工的管理

所谓施工项目安全管理，就是施工项目在施工过程中，组织安全生产的全部活动，通过对生产因素的具体控制，使生产因素不安全的行为和状态减少或消除，不引发事故，从而保证施工项目的正常运行。

3．目标分解与责任落实

1）目标分解

根据目标管理的需要，按工程结构分解的要求自上而下进行目标展开。分解的目的是为了自上而下保证目标的实现。如图1-8和图1-9所示。

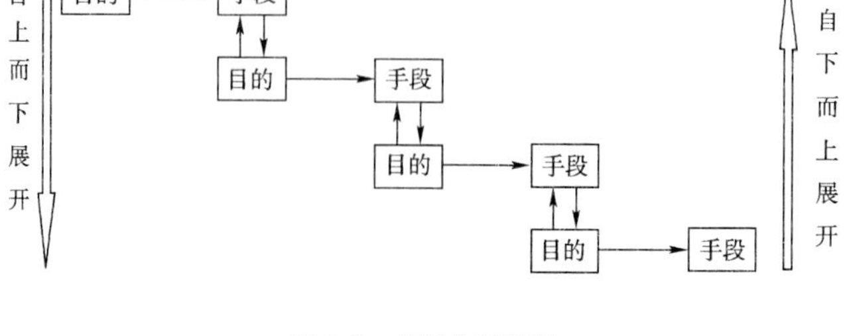

图1-8　目标分解程序

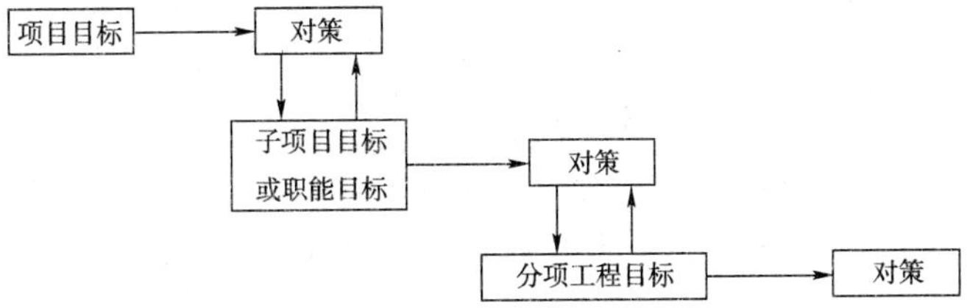

图 1-9　目标分解体系

由于管理目标有多类，有质量目标、进度目标、成本目标及安全目标，若对每类目标进行分解，则显得有些冗繁。在实践中通常结合项目管理组织机构的职责分工进行综合分解，如图 1-10 所示。

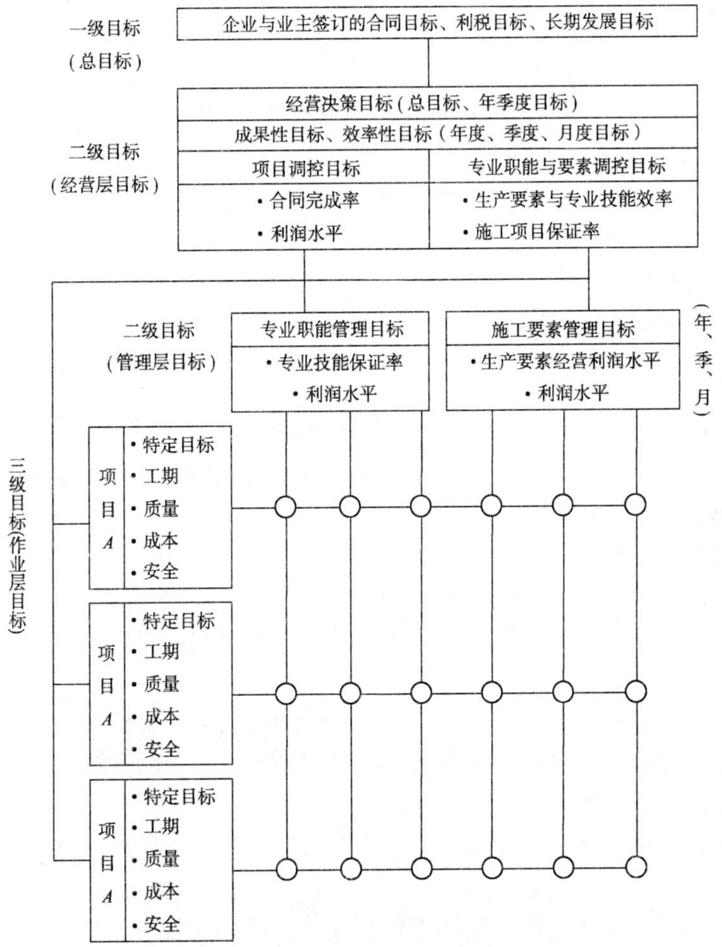

图 1-10　项目目标分解结构

2）责任落实

（1）确定施工项目组织内各层次、各部门的任务分工，既对完成施工任务提出要求，又对工作效率提出要求。

（2）把项目组织的任务转换为具体目标。该目标有两类：一类是产品成果性目标，如工程质量、进度等；另一类是管理效率性目标，如工程成本、劳动生产率等。

(3)落实目标。落实目标时应注意:一是要落实目标的责任主体,即谁对目标的实现负责;二是明确目标主体的责、权、利;三是要落实对目标责任主体进行检查、监督上一级责任人及手段;四是要落实目标实现的保证条件。

(4)对目标的执行过程进行调控。即监督目标的执行过程,进行定期检查,发现偏差时分析产生偏差的原因,及时进行协调和控制。对目标执行好的主体进行奖励。

(5)对目标完成的结果进行评价。即把目标执行结果与计划目标进行对比,以评价目标管理的效果。

目标落实以后,编制项目管理目标一览表(表1-1),作为施工项目管理规划的编制内容和依据。

项目管理目标一览表 表1-1

目标项目			管理点	对策	相关部门 ○关联 △强关联				实施进度				责任人
类别	目标	量值			×部分	×部分	×部分	×部分	一季度	二季度	三季度	四季度	
									计划	计划	计划	计划	
									实际	实际	实际	实际	
主管目标													
自控目标													
相关目标													

三、施工项目管理规划

1. 施工项目管理规划的概念

施工项目管理规划是对施工项目管理组织内容、方法、步骤,重点进行预测和决策,作出具体安排的纲领性文件。在开工前由项目经理主持编制,旨在指导施工项目实施阶段的管理工作。其特点是:

(1)施工项目实施过程中的管理依据。指导施工准备阶段、施工阶段、交工验收阶段的项目管理。既为这个过程提出管理目标,又为实现目标作出管理规划。

(2)内容具有实施性。其目的是为指导实施过程,作为实施阶段项目管理操作的现实而具体的依据。

(3)追求管理效率和良好效果。常言道"凡事预则立,不预则废",事先有规划,事中有章法,目标明确,安排得当,措施有力,必然会产生高效率,取得良好效果。

2. 施工项目管理规划的内容

(1)工程概况的描述。主要包括工程特点、建设地点特征、施工条件、项目管理特点及总体要求。

(2)施工部署。主要包括该项目的质量、进度、成本及安全总目标;拟投入的最高人数和平均人数;分包规划、劳动力吸纳规划、材料供应规划、机械设备供应规划;施工程序;项目管理总体安排含组织、制度、控制、协调、总结分析与考核。

(3)施工方案。主要包括施工流向和施工程序;施工段划分;施工方法和施工机械选择;安全施工设计。

(4)施工进度计划。如为建设项目施工,一般应编制施工总体进度计划;如为单项工程或单位工程施工,应编制单位工程施工进度计划。

(5)资源供应计划。主要包括:劳动力供应计划;主要材料和周转材料供应计划;预制品订货和供应计划;大型工具、器具供应计划。编制每种计划时应明确分类、数量和需用时间,宜用表格表示。

(6)施工准备工作计划。主要包括:施工准备工作组织及时间安排;技术准备;施工现场准备;作业队伍和管理人员的组织准备;物资准备;资金准备。

(7)施工平面图。主要包括:施工平面图说明,内含设计依据、设计说明、使用说明;施工平面图,内含拟建工程各种临时设施、施工设施及图例;施工平面图管理规划。

(8)施工技术组织措施计划。主要包括:保证进度目标的措施;保证质量目标的措施;保证安全目标的措施;保证成本目标的措施;保证季节施工的措施;保护环境的措施;文明施工措施。

(9)项目风险管理规划。主要包括:风险因素识别一览表;风险可能出现的概率及损失值的估算;风险管理重点;风险防范对策;风险管理责任。

(10)技术经济指标的计算与分析。首先,根据所编制的项目管理规划列出:总工期;分部工程及单位工程达到的质量标准,单项工程和建设项目的质量水平;总造价和总成本,单位工程造价和成本,成本降低率;总用工量,平均人数,高峰人数,劳动力不均匀系数,单位面积的用工;主要材料消耗量及节约量;主要大型机械使用数量、台班量及利用率。其次,对以上指标的水平高低作出分析和评价。最后,针对实施难点提出对策。

3. 施工项目管理规划的实施

(1)根据工程承包合同要求,树立用户至上的思想,完成施工任务;在施工过程中按企业的授权范围处理好施工过程中所涉及的各种外部关系。

(2)进行工程项目分解,形成施工对象分解体系,以便确定阶段控制目标,从局部到整体地进行施工活动和进行施工项目管理。

(3)建立施工项目管理工作体系,绘制施工项目管理工作体系图和施工项目管理工作信息流程图。

(4)努力节约各种生产要素,降低工程成本,实现施工的高效、安全、文明。

(5)努力做好项目核算,做好施工任务、技术能力、进度的优化组合和平衡,最大限度发挥施工潜能,做好原始记录。

(6)做好队伍的精神文明建设。

(7)及时向企业管理层提供信息和资料。

思 考 题

1. 什么是项目和项目管理?它们各自有何特征?
2. 阐述公路施工项目管理的特征、职能、任务及工作内容。
3. 工程项目管理的组织形式有哪几种?它们各有什么特点?
4. 项目经理部应如何协调好内外关系?
5. 施工项目目标管理的内容主要有哪些?
6. 结合自己实际工作情况,简要说说如何进行施工项目的目标控制与规划?

单元二　公路项目施工前期工作

知识点

1. 公路项目的承发包方式和招投标程序；
2. 工程任务招揽的目标与数量、方式，招标对象的选择，工程估价，投标报价策略；
3. 中标后的手续办理及法律准备的相关内容，建立施工的技术条件；
4. 施工组织准备、施工技术准备、施工现场准备的工作内容；
5. 施工前有关协调工作的准备及做好施工管理的基础工作的有关内容。

技能点

1. 进行工程任务的招揽；
2. 施工准备工作的内容和方法；
3. 协调各方工作关系。

本单元主要学习招揽工程任务与工程投标、公路项目施工准备工作。

课题一　招揽工程任务与工程投标

一、公路施工项目的承发包方式

所谓承发包方式，是以建设单位（业主）作为发包方，把公路项目的施工任务委托给专业公路施工企业（作为承包商）去完成的一种形式。也有的公路施工企业从建设单位承揽到工程任务之后，又把其中一部分分包给其他专业施工单位去完成，这也是一种承发包关系。承包发包方式是目前公路施工最基本、最主要的经营方式。

1. 承发包方式的分类

根据双方建立承发包关系的途径不同，公路项目施工承发包方式可分为以下几类。

1）招投标方式

这是一种通过竞争，由招标单位从投标单位中择优选择承包单位的方式，这种方式又可分为公开招标和非公开招标两种。

（1）公开招标

公开招标亦称为无限竞争招标，由业主在国内外主要报纸、有关刊物上，或在电视、广播上发布招标广告。凡对此有兴趣的承包商都可购买资格预审文件，预审合格者可购买招标文件进行投标。

这种招标方式可为所有的承包商提供一个平等竞争的机会，业主有较大的选择余地，有利于降低工程造价，提高工程质量和缩短工期，但由于参与竞争的承包商可能很多，增加了资格预审和评标的工作量，也有可能出现故意压低投标报价的投机承包商，以低价挤掉对报价严肃认真而报价较高的承包商，因此，采用这种招标方式时，业主要加强对投标商的资格预审，认真评标。

(2)不公开招标

不公开招标又称邀请招标或有限竞争性招标。这种招标方式不发布广告，业主根据自己的经验和对各种信息资料的了解，对那些被认为有能力承担该工程的承包商发出邀请，一般邀请5~10家(但不能少于3家)前来投标，这种招标方式一般可以保证参加投标的承包商有此项工程经验，信誉可靠，有能力完成该工程项目，但由于经验和信息资料有一定的局限性，有可能漏掉一些在技术上、报价上有竞争力的后起之秀。此种方式适合于以下情形：

①在特殊情况下，工程规模大，招标单位认为中、小型公司不可能胜任，因而选定几家大公司参与投标；

②工程复杂、专业性强，招标单位认为只有某些公司才能承担；

③工程规模较小，为节约招标开支没有必要公开招标；

④公开招标后无人投标，招标单位只好邀请少数单位投标。

在不公开招标中还有一种情形称为指令性投标，即对某些边远地区的工程，或条件艰险、施工难度大、工期又紧迫的工程，可由建设单位报请上级部门指定若干施工企业前来投标，然后选定一家来承包。

根据招标范围的不同，招投标又可分为：

(1)一次性招标。即全部工程实行总包的一次性投标。这种方式对招标前的准备工作要求较高，例如必须备齐工程的全部设计资料等。

(2)分期招标。即根据工程分期建设要求对先后进行的不同性质的工程进行招标，如路线工程分段招标，桥梁工程、隧道工程等分别或分期进行招标。

根据投标企业的注册情况，招标又可分为：

(1)国内招标。即投标者均为在国内注册的公路施工企业。

(2)国际招标。即投标者包括在国外注册的公路施工企业。世界银行贷款项目，必须实行国际招标。

2)协商承包(议标)方式

这种方式是业主邀请一家，最多不超过两家承包商来直接协商谈判，由此确定承发包关系，这种方式适用于以下情形：

(1)工程特殊，需要特殊的施工方法，而某一公司拥有该项专门技术；

(2)大、中修和改善工程项目，业主拿不出详细施工资料，只好由双方协商议标；

(3)工程的主要部分已经发包，留下零星部分议标发包；

(4)工程工期紧，如抢修工程，采用公开招投标已来不及，只好采用议标发包；

(5)在公开招标、非公开招标时均无人投标，只好转而采用议标形式。

2. 承包工程的取费方式

在招投标的情况下，承包工程的价款计算方式一般有以下几种类型(图2-1)。

- 承包工程计费方式
  - 费用包干
    - 按固定总价包干
    - 按固定单价包干
  - 成本加酬金
    - 成本加固定比率费用
    - 成本加固定数额费用
    - 限额成本加酬金

图2-1 承包工程的计费方式

1)按固定总价包干

即承包单位按签订合同时确定的总价包干，负责完成合同规定的全部工作。它适用于工程的规模、技术要求和质量标准都明确的工程。采用这种方式,对招标单位来说,有利于控制和节约投资。对承包单位来说,虽要承担工程中的风险损失,但也可能获得较大的盈利。因此,这是在公路施工项目招标中比较常用的价款包干方式。

2)按固定单价包干

即以工程量清单中单件为基础进行工程的投标承包,并以合同规定的单价包干。工程完工后双方按下式结算工程价款:

$$工程价款 = 包干的单价 \times 完工后实测的工程量$$

此种包干方式适用于工程量事前不能准确计算,或预计到工程规模将有较大变动的情况,如路基土石方工程、桥梁基础工程等。采用这种方式对招标单位来说,虽可简化招标工作,但不如总价包干方式那样有利于投资总额的控制;对承包单位来说,只要能提高效率,降低成本,也就会有盈利。

3)按成本加酬金包干

这种方式是指发包单位除按工程实际成本向承包单位支付费用外,另加一部分费用作为承包单位的利润及酬金。根据酬金确定方式的不同,又可分为:

(1)按成本加固定数额费用包干

建设单位付给承包单位的酬金是固定的数额。承包单位只要精打细算,节约管理费,就可获得利润;由于酬金数额包干,建设单位也乐于接受此种方式。

(2)按成本加固定比例费用包干

建设单位付给承包单位的酬金是按工程实际成本的一定百分率计算的。实际成本高,付出的酬金也高。对承包单位来说,收入随成本增高而增高,承担的风险小;但对建设单位来说,成本实报实销,酬金又水涨船高,造价难以控制,所以这种方式目前已较少采用。

(3)按限额成本加酬金包干

这种方式较前两种方式是一种改进,它规定了工程成本不得超过某一最高限额,对超过部分,按规定由双方分担。

上述3种成本加酬金的包干方法,就控制投资来说,都不如按固定总价包干和按固定单价包干的方式,它只适用于以下情形:

①工程设计尚未完成,但建设单位急于开工的工程;

②预计到施工过程中工程内容可能有变更,材料亦可能有变动;

③工程质量要求很高或有特殊要求的工程。

二、公路项目招投标程序

1. 招标准备工作

1)组建招标工作班子

为便于统一安排部署整个招标工作,需要组建一个少而精(5~8人)的工作班子,其人员应精通经济和技术方面的业务,熟悉施工生产经营,了解招标项目的技术要求,且掌握公路施工承包市场动态,熟悉国家经济和有关文件规定。招标工作班子的任务是:

①了解和剖析国内外招标制度、合同条款和招标案例,提出工程招标工作的总体规划;

②负责具体研究和拟订招标的实施计划;

③处理招标工作的日常事务;

④协调招标工作有关部门的业务联系。

这个工作班子是招标领导小组的业务工作机构，重大原则问题必须经领导小组审定批准，事务工作则由工作小组全权处理。当工作人员的业务知识范围或人员数量受到局限时，应由工作班子有针对性地聘请业务咨询，以提高工作效率，解决实际问题。

2）确定招标工作范围和招标方式

一个公路项目的招标，可以将整个工程作为一个标段，实行总发包，也可以将工程按单项、单位、分部或专业工程分阶段分项目实行招标，确定招标工作范围以后，再确定招标方式方法。若将一个工程分成若干个标段，则各个标段可以采用不同的招标方式。是公开招标，还是邀请招标，是向国际招标，还是向国内招标，应根据实际情况确定。一般除特殊工程以外，应该尽量采用公开招标方式。如采用邀请招标，应对应邀单位的施工能力、技术水平、管理水平、设备情况和社会信誉有基本的了解，不能盲目行事。

3）编写招标文件

为了进行招标，建设单位或委托设计咨询单位在进行招标前应编制招标文件，向投标单位介绍招标工程的情况、招标要求、合同条款等内容以及招标的程序和规则。编制招标文件是招标工作中的一项很重要的内容，其实质性的部分往往是字斟句酌，反复推敲。对于公路建设项目，已有编好的招标文件范本和表格，招标单位只须按规定填写，附上图纸，即可成为完整的招标文件。

2. 招标程序

招标工作的一般程序是：

(1)刊登招标公告或发出招标邀请书；

(2)发出资格预审文件；

(3)进行资格预审。如属邀请招标，(2)、(3)两项可不必进行；

(4)分发或发售招标文件；

(5)组织投标单位介绍情况，解答问题，勘察现场；

(6)招标文件的修改(补充通知)及回答投标者的提问；

(7)接受投标者的投标文件；

(8)开标；

(9)评标；

(10)授标与签约。

3. 工程投标

1)投标及其必备条件

投标就是施工企业争取获得承包工程任务的竞争活动，是企业在竞争中承接任务的一种经济手段。

投标企业在认真研究招标文件的基础上，根据招标单位的要求条件，权衡价格、工期、质量、物资、对手等关键因素，在规定的期限内向招标单位递交投标文件，提出报价，以争取击败对手而中标，这就是投标的简单过程。

投标不应只看作是工程造价的竞争，实际上，这是企业之间比实力、比信誉、比管理水平、比应变能力的竞争。企业通过投标竞争，还可以促进自身管理水平的提高，使企业在不断改革中提高信誉，达到降低工程造价、确保工程质量、缩短建设工期、提高投资效益的目的。

根据我国招标承包制的有关规定，公路施工企业必须具备以下条件，才能参加投标。

①必须持有营业执照，具备法人资格。

②必须按技术等级规定的范围营业,不得越级承担任务。总包单位对所承包工程的主要部分必须自行完成,不得转包。

③跨地区承包任务时,必须有省(市)局级见证或担保,或所在地区地市级以上行政主管机关的批准书,并在本地注册取得临时施工执照。

2)投标工作的一般程序

投标工作的一般程序,可用框图表示,如图 2-2 所示。

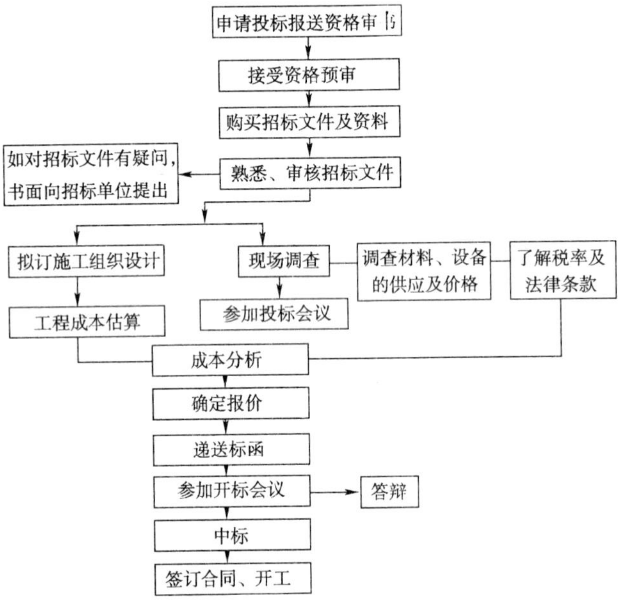

图 2-2 投标程序框图

3)投标机构的设置

为了适应公路市场的竞争,公路施工企业必须建立一个精干且具备决策能力的经营班子负责投标工作,一般称为经营办公室。班子的大小视企业的规模而定。有时,对某些大型的或有影响的招标工程,甚至要单独组建投标班子,从事专门工作。

投标机构的决策班子,除少数企业领导成员外,其余具体工作人员则由各种富有经验的专业人员配套组成,应该包括道路、桥梁、隧道等方面的工程技术人员,预算、财务方面的专业人员,熟悉经营和物资供应业务的人员等。他们应有较高的技术业务素质及较宽广的知识面,应该既懂业务又懂经营管理,既能踏踏实实地工作又有外交上的应变能力,能言善辩,头脑清醒。

投标机构的职责是承担本企业投标的全部工作。即从收集各种信息情报资料开始,进行定性、定量的综合分析,做出参加哪一项工程投标的决策,然后申请投标,参加有关会议和现场勘察,编制投标文件,提出报价。一旦中标,还要负责合同的起草与谈判工作。与此同时,积累有关报价的各种原始数据、经验和对手情报,分类归档,并逐步制定出密级较强的本企业先进合理的各类定额,如人工定额、机械定额、材料消耗定额等。

三、招揽工程任务

1. 招揽工程任务的目标和数量

招揽工程任务是公路施工企业的一项重要经营活动,如果企业招揽不到工程任务,生产也就停顿了。招揽工程任务的目的,是为企业的生存和发展提供源源不断的任务来源,使企业保持一定的经营量。

企业的经营量要保证企业经营计划中目标利润的实现。所以,根据企业的目标利润即可确定企业应完成的工程任务量,确定方法如下:

企业目标利润 = 合同总金额 - 生产总成本

= 合同总金额 - (变动成本 + 固定成本)

= 单位价格 × 交竣工工程量 - 单位变动成本 × 交竣工工程量 - 固定成本

= (单位价格 - 单位变动成本) × 交竣工工程量 - 固定成本

如果,单位创利额 = 单位价格 - 单位变动成本,则:

交竣工工程量 = (目标利润 + 固定成本)/单位创利额

年施工工程量 = 年交竣工工程量/交竣工率

年招揽任务量 = 年施工工程量 - 上年结转任务量

= 协商承包任务量 + 投标获得任务量

投标获得任务量 = 年施工工程量 - 上年结转任务量 - 协商承包任务量

参加投标工程量 = 投标获得任务量/中标率

2. 招揽任务的方式

公路施工单位招揽工程任务的方式,归纳起来有以下几种:

(1)访问业主,以及同业主洽谈。目的是同业主建立融洽的关系,以取得业主对承包单位的了解和信任。其缺点是,工作量大,由于时间、地点等原因,使接触面受到限制。同时也需要花费很长的时间才能达到了解和信任的目的,尤其是初到外地投标更是如此。

(2)利用广告、报刊和电视等宣传工具,扩大企业在社会上的影响。其优点是宣传面广,但要注意广告的真实性和艺术性。缺点是不如访问业主那么直截了当,不便于业主对承包单位的深入了解。

(3)利用公共关系。如举办介绍施工企业业务范围的各种活动,扩大企业影响。正当的公共关系是社会交往中不可缺少的,它是联系业主与承包商的桥梁。同访问业主方案比较,承包商可以与更多的业主处理好关系,但工作量大,同时要严禁违反财经纪律等不正当事件发生。

(4)发动职工提供线索。充分利用广大职工在社会上拥有广泛接触面这一优势,动员全体职工招揽工程任务,这是一种行之有效的方式。采用这种方式应对招揽任务的职工进行鼓励,提高他们的积极性。

(5)利用有关部门的推荐或介绍信获得工程任务或工程任务的信息。具体说来有以下渠道:

①对国家公路建设发展趋势进行预测,进行专门的市场调查;

②从国家计划部门和交通主管部门获得情报、信息和资料;

③从政府部门的新闻发布会获得信息;

④从有关协会、学会、咨询中心得到有偿信息;

⑤从勘察设计单位获得工程信息;

⑥追踪世界银行的年度报告,获得国际承包工程信息。

总之,提高企业在社会上的信誉和竞争能力是获得工程任务的实力,适当的策略是获得工程任务的手段。只有实力和手段的结合,企业才会得到源源不断的工程任务。

3. 投标对象的选择

当我们获得众多业主的信息之后,便可成竹在胸,选择投标对象时有着广阔的余地。

投标对象的选择,也是一项策略性的业务工作。参与投标与否、投哪些工程的标等,在投标之前必须进行投标可行性研究。如何参与竞争，中标之后的效益，以什么样的报价投标，不投标会给企业带来什么局面等，都是需要考虑的问题。

一般来说，选择投标对象需要收集以下几个方面的资料。

1)技术资料

(1)招标文件和招标通知中关于工期、费用、质量、规模、性质、业主意向、材料、劳动力来源等情报。

(2)反映工程特征的有关资料。如工程图纸、施工条件、类似工程的有关资料等。

(3)反映技术经济条件的有关资料。如该工程项目的政治经济意义等。

(4)当地风土民情、风俗习惯。如果是参与国际工程承包，还应熟悉当地法律条款等。

2)企业外部制约因素

(1)针对工程的性质、质量、技术难易，考虑本企业在技术上是否力所能及。

(2)针对时间上的制约因素，考虑企业能否按期提出投标报价、按期完工。

(3)针对竞争的态势(各竞争对手的优势、信誉、任务饱满状况)，考虑竞争力量的大小。

(4)针对地理位置、风土民情，考虑本企业能否适应环境，机构与设备搬迁的费用大小。

(5)针对施工现场的具体情况，考虑现场运输、施工组织有无困难。

3)企业自身的制约因素

(1)针对本企业有无后续工程、任务饱满程度决定投标报价的高低。

(2)针对本企业技术管理专长、设备配置状况决定选择投标工程的类型。

(3)针对本企业的资金条件是否雄厚，决定对哪种投资性质(拨款、贷款或垫支资金)的工程投标。

(4)考虑参与投标是否出于某种策略上的需要。例如，参与投标是为了争取后续更大的工程项目；为企业“创牌子”，扩大社会影响；为开拓新的工程领域，占领新的工程承包市场等。

(5)企业经营决策上的需要。对招标单位来说，投标企业越多，标价就越压低一些。因此，建设单位往往主动邀请施工单位参与投标。在这种情况下，施工单位为搞好与建设单位的关系，也可参加投标，但不企求中标。这时就可适当地把标价提高一些。

4)经济效益的预估和评价

根据掌握的资料和有关数据，采用定量分析方法对拟选择的投标对象的经济收益进行预估和分析。常用的方法有：

(1)线性规划法

【例1】 设有某施工企业得到以下工程招标的信息，试确定如何参与投标。

甲型工程:6项，其中标预计每项可获利7万元；

乙型工程:3项，若中标预计每项可获利息5万元。

该施工企业现有资源和甲型、乙型工程消耗资源见表2-1所列。

资源拥有量及耗用量 表2-1

资源名称及单位	拥有量	一项甲型工程耗用量	一项乙型工程耗用量
××工种(工日)	35 000	6 600	4 800
×××工种(工日)	50 000	7 500	5 600
××设备(台班)	25 000	4 000	4 000
×××设备(台班)	25 000	3 000	3 000

在上述情况下，利用现有资源以获得最大的经济收益，这就是一个线性规划问题。设承包

甲型工程项数为 X_1，承包乙型工程项数为 X_2，则有约束方程：

$$6\,600\ X_1+4\,800\ X_2\leqslant 35\,000$$
$$7\,500\ X_1+5\,600\ X_2\leqslant 50\,000$$
$$4\,000\ X_1+4\,000\ X_2\leqslant 25\,000$$
$$3\,000\ X_1+3\,000\ X_2\leqslant 25\,000$$
$$X_1,X_2\geqslant 0$$

目标函数为：

$$\Phi(X)=70\,000\ X_1+50\,000\ X_2\longrightarrow \text{最大值}$$

解此线性规划问题，得 $X_1=3$，$X_2=3$。即承包甲型工程 3 项和乙型工程 3 项。

(2)决策树分析

现有 A、B 两个工程对象，投标方案 3 个：即投 A 不投 B；投 B 不投 A；A、B 都不投。由于后一方案不存在选择问题，故不予以考虑。

投标策略有两个：高标价与低标价。

中标与否有两个状态：中标与不中标。

中标后的得利可能有 3 种状况：得利较优、得利一般和得利较低，其概率分别是 0.3、0.5 和 0.2。

根据已知数据资料，画出决策树图如图 2-3 所示。

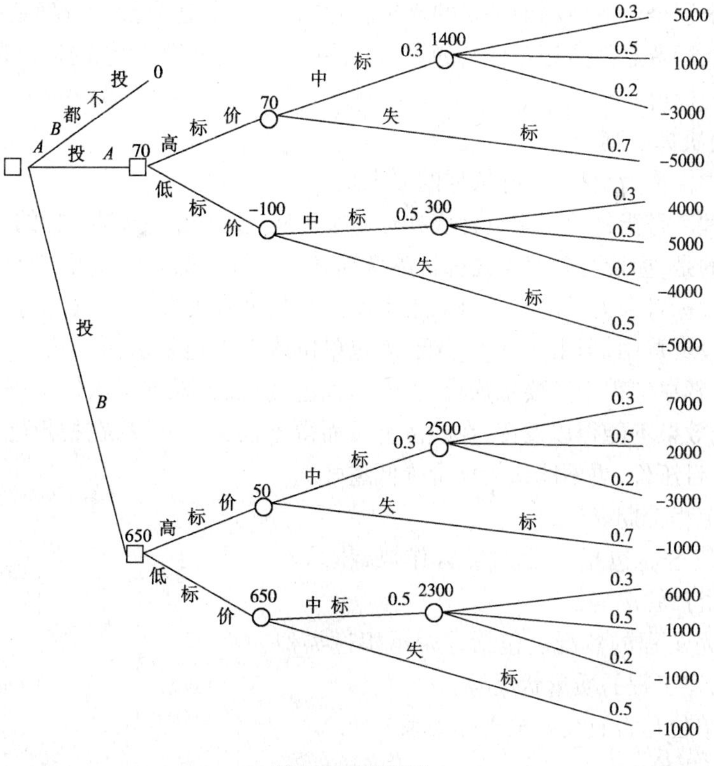

图 2-3 决策树图

各方案的收益期望值可计算出来，并标注在决策树图上。从图 2-3 可知，可推荐收益期望值为最大的"投 B 不投 A"的方案，供领导决策参考。

除了利用线性规划、决策树分析外，考虑到施工企业承包工程要先垫付工程款，这意味着要投资。所以，还应从投资收益角度进行方案分析。

选择承包工程对象，确定是否参加投标，影响因素很多，并没有固定的数学模型可用以直接计算出答案来，最后仍然要从企业的经营目标和经营策略出发，以企业经营上的需要为主进行分析。例如，有些条件好的工程，正因为有其好条件，竞争的人就多，在这种情况下，标价就可能压得较低，即使中标得利也可能甚微。相反，有些所谓“骨头”工程，谁都不愿去干，投标竞争的人数就少。此时，较高的标价也可能中标。另外，如果企业任务不饱满，并有窝工的危险，这时就应积极参加投标，并且争取中标。因为窝工也是一种损失，即使按较低标价投标，对企业也可能是有利的。

4．工程估价

1）基本概念

（1）标底与标价

标底是根据设计单位（或委托咨询公司）编制的预算文件确定的承包工程的价格，也可看作是公路产品的计划价格，这一价格反映了完成该工程的社会平均劳动消耗量水平。标底对各投标单位是保密的。

由于公路产品的特点，对于按上述方法确定的基本造价，还应根据工程结构的繁简程度、要求的质量等级、工期长短等因素进行必要的调整。总之，对标底的要求是使之充分反映公路产品作为特殊商品的价值，保证公路产品价格确定的科学性和合理性。

标价是各投标单位编制的承包工程的价格，也可看作是公路产品的浮动价格，反映了为完成该项工程的个别企业的劳动消耗量的水平。对同一工程，各个投标者确定的标价是彼此不同的，同时，各投标者之间是相互保密的。对公路施工企业来说，理想的标价是既要保证中标，又能获得盈利的标价。

（2）决标及决标原则

决定由谁中标称为决标，决标依据的原则是：

①标价合理。是指标价要接近标底并略低于标底，要适当。这是决标的一项重要原则。

需要强调的是，标价合理绝不是标价越低越好。标价过低对招标者、投标者双方都是有害无一利的。对投标者来说，即使能中标，也不能盈利甚至造成大亏损；对招标者来说，表面上看似乎可以节约投资费用，但由于标价过低，承包单位或者被迫采取偷工减料的行为，最终危及工程的质量；或者在工程中又要求加价，影响工程进度；或者根本无法使工程进行下去最后延误工期，使投资效果不能得以发挥，在经济上反而得不偿失。所以，在招投标中应讲求合理的标价，而不能盲目压价，更不能认为标价越低越好。

②较短的工程工期。

③企业的信誉。包括企业的经营作风、技术素质、服务态度、资产状况等。

④企业已完工程的状况。包括是否承担过类似的工程，以及已完工程的质量状况等。

⑤与建设单位是否有良好的合作关系。

（3）估价与报价

如前所述，估价就是计算完成工程所需的费用，实际上就是确定承包工程的企业成本。而报价是在估价的基础上，再加上预期利润和工程风险费用，构成承包工程的企业水平的价格，即工程标价，如图 2-4

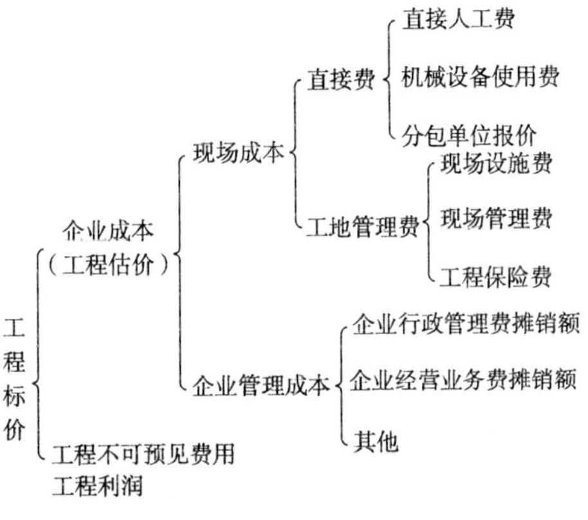

图 2-4　工程标价的组成

标价确定后，以报价书的形式向招标单位报送。

可见，估价和报价是前后两项紧密相连的工作，但又有不同的要求，见表 2-2 所列。

估价与报价的比较 表 2-2

项　　目	估　　价	报　　价
目的	确定完成工程的全部费用，要求尽可能符合企业实际	确定理想的标价，要求既能中标，又能盈利
工作性质	属于复杂、细致的业务性工作，要求精心计算	属于高度策略性的工作，要求精心决策
参与人员	工程项目负责人、工程技术人员、预算人员及有关业务人员	经营决策人员

2）估价的基本程序

（1）深入分析和研究招标文件

①分析研究招标书。了解工程的规模、范围、工期、分期建成的要求以及建设单位的其他意图。

②分析和研究设计图纸。了解工程对象的性质、类型、设计意图、设计图纸的依据能否满足施工需要等。

（2）现场调查

在招标文件粗读阶段即宜进行。这就是说，调查是带着粗读招标文件后所发现的问题去进行的，调查后再深入研究招标文件。现场调查的基本任务是收集与工程有关的技术经济资料。

（3）确定工程的整体施工规划方案

在上述（1）、（2）阶段工作的基础上，结合本企业的具体情况确定工程的整体施工规划方案。其主要内容包括：

①主要施工方案。包括采用的主要施工设备；

②进度安排。说明能否在要求时间内完成工程；

③确定分包工程项目；

④确定主要资源的供应来源；

⑤现场主要临时设施。

（4）计算工程费用

也就是确定反映企业水平的工程成本。在这一步骤中，必要时可对已拟订的整体施工规划方案进行调整和修正。

3）工程费用的计算

估价工作的任务在于准确确定反映企业水平的承包工程的成本。从图 2-4 可知，其核心部分是工程的现场成本。现就工程成本中几项费用的计算简述如下：

（1）工程直接费的计算

工程直接费是成本的最主要部分，要求如实地准确计算，计算程序如图 2-5 所示。计算过程要加强检查与核对。

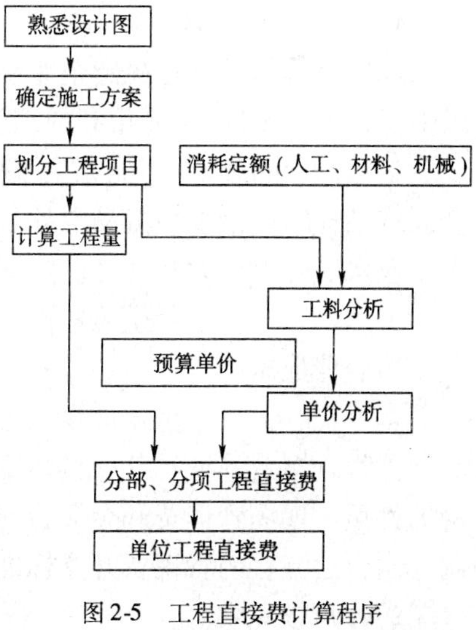

图 2-5　工程直接费计算程序

（2）工程管理费的计算

工程管理费是指发生在现场上的、能够直接计入承包对象上的管理费用，应尽量从细考虑，分项计算笼统采用一个管理费系数与直接费相乘得出现场管理费的计算方法，是很难适应投标需要的。

管理费中的大型临时设施费用，应根据施工规划方案确定的进度、主要施工方案、主要机械设备等进行计算。现场管理费主要是现场管理人员的工资，应根据现场管理机构的设置方案和配备人员计算，其他的费用则根据有关现场管理费用定额计算。工程保险费根据现行保险费率计算。

若工程规模较大、工期较长时，也可把大型临时设施从工程管理费中分列出来，单独作为一部分。

(3)企业管理费的计算

企业管理费是在企业范围内开支的、不能直接计入某一承包对象上的费用。这项费用应分摊到各个承包对象上去，构成工程的企业管理成本。

分摊在承包工程上的企业管理费与工程工期、工作量、主要工程量、技术难度(是否采用新工艺、新技术、新结构)有关，企业应积累有关原始资料进行分析，一般采用系数的形式进行分摊计算。

(4)计算中应注意的问题

为了使工程费用能够真正反映企业水平，计算中应注意以下问题：

①施工方案要结合企业具体情况，因时、因地、因工程制宜，把企业的优势反映出来。

②要有反映本企业水平的各类消耗定额。由于各个企业的经营管理和技术水平不同，各类消耗定额的水平也应不同，所以，不能用统一的预算定额来进行投标估价。

③要有反映企业水平的预算单价。以材料预算单价为例，除材料出厂价格外，材料的采购、运输、加工、保管等项费用，也因各个企业经营管理水平的不同而不同。此外，构成机械设备使用费的若干费用，如维护费、修理费等，也因各企业而不同。

④要有反映企业水平的管理费计算办法和计算标准。各个企业由于管理层次和机构设置不同，管理工作效率不同，管理人员业务素质等不同，也应有不同的管理费计算办法和标准。

总之，估价是为了投标报价，要使报价有竞争力，构成标价核心部分的成本就必须充分反映企业各方面的优势。

5. 投标报价策略

选择合理的报价是决定企业能否中标，能否在中标之后取得满意的盈利水平的基本要素。以下探讨既能中标，又能盈利的理想标价。

工程标价的确定，不能完全依赖于全国或某省通用的预算定额。因为通用定额反映的是全国或某省的社会平均劳动消耗水平，不能反映个别企业的优势与劣势所在。而应当以反映本企业水平的价格为标准来确定标价，从而形成企业标价。企业标价可按下式计算：

$$企业标价 = 企业成本 + 不可预见费 + 目标利润$$

1)企业成本

$$企业成本 = 工程直接费 + 现场管理费 + 企业管理费$$

工程直接费是针对某一具体工程所需的工、料、机等费用实打实计算出来的，具有不可变动的性质。现场管理费和企业管理费针对具体投标单位管理水平的不同而不同。各企业应当制定出自己特有的管理费开支标准，做到“胸中有数”。

2)不可预见费

不可预见费，根据工程的地点、工期的长短、施工季节、各种自然条件的不同而不同，如交通中断、材料涨价、货币贬值、自然灾害等的影响。为此，要对各种有利与不利的外在因素进行充分地估计，以确定这笔费用的开支界限。

3）目标利润

目标利润采用高利还是微利，要由企业经营策略决定。

值得注意的是，在确定利润目标和报价策略的过程中，要立足于对几个方面利益的权衡：

①我方——投标人之一的利益需要；

②业主——招标人的利益需要；

③若干他方——竞争对手的利益需要。

在社会主义国家内部，招投标各方的根本利益是一致的，都是以为国家创造更多的财富为目的。但也存在局部利益不一致的矛盾，解决这种矛盾应有特定的方式，目的是，以竞争来促进技术和管理水平的提高，为社会创造更多的财富。

我们参与一项工程的投标，无疑一般是以盈利为目的。如果难以达到这个目的，则退而求其次（有高利型、平利型、低利型、薄利保本型、略亏“创牌子”型5种情况），但要以对整个企业的长远目标有利为原则。

4）报价策略的定性分析

（1）由于本企业具有某些方面的优势，对某类工程即使采用低标价，也可通过挖掘潜力，降低成本，照样获利。

（2）由于企业有“绝招”，独家经营某类工程，即使采用高标价也可中标。

（3）在企业无显著优势的情况下，对于竞争对手众多的工程，要适当降低报价，反之，适当提高报价。

（4）对于工期长、不可预见因素多、风险性大（如可变因素多、贷款利率高等）的工程，采用高报价，反之低报价。

（5）若企业无后续工程，则低利、薄利保本甚至略亏也干，采用低报价，反之高报价。

（6）对续期工程的中标有利，可采用低报价，反之高报价。

（7）由于企业经营策略的需要，如为扩大影响，为求得长远利益等，采用低报价。

5）报价策略的定量分析

企业要盈利，就应有：报价＞反映企业水平的成本。如果达不到这一点，则逐步采用图2-6情况。

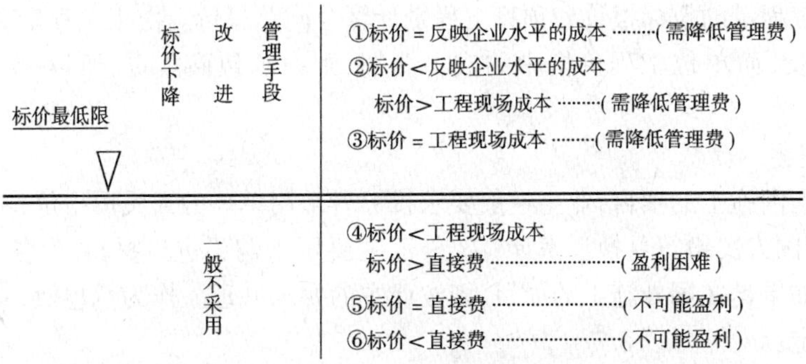

图2-6　工程标价分析

6）报价技巧

(1)削价技巧

①有大批工程分批建设,费用少一些;

②不在冬雨季施工,费用少一些;

③工期要求不紧,可减少夜间施工费、加班费;

④技术水平装备高的企业,可减少技术装备费;

⑤利用当地民工,减少机构搬迁费;

⑥利用当地材料,减少材料运价。

(2)加价技巧

①工程风险大,把握不准(工期长、环境复杂等);

②工期紧迫;

③由施工企业垫支资金的工程;

④由于合同签订后,设计变更、材料涨价,可另加费用。

投标报价的策略并没有固定的模式,目前虽有不少从中标概率角度提出的投标报价计量模式,但难于在实践中应用。报价需要的是经营决策人员的知识、经验和胆识。企业要赢得市场,要在竞争中取胜,基点仍建立在提高企业素质、精心经营、精心管理上,而别无他途。

课题二　公路项目施工准备工作

一、中标后的手续办理及法律准备

法律准备是施工准备的首要工作。在接到中标通知书之后,要积极办理各种手续,认真学习合同文件,并尽快熟悉和掌握国际、国内、当地政府的有关法律、法规和规章制度。

1. 承包商需要办理的各种手续

1)设立办事处

公路项目施工大多远离企业大本营,为便于与当地政府及各部门关系的协调,便于前方施工队伍与企业大本营的联系,需根据当地政府的有关规定申报成立办事处。

2)合同条款谈判和签署合同

接到中标通知书后28d内,按照招标文件规定格式的合同协议书就以下问题进行谈判。

(1)价格问题

根据单位工程量的投标报价和预算工程量计算合同总报价。由于工程量变更引起的总价超出由业主负责,而单位工程价格中的成本增加,则由承包商负责,所以,单价的确定十分重要。

(2)货币问题

如果是在国内施工的项目,业主一般要求投标者采用单一的人民币报价;用美元支付的数额和比例,按中国人民银行兑换汇率计算。外汇主要用于购买进口材料、设备,并按合同的有关规定办理。如果是在国外施工的项目,则按业主的要求办理。作为承包商,一定要熟悉合同文件的有关规定。

(3)支付款方式

主要商讨支付时间、支付方法和支付保证等问题,商定预付款的偿还按月等分扣回,合同另有规定的除外;工程进度款按月工程量计量计算支付,合同另有规定除外;工程竣工缺陷维修期满结清全部工程价款。在进行合同条款谈判时，要先易后难，不纠缠细小的问题；谈判过程中应当以互相信任、平等互利、符合合同条款为原则，同时结合工程所在地的政策、法规等，从而达成合同的签约条件。

3）履约担保

菲迪克条款第10条规定："按标书附录规定的金额在收到中标通知书28d以内向雇主提供。……提供这种担保的单位应经监理工程师批准。"通过担保公司、保险公司等机构为承包商履行义务而开出的具有一定金额和具体期限的书面函件称作保函。有的将银行开出的担保称为担保书。

在工程承包中常见的担保有：

（1）履约担保

它是承包商根据合同条款向业主提交正常履约的担保。履约担保在标书中有明确规定，一般为合同价的10%。业主要求"履约担保"是不可撤消的，而承包商则要求是不可转让的。履约担保格式，通常放在标书附录中。

（2）动员预付款担保

它是业主向承包商支付一笔工程动员预付款，作为工程项目的启动费用。其担保金额与动员预付款的数额相等，一般为合同价的10%～15%。当币种不同时，按合同中规定的比例支付。其格式也放在标书附录中。

（3）保留金担保

它是在第一次及每月的支付中向承包商扣除的质量保证金，一般为每次结算总额的5%。在保修期结束后返还。

（4）临时进口设备关税担保

这是一种担保承包商在工程竣工后将临时进口设备向海关办理再出口的关税担保。其金额与临时进口设备的关税相等，期限自进口之日至清关手续结束为止。

4）企业法人登记

根据国家工商行政管理局关于办理企业分支机构登记注册手续的有关规定，承包商应到当地工商局申请办理注册手续，并办理企业法人授权书证明。经当地工商局核准登记注册，领取"营业执照"，并刻制公章，开立银行账户，方可进行业务活动。

5）税务登记的申请办理

根据《中国税收征收管理法》第九条规定："企业在外地设立的分支机构和从事生产、经营的纳税人，自领取营业执照之日起30d内，带有关证件向税务机关申报办理税务登记。"第九条还规定：从事临时经营的纳税人办理税务登记后税收负担较低；未办理税务登记的按临时经营商进行征收，税收负担较高。

6）办理进口材料、设备报批手续

海关总署、财政部（84）税收字第689号文规定：凡国内单位直接使用世界银行贷款进口的机械设备、材料可予以减免进口关税和工商税，以此配合业主设备管理部门办理进口材料、设备和产品税手续。同时报商检部门备案，加强联系，以利工作。

7）保险

《FIDIC》第21、22、23、24、25条就保险作了详细的规定和说明。

保险具有强制性，是承包商弥补经济损失的一种方法。一般由业主指定保险公司投保。

工程承包中主要有以下几种保险：

(1)工程一切险

其内容为施工期工程本身、临时设施、现场材料、试验设备、施工机具等,凡保险单中规定的保险内容都属于保险范围。

其保险金额以合同总价为准。保险期限自开工之日起至缺陷责任期结束。

(2)第三方责任险

凡发生不属于施工双方即第三方造成的人身或财产的损失向保险公司投保的险种。

(3)人身意外险

合同中规定对所有参加施工的人员进行人身意外事故保险,其保险金额一般每人每年40 000 ~ 100 000元。

(4)货物运输险

它是由保险公司承担货物运输过程中意外或自然灾害造成的部分损失。

在国际工程承包中需要进口大量的材料和设备,在签订采购合同时应明确价格中保险的条件:离岸价(FOB)即货物加运费;到岸价(CIF)包括运费和保险费。

8)承包商如果是一个联合体,还要签订《联合施工协议》

9)需要业主办理的各种手续

如开工许可证,土地征用、青苗树木等的处理和赔偿,现场原有居民或其他房屋、设施的拆迁,施工所需的种种证件、批件和临时用地、占道等的申报手续,要敦促业主及时办理,以免延误工期。

2. 法律准备

包括熟悉和掌握与承包商有关的国家法规、地方规章;了解当地政府的有关规定;学习和掌握菲迪克条款与有关合同文件;制定承包商内部各类规章制度,依照法律与合同组织施工生产。

(1)熟悉和掌握与承包商有关的国家法规、地方政府规章。

与承包商有关的法规包括但不限于下列各项:

①中华人民共和国中外合资经营企业法;

②中华人民共和国中外合资经营法实施条例;

③中华人民共和国关于中外合资经营企业登记管理办法;

④中华人民共和国中外合资经营企业劳动管理规定;

⑤中华人民共和国中外合资经营企业所得税法;

⑥中华人民共和国中外合资经营企业法施行细则;

⑦中华人民共和国企业所得税法;

⑧中华人民共和国外国企业所得税法施行细则;

⑨中华人民共和国个人所得税法;

⑩中华人民共和国个人所得税法施行细则;

⑪中华人民共和国关于管理外国企业常驻代表机构的暂行规定;

⑫中华人民共和国外汇管理暂行条例;

⑬国家外汇总局关于外汇、贵重金属和外汇票证等进出国境的管理实施细则;

⑭中华人民共和国经济合同法;

⑮中华人民共和国涉外经济合同法;

⑯中华人民共和国海关法;

⑰中华人民共和国进出口商品检验条例；

⑱中华人民共和国进出口商品检验条例实施细则；

⑲中国国际贸易促进委员会对外贸易仲裁委员会仲载程序暂行规则；

⑳中华人民共和国工商行政总局关手外国企业常驻代表机构办理登记事项的通告；

㉑财政部关于对外承包工程作业和提供劳务服务征收工商统一税和企业所得税的暂行规定；

㉒中华人民共和国环境保护法；

㉓中华人民共和国工商统一税条例；

㉔中华人民共和国工商统一税条例实施细则；

㉕中华人民共和国民法通则。

构成合同的若干文件应视为相互解释的，但万一出现有异议或矛盾之处，其优先权应由法律决定。据监理工程师的意见，如果上述异议或矛盾使之有必要给承包商发出任何指示来解释或调整，则监理工程师有权发出该类指示。

（2）了解当地基层政府（县、乡）的有关规定，包括一些乡村土政策，尽量避免在施工中与当地发生纠纷。

（3）学习和掌握菲迪克条款与有关合同文件，这是施工前期准备工作的重要内容，要组织管理人员认真学习，一切按合同办事。

（4）建立和健全内部各种工作制度。

这些工作制度的建立有些是在施工中根据实际情况逐步制订和完善的。

二、建立施工的技术条件

1. 编制施工组织设计

施工组织设计是指导施工全过程的重要技术文件，编制施工组织设计是工程开工前的必要准备工作。它以工程项目为对象，按照施工规律和客观条件，对工、料、机和资金等因素进行统筹和平衡，对施工部署、计划、施工方法和技术措施等进行科学安排。通过施工组织设计，充分体现完成整个工程任务的战略构想。

施工组织设计是开工前必须提交的技术文件，它是准备、组织、指导施工和编制施工计划的基础。施工组织设计须在合同条款规定的时间内报监理工程师审批后方可实施。做好施工组织设计的关键是根据客观条件选择适当的施工方案和施工组织方法。

2. 编制施工图预算

施工技术准备还包括施工图预算的编制，即依据审定后的施工图纸及说明书、施工组织设计及有关文件和资料，计算工程量，并严格按照工程量计算规定、预算定额取费标准和有关材料调价等合同规定进行编制，其内容主要是：

（1）编制说明书

包括编制的依据、办法，各项经济技术指标分析，对新技术、新工艺在工程中应用的考虑及其存在的问题等。

（2）工程预算书

主要包括工程总量汇总表、主要材料汇总表、机械设备台班明细表、费用计算表、工程预算书汇总表等。

编制施工图预算是在设计技术交底、图纸会审的基础上进行的。其主要作用是帮助承包商进行准确的工程计量和取费，从而取得良好的经济效益。

3. 编制施工生产计划

1）施工生产计划的作用和内容

施工生产计划的作用和内容随计划期长短的不同而不同。施工总进度计划是指导整个施工项目生产活动的计划，具有控制总工期的作用，包括年度施工计划、用人规划和部署一年内的施工生产活动。季、月、旬的施工生产计划属于作业计划性质，特别是月、旬计划是直接组织施工生产活动的依据。

随着项目法施工的推行，施工项目的计划由项目经理部自行编制，不需要公司审批，但可以报公司计划部门备案。

各类施工生产计划的主要内容见表2-3所列。

不同计划期的施工生产计划的内容　　表2-3

总进度（年度）施工生产计划	季度施工生产计划	月、旬生产计划
（1）主要工程项目施工进度计划 （2）分季工作量及主要实物工程量计划 （3）分季物资供应计划 （4）主要施工机械设备保证计划	（1）主要工程项目形象进度计划 （2）分月工作量及主要实物工程量计划 （3）附属、辅助生产计划 （4）分月物资供应计划 （5）施工机械设备保证及平衡计划 （6）主要工程保证及平衡计划	（1）工程项目形象进度计划 （2）实物工程量计划 （3）分日综合施工进度 （4）材料半成品保证计划 （5）机械运输保证计划 （6）劳动力保证计划

计划期长的计划，因计划条件不易落实，一般起规划和指导作用。计划期短的计划，因计划条件容易落实，计划指标亦较强。

2）施工计划的编制原则

由于公路施工生产的特点，编制施工生产计划应遵循以下指导原则：

（1）以完成最终公路产品作为施工项目生产活动的目标

最终公路产品往往是由几个施工项目经理部或几个施工企业协同完成的。一个施工项目经理部完成的最后产品，对最终产品来说，往往只是中间产品。中间产品不满足设计能力要求，还需要进一步的施工。所以，各个施工项目经理部要为完成最终公路产品协调地进行施工。在编制施工生产计划时，要求：

①安排项目及进度时，要保证项目的配套、协调，更不能影响其他项目的施工；

②计划指标要做到工作量、工程量、形象进度三统一，并且以形象进度为主来推算和控制工作量和工程量指标。

（2）遵循施工工艺要求，坚持合理的施工程序

在编制施工计划时要求：

①做好开工前的准备工作。一方面，开工前的准备工作内容要列入施工计划，从计划上得到监督和保证；另一方面，单位工程和分部（项）工程，只有具备开工条件，才能列入作业计划；

②施工程序、计划持续时间和计划间隔期的确定，要符合施工工艺顺序和有关工艺技术的要求。

（3）讲求经济效果，注意施工的连续性和均衡性，建立和维护正常的生产秩序

为此，首先要把下期计划开工的工程所需的准备工作列入本期的施工计划，认真做到“订一、备二、看三”。即在制订本期计划时，要着手准备下一期的施工条件，看到第三期的施工需要。

(4)注意综合平衡，落实计划条件

主要是注意以下方面的平衡：

①目标利润与生产任务间的平衡。确保合同工期和目标利润的实现；

②任务与材料物资供应的平衡。包括任务与主要材料的数量、质量、品种、供应时间的协调平衡；

③任务与生产能力的平衡。包括任务与主要工种力量间的平衡以及工种间的协调；

④任务与专业化协作条件之间的平衡。包括任务与构配件的供应、与运输力量、与分包单位间的协调平衡；

⑤各计划指标间的平衡。即在质量、成本、工期、工效等指标之间保持协调和平衡；

⑥其他条件如设计图纸供应、场地准备等的平衡和落实。

上述计划编制的原则，第(1)条反映了计划的目的；第(2)条反映了计划不能违反技术工艺要求；第(3)条反映了计划必须讲求经济效果；第(4)条反映了计划不能有高指标和空头指标。总的体现了计划的科学性。

3)公路施工生产计划编制的依据

计划期不同的施工生产计划，由于作用和内容不同，其编制的依据也有区别，见表2-4所列。

各类施工生产计划的编制依据　　表2-4

	年度计划	季度计划	月计划	旬计划
编制依据	(1)工程协议和承包合同 (2)年经营目标计划 (3)工程初步设计及概算 (4)施工组织设计或设计大纲 (5)主要材料、设备供应合同 (6)企业内部经济承包合同 (7)上年度计划完成情况及预测资料	(1)年度计划 (2)工程承包合同 (3)施工图及施工图预算 (4)施工组织设计 (5)施工准备、施工条件落实情况 (6)上季度计划完成情况及预测资料 (7)内部承包合同	(1)季度计划 (2)施工图纸 (3)机械、材料半成品、劳动力落实情况 (4)上月计划完成情况 (5)定额资料	(1)月计划 (2)机械、材料半成品、劳动力落实及进场情况 (3)上旬计划完成情况 (4)定额资料

从表2-4可知，计划期越短，其实施性越强，编制时对所依据的资料越要求详细和具体，同时更应注意计划条件的落实。

当具备所需的基础资料时，施工生产计划可采用滚动计划的形式和编制方法，以利于施工生产协调的连续进行。

三、施工组织准备

施工组织准备是前期准备工作的重要内容。施工前期的组织准备工作的主要任务是：组建施工项目经理部；选配强有力的施工领导班子和施工力量；强化施工队伍的技术培训等。

1. 组建项目经理部

对项目经理和项目经理部人员的要求和选聘原则具体内容详见单元一课题二。

2. 组建施工队伍

1)施工力量的选择

按照所承担工程的工程量大小和工期要求，安排出总进度计划网络图，并进一步估算出全部工程用工工日数，平均日出工人数，施工高峰期日出工人数，以及技术工种、机械操作工种、普通工种等用工比例，选择能够适应其工程质量、工期进度要求的作业队伍，并与施工劳务作业单位签订《劳务合同》，实行合同制管理。

需要指出的是，由于公路项目多在外境施工，所以在劳动力安排方面，还要考虑到业主及当地政府对使用当地民工的要求。

2）施工队伍的技术培训

考虑到所担负工程的具体情况，结合施工队伍施工特点、技术装备情况、技术熟练程度和施工能力，施工队伍在技术培训上要抓好以下几项工作：

（1）明确技术培训目标

对于专业技术人员（如技术、合同预算、测量、试验、物资、设备、财务等）主要学习 FIDIC 合同条款；弄懂、弄通并熟练掌握本专业规定的条款、规范；对和本专业相关的条款、规范，也要做到基本了解，以提高管理水平。

对于技术工人，主要是提高施工操作水平。要通过学习技术规范的有关规定，使操作人员懂得本工种的生产技术原理、技术标准、“应知”、“应会”事项和技术操作、安全操作规程等。要特别注意及早培训缺少或数量不足的技术工种和难以掌握的工种。

随着公路施工机械化程度的提高，抓好大型机械操作人员的培训工作非常重要。一定要先培训，使之熟练掌握本机械的安全操作和使用性能、机构原理，并做到会操作、保养、检查、排除故障，然后才能上机。

（2）技术培训的方式和方法

技术培训的方式和方法应根据实际情况灵活掌握。如开办一些短期训练班、举办技术讲座和请进来教、派出去学等，但无论哪种方法都要与所担负工程的实际情况和具体要求紧密联系，加强计划性，并做到计划、教员、时间三落实，以保证培训效果。

（3）抓好技术培训的考核

考核是检验培训成果的一种方法，也是促进受培训人员认真学习的一种手段，每一阶段培训结束都要组织力量从理论和实践两个方面对受培训人员进行认真的考核，并把考核情况归入技术档案，作为奖励和使用的依据，以提高培训的效果。

四、施工技术准备

施工技术准备是工程开工前期的一项重要准备工作，通过完善周密的技术准备工作，全面熟悉施工图纸，了解设计意图和业主的要求，初步提高完成整个施工任务的战略构想；并根据其战略构想，对整个工程施工部署、施工计划和施工方法，对其进度、质量、安全和资源消耗等做出科学的安排，使全部工程施工及分部分项工程施工都置于有组织、有计划、有秩序和有规范标准严格控制的状态下，进而实现优质高效完成工程施工任务的总体目标。

1. 图纸审查

1）图纸审查的目的

（1）了解工程全貌、工程整体情况和设计意图，形成对所承包工程整体的、全面的印象。在工程投标期间，通常由业主或发包单位对工程概况、工程量、设计标准、重点工程情况等做一般性的介绍，发送用于招标的工程图纸。工程中标后，由业主或发包单位发送完整、详细的设计图纸，作为工程承包合同的一部分。这时，承包商就应当组织力量，认真地研读设计图纸。

（2）根据设计图纸提出施工部署、施工安排的初步意见，深入施工现场进行详细的调查。

在审查设计图纸时,应对施工队伍的部署、驻地、区段划分、材料供应场地、预制构件厂等提出初步意见,也可以设计几种方案。根据初步设想,对施工现场的自然环境、客观条件进行调查,了解现场实际情况能否满足初步设想的要求,是否需要调整,是否需要增加新的内容等,作为施工安排和编制施工组织设计的依据。

(3)根据设计图纸的内容,确定应收集的技术资料、标准、国家规范、实验规程等内容,做好技术保障工作。

(4)根据工程内容,选派相应的管理、技术人员。公路施工涉及面广、专业内容多,需要测量、实验、材料、土建、电气、机械、预算、财务等各种技术人员。通过图纸审查,可以根据工程项目的内容确定需要的各种人员。

(5)通过图纸审查,可以找出并收集设计图纸中存在的问题,以便在设计交底时提出。

2)图纸审查的方法

公路项目设计图纸一般由道路平面设计、纵断面设计、横断面设计、结构物设计、标准图集、数据表等部分组成。各部分内容相互独立又相互联系,在图纸审查时应把各部分结合起来,整体地了解工程全貌。

审查图纸时,首先应仔细阅读设计说明。在设计说明中,设计人一般对总体设计思想、设计标准、设计中的难点重点、设计图各部门之间的关系、施工人员应注意的问题等做简明扼要的阐述,语句不多,但包含的内容很广泛、很重要,在审图时应引起足够重视。在道路平面图中应了解路线的走向、转角、曲线情况,结构物设置情况,线路附近地表、地貌、河流、村镇等情况。在纵断面图中应了解线路竖曲线的设置、线路纵坡设计、线路纵向排水设计等,了解路基土石方挖方填方及各段土方的需用量。在横断面图中应了解道路横断面设计、路面各层结构设计、线路横断面超高、横断面排水等情况。在平面与纵断面读图时应结合结构物设计,了解结构物在道路上的位置,了解结构物的类型规模,重点了解大桥、特大桥、互通立交等结构的内容。

图纸审查可采用以下两种形式进行:

(1)由若干技术人员相互独立地审查设计图纸,提出问题,互相交流、补充,最终达到审查图纸的目的。这种方法的优点是比较完整全面地反映问题,避免个人考虑问题不全面;缺点是审查图纸的时间相对要长一些。

(2)按工程内容、施工区段划分由技术人员分别审图,这种方法时间短、完成任务快,但个人有时考虑问题不全面,有遗漏与不足得不到补充。采用这种方式应选择有相当经验的技术人员才能胜任。

图纸审查时可同时绘制一些辅助性图表,如线路平面缩图、构筑物布置图、构筑物及主要工程量一览表等。通过绘制这些图表,进一步熟悉图纸,了解工程内容,同时提炼出简单、清楚、有指导作用的内容,供决策者、管理人员、技术人员使用。

图纸审查时应对主要工程量、主要设计内容,如道路面层设计、大型构筑物设计等进行必要地计算,对设计图中存在的问题进行记录;根据施工单位的机械设备、施工工艺等情况对设计图纸中存在的不相适的内容提出修改意见,以便在设计交底会上进行讨论。

3)图纸审查的注意事项

(1)在内容方面。图纸审查工作量大,时间紧,面对较生疏的工程内容,审图人往往感到无从下手,很难抓住主要矛盾。可选择大型工程作为突破口,以构筑物为联系,延伸到整个工程。

(2)在人员方面。图纸审查应选择有丰富实践经验的工程技术人员,审图人员应对设计方案有一定了解，并了解与工程有关的专业知识及相关的工程实例，参加过大型工程施工的组织管理工作，工作细致。

(3)在成果方面。图纸审查要有一定的成果，如图纸审查报告，设计图纸存在问题、疑点一览表，辅助性图表等，供有关人员参考，同时也可作为今后工作参考的资料。

(4)图纸审查工作一般由专业技术人员进行。在审图时应注意征求计划、物资、设备、行政部门的意见，集思广益，提出较为全面、切实可行的意见。

另外，在进行了图纸审查和会审的基础上，要按照技术管理程序，在施工前对工程或分部、分项工程进行逐级技术交底，并把技术交底文件作为指导施工生产的技术依据。

2. 建立工程洽商制度

工程洽商是对设计图纸的补充，与施工图同等作用。工程洽商也是工程承包合同的一部分，是承包商进行工程变更、按照新的技术要求或进度要求组织施工并办理工程索赔的依据。

图纸审查的过程是最大限度地发现图纸中存在问题的过程。通过图纸审查，不仅可掌握设计意图，了解设计方案、技术措施、贯彻国际和国内规范、标准情况，了解采用新技术、新工艺、新材料、新设备等情况，更重要的是发现其设计图纸内容存在的差错、各专业之间存在的矛盾以及疑难问题等，据此提出设计变更和工程洽商的要求，并与业主和监理、设计单位建立工程洽商制度。

工程洽商必须经业主、监理、设计单位与承包商共同签认方能有效。洽商的内容要明确具体，语言准确，不得涂改，必要时应附简图。变更事项办理洽商后，应及时编号，原件存档。

五、施工现场准备

公路施工现场准备工作是对前一阶段的组织准备、技术准备工作的检验和进一步落实。其内容主要包括：施工现场踏勘与设点；现场临时设施的建设；对业主、设计单位提供的图纸、标准、测点等数据进行实地检测，对所提供的道路、水、电、场地情况进一步了解和落实；开工必需的材料设备进场等。

1. 公路施工现场踏勘与设点

公路施工现场踏勘与设点工作是开工前准备工作的重要内容，是编制实施性施工组织设计和施工计划、搞好任务分工、组织大型机械设备进场的重要工作。搞好踏勘与设点对于保证工程的按期开工和顺利施工起着重要作用。

1)现场踏勘的主要内容

(1)搞好线路踏勘，查清地形、地貌。公路施工线路长，需要经过城市、乡村、公路、铁路、河流、渠道、良田等，地上、地下各类施工多，情况复杂。沿线需要拆迁的房屋，改移的坟墓、道路、水利设施，砍伐的树木等障碍物量大。全线需要建造大、中、小型桥梁，互通立交，通道，涵洞等配套设施。需要进场的设备多，机械设备和人员调动频繁。

尤其是大型公路项目施工，做好开工前的现场踏勘工作是非常重要的。通过现场踏勘，弄清线路走向和地形、地貌，查清征地范围，以及各类构筑物的相对位置、沿线环境情况，对于编制施工组织设计，制订施工计划，做好任务分工，合理布局施工现场有着重要的指导意义。

现场踏勘的重点是做好以下几个方面的调查：

①查清线路走向，查明征地范围，明确施工界线，以便根据沿线的不同情况编制施工组织设计，做好任务分工，合理布局和搭设各类临时设施，以满足正常施工的需要。

②要查清公路需要跨越或下穿的铁路，查明线路等级、火车流量、通行时间及铁路主管单

位，查清在施工期间需注意的问题，以便在施工期间协调和定点施工。

③要查清公路需要穿过的河流和渠道。大型公路项目一般要穿越几条或十几条河流、渠道，所以开工前必须查清每条河流和渠道的实际情况，掌握每条河流、渠道的实际宽度、深度、流量以及不同季节的流量差异，以便根据不同的情况采用不同的施工方法。

④要查清沿线地下各类设施。公路施工项目线路长，所经过的地段复杂，路基填挖厚度不一，因此必须查清沿线地下设施的具体位置、埋深情况，以便采取保护措施。

⑤要查清公路沿线的水源、电源，以便充分利用当地资源，组织好施工。

(2)踏勘当地现有道路情况，以便更好地为施工生产服务。公路施工工点多，需要进场的设备和物资多，人员和设备流动性大，要保证施工生产的正常进行，必须充分利用当地原有道路。要做到这一点就必须对道路分布情况、承载能力进行全面细致的踏勘，选择能够满足要求的最佳道路，并对需要加固或拓宽的道路、桥梁提出初步意见。

(3)做好取土场踏勘，搞好土方调配。公路施工项目土方工程占全部工程总量的1/3以上，而且土方来源大多分布在沿线几个或几十个取土场，搞好取土场踏勘，做好土质、土量调查，选择好土方运输道路，对于搞好土方调配、开挖、运输、晾晒和填筑有着重要意义。踏勘土场重点要做好以下几项工作：

①查清每个取土场的具体位置及征地范围，做好地上物调查，以便根据取土场位置、征地范围以及取土场用途来编制土方开挖方案。

②做好土质试验，如含水量、土壤烧失量试验，以便根据不同土质情况确定填筑部位和不同填筑方法。

③做好土质和土层厚度调查，做好出土量分析，以便调配土方。

(4)踏勘料场，做好当地资源调查。公路施工需要大量的物资，做好料场踏勘是做好物资供应、保证施工正常进行的重要工作。通过踏勘料场，摸清资源分布情况，为物资供应部门提供依据。

2)施工设点的注意事项

公路工程施工，有时一个合同段都在十几公里或几十公里；构筑物多，专业化施工性强；大型机械设备数量多。因此公路施工必须科学布局，合理分工，认真做好设点工作。

设点的原则是：一是便于指挥；二是便于管理；三是要经济；四是有利于生产；五是物质条件能够满足生产和生活需要。

设点的依据是总体施工组织设计和任务分工，以及施工生产的需要。

设点要注意的事项是：

(1)要注意充分利用当地资源和地理位置的有利条件，根据分部分项工程的规模及工期要求进行设点。

(2)小型构筑物及土方施工，工期短，机械设备及人员流动性大，设点要充分考虑施工特点，临时设施规模能小则小，覆盖面能大则大，但要尽量避开人口密集的村庄，以便于管理和调动。

(3)桥梁施工，尤其是大桥、特大桥的施工设点要认真考虑季节的变化。在下部结构施工期间，临时设施的搭设，如拌和站、钢筋加工厂、料库等要尽量在两岸分别设点，防止因季节变化影响施工。

2. 施工现场临时设施的搭建

现场临时设施包括生产设施和生活设施两个方面。临时设施的搭建要根据具体公路项目的特点和施工管理要求进行平面布置规划，并按照当地有关搭建临时设施审批手续实施。临时设施建设要因地制宜，精打细算，应既能满足施工要求，又要尽量降低成本、减少浪费。

3. 施工前详细的现场测量

可靠的施工测量是保障正确执行设计意图的前提。工程开工前，要对业主及设计单位提供的现场红线标桩、基准高程标桩等进行现场复核，确认无误后才能使用。公路施工现场施工前实施的测量主要包括：

(1)导线的复测与加密。公路的中线及其沿线构筑物的位置是由导线控制的，施工前必须对设计单位提供的导线点坐标及其现场桩橛进行复测，核对准确。如发现设置的导线点过稀或导线点可能会因施工而遭损坏，应对导线点进行加密或移位。

(2)中线的复测。根据设计单位在现场标定的中线控制桩进行复测，确认其与实际位置对应无心。

(3)水准点的复测与增设。

(4)路基横断面的检查与补测。

(5)构筑物的详细放样等。

4. 落实业主提供的现场条件

施工准备工作牵涉到业主的方面很多，合同条款中作了许多规定，如某公路项目招标文件中指出："遵照合同规定的工程施工的顺序，业主应在工程师下达开工通知的同时让承包商占用相应的土地，根据合同应由业主提供所需的出入工地的通道……。"与业主的紧密配合，相互信任，相互保证，是搞好开工前施工准备的必要条件。为进一步明确责任，把准备工作落到实处，可以与业主或有关方面签订施工准备工作协议，以契约的形式，明确分工，对逐项工作都提出具体要求和完成时限。

承包商在尽力做好有关准备工作的同时，需要提请业主及有关方面尽快落实的事项主要有：

(1)土地征用、青苗树木培偿、清除地面房屋及架空和地下障碍物拆迁工作，使施工现场具备施工条件；

(2)提供出入施工现场必需的通道，满足施工前材料、机械设备、劳动力早日进场的需要；

(3)施工用水、用电、电信线路接至施工现场；

(4)提供有关的技术资料并进行设计交底；

(5)办理施工所需的各种批件、证件和手续；

(6)协调处理施工现场与周边有关单位的关系或矛盾，等等。

5. 开工前的设备与材料准备

公路施工所需的材料和机械设备数量大，质量要求高，规格品种多，在施工准备工作中，必须抓紧和抓好开工前必须进场的机械设备、材料的准备。首先要抓资源和运输条件的落实，确定合同的储备量。需要进口的材料和机械设备，要提前提出计划，申请订货；同时要建立各种材料台账和设备台账，大型设备要建立档案。另外，由于公路施工需要大量的大型土方工程机械、路面施工机械及其他机械设备，因此，在计划购置时应注意其配套能力，进场要有合理的安排。

关于材料、设备管理及后勤保障工作，将在单元五、单元六中论述。

六、有关协调工作的准备

从事公路项目施工的承包商，需要取得业主和当地政府的信任、理解与支持，需要尽快适应监理的严格监督和合同条款的严苛约束，需要有关协作单位的密切配合，因此，开工前有关协调工作的充分准备是不可缺少的。施工前期，要尽力创造和谐融洽的内外部环境，疏通各方面关系，为工程顺利开工和今后的施工生产顺利进行打下良好基础。

施工前期有关协调工作的准备，其内容主要包括以下几个方面。

1. 承包商的心理准备

组织施工队伍学习合同条款，教育大家认清承包商在工程建设中所处的地位以及自身的责任和权利，使大家了解承包商与业主、监理的关系，从而在施工前就要做好按合同办事、重合同、守信誉、接受监理监督、对业主充分负责的心理准备，以免在施工中与业主和监理产生抵触情绪，给施工生产造成障碍。

2. 处理好与当地政府和有关部门的关系

与当地政府及地方有关部门取得联系，争取他们的支持和工作帮助，如事先与当地交通、公安、环保、建行、物资供应等部门建立联系等。要充分依靠当地政府的领导，及时向他们通报情况，汇报工作，请他们到工地现场指导工作，帮助解决难题。

3. 搞好施工地区的社会情况调查

社会情况调查的内容涉及政治、经济、人文地理、自然环境、社会治安、风土人情及社会沿革方方面面，因此，社会情况调查需做大量的细致的工作。

1）调查人员的选定与培训

实施调查的人员，要具备很高的政治素养，要有较强的交际能力和文字水平，要具有高度的责任心。调查人员的挑选还要针对工程项目所在地区的不同情况而定，要尽可能让曾在该地区生活过、熟悉、了解该地区情况的人员承担调查工作。如工程项目在少数民族地区，调查人员还要过语言关、民俗关。

调查人员确定后，需要对他们进行短期培训，收集该地区有关文字、录像方面的资料供调查人员参考。这些资料可通过电视台、报社、图书馆获得，也可向建设单位联系索要。

2）实施调查

调查人员到达被调查地时，首先要和当地政府有关领导及部门取得联系，以得到他们的帮助和支持。通过当地政府可以了解该地区宏观的政治、经济形势，因为政治、经济状况反映这个地区群众素质高低及社会的稳定程度。在政府部门还可间接了解该工程项目在这个地区占有的地位，当地群众对工程的反映、所持的态度、有无对立情绪等，这有利于下一步针对当地情况采取相应对策。

通过对政府部门的调查，掌握宏观情况后，就要到工程沿线实地调查。调查过程中，关于人文地理、社会沿革、自然环境、风土人情及资源分布（如建筑材料）方面的情况可和当地地方志办公室联系，听取编辑人员的介绍。沿线进行实地察看，要深入到村庄居民家中，掌握第一手资料。特别是一个地方特有的自然环境（如土地、山川、气候、物产等）、风俗习惯，只有通过实地察看和与当地群众直接接触，才能真正掌握实情。

社会情况调查非常重要的一条是社会治安情况的调查。治安情况的调查有两个渠道：一是市、县、乡各级公检法部门；二是走访当地群众和该地区施工过的施工单位。特别是当地存在的治安问题，如偷盗、抢劫、赌博、嫖娼等现象。

3）调查报告

经过深入细致的调查研究，获得了大量的材料后，就可着手撰写调查报告。

调查报告首先要说明什么时间在什么地点做了哪些调查，其次要把调查的材料进行周密的分析归纳，写出观点明确、文字朴实的调查报告，说明社会环境对施工有利与不利的因素，从而为施工生产服务。

七、做好施工管理的基础工作

施工管理的基础工作是项目管理工作的重要组成部分，是实施各项专业管理工作的重要前提。

1. 建立健全以责任为核心的规章制度

1)岗位责任制

岗位责任制是把生产任务和各项工作的有关规定、要求、注意事项具体落实到每一职工的一种责任制度，从而做到职责分明。这种责任制又是建立经济责任的基础。健全的责任制要求有：

①人人有基本职责；

②有明确的考核标准；

③有明确的办事细则。这样就明确了每个岗位的重要性和存在的价值，以避免盲目定员和因人设事。

只有健全了岗位责任制，才能做到有效和有序的管理。所谓有效，是指各司其职，各负其责，关系清楚，目标统一；所谓有序，是指信息畅通，工作协调，步伐一致，有条不紊。

2)经济管理规章制度

有内外合同制度、考勤制度、考勤制度、领用料制度、仓库保管制度、内部计价及核算制度、财务制度等。

2. 标准化工作

标准化工作包括技术标准、技术规程和管理标准的制订、执行和管理工作。

1)技术标准

一般是指公路施工的技术标准。包括国家标准、部颁标准、企业标准和项目自定标准及项目招标文件、原材料与半成品的技术验收标准等。没有统一的技术标准，工程质量无据可依，工程质量也就无法保证。

2)技术规程

技术规程是指为执行技术标准，保证生产有序及顺利进行而制订的统一行动准则。公路项目施工过程中的技术规程有：①施工技术规程。用以规定施工过程的施工工艺、操作步骤、程序和方法；②操作规程。用以规定进行某种工艺或使用某种机械备必须遵守的操作方法或注意事项；③设备维护和检修规程。用以规定机械设备的维修、保养制度，保证设备处于良好的技术状态；④安全技术规程。即对安全生产的各种要求和规定。

3)管理标准

管理标准是指对项目管理中各项管理工作的职责、要求所做的规定。它是围绕完善经济责任制和提高管理水平的要求制定的。其内容包括工作质量标准和管理程序标准，以使项目管理中的各项管理工作合理化、规范化和高效化。

3. 建立健全各类技术经济定额

定额是在生产经营活动中根据一定的生产技术组织条件所规定的人力、物力、财务的利用或消耗方面应当遵守和达到的标准，是处理企业和项目管理活动中各个要素、各种数量关系的依据。没有定额，就没有科学的管理。

定额按对象不同，可分为劳动手段定额、劳动对象定额、活劳动定额。

按用途不同，定额可分为：①消耗定额。用以规定活劳动和物化劳动的消耗量；②状态定额。它是与期量标准有关的定额；③效率定额。用以反映各项资源消耗的效果。

在公路项目施工管理中采用的定额见表2-5所列。

公路项目施工管理中的定额 表2-5

按用途分／按对象分	消耗定额	状态定额	效率定额
劳动手段定额	设备修理定额 工具消耗定额 机械台班定额	设备有效工时定额 设备修理周期定额	机械产量定额 固定资产产值率
劳动对象定额	材料消耗定额 燃料、动力定额 修理、辅助材料定额	库存量定额 供货周期定额	材料利用系数 产品合格率
活劳动定额	时间定额 产量定额 工资定额	工作班制度	劳动生产率 各类人员比例 平均工资水平

4. 计量工作

计量工作包括计量、检定、测试、化验分析等方面的计量技术和计量手段的管理工作。主要是用科学的方法、程序和器具，对工程项目的各种物质要素的数量和质量进行控制和管理。建立必要的检测管理制度，改善落后的计量器具和计量测试技术，逐步实现检测手段和计量技术的现代化。

5. 信息及资料管理工作

主要是指对项目管理中决策及执行决策所必须的资料数据的收集、处理、传送、归档等管理工作。科学的项目管理信息系统应由原始凭证、统计分析资料、经济技术情报、科技档案等构成。

项目管理要加强统计工作，整理和完善各种原始资料，建立健全各种统计分析和统计监督制度，实行数据、文书管理。有条件的项目要积极筹建数据库，运用电子计算机进行数据、信息的处理，实现办公自动化。积极做好项目外部的经济、科技情报工作，建立相应的工作体系和工作制度，搞好预测和决策工作。

6. 技术业务培训工作

主要是使项目中的全体员工具备从事本职工作所必需的知识和技术业务能力，并在实践中不断提高，其中包括项目各个岗位的“应知、应会”和按照其要求所进行的基础知识教育与基本技能训练。

对于施工中的新工艺、新结构、新方案，可以在实施之前，派员外出学习，也可聘请有经验的技术专家和技术能手进行业务咨询和指导。

思考题

1. 公路施工项目的承发包方式有哪几种？它们有何区别？

2. 叙述招投标工作程序，并结合实际谈谈在招投标工作中要注意哪些细节？

3. 试着做一份招揽工程任务的计划，说说在投标报价时应如何把握好价格？

4. 公路施工项目施工准备工作的内容有哪些？在做这些准备工作时应重点把握的是哪些方面？

单元三　施工项目进度管理

知识点

1. 施工项目进度管理的意义、要求及程序；
2. 施工项目进度计划的编制依据及原则；
3. 施工进度计划的主要内容及进度计划的主要形式和编制方法；
4. 施工进度计划的实施、检查、调整和总结。

技能点

1. 进行施工进度计划的编制；
2. 进行施工进度计划的检查；
3. 进行施工进度计划的调整。

本单元主要学习施工项目进度管理的意义、要求及程序，施工项目进度计划编制，施工项目进度计划检查与控制。

课题一　施工项目进度管理概述

一、施工项目进度管理的意义

1. 影响施工进度的因素

施工项目是在一定时间里，在预算规定范围内需达到规定质量水平的一项一次性任务。项目无论大小、类型如何，都有其基本目标，即有效利用有限的资源，力求用最少的费用、最快的进度，实现预定的项目质量。工程进度是工程承包合同规定工期中施工活动的时间安排，工程进度涉及业主和承包人的重大利益，是合同能否顺利执行的关键。

影响公路工程施工进度的因素很多，按照 FIDIC 管理模式可以分为承包人原因、业主原因、监理工程师原因和特殊原因。

1）承包人原因

（1）承包人在合同规定时间内，未按时向监理工程师提交符合监理工程师要求的施工进度计划。

（2）工程施工过程中，各种原因使得工程进度不符合工程施工进度时，承包人未在规定时间内提交修改后工程施工进度计划，使后续工作无章可循。

（3）承包人技术力量以及设备、材料的变化，对工程承包合同及施工工艺不熟悉，施工的任务、责任、目标不明确，劳力和施工机械调配不当，施工道路和场地布置不合理，各承包商和分包商之间施工干扰，以及因待遇问题影响工作积极性甚至罢工等，均会引起工期的延误。

（4）承包商有时会低估施工技术的困难，没有考虑到某些设计和施工问题的解决，还需进行科研、实验或详细的计算。所以,对新技术、新材料、新工艺,如果没有相当的把握确保进度和质量的话,不宜冒然采用。有时对设计意图和技术要求没有全面理解,会导致盲目施工,造成返工。

(5)承包人的质检系统不完善和质量意识不强,将对工程施工进度造成严重影响。

2)业主的原因

在工程施工过程中,除承包人原因外,业主未能按承包合同的规定履行义务,也将影响工程施工进度,甚至造成承包人终止合同。

(1)监理工程师同意承包人提交的工程施工进度计划后,业主未按计划随工程进展向承包人提供施工所需的现场和通道。承包人的进度计划难以实现,容易导致工程延期和索赔事件的发生。

(2)由于业主的原因,监理工程师未能在合理的时间向承包人提供图纸和指令,给工程施工带来困难;或承包人已进入施工现场并开始施工,而设计发生变更,变更设计图纸无法按时提交承包人,这都将严重影响工程施工的进度。

(3)工程施工过程中,业主未能按合同规定的期限支付承包人应得的款项,造成承包人暂停施工或缓慢施工,也是影响进度的一个主要因素。

3)监理工程师原因

由于监理工程师的失职、判断或指令错误以及未按程序办事等原因影响工程施工进度。

4)其他特殊原因

(1)额外或附加工程的工程量增加。如土石方数量增加,土石方比例发生较大变化,涵洞改为桥梁等,均会影响工程施工的进度。

(2)工程施工中,承包人遇到异常恶劣的气候条件。

(3)有经验的承包人无法预测和防范的任何自然力的作用,以及特殊风险的出现,诸如战争、地震、暴乱等。

与工程进度有关的单位并不单纯是基本建设项目管理的建设单位(业主)、社会监理单位(监理)、施工单位(承包商或承包人),还有参加公路工程基本建设的其他单位,如设计单位、材料设备供应单位、项目投资单位、政府主管部门、兼有财政和银行双重职能的建设银行以及许多别的单位,如水、电、煤、通信等外围工程单位,毗邻单位等。因此,工程进度管理仅考虑施工单位不行,要考虑各个基本建设阶段及其单位的工作联系搭接网络,只有对这个总体网络进行合理控制,才能有效地进行工程进度管理。

项目实施期间施工进度控制应考虑如下工作:

①建立项目实施管理机构;

②土建工程设计及施工计划的制订;

③投标办法的确定,评标及合同的签定;

④物资的供应及采购计划;

⑤设备的采购、安装及测试安排;

⑥工作人员的招聘及培训计划;

⑦营业许可证的取得和合同的及时批准;

⑧技术组织措施的安排;

⑨与施工现场有关各项土地使用和拆迁手续及移交事宜等。

以上各项工作的完成都需要时间,且需要各单位的密切配合,同时与工程进度总目标的实现均有关系。

2. 公路工程施工计划管理的特点

公路工程的施工生产是劳动过程和自然过程的结合,其施工中受自然条件的影响很大,使其施工组织、施工程序及施工工艺因实施条件的变化而相应地调整与改变。因此公路工程施工计划管理非常复杂,任何计划不周全或草率从事的施工计划,均会给项目施工管理带来困难,所以应予以足够的重视。

施工计划管理是通过计划把承包人项目施工管理的各项工作组织起来,以施工生产活动为主体,制订各项专业性计划,并对其进行平衡、协调、监督与控制。

公路工程施工计划管理具有下列特点:

(1)计划的被动性

施工任务来源于工程招标市场,施工单位每年有多少任务,性质和规模的大小均很难确定,给计划编制带来被动。要想改变被动局面,必须做好招揽工程任务的预测、调查研究和信息资料的搜集工作,从而提高施工计划的编制质量。

(2)计划的多变性

公路工程项目的多样性、结构工程的复杂性及施工条件的差异性,造成施工中不可预见的因素较多。工程施工现场的分散使劳动力、材料及施工机具设备处于流动供应状态。同时受业主、监理及其他有关单位的影响等均带来施工计划的变化,这种多变性要求编制施工计划时,要留有一定的调整余地。

(3)计划的不均衡性

公路工程结构特点及不同工程部位的施工性质,以及不同季节的影响,都会造成施工计划的不均衡性。为此要求编制施工计划时力求均衡,取得较好的经济效益。

3. 进度管理的作用

公路建设项目的特征是技术要求高,投资大,建设周期长,涉及面广,干扰因素多。为使项目的执行能够按照预期的计划目标实现,并争取早日投入使用而获取经济效益,针对施工全过程的进度控制十分必要。进度管理的目的,是要按照承包合同规定的进度和质量要求完成工程建设任务。同时把项目费用控制在预算范围内,为企业获得合理的利润。

(1)制订施工进度计划

在工程投标时已经按照招标文件或规定编制了粗略的施工方案和进度计划,中标后又根据现场施工条件和合同中的工期,编制出详细的施工进度计划。计划的内容包括确定开工前的各项准备工作、选择施工方法和组织流水作业、协调各个工种在施工中的搭接与配合、安排劳动力和各种施工物资的供应、确定各分部分项工程的目标工期和全部工程的完工时间等。施工计划安排应适当,既不能太紧、又不能太松。计划太紧造成无法完成,计划太松则不能发挥施工效率。

(2)组织进度计划的实施

施工进度计划须报业主审批后严格执行。把进度计划布置下去,调配人力、施工物资和资金,确保到位。及时检查和发现影响进度的问题,并采取适当的技术和组织措施,必要时修订和更新进度计划。

(3)与业主保持密切的沟通

定期向业主报告工程进展,对业主提出的"变更指令"和"赶工"或"加快指令"及时做出反应和处理。与业主的良好合作是顺利实施进度计划的一个重要条件。

(4)监督各分包单位的工作,及时协调分包单位的施工配合。

二、进度管理的要求

1. 进度管理的系统原理

1)施工进度计划系统

为了确保工程进度目标实现,承包人要编制年度总目标的计划体系。主要包括:总体进度计划,单项(位)工程进度计划,年度计划,季度、月份生产计划;以及与这些进度计划相适应的资源供应计划(或需求计划),资金需求计划;各项生产任务完成报告。

2)施工进度计划的实施保证系统

施工进度计划的实施保证从内容上可概括为组织保证、技术保证、合同保证、经济保证。从工程项目建设的参与方来分有承包人、监理和业主的保证。

承包人的项目经理部是进度计划实施的重要保证,是保证系统的组织保证。从项目经理到项目经理部的各职能部门,为确保工程进度目标,要齐心协力,各尽其职,加强内部管理,尤其应注重人、机、料三大要素的优化配置与协调工作。项目经理应将整个工程逐项分解,由粗到细,最后形成月生产计划和周工作计划下达或上报监理,以便实施和监督。对工程进度的控制,应派专人记录进度的实际情况,收集反映进度的数据,统计整理汇总实际进度的数据(如开、完工时间,完成的工程数量等),形成实际进度报表,并将其与计划进度相比较和分析,以利于后续工程施工。不同层次人员有不同的进度控制职责,做到分工协作,共同组成一个纵横连接的承包人进度控制保证系统。

2. 进度管理的要求

(1)科学地预测工程招标市场,确定合理的计划管理目标。

(2)承包签约的项目以合同工期为目标,倒排或正排施工计划。

(3)施工计划管理时既要保证重点工程,又要协调兼顾一般项目。

(4)施工方案、施工工艺及施工顺序均应合理安排。

(5)力求各项工程的施工计划均衡、紧密配合,还应留一定的调整余地,以适应施工中实际变化的情况。

(6)项目施工管理中的各项工作在计划编制上要紧密衔接。

三、进度管理程序

施工项目进度管理是项目施工管理的中心环节,其他一切施工现场管理工作都应围绕施工计划管理开展。施工进度控制和其他活动一样是一种周期性的循环,即编制计划、执行计划、检查执行的结果和计划的偏差和影响因素、采取纠正措施,然后进入下一个循环。

1. 确定施工进度目标

根据施工合同确定的开工日期、总工期和竣工日期,确定施工进度目标,明确计划开工日期和计划竣工日期,并确定项目分期分批的开工、竣工日期。

2. 编制施工进度计划

施工进度计划应根据工艺关系、组织关系、搭接关系、起止时间、劳动力计划、材料计划、机械计划及其他保证性计划等因素综合确定。

3. 报送开工申请报告

向监理工程师提出开工申请报告,并应按监理工程师下达的开工令指定的日期开工。

4. 实施施工进度计划

承包人实施计划时必须对照原计划进行检查，在工程实施期间，应及时掌握影响和妨碍工程进展的不利因素，促进工程按计划进行。当出现进度偏差（不必要的提前或延误）时，应及时进行调整，并应不断预测未来进度状况。

5. 进度计划的调整

跟踪计划的实施并进行监督，当发现工程现场的组织安排、施工顺序或人力和设备与计划进度上的方案有较大不一致时，应对原工程进度计划及现金流动计划予以调整，调整后的工程进度计划应符合工程现场实际情况，并应保证满足合同工期的要求。

6. 进度计划控制总结

在施工进度计划完成后，项目经理部应及时进行施工进度控制总结，并编写进度控制报告，可体现在"项目管理工作总结"中。

课题二　施工项目进度计划编制

一、施工进度计划编制依据及原则

1. 施工进度计划编制依据

公路工程项目施工进度计划是对工程实施过程进行管理的前提，没有进度计划，也就谈不上对工程项目的进度管理。因此，在工程开始施工之前，必须制订一份科学、合理的工程项目进度计划。施工进度控制的目标是确定一个合理的计划工期，计划工期的确定应依据以下资料：

(1)合同或上级规定的开工、竣工日期，是确定计划工期的基本依据。

(2)工程图纸，依此计算工程量，了解设计意图。

(3)各类定额。

(4)劳动力、材料、机械供应情况。

(5)主导工程的施工方案（施工顺序、施工方案、作业方式）。

(6)有关施工现场的水文、地质、气象和经济资料。

(7)已建成的同类工程或相似项目的实际工程进度情况是编制本项目施工进度计划的重要参考资料。

承包商在接到中标通知书后，应认真阅读技术规范、设计图纸，并对现场的地形地物、征地拆迁等情况进行认真地调查研究，做好相关的施工组织设计，编制切实可行，既符合合同，又能指导施工的进度计划。合同规定的工程开工、竣工日期，必须通过进度计划落到实处。

2. 施工进度计划编制原则

编制工程进度计划是一件十分细致而又复杂的工作，因此在编制前必须深入做好调查研究，充分估计可能发生的各种情况。安排工程进度时，应扣除法定的节假日，估计雨季或其他原因需停工的时间，指令工期或合同工期与这些必要的停工时间之差，才是实际可以安排的施工作业时间。在确定各分部分项工程的进度时，还必须在机械设备、工程材料、劳动力及施工日期上保留一定的机动，以备出现意外时能够进行调整和补救。

(1)符合合同条件及技术规范，以合同工期为目标，倒排或正排施工计划。

(2)既要保证重点工程，又要兼顾一般项目。

(3)反映施工组织及施工方法,施工方案、施工工艺及施工顺序均应合理安排。

(4)充分利用人力及设备。

(5)各项工程的施工计划均衡、紧密配合,还应留一定的调整余地,以适应施工中实际变化的情况。

(6)清楚明了,便于管理,表明施工中全部活动及与其他活动的相关联系。

(7)预料可能的施工障碍及变化。

二、施工进度计划的主要内容

工程项目进度计划,根据工程项目实施的不同阶段,分别编制总体进度计划及年、月进度计划。对于某些起控制作用的项目(如桥梁、隧道、立体交叉等),还应单独编制关键工程进度计划。

施工总进度计划和单位工程施工进度计划在项目管理实施规划中制订。施工进度计划由项目生产副经理组织编制,通过年、季、月、旬、周施工进度计划和下达作业队施工任务书来实现。分包方应根据项目施工进度计划,编制分包工程施工进度计划并组织实施。项目经理部应将分包工程进度计划纳入项目进度控制范畴,并协助分包方解决项目进度控制中的相关问题。

1. 总体进度计划

工程项目的施工总进度计划是用来指导工程全局的,它是工程从开工一直到竣工为止,各个主要环节的总的进度安排,起着控制构成工程总体的各个单位工程或各个施工阶段工期的作用。因此,工程的总进度计划可作为控制和协调进度之用。承包人在接到中标通知书之日起,应在合同条件时间内,提交一份格式和细节都符合监理工程师规定的工程总体进度计划以取得监理工程师的同意。

在承包人提交的工程总体进度计划中,应当反映出以下主要内容:

(1)工程项目的合同工期。

(2)完成各单位工程及各施工阶段所需要的工期、最早开始和最迟结束的时间。

(3)各单位工程及各施工阶段需要完成的工程量及现金流动估算。

(4)各单位工程及各施工阶段所需配备的人力和机械数量。

(5)各单位工程或分部工程的施工方案和施工方法等。

总体进度计划的编制可以采用横道图、斜线图、进度曲线或网络计划图,但无论采用什么方法,都应反映出上述内容。现金流动估算表即与总体进度计划相应的进度曲线,通过现金流动估算表可以得到每月完成的工程费用额及已完成工程费用的累计。施工方案及方法则可通过施工组织设计来反映。

2. 年、月(季)进度计划

对于一个公路工程项目来说,仅有工程项目的总体进度计划对于工程的进度管理是不够的,尤其当工程项目比较大时,还需要编制年度和月(季)进度计划。年度进度计划要受工程总体进度计划的控制,而月(季)进度计划又受年度进度计划的控制。月(季)进度计划是年度进度计划实现的保证,而年度进度计划的实现,又保证了总体进度计划的实现。

1)年度进度计划的主要作用

(1)统一安排全年内各正在施工或将要开工工程的施工,确定年度施工任务。

(2)确定各项年度生产指标,即在年度内要完成哪些单位工程、分部、分项工程或部分完成哪些工程项目。

(3)根据年度季节、气候的不同,合理安排施工进度。

因此,在年度进度计划中应反映出:

(1)本年度计划完成的单位工程及施工阶段的工程项目内容、工程数量及投资指标。

(2)施工队伍和主要施工设备的数量及调配顺序。

(3)不同季节及气温条件下各项工程的时间安排。

(4)在总体进度计划下对各分项工程进行局部调整或修改的详细说明等。

在年度计划的安排过程中,应重点突出组织顺序上的联系,如大型机械的转移顺序、主要施工队伍的转移顺序等。首先安排重点、大型、复杂、周期长、占劳动力和施工机械多的工程,优先安排主要工种或经常处于短线状态的工种的施工任务,并使其连续作业。

安排年度进度计划时,应注意摆好下列关系:一般工程受重点工程制约,配套项目受主体项目的制约;下级计划受上级计划的制约,计划内短期安排受整个计划工期的制约。同时,在调整计划时尽量不改变年度计划的指标,以便于考核计划的执行情况。

2)月(季)度进度计划的作用

(1)确定月(季)施工任务。例如,本月(季)施工的工程项目,每项工程包括哪些内容,预计要完成到什么部位,工作量和工程量是多少,由谁来完成,相互间如何配合等。

(2)指导施工作业。即施工顺序如何,相关的施工专业队组如何实现流水作业等。

(3)进行月(季)施工各项指标的平衡、汇总,以便综合衡量完成的工程数量和工程投资,作为考核月(季)施工进度情况的依据。

因此,在月(季)工程进度计划中应反映出:

(1)本月(季)计划完成的分项工程内容及顺序安排。

(2)完成本月(季)及各分项工程的工程数量及投资额。

(3)完成各分项工程的施工队伍及人力和主要设备的配额。

(4)在年度计划下对各单位工程或分项工程进行局部调整或修改的详细说明等。

3. 关键工程进度计划

关键工程进度计划是指一个公路工程项目中起控制作用的关键工程,如某一桥梁工程、隧道工程或立体交叉工程的进度计划。由于关键工程的施工工期常常关系到整个工程项目施工总工期的长短,因此在施工进度计划的编制过程中将单独编制关键工程进度计划。

关键工程进度计划中应反映的内容有:

(1)具体施工方案和施工方法。

(2)总体进度计划及各道工序的控制日期。

(3)现金流动估算。

(4)各施工阶段的人力和设备的配额及运转安排。

(5)施工准备及结束清场的时间安排。

(6)对总体进度计划及其他相关工程的控制、依赖关系和说明等。

三、施工进度计划的形式

施工进度计划是施工组织设计的重要组成部分,在施工组织设计中必须认真考虑。编制施工进度计划的基本原理是流水作业法和网络计划技术。施工进度计划一般用横道图、斜线图及进度曲线图等形式来表示。对于高等级公路及大型工程项目,还可应用网络图表示。

1. 横道图

横道图又称为甘特图(Ganttchart),它是美国工程师享利·甘特在第一次世界大战期间创造的一种生产进度表达方法。横道图是以时间为横坐标,以各分项工程或施工工序为纵坐标,按一定的先后施工顺序和工艺流程,用带时间比例的水平横道线表示对应项目或工序持续时间的施工进度计划图表。

1)横道图的常用格式

横道图的常用格式,一般由以下两大部分组成:

(1)左面部分为主要表格。其内容应包括编号、工程名称(施工工序)、施工方法、工程量或工作量的单位及数量等。

(2)右面部分为指示图表。它是由左面的数据经计算得到的。在指示图表中用水平横道线条形象地表示出分项工程或施工序的施工进度,其线条长度代表施工持续时间长短,线条的位置表示施工过程,线条上方的数字表示该项目所需的劳动力数量,有时也可采用不同线条符号表示施工作业班组或施工段。结合某 80km 长的路段,绘制该项目施工进度横道图,如图3-1所示。

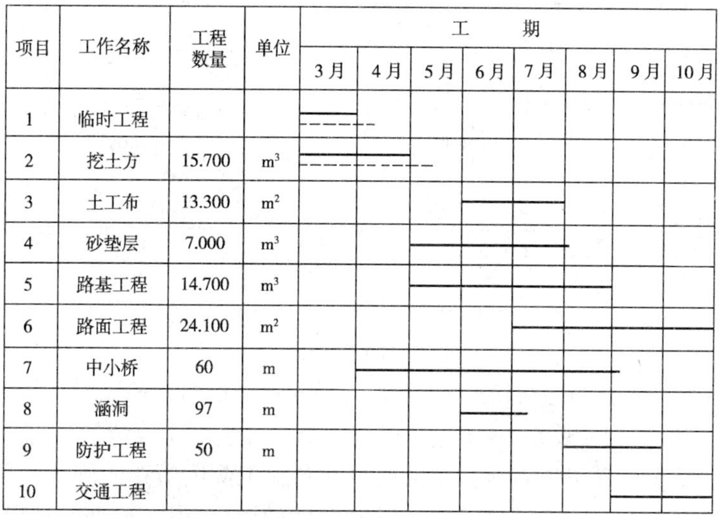

图 3-1 施工进度横道图

2)横道图的特点

由图 3-1 可知,横道图可以方便地表达出施工计划的总工期和各分项工程或施工工序的持续时间;每项工作何时开始、何时完成一目了然;便于计算完成施工计划所需的劳动力、材料、机械设备及资金等各种资源用量。横道图编制施工进度计划的优点为:简单、形象、明了、直观、易懂,且便于检查和计算资源用量。它的不足表现在:

(1)分项工程或施工工序之间的逻辑关系不明确,不容易看出工作之间的相互依赖、相互制约的关系,仅反映工作之间的前后衔接关系。

(2)无法反映工作的机动使用时间,反映不出关键工作及哪些工作决定总工期。

(3)不能实现定量分析,因而无法采用计算机计算。

(4)计划执行过程中实施计划偏离原计划时,只能进行局部简单的调整。

(5)施工期限与地点关系无法表达,工程项目的分布情况不具体,无法寻找施工计划的潜力。

(6)无法进行施工组织及施工技术方案的比较与优化。

因此,横道图只适宜于编制集中性工程进度计划、材料供应计划或者简单的工程进度计划。

2. 斜线图

斜线图法又称为垂直图法或垂直坐标表示法。斜线图是以纵坐标表示施工日期,以横坐标表示里程或工程位置,而各施工项目(工序)的施工进度则以不同形式的斜线(工作面较长)或垂线(工作面集中)表示,工程量和简易的施工平面图在其下方表示。图3-2为某80km路段综合施工的工程进度斜线图。

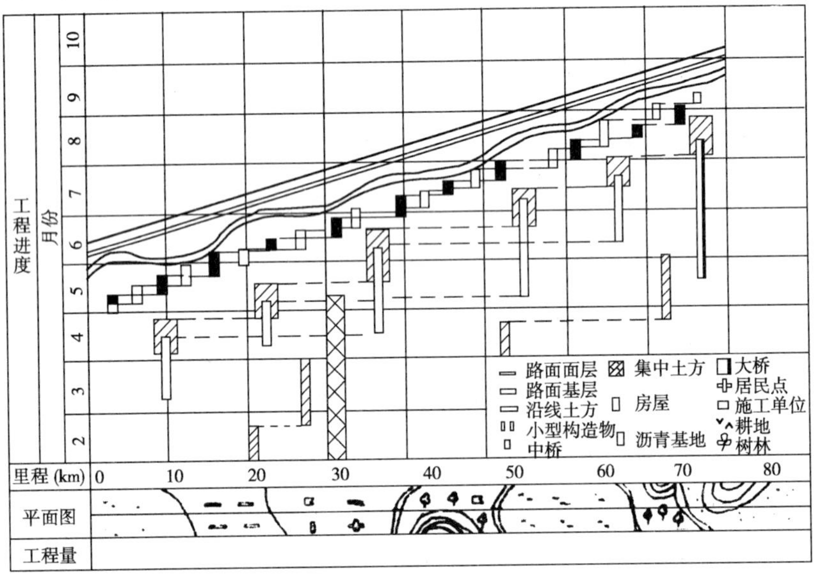

图3-2 施工进度斜线图

由图3-2可以看出,斜线图与横道图相似,它是横道图的另一种表示方法。在斜线图中各分项工程或施工工序的相互关系、施工紧凑程度及施工速度都十分清楚,工程的分布情况和施工日期清晰可见,从图中还可以直接找出任何时间各施工队伍所在的施工位置和应完成的工程数量。它与横道图相比,减少了横道图的以上不足,但它作为一种进度管理工具,仍然存在以下缺点:

(1)不便于将工序划分很细。

(2)不能反映各项目或工作(工序)之间错综复杂的关系。

(3)不能确定工作的机动时间及其关键工作。

(4)不能使用电子计算机进行定量分析。

(5)计划的编制及修改的工作量较大。

(6)不能进行计划方案的比较及优选等。

因此,斜线式施工进度图可用于里程较长、等级较低、管理较粗的施工组织中,以表达工程的形象进度,仅是编制道路、隧道等线形工程施工进度计划的一种较好形式。

3. S曲线图

S曲线即工程进度曲线,又称为现金流动曲线,因其曲线形状大致呈S形故而得名。S曲线是针对横道图监控工程进度时,计划进度与实际进度的比较只能在各个分项工程或工作(工序)之间进行,无法对整个工程进度情况进行全局性的管理这一不足而提出的。S曲线以工期为横轴，以累计完成的工程费用的百分比或累计完成的工程量的百分比为纵轴的图表化曲线，如图 3-3 所示。

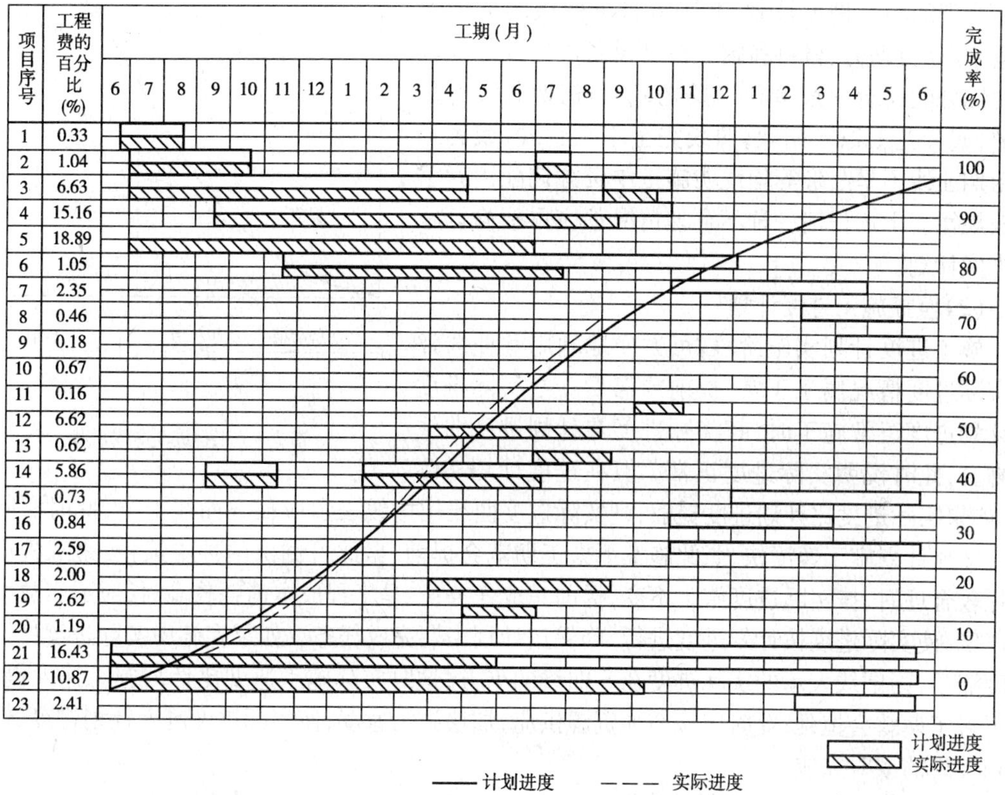

图 3-3　施工进度 S 曲线图

1）S 曲线的形状特点

假设工程进度曲线用函数 $C=f(T)$ 表示，则 $V=\mathrm{d}C/\mathrm{d}T$ 表示工程在点 T 处的施工速度，也就是该点处曲线的切线方向即为曲线的斜率。

如果工程项目施工中投入相同数量的劳动力和施工机械，每天保持完成相等的工作量，则工程按相同的施工速度进行，工程进度曲线就是一条直线。这种情况在项目实际施工中很少出现。

一般情况下，项目施工初期应进行临时工程建设或做各项施工准备工作，劳动力和施工机械的投入逐渐增多，每天完成的工作量也逐渐增加，所以施工速度逐渐加快，即工程进度曲线的斜率逐渐增大，此阶段的曲线呈凹形；在项目施工稳定期间，施工机械和劳动力投入最大且保持不变时，若不出现意外作业时间损失，且施工效率正常，则每天完成的工作量大致相等，这时施工速度近似为常数，工程进度曲线的斜率几乎不变，故该阶段的曲线接近为直线。项目施工后期，主体工程项目已完成，剩下修理加工及清理现场等收尾工作，劳动力和施工机械逐渐退场，每天完成的工作量逐步减少，此时施工速度也逐步减小即工程进度曲线的斜率逐步减小，此阶段的曲线则为凸形。

由此可见，一般工程进度曲线大体上呈 S 形（图 3-4），所以该曲线又称为 S 曲线。

2）S 曲线在施工中的作用

由于 S 曲线是工程进度曲线也是现金流动曲线，所以，它在公路工程施工进度及费用管理

中均可应用,其作用如下:

(1)判断编制的施工进度计划是否合理

合理的施工进度计划,其工程进度曲线的形状大致呈S形,劳动力、材料和施工机具设备供应及工程费用使用分配符合一般规律。反之,工程初期曲线不是凹形;或者施工稳定期间,曲线完全不是直线;或者工程后期曲线不呈凸形等均说明施工中资源调配违背了一般规律。上述任何一种不合理情况都应重新修订施工进度计划。

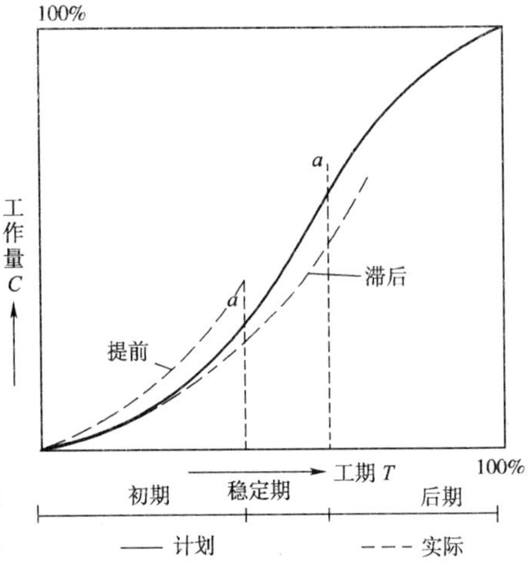

图3-4 工程进度曲线形状

(2)监控施工进度计划

施工进度计划实施阶段,可方便地利用S曲线评价实际进度情况属于正常、提前或滞后。当实际进度按计划进度正常施工时,其实际进度与计划进度曲线相吻合,此时说明实际进度正常。但在进度计划实际中,如果实际进度比计划进度提前,则实际进度曲线用虚线表示应在S曲线上方,此时实际施工速度比计划施工速度快,照此施工下去工期就会提前,据此可做出两种决策:一是工程成本消耗较合理时,按实际进度施工不变,提前完成任务;二是工程成本消耗较高时,应适当放慢施工速度,使实际进度按计划进度进行,确保按计划工期完成任务。如果实施中实际进度比计划进度滞后,则虚线表示的实际进度在S曲线的下方,这时实际施工速度比计划施工速度慢,照此下去工期就会拖延,此时应该增加资源供应,加快施工速度,使实际进度赶上计划进度,保证计划工期的按时完成。

(3)工程计量及费用支付的依据

S曲线是工程进度与累计完成的工程量或工作量(费用)的百分比图表化曲线,也是工程项目实施中进度与现金流动关系曲线。项目实施期间实际完成了多少工程量或工作量(工程费用),在实际进度曲线上一目了然,据此可方便地进行中期工程量的计量与支付。

3)进度管理曲线

在项目施工进度计划实施过程中,实际工程进度曲线将因施工条件及管理条件而变化,所以实际进度曲线往往与计划进度曲线不一致。如果二者的偏差太大时,将使工程陷入难以恢复的状态,因此应使实际进度始终处在一个安全的区域内,这样才能确保工程项目按时交工,为此用进度管理曲线规定这个安全区的范围。

进度管理曲线是工程进度曲线规定的允许界限线,它指出了施工进度允许偏差范围所应满足的进度曲线变动区域。虽然组织突击赶工也可以按期交工,但这样做将会影响工程质量和经济效益,而进度管理曲线指出的安全区,不是组织突击赶工,而是在保证工期、质量和经济性的条件下,施工进度曲线规定的允许变动范围。

美国加利福尼亚州公路分局对典型的45项工程绘制了进度曲线,根据对工程所经过的时间和完成工作量之间关系的调查研究结果,编制了作为公路工程的进度管理曲线,如图3-5所示。且进度管理曲线研究了每当时间经过10%时完成工作量的变化范围。因为图形呈香蕉形状,所以被称为“香蕉曲线”。

从图3-5可以看出,根据香蕉曲线,当时间经过了30%时,工程进度的容许安全区域为16%~35%。如果实际进度曲线此时低于16%,则表明工程进度处于危机状态,需要采用补救措施。进度管理曲线一般作为进度曲线的一种核对方法来使用,所以并不一定要求它有严密的准确性。

4)绘制S曲线及进度管理曲线应注意的问题

(1)首先应根据横道图来绘制S曲线,此曲线应位于进度管理曲线的允许界限以内。假如S曲线偏离了允许界限,则一般来说此工程项目的进度计划安排的不够合理,此时需要将横道式工程进度计划图中的主体工程向左右移动进行调整。

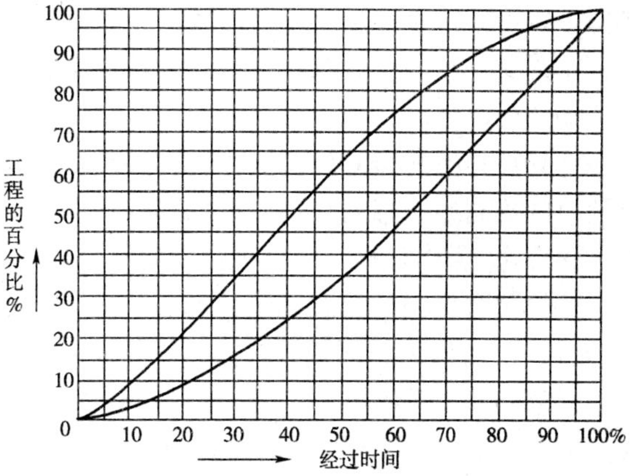

图3-5 公路工程进度管理曲线

(2)当S曲线在进度管理曲线的允许界限内时,合理地调整工程初期和后期的进度,尽量使S形曲线的中期,即正常工程进展阶段与允许界限的直线段相吻合。

(3)由S曲线的终点所引出的曲线的切线,表示工程进度危险的下限,所以应在这个界限内维持施工。假如实际进度曲线接近限界时,则需要立即采取补救措施。

(4)实际进度曲线超出香蕉曲线及其他管理曲线的下限时,表示工程拖延相当严重,此时不可避免地要进行突击赶工,因此,应研究突击赶工时控制投资和保证质量的措施。

使用S曲线和进度管理曲线,能够把工程进度的偏差控制在适当的范围之内来进行计划和管理,可将它们作为判断工程全局进度情况的工具。但由于它们是建立在横道图的基础之上,因而仍不能弥补横道图所具有的缺点。

4. 网络计划图

1)网络计划技术

网络计划技术是20世纪50年代国外陆续出现的一些计划管理的新方法。由于这些方法将计划的工作关系均建立在网络模型上,把计划的编制、协调、优化和控制有机地结合起来,所以称之为网络计纠技术。

网络计划图是以加注工作持续时间的箭线和节点组成的网状流程图来表示施工进度计划。其基本原理是:首先根据工作间的相互关系及其工作先后顺序流程绘制工程项目施工进度计划网络图;其次通过计算找出计划中的关键工作及关键线路;最后通过不断调整、改善网络计划,选择最优的方案付诸实施。在网络计划实施过程中进行有效地监督与控制,确保工程项目按合同条件顺利完成。

2)网络计划方法

网络计划技术有许多方法,主要有关键线路法(CPM)、计划评审方法(PERT)、流水作业网络计划、搭接网络计划(CNT)、图例评审法(CERT)、决策网络计划法(DN)等。

关键线路法(CPM)是计划中所有工作都必须按既定的逻辑关系全部完成,且对每项工作只估定一个肯定的持续时间的网络计划技术。CPM是1956年美国杜邦公司为了管理其内部不同部门的业务工作,研制了关键线路法。1958年初,该公司决定把CPM用于建设价值1 000万美元的一座新化工厂,但同时与传统计划方法比较,于是分成两组:一组按CPM法制订计划;另一组仍按旧方法制订计划。对此,CPM法小组只需修改原计划的10%,而另一小组需要全部返工。而且利用CPM法确定的工期比传统方法确定的工期缩短两个月且不用另外增加费用。以后此法又被用于设备维修,使其停产时间由过去的125h缩短为74h。杜邦公司采用关键线路法安排施工和维修,仅一年就节约了近100万美元,是该公司用于发展研究CPM法所花经费的5倍。

计划评审方法(PERT)是计划中所有工作都必须按既定的逻辑关系全部完成,但工作的持续时间不肯定,应进行时间参数估算,并对按期完成任务的可能性做出评价的网络计划技术。1958年美国海军特种计划局在研制北极星导弹核潜艇时,首次提出PERT控制进度方法。北极星计划由8家总承包公司、250家二包公司、3 000家三包公司、9 000多厂商共同承担,规模庞大,组织管理复杂。由于使用了PERT技术,使原计划6年的研制时间提前了2年完成。60年代后美国又采用了PERT技术,组织阿波罗载人登月计划,以一个7 000人的中心实验室为中心,把120所大学、2万余个企业、40万人组织在一起,耗资400亿美元,用13年时间到1972年圆满完成。

CPM和PERT虽然名称不同,但其主要原理和方法是一致的。前者为民用部门研制,偏重于成本控制,且工作持续时间一般是确定的,所以也称为肯定型网络计划;后者为军事部门所创,偏重于时间控制,且工作持续时间往往具有某种不确定性,所以也称为非肯定型网络计划。

流水作业网络计划是我国土建工程技术人员在20世纪70年代末研制的一种新型网络计划技术,它综合运用流水施工和网络计划的特点,计划中工作安排以保证连续均衡为出发点,体现流水作业原理的网络计划技术,它为流水施工网络计划提供了简便有效的方法。

搭接网络计划(CNT)指网络计划中前后工作之间可能有多种顺序关系的肯定性网络计划技术。它能够反映工作间的各种搭接关系,可大大地简化网络图的形成和计算工作,特别适用于高等级公路及大型工程项目的施工进度计划安排。

图例评审法(CERT)也称为随机网络计划,它是计划中工作与工作之间的逻辑关系都具有不肯定性质。且工作持续时间也不肯定,而按随机变量进行分析的网络计划技术,是一种广义的随机网络分析方法,它主要用于编制项目施工进度计划中的排队、存储及可靠度分析等诸多统筹问题。

决策网络计划法(DN)是计划中某些工作是否进行要依据紧前工作执行结果做决策,并估计相应的任务完成时间及实现概率的网络计划技术。

3)网络计划的应用及其特点

我国从20世纪60年代开始运用网络计划技术,著名数学家华罗庚教授结合我国实际情况,在吸收国外网络计划技术理论的基础上,将其统一命名为统筹法。网络计划技术在我国已广泛应用于国民经济各个领域的计划管理中,而应用最多的还是工程项目的施工组织与管理,并取得了巨大的经济效益。根据国内统计资料,工程项目的计划与管理应用网络计划技术,可平均缩短工期20%,节约费用10%左右。

综上所述,网络计划方法具有以下特点:

(1)能够充分反映各项工作之间的相互制约、相互依赖的关系。

(2)可以区分关键工作和非关键工作,并能找关键线路,且反映出各项工作的机动时间,因而可以更好地调配和使用工料机等各种资源。

(3)它是一个定义明确的数学模型,计算方便,且便于用计算机计算。

(4)能够进行计划的优选比较,从而选择最佳方案。

(5)它不仅可用于控制项目施工进度,还可用于控制工程费用,如一定费用下工期最短及一定工期内费用最低等的网络计划优化。

(6)更适用于计划复杂,特别是大型且复杂的工程项目。

4)网络图的分类

(1)按箭线和节点表达的含义不同,可分为双代号网络图和单代号网络图(图3-6)。前者每项工作均由一根箭线和两个节点表示,其中箭线代表工作,节点表示工作间的逻辑关系;后者每项工作由一个节点组成,以节点代表工作,箭线表示工作间的逻辑关系。

(2)在双代号网络图中,按箭线长短与工作持续时间的关系分为一般双代号网络图(简称为双代号网络图)和时间坐标网络图(简称为时标网络图)。双代号网络图中工作持续时间长短与箭线长短无关;时标网络图中箭线的长短和所在的位置表示工作的持续时间和进程。

(3)按计划目标的多少,可分为单目标网络图和多目标网络图。网络图中只有一个计划目标的称为单目标网络图;有两个以上计划目标的称为多目标网络图。

(4)按工程项目的组成及其应用范围分,有分项工程网络图、分部工程网络图、单位工程网络图、单项工程网络网及工程项目总体网络图等。

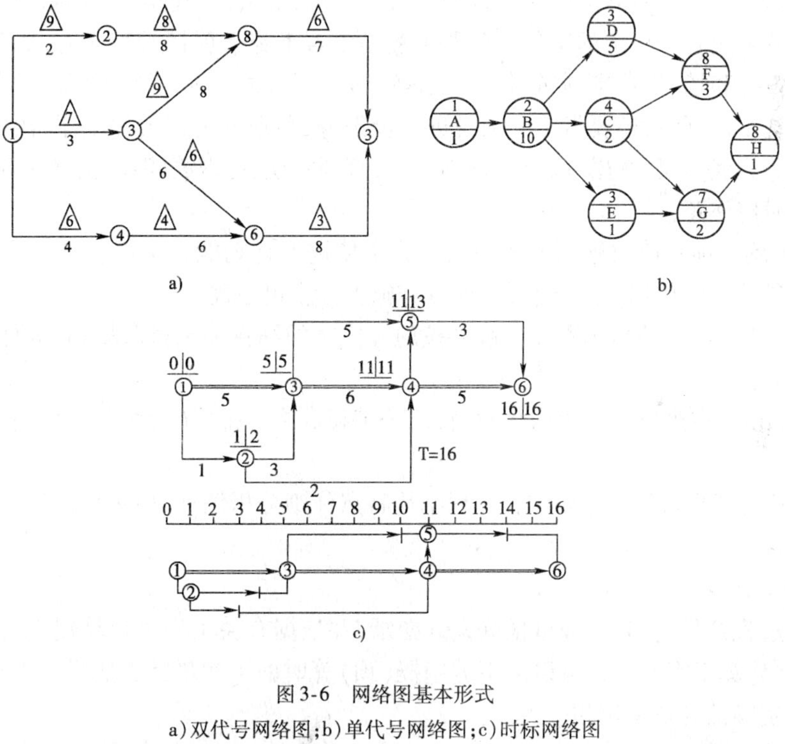

图3-6 网络图基本形式

a)双代号网络图;b)单代号网络图;c)时标网络图

5)网络计划在工程进度管理中的作用

采用网络计划方法可加强工程项目的施工管理,使其取得好、快、省的全面效果。它在工程进度管理中可提供下列可靠信息:

(1)合理赶工及其工期与成本的关系信息。

(2)各项工作有无机动时间及机动时间极限数据信息。

(3)劳动力、材料、施工机具设备等资源利用信息。

(4)哪些工作提前或拖延预测对总工期的影响等信息。

为便于施工人员读图,实施性的施工进度图一般要求同时采用横线式和网络图式两种方式表达。横线式施工进度图的特点是直观、易懂,缺点是各工序的相互关系无法在图上表示出来,在国际承包工程中和工期要求较紧的工程中,横线式进度图应当根据经过优化的网络图绘制，即横道网络图。网络图式施工进度图的特点是工序之间的逻辑关系明确，可以反映出关键工序和关键线路，便于抓住主要工作。关键工作是否延误也是施工单位提出工程延期的主要依据。因此，在采用 FIDIC 条款的工程中必须使用网络图式施工进度图。但是网络图不易被一般的施工人员掌握，故要配合横线式进度图使用。

四、施工进度计划的编制

1．作图参数的确定

在编制施工进度图时，首先要对有关作图参数予以计算或确定。

1）列项

编制施工进度计划的目的就是要确定一个能控制工期的计划值，作为工程进度管理的依据。一般说来，编制工程进度计划就是要决定什么时候做什么工作，或者什么时候做到什么程度。无论是工程施工本身的各分项工程或各道工序，还是与施工有关的其他工作，都应该纳入进度计划，或者说，都要对其进度做出计划安排。因此，编制工程进度计划时，首先要将所计划的工程项目分解成若干单项的工作。公路工程是由若干施工项目所组成的，如路基、路面、桥梁、隧道、沥青拌和场、构件预制场、附属工程等单位工程，根据进度计划的编制阶段不同，在编制单位工程施工计划时，还要将施工项目进一步细分，即划分为若干种工序、操作。如路面工程可进一步分为底基层、基层、面层等分项工程，直到立模、扎钢筋、混凝土浇注等具体的工序。在划分项目时应注意：

（1）划分施工项目应与施工方法一致。为了使进度计划能完全符合施工实际进展情况，真正起到指导施工的作用，必须使所列项目与施工方法相一致。

（2）划分施工项目的粗细程度一般要按施工定额的细目和子目来填列，这样既简明清晰，又便于查定额计算。

（3）施工项目在进度计划表内填写时，应按工程的施工排列（指横道图），而且应首先安排好主导工程。

（4）施工项目的划分一定要结合工程结构特点仔细分析填列，切不可漏填，以免影响进度计划的准确性。

2）工程量计算

将施工过程细目列出后，即可根据设计图纸，并依据有关工程量计算规则，按照施工顺序的排列，逐项计算工程量。也可以采用编制概（预）算时的工程量计算成果。工程量的计算单位应与相应定额的计量单位相一致。

3）劳动量计算

所谓劳动量，就是工程细目的工程量与相应时间定额的乘积。人工操作时称为劳动量，机械操作时称为作业量。

劳动量可按下式计算：

$$D = Q/C$$

或

$$D = QS$$

式中：D——劳动量、工日或台班；

Q——工程数量；

C——产量定额；

S——时间定额。

劳动量的计算单位，对于人工为工日，对于机械则为台班。计算劳动量时，应根据现行的相应定额（施工定额或预算定额）计算。

4）主导工期及作业班制的选择

当某生产过程（指工序或操作过程）的人工以及各种机械劳动量确定后，可根据所投入的人工、机械数量计算得出人工作业或机械作业的工期。其中工期最长的作业称为主导作业。主导作业的工期称为主导工期，一个生产过程的工期主要取决于主导工期。用网络图表示进度计划时，主导作业一般就是关键工作，主导工期便是关键工作的工作时间。

在路线工程中，土石方工程一般为主导作业。在大、中桥施工中，基础工程一般为主导作业。对于主导作业，在条件允许的情况下，应尽量采用机械化施工，在24h内组织2~3班制作业，其他作业则可调节机械投入量或班制。

5）作业工期和所需人工、机械数量计算

（1）根据人工、机械数量确定工期

$$T = P/Rn$$

式中：T——生产过程某作业的工期（日）；

P——该作业的劳动量（工日、台班）；

R——实际投入的人工或机械数量；

n——作业班制。

（2）根据工期确定作业人数和机械台数

$$R = P/Tn$$

式中符号含义同前。

2. 横道图进度计划的编制

（1）划分工程项目，根据需要把工程项目划分为单位工程、分部分项工程或直到具体的工作（序），并按照各个项目实施的先后顺序列入图表的竖向栏目中。

（2）逐项计算各个项目的工程数量、劳动量或作业量。

（3）将能够利用的工期，即指令工期或合同工期，根据情况按年、月、日表示在横轴上。

（4）计算出完成各个单位工程、分部分项工程或具体工作（序）所需要的持续时间。

（5）在指令工期或合同工期内全部工程能够完成时，按照计划所得的各个项目的持续时间，在横轴上按比例逐一用横道线绘出。

如果按计算所得各个项目的持续时间安排将要超出指令工期或合同工期时，则应对各个项目的持续时间分别给予必要的压缩，这可通过增加劳动人数、机械台数，或改变施工组织方法来进行，以期在指令工期或合同工期内完工。

为了在工期内完成整个工程，应根据实际经验，将各个项目所需时间在总工期内进行分配，做出符合实际情况的进度计划。通常使用3种方法来进行这样的安排。

（1）顺行法

按照施工顺序，首先确定临时工程等最先开始的工作的开工日期，然后根据工程量计算出所需持续时间，这样就可定出最先开始的工作的完成日期。以下按照施工顺序用同样的方法定出各项工程项目或工作（序）的开始与完工日期。同时开始的工作则平行列入。

（2）逆算法

与顺行法相反，从完工之日开始，按同样的方法决定各个项目或工作（序）的开始和完成日期。

(3)重点法

按照季节、工程现场条件与工程要求，重点的做出某些主体工程项目或工作(序)的开工和完成日期，将这些时间在全工期内固定起来，再将前后或平行的各个项目或工作(序)的开始和完成时间确定下来。

图3-7是一个用横道图法编制施工进度计划图的例子。在竖向栏内计入了各个工程项目或工作(序)的名称及工程数量，在横轴上按时间比例尺画上所能利用的工期。

为了对工程进度情况进行控制和管理，在计划进度的下方还标出各个项目或工作(序)的实际进度。根据各项工作(序)计划进度和实际进度的比较，就可以对进度计划进行必要的修改与调整。

编号	工程名称	施工方法	工程量		20××年(月份)										起止时间	
			单位	数量	1	2	3	4	5	6	7	8	9	10	开工	结束
1	临时通信线路	人工为主	km	80	6										1月初	7月底
2	沥青混凝土基地	人工安装	处	1	35										1月上旬	5月上旬
3	清除路基	机械	m^3	700 000			4								3月初	7月底
4	路用房屋	人工	m^2	1 300	60				40						1月初	6月底
5	大桥	半机械化	座	1						94					5月中旬	9月中旬
6	中桥	半机械化	座	5				53			38				3月15	8月底
7	集中性土方	机械	m^3	430 000						20					4月上旬	9月底
8	小型构造物	半机械化	座	23					30						5月初	
9	沿线土方	机械为主	m^3	89 000					36						5月初	10月底
10	基层	半机械化	m^2	560 000						48					5月上旬	10月上旬
11	面层	半机械化	m^2	560 000						18					5月上旬	10月上旬
12	整修工程	人工为主	km	80						10					5月上旬	10月上旬

图3-7 横道图进度计划

3. 斜线图进度计划的编制

对于道路、隧道这样的线形工程，当施工方案确定之后，首先应划分施工项目，即把整个工程划分成单位工程或分部分项工程，这一点与横道图法是相似的。施工项目划分好以后，就可按下列步骤来编制用斜线图表示的工程进度计划。

(1)将施工项目以及项目的工程量按相应里程绘于图的上部或下部作为图表的横轴。

(2)根据工程的开竣工日期，将计划进度日历绘制在图表的左侧作为纵轴。

(3)列项计算各施工项目的劳动量、生产周期、劳动力及机械台数，这与横道图法中所介绍的计算相同。

(4)按计算出的生产周期，分别绘出不同符号的进度线，并按紧凑的原则，使各进度线相对移动到最佳位置。其具体绘制方法是：

①小桥涵工程。根据每座小桥涵的施工期长短，从可能开工之日起，在各桥涵的位置上，用垂直直线画出施工期，并依次向流水方向移动，其垂直方向的全长即等于全部小桥涵施工期的总和。

②大中桥工程。绘制方法与小桥涵相同，但上、下部工程最好用两种不同线条分别表示。

③路基工程。通常为几个施工作业组在指定的里程范围内同时开工，所以可用斜线段(用不同的线型)来表示时间和里程关系。

为了保证路基施工不致中断，所有的斜线不能与桥涵线条相交，否则要相对移动线的位置，借以改变其开工日期。

④路面工程。路面一般为连续和等速施工，故进度应是一条斜直线（分段施工除外），线的垂直高度等于路面工程所需要的总工期。水平线长度等于路面总里程。由于路基线起伏变化大，为了使路面不致与路基线相交（避免施工中断），应经过试排后再绘制。

（5）最后对斜线进度计划图进行调整，调整的要点主要有：

①力求各种线条靠近但不相交。

②检查总工期是否符合指令工期或合同工期。

③劳动力需要量力求均衡，避免高峰。

④补充图例和说明等，并加深线条。

有些较为详细的斜线式进度计划图，还将施工平面草图、劳动力等资源曲线绘制在斜线图中，使计划更为直观。

4. S 曲线法编制工程进度计划

（1）首先编制出横道式工程进度计划，其编制方法在上面已作了详细介绍。

（2）在横道图的竖向栏目中增加各个工程项目或工作（序）占工程总费用百分比一列及工程累计完成率为竖坐标，如图 3-7 所示。

（3）以工期为横轴，分别绘制各个项目或工作（序）的进度曲线。为了简化起见，各个项目或工作（序）的进度曲线可采用直线，即假设每日完成的工程费用相等。

（4）横轴以每月划分为一段（或以每 5% ~10% 为一段），将各月（或各 5% ~10%）的各个项目或工作（序）完成的工程费累计起来，连接每个时段的数值就可得出整个工程的计划进度曲线。

图 3-8 就是某工程进度曲线的示例，其资料来自图 3-7。根据实际工程进展情况，图 3-8 中还绘出了该工程的实际进度曲线，比较和对照计划进度曲线和实际进度曲线，就可以对整个工程的进度进行管理。

项目	工作名称	工程数量	单位	工程费	工期（3月~10月）	累计完成(%)
1	临时工程			7.4		100
2	挖土方	15.700	m^3	4.8		90
3	土工布	13.300	m^2	0.8		80
4	砂垫层	7.000	m^3	6.0		70
5	路基工程	14.700	m^3	15.6		60
6	路面工程	24.100	m^2	24.0		50
7	中小桥	60	m	31.0		40
8	涵洞	97	m	6.3		30
9	防护工程	50	m	2.0		20
10	交通工程			2.1		10

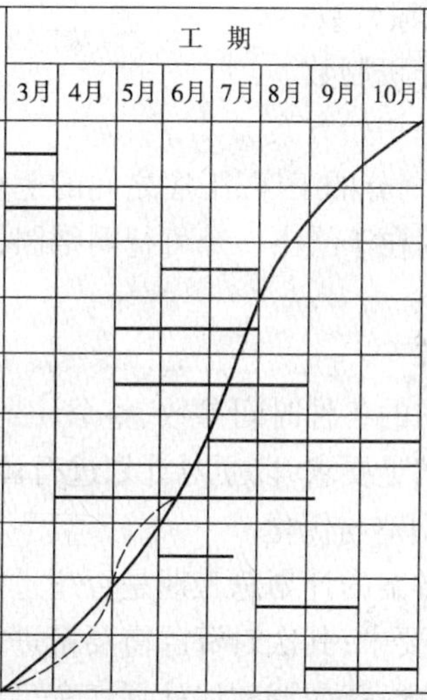

图 3-8　某工程进度曲线图

5. 网络图进度计划的编制

编制施工进度网络计划，有它自身的规律，其编制步骤一方面来自工程本身的客观要求，另一方面来自施工组织和管理过程的要求。按合理的步骤编制网络计划，就可以不走或少走弯路，能保证计划的质量。施工进度的网络计划可按下列步骤进行编制。

1）调查研究

调查研究是编制网络计划的重要一步，其目的是了解和分析工程结构特点及施工客观条件等，掌握编制网络计划的必要资料，并对计划执行中可能发生的问题做出合理的预测，保证计划在编制和执行中取得较好的技术经济效果。

凡编制和执行计划所涉及到的情况和原始资料均在调查之列。对调查取得的资料应该进行综合分析，掌握其间的相互关系与联系，了解其发展的变化规律。因此，调查研究是一项比较复杂的工作，要求调查人员具有较丰富的施工经验以及较高的技术和组织管理水平。

2）确定施工方案

施工方案决定工程的施工顺序、施工方法、资源供应方式、主要指标的控制量等，又是编制网络计划的基础。编制网络计划既要符合施工工艺和技术上的要求，又要符合目前的施工技术和组织管理水平，以保证工程质量，有利于提高施工效率、缩短工期、降低成本。

3）划分施工工序

施工工序是施工生产的基本组成单位，也是网络计划的基本单元。划分工序的多少和程度的粗细，应根据计划的需要决定。

在施工网络计划中，工序划分到分项工程或更具体一些，以满足施工的指导意义。划分工序时应按顺序列表编号，查对是否遗漏或者重复，以便分析工序的逻辑关系。

4）确定工序的持续时间

工序持续时间是网络计划计算的基础。工序持续时间可按下式计算确定，也可按施工经验估计确定。

$$t = D/Rn$$

式中：t——生产周期，持续天数（d）；

D——劳动量、工日或台班；

R——人数或机械台数；

n——生产工作班制数。

5）编制网络计划初始方案

根据施工方案、划分的工序、工序之间的逻辑关系，分析和工序持续时间，可编制网络计划的初始方案。其目的在于绘出一个可行网络图，供计算和调整使用，以便最终编制最优的网络计划。

6）时间参数计算

计算初始网络图的各种时间参数、整个计划的总工期，寻找关键工序和关键线路，并考察初始网络计划是否满足要求，以便对计划进行调整。

7）初始方案的调整与优化

首先分析初始方案的计划总工期是否超过规定的要求，如果超过，应调整关键工序的作业时间，使总工期符合要求；其次对资源需要量进行分析，检查各种资源供应是否满足计划的要求，如果不能满足要求，就应调整使计划切实可行；最后对成本和资源进行优化，以便制定出最优的施工计划。

8）绘制最优网络计划

网络计划经过调整与优化，即可得到一个令人满意的网络计划，并付诸实施。另外，还应编写简要的网络计划使用说明。并在施工现场执行网络计划中加强组织与管理工作，使它真正具有科学的组织施工和指导施工的意义。

6. 计算机辅助工程进度管理

对于大型复杂的公路工程施工进度网络图，如果手算，工作量很大，特别是超过了50道以上的工序，几乎不可能，尤其是计划发生变化时调整起来非常困难。因此，大型网络图的编制、计算与优化一般利用计算机辅助工程进度管理。近年来，随着人工智能（AI）技术的迅速发展，为施工进度计划的自动安排创造了条件。通过考虑工期定额和施工经验，对施工活动分类，建立不同施工活动之间的逻辑关系，计算不同施工活动的资源需求量和持续时间，然后进行施工总进度计划安排和子工程进度自动安排，并且可根据需要，人工调整进度安排。目前常用的进度计划管理软件从使用角度可从以下两个层次：大型进度计划管理软件（Primavera Project Planner 等）；中、小型进度计划管理软件（Microsoft 公司的 MS Project 等）。

1）计算机处理进度计划的特点

（1）处理及时灵活

施工项目进度受外界及自然界影响大，对于计划的推迟和提前无法预料，而一个项目的整体进度计划又必须及时调整和协调，这样就必须通过计算机来完成这些任务。从发现计划延迟到调整计划直至新计划的下达，也只有计算机才能做出如此迅速的反应，从而大大提高工效，减少不必要的损失。

（2）计算准确无误

对于大型网络计算，用手工计算是容易出错的，使用计算机计算方可保证万无一失。

（3）网络计划优化

相比其他进度图形式，网络计划的优化是最全面、最科学的。横道图可以进行优化，但它的局限性只能将计划固定在一个条件下。而网络图的优化则不同，它可以将整个项目分别在不同条件下优化，或综合在一个模型内考虑，寻求工期、资源、费用等最优的方案，达到优化施工进度计划的目的。而这些模型化的操作只能在计算机下才能对一个工程项目进行综合分析和计算。

（4）省工省时，统计方便

一个工程项目在施工过程中，某阶段的统计工作是非做不可的。过去靠手工操作，一到统计报表，总是翻箱倒柜找文件资料，而且统计数据的正确性还不能百分之百肯定。当有计算机处理后，所有一切数据资料都在计算机内，只要你敲几个键，打印机就会告诉你一切，甚至竣工资料的统计、核算等都会轻而易举地完成。

（5）计算机联网与数据共享

随着工程建设规模的不断扩大，而通讯工具有利于普及，监理信息的交换和传递在区域性计算机网络上可以发挥更大的优势。

2）计算机辅助进度计划模块

工程进度监理软件由5个子模块组成，即系统维护、进度计划、资源调配、费用控制、进度管理等5个模块，如图3-9所示。

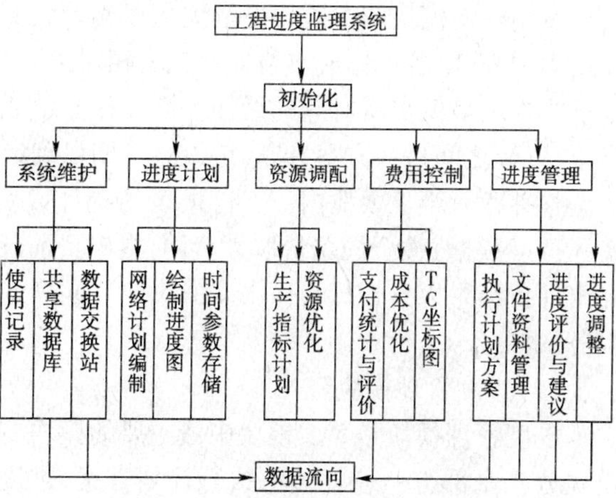

图3-9　计算机辅助进度计划模块

(1)系统维护模块

系统维护模块主要功能是汇总各标段信息、管理原始数据等,如各标段名及其代码、相应的施工单位名称、监理单位名称等信息。将工程项目按单位工程、分部工程、分项工程、工程细目等按级别分类编码。将各编码工作的计划工期、开完工位置、实际进度、资金拥有量、费用控制量等资料储存、转换、联网交换等。而且这些数据在业主、监理和承包商之间共享数据库,并且提供数据修改、删除、查询、打印等服务。

该模块第一要点是将原始数据建立起来,其次是将系统结果数据汇总并存储以备交换传递。

(2)进度计划模块

进度计划模块的主要功能是形成初始网络计划,计算与储存参数,打印出图与复核逻辑关系。该模块是进入动态控制的第一步,所需原始数据始终在第一模块的管理之下。如网络图结构的逻辑关系、数据与工作编码;数据参数计算与关键线路认定,计算计划总工期等;编制时标网络图,绘制资源曲线图,自动生成年度、季度生产计划;然后等待资源、费用优化模块完成,并将结果写入进度管理模块,动态控制即开始。同样地该模块也提供数据修改、删除、查询、打印等服务。

进度计划模块分逻辑关系检查、网络计划成图及时间参数计算、存储 3 部分,该模块对初始计划的拟定至关重要,但在动态控制中其作用并不大。

(3)资源调配模块

资源调配模块的主要功能是优化资源,修正进度计划,提供最佳资源计划。在总工期不变的条件下,最大限度维持总资源数的日消耗量平衡。调整非关键工作开完工位置,利用不均衡系数控制调整结果,并将最优均衡结果的时标网络图及资源曲线图显示或打印出来。在得到认可同意之后,此结果对第二模块结果予以调整并存入第五模块内。同样地该模块也提供查询、打印等服务,但不提供数据修改、删除、编辑服务。

资源调配模块由资源优化与生产指标计划两部分组成。资源优化可在成本优化之前或之后进行,但必须将资源优化与成本优化的结果进行综合评价并在进度管理模块中完成而得出最终方案。其优化结果成为生产指标计划的数据并存盘。生产指标计划资源优化后在不同时间段的资源消耗量,并据此列出月、季度资源需要量。其形式有曲线分布图及表格式样两种。

(4)费用控制模块

费用控制模块的主要功能是优化成本及统计支付报表、绘制 $T—C$ 图。成本优化以关键线路为中心,以各工作成本增加变化率相对大小为计算根据,从而找出时间—成本变化曲线,寻求成本之最低点所对应的最佳工期。在显示或打印最优方案后,经过专家论证,提出工期、成本、资源之间最终方案,即取定最终工期以确定资源计划、成本费用计划,对原网络计划再一次调整并存入第五模块内。支付报表的统计以实际完成工程量为依据,根据计量结果(目前实际进度数据)按合同单价取算费用,提出目前各标段支付情况汇总报告,并对目前支付状况提出评价结果以备指挥者做出新的决定。同样地该模块也提供数据修改、删除、查询、打印等服务。

(5)进度管理模块

进度管理模块是 5 大模块中最主要的模块,其功能主要是完成动态控制的一切工作。该模块分 4 个部分:资料管理、执行计划方案、进度评价与建议、进度调整。资料管理属文档管理,其数据来源为原始输入数据,在第一模块(系统维护模块)管理之下。资料管理模块仅被查看和备份，不参与模块计算。执行计划方案汇总系统各方面信息和数据，以时标网络图或分项网络图形式供显示或打印，并将该类只读类型文件存入第一模块内，供交换使用。进度评价与建议是在计量统计的原始数据库的基础上，配合网络计划的动态数据，时刻动态反映和控制计划与实际的差异，并提出忠告。进度评价与建议由进度管理曲线（S形曲线）制定评价上下限，根据实际情况自动完成评价并报告最新结果。进度调整是安排一个改变逻辑关系的接口，但主要是用缩短关键线路的方法来调整进度计划。当逻辑关系改变时，前4个模块，包括原始数据修改，都要相应改变或重新计算。当改变不大时，可直接在本模块内调整。

在进度管理模块中，除文档类如文件资料管理、执行计划方案、进度评价建议外，还有进度检查、调整等动态控制子模块。其原始数据采集先通过日进度记录逐步统计月进度计量报表，建立动态数据源，在原进度计划参照下，监控实际进度速度。

进度管理模块是链接施工队伍和施工监理工程师的桥梁。在既定网络计划的控制下，收集各种数据，诸如计量单、中间计量结果、合同工期、业主指令、统计报表等，通过此模块可以对施工的全程实行全范围监控，并将数据及时反馈给有关施工队组，督促检查进度和采取措施改进施工工艺和施工方案。

进度管理模块没有数学计算模型，只有进度图表的管理，动态管理是进度管理的核心，如时标网络计划，已完成的工程量和已计量的工程量都是采用不同颜色随着时间的变化而改变长度。当统计数据与计划发生矛盾时，自动形成报告文件并警告操作员，使得进度的检查、调整、改进自动完成。

进度管理模块流程框图如图3-10所示。

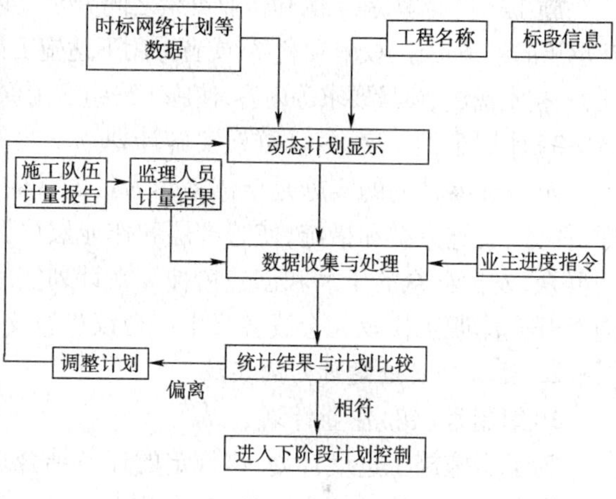

图3-10　进度管理流程图

五、施工进度图的评价

编制施工进度图时，应当多做几个方案，绘制几个施工进度草图，经过反复平衡、比较评价后，确定最终方案。其比较、评价要点是：

（1）工期能否满足合同或业主的需要。

（2）施工顺序是否合理。

（3）劳动力、机械、材料等资源的供应能否保证，消耗是否均衡。

（4）是否符合合理组织生产过程的4项原则。

（5）是否充分估计了客观因素的影响，可行性如何。

（6）各项安排是否既先进合理又留有余地。

课题三　施工进度计划检查与控制

一、施工进度计划的实施

施工项目进度计划的实施就是施工活动的进展，也就是用施工进度计划指导施工活动、落实和完成计划。施工项目进度计划逐步实施的进程就是施工项目建造的逐步完成过程。为了保证施工项目进度计划的实施,并且尽量按编制的计划时间逐步进行,保证各进度目标的实现,应做好如下工作。

1. 施工项目进度计划的贯彻

1)检查各层次的计划,形成严密的计划保证系统

施工项目的所有施工进度计划(施工总进度计划、单位工程施工进度计划、分部分项工程施工进度计划)都是围绕一个总任务而编制的,它们之间的关系是高层次的计划为低层次计划的依据,低层次计划是高层次计划的具体化。在其贯彻执行时应当首先检查是否协调一致,计划目标是否层层分解,互相衔接,组成一个计划实施的保证体系,以施工任务书的方式下达施工队以保证实施。

2)层层签订承包合同或下达施工任务书

施工项目经理、施工队和作业班组之间分别签订承包合同,按计划目标明确规定合同工期、相互承担的经济责任、权限和利益,或者采用下达施工任务书,将作业下达到施工班组,明确具体施工任务、技术措施、质量要求等内容,使施工班组必须保证按作业计划时间完成规定的任务。

3)计划全面交底,发动群众实施计划

施工进度计划的实施是全体工作人员的共同的行动,要使有关人员都明确各项计划的目标、任务、实施方案和措施,使管理层和作业层协调一致,将计划变成群众的自觉行动,充分发动群众,发挥群众的干劲和创造精神。在计划实施前要进行计划交底工作,可以根据计划的范围召开全体职工代表大会或各级生产会议进行交底落实。

2. 施工项目进度计划的实施

1)编制月(旬)作业计划

为了实施施工进度计划,将规定的任务结合现场施工条件,如施工场地的情况、劳动力机械等资源条件和施工的实际进度,在施工开始前和过程中不断地编制本月(旬)的作业计划,这是使施工计划更具体、切合实际和可行。在月(旬)计划中要明确本月(旬)应完成的任务,所需要的各种资源量,提高劳动生产率和节约措施。

2)签发施工任务书

编制好月(旬)作业计划以后,将每项具体任务通过签发施工任务书的方式使其进一步落实。施工任务书是向班组下达任务实行责任承包、全面管理和原始记录的综合性文件。施工班组必须保证指令任务的完成。它是计划和实施的纽带。

3)做好施工进度记录,填好施工进度统计表

在计划任务完成的过程中,各级施工进度计划的执行者都要跟踪做好施工记录,记载计划中的每项工作开始日期、工作进度和完成日期;记录每日完成数量、施工现场发生的情况、干扰因素的排除情况;跟踪形象进度并对工程量、总产值、耗用的人工、材料和机械台班等的数量进行统计与分析,编制统计报表。统计工作必须以实事求是为原则,确保统计资料、信息的可靠性及时性,严禁弄虚作假。施工统计工作必须以工程总承包合同确认的工程量为统计口径,以甲方确认的计量支付证书为统计依据,正确反映生产成果。

4)做好施工中的调度工作

施工中的调度是组织施工中各阶段、环节、专业和工种的互相配合、进度协调的指挥核心。调度工作是使施工进度计划实施顺利进行的重要手段。其主要任务是掌握计划实施情况,协调各方面关系,采取措施,排出各种矛盾,加强各薄弱环节,实现动态平衡,保证完成作业计划

和实现进度目标。

调度工作内容主要有:监督作业计划的实施、调整协调各方面的进度关系;监督检查施工准备工作;督促资源供应单位按计划供应劳动力、施工机具、运输车辆、材料构配件等,并对临时出现问题采取调配措施;按施工平面图管理施工现场,结合实际情况进行必要调整,保证文明施工;了解气候、水、电、汽的情况,采取相应的防范和保证措施;及时发现和处理施工中各种事故和意外事件;调节各薄弱环节;定期召开现场调度会议,贯彻施工项目主管人员的决策,发布调度令。

5)处理工期索赔

当业主提供的资源供应进度发生变化不能满足施工进度要求时,应督促业主执行原计划,并对造成的工期延误及经济损失进行索赔。

二、施工进度计划的检查

1. 施工进度计划检查的内容

承包人编制出施工进度计划,报经监理工程师审批后,承包人按计划实施计划。在施工项目的实施进程中,要明确进度计划的不变是相对的,而进度计划的变是绝对的;平衡是相对的,不平衡是绝对的,实际进度与计划进度完全一致几乎不可能。要经常检查施工实际进度情况计划进度相比较,要密切关注关键工作,避免造成工作盲目和被动;多观察,多记录。若出现偏差,应分析产生偏差的原工期的影响程度,采取一定的措施加强调整后续进度计划,使进度符合目标要求。如此不断地循环,直到工程竣工。为了进行进度控制,进度控制人员应经常地、定期地跟踪检查施工实际进度情况,主要是收集施工项目进度材料,进行统计整理和对比分析,确定实际进度与计划进度之间的关系,其主要工作有:

1)跟踪检查施工实际进度

跟踪检查施工实际进度是项目施工进度控制的关键措施。其目的是收集实际施工进度的有关数据。跟踪检查的时间和收集数据的质量,直接影响控制工作的质量和效果。一般检查的时间间隔与施工项目的类型、规模、施工条件和对进度执行要求程度有关。通常可以确定每月、半月、旬或周进行一次。若在施工中遇到天气、资源供应等不利因素的严重影响,检查的时间间隔可临时缩短,次数应频繁,甚至可以每日进行检查,或派人员驻现场督阵。检查和收集资料的方式一般采用进度报表方式或定期召开进度工作汇报会。为了保证汇报资料的准确性,进度控制的工作人员,要经常到现场察看施工项目的实际进度情况,从而保证经常地、定期地准确掌握施工项目的实际进度。

2)整理统计检查数据

收集到的施工项目实际进度数据,要进行必要的整理、按计划控制的工作项目进行统计,形成与计划进度具有可比性的数据,相同的量纲和形象进度。一般可以按实物工程量、工作量和劳动消耗量以及累计百分比整理和统计实际检查的数据,以便与相应的计划完成量相对比。

3)对比实际进度与计划进度

将收集的资料整理和统计成具有与计划进度可比性的数据后,用施工项目实际进度与计划进度的比较方法进行比较。通常用的比较方法有横道图比较法、S 形曲线比较法、“香蕉”形曲线比较法、前锋线比较法和列表比较法等。通过比较得出实际进度与计划进度相一致、超前、拖后 3 种情况。

4）施工项目进度检查结果的处理

施工项目进度检查的结果，按照检查报告制度的规定，形成进度控制报告，向有关主管人员和部门汇报。进度控制报告是把检查比较的结果、有关施工进度现状和发展趋势，提供给项目经理及各级业务职能负责人的最简单的书面形式报告。

进度报告由计划负责人或进度管理人员与其他项目管理人员协作编写。报告时间一般与进度检查时间相协调，也可按月、旬、周等间隔时间进行编写上报。

进度控制报告的内容主要包括项目实施概况、管理概况、进度概要；项目施工进度、形象进度及简要说明；施工图纸提供进度；材料、物资、构配件供应进度；劳务记录及预测；日历计划；对建设单位、业主和施工者的变更指令等。

进度控制报告是根据报告的对象不同，确定不同的编制范围和内容而分别编写的。一般分为项目概要级进度控制报告、项目管理级进度控制报告和业务管理级进度控制报告。项目概要级的进度报告是报给项目经理、企业经理或业务部门以及建设单位或业主的。它是以整个施工项目为对象说明进度计划执行情况的报告。项目管理级的进度报告是报给项目经理及企业的业务部门的。它是以单位工程或项目分区为对象说明进度计划执行情况的报告。业务管理级的进度报告是就某个重点部位或重点司题为对象编写的报告，供项目管理者及各业务部门为其采取应急措施而使用的。

2. 施工进度计划检查的方法

施工进度计划检查就是将实际进度与计划进度作对比，找出偏差。偏差不外乎有 3 种可能，实际进度与计划进度相比的提前、按时（正常）或拖延（延误）。在进度检查时所谈及的偏离往往是针对正在检查的内容即工作（或分项工程），因此还应分析这些偏差对工程项目或合同段工期有何影响，即工程总体进度状况发展的趋势。

1）横道图法与 S 曲线法

工程进度表是反映每个月工程实际进度与计划进度的图表，它是横道图与 S 曲线的结合。图表中，用横道图反映每月相应各分项的计划量与实际量以及开、完工时间，用 S 曲线表示本月整个工程量实际值（实线表示）与计划值（虚线表示）的累加值对比。横道图中横线下方数值为计划完成量百分数（或累加百分数），上方为实际完成量百分数（或累加百分数）。如图 3-8所示，图表中其他数据项的关系为：

单项占合同价（%）＝单个细目合同金额（元）/合同总价 ×100%

单项完成（%）＝单（分）项的累加完成量（元）/合同数量（元）×100%

＝横道图中各月实际量百分数的累加

完成占合同价（%）＝单（分）项的累加完成量（元）/合同总价 ×100%

工程进度表实现了横道图法与 S 曲线法的优势互补，取长补短，克服了横道图不便了解工程整体进度的弱点和 S 曲线无法了解各分项工程进度的弱点，所以工程进度表是监理工作进度控制的重要形式。从工程进度表中了解到工程进度的总体状况和各分项工程的情况；但对于工程进度中的具体问题，发生在哪些段落还得借助于细节横道图和网络计划图，特别是在处理是否给予延期问题时，用网络图最方便。

2）网络计划进度检查

（1）网络图中工作的延误

在计划进度检查时，延误一般是指工作的实际时间与计划时间相比的拖延或耽误。在网络计划中，计划时间有最早和最迟两种，所以严格地说延误都是工作的实际时间与计划最早时间相比的拖延或耽误。对延误含义的正确理解有助于对网络计划的进度检查。

(2)延误工期(工期拖延)

延误工期(或工期拖延)是指工程项目所需的时间超过计划或合同规定的竣工时间,即工程项目工期的拖延或耽误,简称为误期。在网络计划中就是工作的实际时间与计划最迟时间相比的拖延或耽误,也等于工作延误减去其总时差。这是网络计划图的最显著优点,使计划管理人员能从局部的工作预计未来的工程全局。

在网络计划图中进行进度检查能做到一举两得。检查时,工作实际进度情况与计划最早时间相比可了解到本身工作的进度状况,也了解了后续工作可能受到的影响,同时与计划最迟时间比可了解对工程项目工期的影响。用网络计划图进行进度检查,既全面又简单、快捷,真正做到了局部和全局都一目了然。

(3)时标网络图进度检查的前锋线法

双代号时标网络图一般采用最早时间形式绘制。时标图很直观地表示工程各工作的最早开工、完工时间和各工作的自由时差(局部时差),但各工作的总时差必须通过自由时差反向逐个计算或从该工作往后看线路上各工作的自由时差之和的最小值来求得。

实际进度前锋线是网络计划技术中用时标图的形式动态反映工程实际进度,是工程施工动态管理的科学方法。实际进度前锋线形象地表示出某个时刻工程实际进度所到达的"前锋",反映出工程实际执行状态以及与其计划的目标差(即偏差)。通过对前锋线形态变化的分析,发现计划执行中的问题,预测未来的进度状况和发展趋势,揭示了解决问题的最佳途径,以指导管理者从实际出发有预见地采取有效措施,争取最佳经济效益。

实际进度前锋线是指计划实施过程中某一时刻正在施工的各工作实际进度到达的连线。它在时标网络图上,从检查时的时间线(或日期线)开始,自上而下依次连接正在施工的各工作实际到达点,通常形成一条折线。检查日一般认定为晚上收工时。

绘制实际进度前锋线的关键是标定某时刻正施工的各工作的实际进度到达点。有以下两种标定方法。

①按已完成的实际工程量标定

当一项工作的工程确定后,其工作的持续时间与其工程量成正比,比值就是该工作的效率。以该工作的总工程量在计划持续时间内全部完成为假设前提,用已完成的实际工程量表示实际进度点。

已完成工程量/总工程量 = 已施工的标定时间/计划工作持续时间

总工程量 = 计划工作持续时间

标定时是从该工作的最早开始时间点起(即箭尾),从左向右画在相应位置上。例如某土方工程(即工作),土方量为1 000m^3,计划持续时间为10d,检查时已完成了600m^3土方量,则该工作实际进度前锋点应在该箭线实线部分的3/5处或$3/5\times10=6$d处。

②按尚需时间来标定

在工程施工中,特别是公路工程施工,有些工作的持续时间难以用工程量来计算,只能根据经验或其他方法估算,所以无法获得已完成的工程量,只能凭经验估计尚需时间。另一方面,第一种标定方法没有考虑依照目前效率对本工作未完成部分进度的预测;用尚需时间表示就能反映出未完成部分的工作依照目前的实际效率施工的进度结果。尚需时间的标定方法是将计算或估算的尚需时间,从该工作最早结束时间点(即箭线中实线的末端)起,反向从右向左画在相应位置上。

当工作实际效率不等于计划效率，实际工程总量不等于计划总量时，尚需时间按下列过程进行计算：

①目前的实际效率计算

实际效率 = 已完成的工程量/已施工的有效时间

②已施工有效时间的计算

已施工有效时间的计算是指到检查时为止已施工的有效时间，即实际开工时间至检查时间再扣除该工作在施工中的停工时间（雨天）。

③尚需时间的计算

尚需时间 =（预计实际工程总量 - 已完成工程量）/目前实际效率

这里的尚需时间计算是适应在该工作的后续施工是连续地、均匀地按目前效率进行。如果后续施工过程中可能由于气候原因有停工现象时，还应再加上停工时间。我们应注意工程施工中情况是复杂和多变的，这些方法只是相对准确，不可能也无必要对绝对精确。例如，某土方工程，计划持续时间为10d，原计划工程为1 000m^3，已施工了4d时间，完成了600m^3工程量，由于工程更造成工程量增加了800m^3。该工作尚需完工时间计算如下：

$$效率 = 600/4 = 150m^3/d$$

$$尚需日 = (1\,000 + 800 - 600)/150 = 8d$$

对于实际与计划的效率和工程量差异不大时，尚需时间也可以按下式计算：

尚需时间 = 计划持续时间 - 已施工时间

前锋线对工程进度描述的预测和评价如下：

实际进度前锋线的功能之一就是对工程进度的描述。以检查时的日期线作为基线，若前锋线与工作的交点在日期线之前（右方），则表示该工作比计划提前；若交点正好在检查日期线上，则表示该工作与计划相比按时；若交点在日期线之后（左边），则表示该工作与计划相比延误。偏差值就是交点与日期线的差值。前锋线反映了正施工的各工作实际进度与计划进度的偏差。处于前锋线波峰的工作比相邻的工作进度快，处于前锋线波谷的工作比相邻的工作进度慢；但不能认为波峰的工作一定是提前，波谷的工作一定是延误。波峰和波谷是相对于相邻工作而言，而提前和延误是相对检查日期线而言。

三、施工进度计划的调整

1. 施工进度计划的调整内容

进度检查主要是了解工程进度是否发生了延误，即正在施工的各工作或分项工程的实际进度与计划进度相比有无偏差。正在施工的工作如果出现了延误，可能会影响后续工作的开工时间和工程原规定的竣工工期。此时，应对原工程进度计划和现金流动计划进行调整，施工进度计划在实施中的调整必须依据施工进度计划检查结果进行。调整施工进度计划应采用科学的调整方法，并应编制调整后的施工进度计划。

当出现下列情况时，应采取措施处理或及时调整资源供应计划：

(1)当发现资源供应出现中断、供应数量不足或供应时间不能满足要求时；

(2)由于工程变更引起资源需求的数量变更和品种变化时。

施工进度计划的调整内容一般有：

(1)施工内容；

(2)工程量；

(3)起止时间；

(4)持续时间；

(5)工作关系；

(6)资源供应。

2. 工程延误的原因或责任的类型

在工程项目的施工过程中，由于承包人的资源调配的变化、组织管理偏差或技术上的失误以及自然界和社会的影响、设计变更等，将使工程不能按计划组织实施或者在施工过程中产生较大偏离计划的情况。除此之外，公路建设周期长、规模大、投资额巨大、涉及面广、参与建设的三方人员如协调配合不当等也会使工程进度发生延误。从延误处理的最终结果来看，延误可分为两大类：

1)非承包人的原因或责任造成的延误

非承包人原因或责任引起的延误大体上可归纳为业主、监理、自然界、社会这4种原因或责任。具体内容为：

(1)由于工程变更引起额外或附加的工作量。土石方数量增多，土石比例发生变化，管涵和通道数量增加，涵洞改桥梁，平交改立交等。由于工程量的变化或性质改变，使原定的施工时间无法完成相应位置的工程，造成进度延误。

(2)业主未能及时按照监理工程师已审批的进度计划提交现场和通道，从而使工程进度延误。通俗的说法就是征地拆迁不及时。

(3)业主或监理工程师未能按照已审批的进度计划或合同要求，在规定时间内向承包人提供施工所需的图纸或指令，致使工程进度发生延误。

(4)业主承担的风险导致工程损害，使工程进度延误。例如战争、自然灾害等。

(5)监理工程师由于业主的原因或其他非承包人违约等原因而下令暂停工程施工，使全部工程或部分工程中断或暂停，而影响工程进度。

(6)异常恶劣的气候条件所引起的工程进度延误。

(7)业主违约，不及时支付给承包人工程费用，致使承包人因资金不足而影响工程进度。

(8)除承包人自身应承担责任之外的其他原因。

2)由于承包人自身的原因或责任造成的延误

除了上述提及的这些原因或责任之外，由于承包人自身管理问题和技术问题造成工程进度延误。例如人、机、料的配置不当进度缓慢，质量不合格而返工等。

3. 工程施工延误的处理

在进度管理过程中，若发现有较大延误的事件，应认真处理好这些延误事件。处理延误事件，首先通过进度检查方法，判断其延误是否造成误期影响，工期将拖延多少。对于无误期影响的延误事件一般无需处理，但对延误较大虽然还未造成误期影响的这些准关键工作(即已接近关键工作的工作)要极为关注。其次应通过现场记录和有关文件或资料分析这些延误事件的原因或责任。如图3-11所示。由于延误原因或责任有两类，与之相对应的也有两种不同的处

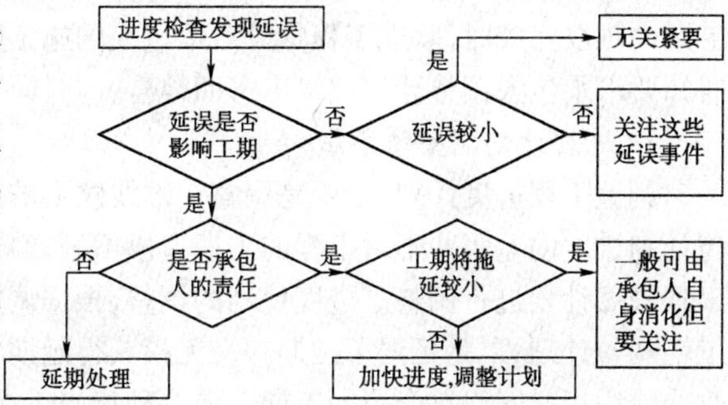

图3-11 工程施工延误原因分析及处理

理方式。

1)承包人自身原因或责任的延误引起误期影响的处理

(1)工期拖延影响不大的处理

承包人自身原因的延误引起工期拖延不大,没有超过一定百分比时,承包人一般可通过加强内部管理、优化资源调配,在后续的施工中抢回失去的时间。

(2)工期影响较大的处理

当承包人自身原因的延误所引起工期拖延的影响较大,达到或超过危险的百分比时,监理工程师可根据合同规定的程序和权力指示或通知承包人采取加快措施,以赶上工程进度中的阶段目标和总体目标。承包人提出和采取的加快工程进度的措施必须经过监理工程师批准。当承包人无视监理工程师对过于缓慢进度而发出的警告时,可按照合同规定采取相应的制约手段,如误期赔偿费或者终止对承包人的合同。

2)非承包人原因或责任的延误引起误期影响的延期处理

对于非承包人原因或责任的延误引起的误期,承包人在合同规定期限内向监理工程师提交工程延期的意向通知书及详细的资料、证明。监理工程师在做好工地实际情况调查和日常记录,收集来自现场内外的各种文件资料与信息,依据延期审批程序审查承包人的延期申请,进行延期评估,确定延期天数及索赔金额。

4. 调整工程进度计划的原因

在公路施工过程中,工期长,涉及面广,受外界干扰较大,不可避免地会出现偏差。如果偏差不大,基本上与计划相符,特别是关键线路上的实际进度基本相符时,监理工程师不应干预承包人对进度计划的执行,但应及时掌握影响和妨碍工程进展的不利因素,促进工程按计划进行。监理工程师发现工程现场的组织安排、施工顺序或人力和设备与进度计划上的方案有较大不一致时,应要求承包人对原工程进度计划及现金流动计划予以调整,调整后的工程进度计划应符合工程现场实际,并应保证满足合同工期的要求。

承包人对进度计划进行调整主要是由于下面两种情况引起的:

1)进度计划的延期

由于非承包人的责任使工程进度延误并获得监理工程师批准延期后,监理工程师应要求承包人对原来的工程进度计划予以调整,以适合新的合同工期,并按调整后的进度计划实施工程。例如工程变更批准延期后应调整进度计划。

2)进度计划的拖延

由于承包人自身原因造成工程进度延误,而且承包人拒绝接受监理工程师加快工程进度的指令,或虽采取了加快工程进度的措施,但仍然不能赶上预期的工程进度并将使工程在合同工期内难以完成时,监理工程师应对承包人的施工能力重新进行审查和评价,并应该发出书面通知要求承包人调整计划或发出书面警告,同时向业主提出书面报告。

5. 进度计划调整的方法

调整工程进度计划,主要是调整关键线路上的施工安排,对于非关键工作,如果实际进度与计划进度的差距并不对工程的工期造成不利影响时,监理工程师可不必要求承包人对整个工程进度计划进行调整。进度计划的调整,根据调整的原因分为两种:一是延期后应按新合同工期调整计划;二是延误了工期却又无权获得延期,因此需要调整计划使后续计划的工作内容改变或缩短时间以符合合同工期。前一种相当于在给定的工期内以原来计划为参考重新编制符合新合同工期的计划;后一种是在原计划的基础上压缩工期,使计划的计算工期符合合同工期。我们在此主要讨论后一种压缩工期的方法和途径。压缩工期就是网络计划优化中的工期优化,就是压缩关键线路,所以调整计划就是调整关键线路。

1)压缩工期的主要途径与方法

(1)改变原计划中关键工作之间的逻辑关系

工作之间的逻辑关系有工艺关系和组织关系,一般情况下工作之间的工艺关系不能随意改变,而组织关系可根据组织者的意图和资源情况调整和改变。

①将顺序施工关系改为平行施工关系;

②将顺序施工关系改为搭接施工关系。

(2)压缩关键工作的持续时间

压缩关键工作的持续时间就能使关键线路缩短,但要注意压缩过程中关键线路会随着压缩关键工作而改变或增加条数。通过网络图直接进行压缩工期很方便,在压缩时首先要考虑的是,要选择哪个关键工作进行压缩并且应压缩多少才合适。可以从以下几个方面考虑:

①选择有利于尽快缩短工期的关键工作;

②选择因加快进度使工程费用增加较少的关键工作;

③选择技术上容易加快的关键工作;

④选择原持续时间相对较长的容易压缩的关键工作;

⑤选择可允许压缩时间较多的关键工作。

2)压缩关键工作持续时间的措施

(1)组织措施

①增加工作面,组织更多的施工队伍;

②增加每天的施工时间(多班制或加班);

③增加关键工作的资源投入(劳力、设备等)。

(2)技术措施

①改进施工工艺和技术,缩短工艺技术间歇时间(如混凝土的早强剂等);

②采用更先进的施工方法以缩短施工过程的时间(如现浇方案改为预制装配);

③采用先进的施工机械。

(3)经济措施或行政措施

①用物质刺激和精神刺激的方法提高效率;

②对所采取的技术措施给予相应经济补偿。

(4)其他配套措施

①改善外部配套条件;

②改善劳动条件;

③实施强有力的调度等。

一般来说采用加快措施都会增加工程费用,因此在调整施工进度计划时可利用工期——费用优化的原理来选择压缩的关键工作,尽可能使工程费用增加最少。

3)调整计划压缩工期的步骤

(1)用进度检查的方法计算出工期拖延量,以确定压缩天数。

(2)简化网络图。去掉已执行的部分,以进度检查日期作为新起始节点起算时间,并将尚需日的实际数据代入正施工的工作的持续时间,保留原计划后续部分。

(3)以简化的网络图及代入的尚需日为基础的网络图计算各工作最早开始时间。

(4)以计算工期值反向计算各工作最迟结束时间。

(5)计算各工作的总时差和自由时差,以便于计算线路的、线路与关键线路长度之差称为该线路时差,其数值在双代号图中等于该线路上各工作的所有自由时差和。

(6)借助自由时差来比较线路长短的方法。多次压缩关键工作的持续时间,保证做到关键工作每压缩一定值,工期也随之缩短一定值,一直压缩到合同工期为止。

压缩工期的方法,如不限制所选择的关键工作进行压缩,则工期目标相同,但压缩结果是不唯一的。压缩工期的方法是给我们一种启示。要调整好一个实际工程的计划远比这困难和复杂的多,应根据实际情况来选择压缩的关键工作,尽可能做到经济、合理、可行。

6. 施工项目进度管理案例分析

1)背景

某单项工程的网络计划如图 3-12 所示,图中箭线之下括弧外的数字为正常持续时间;括弧内的数字是最短时间;箭线之上是每天的费用。当工程进行到第 95d 进行检查时,节点⑤之前的工作全部完成,工程延误了 15d。

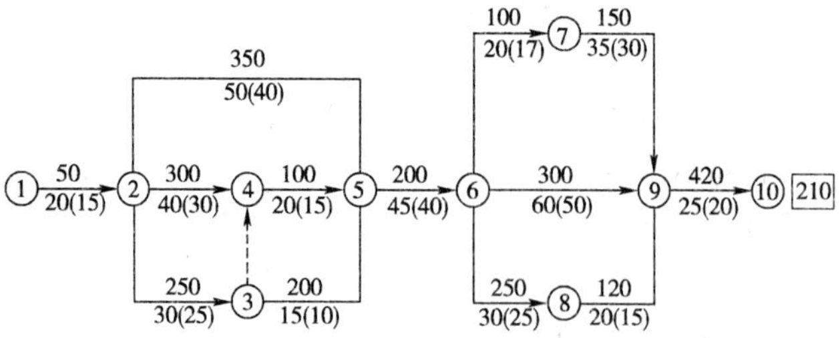

图 3-12　待调整的网络计划

2)问题

(1)试述赶工的对象。

(2)要在以后的时间进行赶工,使合同工期不拖期,问怎样赶工才能使增加的费用最少?

3)分析与解答

工期费用调整的原则是:压缩有压缩潜力的、增加的赶工费最少的关键工作。因此,要在⑤节点后的关键工作上寻找调整对象。

第一步:在 5-6、6-9 和 9-10 工作中挑选费用最小的工作,故应首先压缩工作 5-6,利用其可压缩 5d 的潜力,增加费用 $5 \times 200 = 1\ 000$ 元,至此工期压缩了 5d。

第二步:删去已压缩的工作,在 6-9 和 9-10 中挑选 6-9 工作压缩 5d,因为与 6-9 平行进行的工作中,最小总时差为 5d,增加费用 $5 \times 300 = 1\ 500$ 元。至此,工期累计压缩了 10d,累计增加费用 $1\ 000 + 1\ 500 = 2\ 500$ 元。5-7-9 成了关键线路。

第三步:同时压缩 6-7、6-9,但压缩量 6-7 最小,只有 3d 潜力,故只能压缩短 3d,增加费用 $3 \times (300 + 100) = 1\ 200$ 元,累计压缩工期 13d;累计增加费用为 $2\ 500 + 1\ 200 = 3\ 700$ 元。

第四步:压缩工作 9-10,压缩 2d,至此,拖延的时间可全部赶回来,增加的费用为 $2 \times 420 = 840$ 元,累计增加费用为 $3\ 700 + 840 = 4\ 540$ 元。调整后的网络计划如图 3-13 所示。

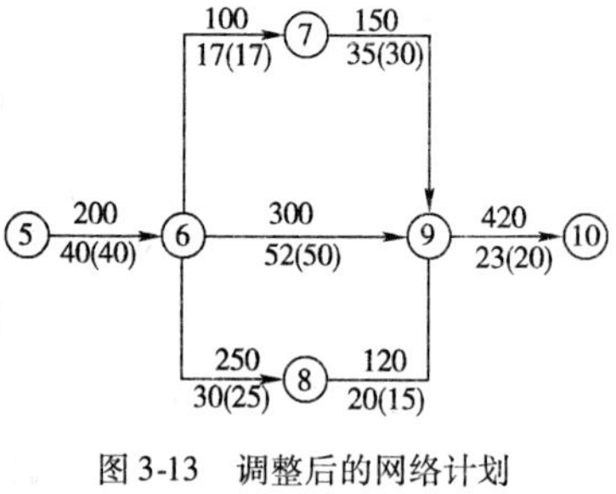

图 3-13　调整后的网络计划

四、施工进度计划的总结

1. 每月工程进度报告

施工进度计划实施检查后应向企业提供月进度计划报告,这是控制的中间总结。承包人根据现场提供的每月施工进度记录,及时进行统计和标记,并通过分析和整理,每月向总监理工程师及其代表和业主提交一份每月工程进度报告。承包人提交的月进度报告的内容有:

(1)概况或总说明。应以纪事方式对计划进度执行情况提出分析。

(2)工程进度。应以工程数量清单所列细目为单位,编制出工程进度累计曲线和完成投资额的进度累计曲线,如图 3-9 所示。

(3)工程图片。应显示关键线路上(或主要工程项目上)一些施工活动及进展情况。

(4)财务状况。应主要反映承包人的现金流动、工程变更、价格调整、索赔工程支付及其他财务支出情况。

(5)其他特殊事项。应主要记述影响工程进度或造成延误的因素及解决措施。

2. 施工进度控制总结

在施工进度计划完成后,项目经理部应及时进行施工进度控制总结。总结的依据是:施工进度计划,实际记录,检查结果,调整资料。施工进度控制经验,施工进度控制中存在的问题及分析,科学的施工进度计划方法的应用情况,施工进度控制的改进意见等。

施工进度控制总结应包括下列内容:

(1)合同工期目标及计划工期目标完成情况。

(2)施工进度控制经验。

(3)施工进度控制中存在的问题及分析。

(4)科学的施工进度计划方法的应用情况。

(5)施工进度控制的改进意见。

思　考　题

1. 影响施工项目进度的主要因素有哪些? 对工程项目进度管理有何要求?
2. 进行工程项目施工进度管理的主要程序有哪些?
3. 依据哪些资料进行施工进度计划的编制?
4. 在工程项目实施阶段需要编制哪些进度计划? 进度计划的编制原理及形式有哪些?
5. 在工程项目施工中,如何运用 S 曲线判断施工进度计划的合理性和符合性?
6. 绘制施工进度图时,需要哪些作图参数? 进行施工项目划分时有何要求?
7. 试述横道图进度计划的编制步骤。
8. 对施工进度计划的评价要点有哪些?
9. 叙述施工进度计划实施的主要内容。
10. 叙述施工进度计划检查的内容。
11. 承包人提交的月进度报告应包括哪些项目?
12. 为什么要进行进度计划的调整? 进度计划调整的主要内容有哪些?
13. 试述工程延误的主要原因及延误的处理方式。

14. 采用压缩工期法来进行进度计划调整时，常用哪些原则和方法来改变关键工作的逻辑关系？

15. 采用压缩工期法来调整进度计划时，应如何选择关键工作？常用哪些措施压缩关键工作的持续时间？

16. 叙述施工进度计划总结的主要内容。

单元四　施工项目质量管理

知识点

1. 施工项目全面质量管理方法；
2. 施工项目质量分析和施工项目质量控制方法；
3. 施工项目质量缺陷处理及避免方法；
4. 施工项目质量检查与评定方法；
5. 施工项目交(竣)工验收及工程移交与缺陷责任的相关规定。

技能点

1. 运用施工项目常用质量分析法进行施工项目质量分析；
2. 施工质量事故等级划分及报告制度；
3. 进行施工项目质量检查。

本单元主要学习施工项目质量管理的方法,施工项目质量分析,施工项目质量控制,施工项目质量缺陷处理,施工项目质量检查与评定,施工项目交(竣)工验收,施工项目工程移交与缺陷责任。

课题一　施工项目质量管理概述

一、质量管理的概念

所谓质量管理,广义地说,是为了最经济地生产出适合使用者要求的高质量产品所采用的各种方法的体系。随着科学技术的发展和市场竞争的需要,质量管理已越来越为人们所重视,并逐渐发展成为一门新兴的学科。最早提出质量管理的国家是美国。日本在第二次世界大战后引进美国的一整套质量管理技术和方法,结合本国实际,又将其向前推进,使质量管理走上了科学的道路,取得了世界瞩目的成绩,质量管理作为企业管理的有机组成部分,它的发展也是随着企业管理的发展而发展的,其产生、形成、发展和日益完善的过程大体经历了以下几个阶段。

1. 质量检验阶段(20 世纪 20 ~ 40 年代)

20 世纪前,主要是手工业和个体生产方式,依靠生产操作者自身的手艺和经验来保证质量。进入 20 世纪,由于生产力的发展,机器化大生产方式与手工作业的管理制度的矛盾,阻碍了生产力的发展,于是出现了管理革命。美国的泰勒研究了从工业革命以来的大工业生产的管理实践,创立了"科学管理"的新理论。他提出了计划与执行,检验与生产的职能需要分开的主张,即企业中设置专职的质量检验部门和人员,从事质量检验。这使产品质量有了基本保证,对提高产品质量、防止不合格产品出厂或流入下一道工序有积极的意义。由于这个阶段的特点是质量管理单纯依靠事后检查,剔除废品。因此,它的管理效能有限。按现在的观点来看,它只是质量管理中的一个必不可少的环节。

1924年,美国统计学家休哈特提出"预防缺陷"的概念。他认为,质量管理工作除了事后检查以外,还应做到事先预防,应在有不合格产品出现苗头时,就应发现并及时采取措施予以制止。他创造了统计质量控制图等一套预防质量事故的理论。与此同时,还有一些统计学家提出了抽样检验的办法,把统计方法引入了质量管理领域,使得检验成本得到降低。但因为当时不为人们充分认识和理解,未得到真正执行。

2. 统计质量管理阶段(20世纪40~50年代)

第二次世界大战初期,由于战争的需要,美国许多民用生产企业转为军用品生产。由于事先无法控制产品质量,造成废品量很大,耽误了交货期,甚至因军火质量差而发生事故。同时,军需品的质量检验大多属于破坏性检验,不可能进行事后检验。于是人们采用了休哈特的"预防缺陷"的理论。美国国防部请休哈特等研究制定了一套美国战时质量管理方法,强制生产企业执行。这套方法主要采用统计质量控制图,了解质量变动的先兆,进行预防,使不合格品率大为下降,对保证产品质量收到了较好的效果。这种用数理统计方法来控制生产过程影响质量的因素,把单纯的质量检验变成了过程管理,使质量管理从"事后"转到了"事中",较单纯的质量检验进了一大步。但因为对数理统计知识的掌握有一定的要求,在过分强调的情况下,给人们以统计质量管理是少数数理统计人员责任的错觉,而忽略了广大生产与管理人员的作用,结果是既没有充分发挥数理统计方法的作用,又影响了管理功能的发展,把数理统计在质量管理中的应用推向了极端。到了20世纪50年代人们认识到统计质量方法并不能全面保证产品质量,进而导致了"全面质量管理"新阶段的出现。

3. 全面质量管理阶段(60年代以后)

20世纪60年代以后,随着社会生产力的发展和科学技术的进步,经济上的竞争日趋激烈。特别是大批高安全性、高可靠性、高科技和高价值的技术密集型产品和大型复杂产品的质量在很大程度上依靠对各种影响质量的因素加以控制,才能达到设计标准和使用要求。人们对质量控制的认识有了升华,意识到单纯靠检验手段已不能满足要求了,大规模的工业化生产,质量保证除与设备、工艺、材料、环境等因素有关外,还与职工的思想意识、技术素质、企业的生产管理技术等相关。同时检验质量的标准与用户需要的质量标准之间也存在时差,必须及时地收集反馈信息,修改制定满足用户需要的质量标准,使产品具有竞争性。60年代,美国的菲耿堡姆首先提出了较系统的"全面质量管理"概念。其中心思想是,数理统计方法是重要的,但不能单纯依靠它,只有将它和企业管理结合起来,才能保证产品质量。这一概念通过不断完善,便形成了今天的"全面质量管理"。

全面质量管理阶段的特点是针对不同企业的生产条件、工作环境及工作状态等多方面因素的变化,把组织管理、数理统计方法以及现代科学技术、社会心理学、行为科学等综合运用于质量管理,建立适用和完善的质量工作体系,对每一个生产环节加以管理,做到全面运行和控制,通过改善和提高工作质量来保证产品质量;通过对产品的形成和使用全过程管理,全面保证产品质量;通过形成生产(服务企业全员、全企业、全过程的质量工作系统,建立质量体系以保证产品质量始终满足用户需要,使企业用最少的投入获取最佳的效益。

二、全面质量管理

1. 全面质量管理的基本概念

1）全面的质量标准

工程质量是指工程结构物能够满足人们的需要所具有的那些自然属性，或者称为特性。例如，路面为满足行车和行人的需要，必须具有一定的力学强度、抵抗自然因素的能力等。

工程质量既要反映工程的客观要求，又要考虑到设计、施工、日后使用与维修的水平及能力，为此，对工程质量需提出较全面的要求。性能好，安全可靠，造价低廉，使用方便，寿命长，适应性好，这才是全面的工程质量要求。

要搞好工程质量，必须做好工作质量。工作质量是工程质量的保证和基础。而工程质量是企业各方面工作质量的综合反映。工作质量体现在企业的一切生产技术和经营管理，以及各种辅助服务的活动中，通过施工过程中的工作效率、工作成果，最后可在工程质量、经济效益中表现出来。

以往的产品质量，主要是指产品的使用价值，即产品的适用性、可靠性等技术特性。而按照全面质量管理的观点，产品质量除使用价值外，还包括经济性、交货期和技术服务质量等。

以公路项目为例，全面的质量标准如图 4-1 所示。

全面的质量标准
- 适用性(适应车辆通行的需要)
- 可靠性(结构可靠性、安全性)
- 经济性(造价经济合理)
- 交货期(施工周期)
- 技术服务质量(包括缺陷责任期的长短及服务内容和质量)

图 4-1　公路项目全面的质量标准

用户要求的质量标准并不是凝固的，而是不断变化和提高的。所以我们既要保证按现有标准要求的产品质量，又要不断提高工作质量。

上述质量标准的综合性和动态性，就是全面质量标准的含义。全面质量管理就是为达到上述全面质量要求所进行的管理。

2）全过程的质量管理

公路产品的质量不仅决定于施工阶段的质量，还涉及到勘察设计、材料和施工设备的质量，以及使用阶段技术服务的质量。因此，作为施工单位不仅要加强施工全过程的质量控制，还应做好对设计质量的审核，做好对进场材料和设备的检验。不仅要对工程质量进行管理，也要对工作质量进行管理；不仅要对产品性能，也要对可靠性、安全性等进行管理；不仅管物，也要学会管人。对影响产品质量的上述全部过程实施管理，称为全过程的管理。这种全过程的管理，突出预防性，即事前的质量控制。

3）全员参与的管理

在实施全过程的质量管理时，从项目经理至每位员工，他们的工作都直接或间接与产品质量的形成有关。所以，质量管理需要全体员工的参与，即企业中各部门所有的人员都应在各自有关的工作中参与质量管理工作，而不是只由少数专业管理人员去做。

对于公路工程的全面质量管理工作，可包括以下内容：

①公路工程质量与工作质量的确定与管理；

②质量标准的分析与质量保证计划制定；

③施工过程工程质量与工作质量的控制与检查；

④辅助部门工作质量的控制与评价；

⑤质量管理方法和手段的研究；

⑥质量情报系统、质量管理干部培训、全体职工的质量管理教育；

⑦质量保证专门问题的研究。

4)全面运用各种管理方法和技术的科学管理

全面质量管理即以科学的态度，采用科学的方法(包括数理统计的、经济的、心理学的方法)，一切以数据说话进行的科学管理。

2. 全面质量管理的方针原则

1)贯彻“质量第一”的方针

质量是企业信誉的基础，也是市场竞争的需要，所以质量问题应引起全体员工足够的重视。

2)贯彻“预防为主”的方针

好的质量不是检验出来的，而是生产出来的。质量管理并不是仅靠对成品的严格检验(当然成品检验也是必要的)，更重要的是在产品形成过程中进行严格的控制，对产品质量形成全过程的每个环节采取预防措施，来保证产品的质量。

3)用数据说话

在质量管理中，要尽可能的运用质量检验和实验数据来判别质量的优劣，采用数理统计的方法对质量进行控制，使质量管理科学化。

4)要有广泛的群众基础

公路产品的质量是由项目管理的工作质量来保证的，没有项目管理的工作质量，也就没有公路产品的质量。而项目管理的工作质量涉及到形成产品质量的所有环节、所有过程，涉及到项目管理的各个部门和每位职工。所以说，质量是广大职工共同创造出来的，而不是靠少数人检验出来的。

5)要有严密的组织保证

要搞好全面质量管理，需要有严密的组织保证。为此就要设立相应的机构，配备一定的人员，并明确划分其职责和权限。

根据以上分析可见，无论从质量管理的深度或广度来看，全面质量管理比单纯的质量检验更加科学合理。现将二者的比较列于表4-1。

单纯质量检验与全面质量管理的比较 表4-1

单纯质量检验	全面质量管理
(1)主要是事后“把关”；	(1)以预防为主，“把关”与预防相结合；
(2)缺乏科学的方法来预防和控制质量；	(2)运用数理统计方法，使质量管理数据化；
(3)侧重于依靠少数部门、少数检验人员和技术人员；	(3)企业各部门、全体人员共同参与管理；
(4)主要限于施工过程；	(4)贯穿于勘察设计、材料、设备准备、施工、使用全过程；
(5)限于保证现有质量标准；	(5)还要不断提高质量标准；
(6)管理缺乏标准化、制度化	(6)管理实行严格的标准化、制度化

3. 全面质量管理基础工作

全面质量管理是一个科学的体系，它由大量的科学的基础工作有机的结合起来而完成。

1)标准化工作

标准化包括两个方面的内容：一是技术标准化，它包括产品(包括材料、半成品、机械设备、工具等)品种、规格的系列化和尺寸、质量、性能的统一化,以及工艺规程、操作方法、检验技术等的标准化,它是判别工序质量和产品质量的基础,也是实现构配件生产工厂化、施工机械化、管理科学化的前提。二是管理业务工作的标准化,包括经营管理工作的系列化、程序化和规范化(如质量体系中的程序文件),它是检验工作质量的基础。

2)计量工作

做好计量工作,目的在于提供准确、可靠的数据,为实现质量管理的定量化奠定基础。没有计量,就谈不上质量管理。计量不准确,或者危及质量,或者出现虚假现象、虚假的情报和信息,会导致指挥上的失误。

公路施工质量管理中的计量,包括生产过程中的投料计量、监测计量和对成品的测试、检验、分析计量等。

计量工作的要点是:

①要保证计量器具及仪表设备的正确和合理使用。

②确保量具及仪器按国家的检定规程进行检定。至少要做到使用前的检定、周期检定、返还时检定,以保证量具和仪器性能良好,示值准确,误差在允许范围内。

③采用新的测量技术和方法,实现检测手段的现代化,包括采用高效能的检验装置、专用的计量器具、现代化的检测技术装备以及先进的检测方法,如快速测定水泥强度、早期预测混凝土强度、无损探伤技术及其他现场监控技术等,以便更好地控制质量。

3)质量情报工作

质量情报是反映工程质量的有关信息,如工程的基本数据、原始记录和已经交付使用的工程中反映出来的各种数据资料等。质量情报工作包括:

①从施工过程和辅助生产过程中收集的反映工作质量和工序质量的情报资料。这些情报资料有原材料、半成品验收记录、试验记录;施工过程中的操作记录;隐蔽工程及分部分项工作验收记录,设计变更记录,有关质量事故的处理记录,劳动力、材料、物资、资金消耗的原始记录等。

②从已经交付使用的工程项目中反映出来的情报资料。主要通过组织对施工项目使用情报的回访调查得到。如使用寿命、常见病害、养护费用与工程质量的关系等。

③从国内外同行中收集有关情报资料,以掌握质量管理的新水平、新技术和发展趋势,进而找出差距,明确赶超目标,使公路项目的质量管理不落后、不掉队。

总之,做好质量情报工作是改善工程质量的原始依据,也是认识影响质量变化的因素,提高工程质量的基本手段。质量情报工作要做到准确、及时、全面、系统。

4)质量责任制

建立质量责任制,就是把有关质量管理的具体要求落实到每个部门和每个工作岗位,把有关的各项工作都组织起来,形成一个严密的质量管理工作体系。

完整的质量管理工作体系,必须有组织上的保证和健全的规章制度,其中主要是责任制度。

组织上的保证,在于建立和健全公司、项目经理部、施工处和班组的质量管理小组。

相应的责任制包括质量管理部门的责任制、质量管理人员的责任制、工人的质量责任制。

质量管理部门的职责一般包括:

①组织编制各项质量保证计划,并督促、检查有关部门执行计划,协调有关部门的质量管理工作。

②进行质量分析和评价。

③收集、整理有关质量信息，掌握质量动态。

④加强工程或产品质量的检验工作，开展工序控制和中间检查，严格完工检验，充分发挥工人自检、互检和专业人员检查的作用。

⑤组织对用户的回访与技术服务工作。

⑥检查质量管理体系的效率与效能，及时提出改进意见。

⑦开展质量管理人员培训、宣传和咨询等活动。

5）开展质量教育

首先，对职工进行为用户服务、对用户负责的质量责任教育。在此基础上，再进行全面质量管理知识的教育，树立新的质量管理概念。然后，进行一定的技术业务培训，使职工具有保证操作质量的技术知识和业务技术能力。

三、QHSE 管理体系

1. QHSE 的概念

企业的管理体系是企业各种控制的有机组合，它是由多个相对独立的要素有机地结合在一起构成的。在这个总体系下，可能有多个并存的管理体系，如财务管理体系、人力资源管理体系、质量管理体系、安全管理体系、环境管理体系以及营销管理体系等，它们都是企业（或者是其他组织）管理的分支。目前世界上存在着多种管理体系标准，如国际标准化的组织 ISO 9000质量管理体系、ISO 14000 环境管理体系，另外还有 HSE（健康、安全、环境）管理体系和一些国家及地区职业健康安全管理体系等。质量管理体系、环境管理体系和职业安全卫生管理体系既有个性又有共性。21 世纪的管理趋势是将这三个管理体系同时运用在企业的日常管理中，以达到经济效益、社会效益和其他效益的共同实现。

QHSE 综合管理体系就是在 ISO 9001 标准、ISO 14001 标准、GB/T 28000 族标准的基础上，将企业的质量（Quality）、健康（Health）、安全（Safety）和环境（Environment）这些组织目标，根据共性兼容、个性互补的原则整合而成的综合管理体系。QHSE 是质量、健康、安全、环保的英文第一个字母的组合，是一种科学的生产管理体系，已成为企业实施有效管理的趋势和潮流。它为企业全面提高管理水平，加强综合实力，提供了管理手段和工具。

我国加入 WTO 之后，国内企业所面临的竞争形势愈加严峻，迅速与国际接轨已成为许多企业迫切需要解决的问题，通过 ISO 9000、ISO 14000、OHSMS 18000 等标准的认证已成为企业的当务之急。然而，当企业建立若干个管理体系之后常常发生如下现象：

①某一过程或要素文件分散在几个体系中，缺乏有机的衔接，严重影响工作效率。体系文件之间与原有规章制度之间相互交叉，难以统一，甚至存在矛盾，执行过程中无所适从。

②在企业内部，体系所涉及的部门与体系未涉及部门的管理要求存在差距。

③各管理体系的同时运行，所规定的内、外审活动过多，影响企业运作的整体效率。

实践证明，企业要通过多项国际标准的认证，又要保持内部管理的统一性，提高工作效率，建立一个既符合各个国际标准，又覆盖企业各项管理工作的一体化管理体系势在必行。

在建立和实施一体化体系时，应注意以下两个方面：

①实施体系应突出 8 项质量管理原则。2000 版 ISO 9000 明确了质量管理的 8 项原则。这些原则是管理理念的精髓，不仅适用于质量管理，而且适用于组织的各项管理，因此我们在实施一体化管理体系时，必须把 8 项质量管理原则贯穿始终，在各个环节中予以充分的考虑和

体现。

②实施一体化管理体系应与企业文化建设互动。要使先进的理念被组织的每一位成员所接受并形成共同愿望，要使全员参与到各项工作质量的持续改进中，并达到用户的完全满意，必须依靠企业文化的作用，倡导和营造与企业的方针、战略、目标相一致的企业文化，达到体系运作与文化建设的良性互动，相互促进、渗透、提高。

2. QHSE 体系引用的标准

1)2000 版的 GB/T 19000 族标准

(1)GB/T 19000 表述质量管理体系基础知识并规定质量管理体系术语。

(2)GB/T 19001 规定质量管理体系要求，用于组织证实其具有提供满足顾客要求和适用的法规要求的产品的能力，目的在于增进顾客满意。

(3)GB/T 19004 提供考虑质量管理体系的有效性和效率两个方面的指南。该标准的目的是组织业绩改进和顾客及其他相关方满意。

(4)GB/T 19011 提供审核质量和环境管理体系指南。

2)ISO 14000 系列标准

(1)ISO 14001:1996《环境管理体系——规范及使用指南》。

(2)ISO 14004:1996《环境管理体系——原则、体系和支持技术通用指南》。

(3)ISO 14010:1996《环境审核指南——通用原则》。

(4)ISO 14011:1996《环境审核指南——审核程序——环境管理体系审核》。

(5)ISO 14012:1996《环境审核指南——环境审核员资格准则》。

(6)ISO 14040:1997《生命周期评估——原则和框架》。

ISO 14001 是 ISO 14000 系列标准中的主体标准。它规定了组织建立环境管理体系的要求，明确了环境管理体系的诸要素，根据组织确定的环境方针目标，活动性质和运行条件把本标准的所有要求纳入组织的环境管理体系中。该项标准向组织提供的体系要素或要求，适用于任何类型和规模的组织。

3)职业安全卫生管理体系采用的标准

GB/T 28001—2001 职业健康安全管理体系规范。

上述标准共同构成了一组密切相关的 QHSE 管理体系标准，在国内和国际贸易中应当促进。

3. QHSE 系列标准的特点

(1)QHSE 管理体系是组织中管理体系的一部分，它致力于使与质量目标有关的输出(结果)适当地满足相关方的需求、期望和要求。组织的质量、环境及职业健康与安全目标同其他目标如与增长、资金、利润有关的目标相辅相成。一个组织的管理体系的某些部分，可以由质量管理体系相应部分的通用要素构成，从而形成单独的管理体系。这将有利于策划、资源配置、确定互补的目标并评价组织的总体有效性。组织的管理体系可以对照其要求进行评价，也可以对照国际标准的要求进行审核。

(2)QHSE 管理体系与优秀模式之间的关系。QHSE 体系系列标准提出的质量管理体系方法和组织优秀模式方法是依据共同的原则，它们两者均：

①使组织能够识别它的强项和弱项。

②包含对照通用模式进行评价的规定。

③为持续改进提供基础。

④包含外部承认的规定。

QHSE 管理体系与优秀模式之间的不同在于它们应用范围的不同。QHSE 体系系列标准为组织管理体系提出了要求,并为业绩改进提供了指南。QHSE 管理体系评价确定这些要求是否满足。优秀模式包含能够对组织业绩比较评价的准则,并能适用于组织的全部活动和所有相关方。优秀模式评价准则提供了一个组织与其他组织的业绩相比较的基础。

(3)标准的目的是提供指导,并不是 QHSE 管理工作的标准化。企业可根据自身的规模、特点,参照标准确定的原理、规律、程序开展工作,绝不能生搬硬套。

(4)标准是规范的补充。例如公路施工有一套较完整的施工技术规范,是应当首先执行的。如果规范的内容不够完善,则系列标准明确了企业质量管理的工作程序,作为对技术规范的补充,用于控制公路产品形成过程,保证稳定的合乎要求的产品质量。

(5)灵活运用,内容可以调整。不同性质的企业可以通过选择条款,组合出符合质量管理原理,又适用于本企业条件的最佳状态的 QHSE 管理体系。

4. QHSE 管理体系要素

QHSE 管理体系中各分体系的共同点是对损失的控制和管理。损失控制管理可以被视为把诸如质量、环境、安全、卫生等管理课题综合起来,针对所有可能导致损失的企业运作的关键点施加有效地管理。这是一项有系统的工作,在于找出潜在的损失,评估风险(包括质量、安全卫生和环保等方面的风险),实行适当地控制,并对之进行监测。那么如何使企业建立的 QHSE 综合管理体系发挥最大的效用呢?戴明的“质量改进模式”是 QHSE 管理体系所依据的管理模式。该模式由“计划、实施、检查和改进”4 个阶段的循环组成,简称为 PDCA 循环模式。通常,QHSE 一体化管理体系的建立是以质量管理国际标准为平台,以环境管理国际标准和职业安全健康管理国际标准为辅助平台,以企业的整体运作过程为主线,通过对影响质量(Quality)、健康(Health)、安全(Safety)和环境(Environment)的关键因素的控制,来实施有效的 QHSE 综合管理。

下面通过 QHSE 管理体系要素表(表 4-2),来了解 QHSE 的总体结构管理体系模式和各要素间的关联,便于以全面深刻立体的角度理解 QHSE。

QHSE 管理体系要素 表 4-2

一级要素	二级要素
一、QHSE 方针	1. QHSE 方针:总方向,总原则,承诺
二、QHSE 规划(策划)	2. 危险源辨识,风险评价和风险控制的策划 3. 法规和其他要素 4. 目标:可测量的目标 5. QHSE 管理方案:行动计划,实现目标的途径与方法
三、QHSE 实施和运行	6. 组织机构和职责 7. 培训,意识和能力:QHSE 履行性 8. 协商和沟通 9. 文件的效率,功能,运行有效性

续上表

一级要素	二级要素
四、QHSE 检查和纠正措施	10. 文件和资料控制 11. 运行控制:计划和措施 12. 应急准备和响应:紧急突发事件的预案 13. 绩效测量和监视
五、QHSE 管理评审	14. 事故,事件,不符合,纠正和预防措施 15. 记录和记录管理 16. 审核 QHSE 的有效性,目标符合性 17. 管理评审:QHSE 管理体系的适宜性,持续性

5. 公路施工企业 QHSE 管理体系

1)一般要求

根据上述 QHSE 管理体系的定义,对公路施工企业的 QHSE 管理体系有以下几点要求:

(1)企业为了实施质量、职业健康和安全、环境管理,实现企业的 QHSE 管理目标,必须建立健全 QHSE 管理体系。

(2)QHSE 管理体系包括一套专门的组织机构,具有质量、安全、环境保证、工期、服务的人力与物力,明确有关部门的职责和权力,以及完成任务的程序和活动,QHSE 管理体系是一个组织落实、职责明确、有物资保障、有具体工作内容的有机整体。

(3)在一般情况下,企业的 QHSE 管理体系只有一个,但对于大型公路施工企业,由于施工任务的需要,下设若干个独立的专业施工单位,那么除了大型施工企业实施总的质量、安全、环境控制和管理,建立和形成质量、安全、环境体系外,其下属的多个专业施工单位也可建立各自的质量、安全、环境体系,实施有效的 QHSE 管理,实现各自的质量、安全、环境目标。

2)公路施工企业建立 QHSE 管理体系的基本原则

(1)适应环境的原则

对于不同的施工任务,公路施工企业要面对各种不同的合同环境,需要有不同范围、不同程度的外部质量保证,这就要求对质量体系要素的确定与实施存在一定程度的变化。也就是说,企业建立 QHSE 管理体系,选择体系要素时,首先要了解外部合同环境所需要的质量、安全、环境保证范围和质量、安全、环境保证程度,以确定 QHSE 管理体系要求和应开展的质量、安全、环境保证活动程度。

(2)实现企业目标的原则

企业质量、安全、环境管理工作是制定和实施企业质量、安全、环境方针目标的全部管理职能,这些管理职能的分解与落实,则要反映在 QHSE 管理体系的组织机构、责任和权限的落实上。因此,企业管理体系的建立,必须保证企业目标的实现。从这个目的出发,建立完善的 QHSE 管理体系,并进行合理的质量、安全、环境职能分解,落实质量、安全、环境责任制;按照相关 QHSE 管理体系文件规定,确保 QHSE 管理体系正常运转;通过质量、安全、环境审核和评定,提高该 QHSE 管理体系运转(实施)的有效性,提高满足用户明确或隐含需要的能力。

(3)适应公路项目特点的原则

由于公路施工的特殊性和返修返工的艰巨性,要求我们在建立 QHSE 管理体系时,要充分考虑到工程的特点,明确了解其各工序应满足的质量、安全、环境要求,以即对各环节影响质量的因素控制的范围和程度要求,以保证稳定地实现工程质量特性与特征的要求。

(4)最低风险、最佳成本、最大利益原则

在保证实现企业目标的前提下,QHSE 管理体系要使企业经营机制处于质量与成本的最佳组合,实现社会效益与经济效益的统一。

3)公路施工企业 QHSE 管理体系的特征

(1)系统性

公路施工企业的 QHSE 管理体系,应根据公路产品质量、安全、环境的产生、形成和实现的运行规律,把影响质量的所有环节的技术、管理和人员等因素全部控制起来,即对公路产品形成的全过程以及各个过程中所有的质量、安全、环境活动都要进行分析,以实现企业的管理方针和管理目标。

(2)预防性

建立 QHSE 管理体系要突出以预防为主的要求。开展每项质量、安全活动之前,都要制订好计划,规定好程序,使质量、安全、环境活动处于受控制状态,把质量、安全、环境缺陷消灭在形成过程中。

(3)经济性

QHSE 管理体系的建立与运行,既要满足用户的需要,也要考虑企业的利益,要圆满解决企业与用户双方的风险、费用和利益,使 QHSE 管理体系的效果最优化。

(4)实用性

建立 QHSE 管理体系必须结合公路施工企业、工程对象、施工工艺特点等情况,选择适当的过程与方法,使 QHSE 管理体系具有可操作性,保持实用性和有效性。

4)8 项质量管理原则

为了成功地领导和运作一个组织,需要采用一种系统和透明的方式进行管理。针对所有相关方的需求,实施并保持持续改进其业绩的管理体系,可使组织获得成功。8 项质量管理原则已经成为改进组织业绩的框架,其目的在于帮助组织达到持续成功。

(1)以顾客为关注焦点。组织依存于其顾客。因此组织应理解顾客当前和未来的需求,满足顾客要求并争取超越顾客期望。

(2)领导作用。由领导者确立本组织统一的宗旨和方向。他们应该创造并保持使员工能充分参与实现组织目标的内部环境。

(3)全员参与。各级人员是组织之本,只有他们的充分参与,才能使他们的才干为组织获益。

(4)过程方法。将相关的活动资源作为过程进行管理,可以更高效的得到期望的结果。

(5)管理的系统方法。把识别、理解和管理作为体系的相互关联的过程,有助于组织实现其目标的效率和有效性。

(6)持续改进。组织总体业绩的持续改进应是组织的一个永恒的目标。

(7)基于事实的决策方法。有效决策是建立在数据和信息分析基础上。

(8)互利的供方关系。组织与其供方是相互依存的,互利的关系可增强双方创造价值的能力。

这 8 项质量管理原则形成了 GB/T 19000 族质量管理体系标准的基础。

5)公路施工 QHSE 管理体系总要求

组织应按本标准的要求建立 QHSE 管理体系,形成文件,加以实施和保持,并持续改进其效性。组织应满足以下要求:

①识别 QHSE 管理体系的过程及其在组织中的应用。

②确定这些过程的顺序和相互作用。

③确定为确保这些过程的有效运行和控制所需的准则和方法。

④确保可以获得必要的资源和信息，以支持这些过程的运行和对这些过程的监视。

⑤监视、测量和分析这些过程。

⑥实施必要的措施，以实现对这些过程策划的结果和对这些过程的持续改进；组织应按本标准的要求管理这些过程。

针对组织所选择的任何影响产品符合要求的外包过程，组织应确保对其实施控制。对此外包过程的控制应在质量管理体系中加以识别。

上述质量管理体系所需要的过程应当包括与管理活动、资源提供、产品实现和测量有关的过程。

6. QHSE 运行

QHSE 管理体系的建立标志着企业在安全、环境与健康管理上进入了新阶段，它为企业真正实现系统化、科学化、标准化的管理提供了保证。但这种新的管理模式能否长期、有效地在企业内运行，最终实现从"经验型"、"事后型"的传统管理模式到"事前风险评估"的现代化管理模式的转变，将取决于在实施过程中能否将体系文件与工作实践有机地结合起来，克服体系运行过程中所存在的表面化、形式化和教条化的弊端，不断完善管理体系，使之更加符合实际，达到持续改进的目的。

1）各级领导以身作则，积极参与 QHSE 工作

在 QHSE 体系实施过程中，各级领导的重视和齐抓共管是体系建立的前提，是推动体系前进的动力。企业领导对 QHSE 的重视不能仅仅维系在口头承诺上，还应以身作则，积极参与体系的建设和实施，定期主持召开 QHSE 例会，签发 QHSE 文件，组织体系审核、管理评审，为 QHSE 管理方案的落实提供人、财、物等方面的支持，在体系实施过程中碰到诸如 QHSE 管理职责的调整和划分、规范化的 QHSE 管理带来原有工作程序改变、QHSE 责任制考核的落实等问题时，企业领导应及时主持召开 QHSE 工作领导小组会议，协调解决问题。企业部门领导应以身作则，认真履行本部门 QHSE 职责，积极配合 QHSE 管理部门完成各项 QHSE 工作；企业基层领导要发动本单位员工严格执行 QHSE 管理制度，积极参加培训，参加危害识别和作业安全分析等 QHSE 活动，规范个人 QHSE 行为，鼓励先进，实现全员的 QHSE 管理，避免出现人为的执行偏差。

2）大力开展 QHSE 宣传和教育

QHSE 管理体系是一种全新的管理模式，只有使全体员工具备正确的 QHSE 思想意识和观念，并自觉按 QHSE 的管理标准来规范自己的行为，在企业内部逐渐形成一种 QHSE 文化，在这种文化氛围中体系才能够很好的实施。具体可采取以下办法：

（1）开展一系列的宣传活动，提高全体员工对 QHSE 的认识

可采取以下方式：在企业内部广播站、电视台定期或不定期地播放 QHSE 新闻，包括管理体系的实施进度、工作动态、典型事例等；编制 QHSE 月度信息公报，利用简报向全体员工公布不安全行为、状况、事故隐患、员工反馈意见等；在工作场所树 QHSE 标志牌，标明有关 QHSE 的方针、目标、制度、规定等；组织开展 QHSE 问卷调查，针对员工对 QHSE 的理解程度、对本岗位 QHSE 职责的熟悉程度等一系列问题展开调查；开展 QHSE 宣传周，宣传体系建立的意义以及体系的要素、模式和有关要求等；组织 QHSE 知识竞赛，宣传 QHSE 基础知识。

(2)分层次对员工进行意识培训

①对企业高层管理人员进行意识培训。培训内容包括国家、集团公司、企业有关 QHSE 的方针、政策、法律、法规及有关规章制度、领导承诺、职责、QHSE 管理体系的原理、原则、功能及控制方法等,明确高层管理人员在体系实施中的关键地位和主导作用。

②对中层管理人员进行意识培训。培训内容包括国家、集团公司、企业有关 QHSE 的方针、政策、法律、法规及有关规章制度、标准、QHSE 的基础管理知识、本部门、本岗位的 QHSE 职责等。

③对执行层的培训。人员主要包括基层单位负责人、班组长、安全员、员工等,培训重点应放在实施 QHSE 管理体系的重要性、员工的 QHSE 职责以及作业指导书上,使执行层人员明白遵守方针、程序和体系要求的重要性,清楚其工作区域存在的实际或潜在的 QHSE 风险,以及个人工作改进所带来的 QHSE 益处、处理事故和紧急情况的作用及职责、了解不遵守程序的潜在后果等,在培训过程中不断用事例进行说明。

3)强化基层员工的技能培训和行为训练

实施 QHSE 管理体系的最终目的是控制风险,避免事故的发生。为了确保 QHSE 管理体系的有效运行,必须使全体员工都了解风险、识别风险,对风险进行评估,从而达到控制风险的目的。特别是基层单位员工,他们是直接操作者,这就需要强化对员工的 QHSE 技能培训和行为训练。QHSE 技能培训和行为训练包括以下几方面:

(1)组织员工学习危害识别方法,如工作危害分析法和安全检查表分析法,利用这些方法对本岗位进行工作危害分析,并不定期召开危害分析会,对分析出的结果进行总结、归纳,查找重大危险源;利用危害识别方法对以往的事故进行剖析,查找事故原因,吸取教训。

(2)组织员工学习涉及到本单位的 QHSE 程序文件及运行控制文件,涉及到本岗位的 QHSE 作业指导书及安全操作规程、安全作业方案等。

(3)加强对事故预防措施的学习和演练,开展防火、防爆、防中毒及自我保护能力训练,以及生产异常情况下的紧急处理和反事故演练,掌握正确使用职业卫生防护设施和个体职业卫生防护用品的方法。

(4)针对特殊工种和危险作业,进行 QHSE 专业理论知识的学习和实地操作演练。

4)加强记录管理,注重信息沟通

QHSE 管理体系的有效运行,需要大量记录的支持,它一方面为企业实行有效的管理提供信息,为 QHSE 管理体系的改进提供根据,同时也对外提供了管理体系运行的证据。这些记录大部分被放在基层单位,由基层员工负责填写,因此给基层员工造成一定程度上的工作压力,如果管理人员不能在记录的有效性、可操作性上下功夫,一味强制性地要求员工完成,势必影响员工的积极性,造成假记录、空记录,达不到记录的真正目的。

为了避免上述现象的发生,体系运行期间必须加强信息沟通,包括横向信息沟通与纵向信息沟通。横向信息沟通表现在 QHSE 管理部门与企业其他部门间的沟通,将 QHSE 记录与其他部门下发到基层单位的记录进行对比分析,能合并的合并,该简化的简化,最大限度地减少员工的工作量;纵向信息沟通表现在 QHSE 管理部门与基层单位间的沟通,员工在记录过程中碰到一些操作性问题,诸如记录项目与实际不符、过于复杂、填写周期过短等,及时将这些问题反馈到 QHSE 管理部门,QHSE 管理部门在进行认真分析后,对现有记录进行更新,以增加记录的可操作性。

5)抓好 QHSE 职责的落实,严格检查考核

QHSE 主要考核内容包括部门年度 QHSE 任务完成与目标的实现情况，部门和管理人员 QHSE 兑现情况，部门 QHSE 职责和管理人员 QHSE“一岗一责制”的履行情况，基层单位年度 QHSE 任务完成与目标的实现情况，对未能履行 QHSE 职责或因管理失误造成事故者的处理情况，员工遵守和执行规章制度的情况等。企业成立专门的 QHSE 检查考核小组，不定期对各部门、单位、个人的 QHSE 职责落实情况进行检查，实行考核项目标准化、指标定量化、检查记录表格化，检查者与被检查者签字确认，并以此为依据，确定部门、单位、个人的 QHSE 业绩表现，对照年度 QHSE 目标进行考核，考核结果与经济责任制挂钩。只有通过经常性的考核，才能及时掌握完成情况，把握工作方向，确保 QHSE 体系的有效运行。

6）强化作业现场 QHSE 管理

强化作业现场的 QHSE 管理，将极大地推进 QHSE 管理体系的全面运行。作业现场管理应突出以下几点工作：

（1）强化作业现场的风险管理。按照体系文件中《危害识别和风险评价程序》和《环境因素识别和评价程序》的要求，组织员工对所有作业活动进行危害识别风险评估，所有活动包括：日常生产运行中各种操作、开工、停工、检维修作业；进行基建、变更、采取拟定的纠正措施等；识别活动中存在的危害、环境因素、涉及的法律法规，评估风险度、环境影响、法律法规符合程度；根据风险度大小采取适当的风险控制措施，如工程控制、管理控制、人员控制等，最大限度地减少作业风险，保障作业活动的可靠运行。

（2）突出抓好检修过程中的 QHSE 管理。企业的检修活动因涉及人员广，危险点源多，交叉作业频繁，一直是安全、环保、职业卫生管理的重点和难点，若管理不到位，极易发生重、特大事故，因此突出抓好检维修过程的 QHSE 管理至关重要。在具体实施过程中，以危害识别风险评估为重点，落实 QHSE 职责，制定 QHSE 管理方案，提出 QHSE 保证措施，并制定有关应急预案，特别是对识别出的重大风险项目，要切实落实好控制改进措施，以防止重大人员伤亡、设备损害和污染等事故的发生，对直接作业环节严格按程序文件和运行控制文件中的有关规定进行作业，严把 QHSE 作业票证关。

（3）加强对作业现场的检查监督。各层次 QHSE 管理人员对现场作业进行 QHSE 检查、通报，对不合格项及时采取相应纠正措施。

7）开展内部审核达到体系持续改进的目的

企业在 QHSE 管理体系运行一定时间后，需要对 QHSE 管理体系的符合性、有效性、适用性进行审核，内部审核作为审核的一种主要方式，可以自我诊断和评审企业的 QHSE 管理体系方面所取得的成效，还有哪些需求和不足，为管理评审提供依据，并且可进一步督促员工自觉履行 QHSE 职责，因而是进一步改善体系的强有力手段。企业每年必须对 QHSE 管理体系进行不少于一次的内部审核，原则上应包括体系所覆盖的所有部门、活动和服务，在进行内部审核时应注意以下几个问题：

（1）内部审核涉及到企业的所有有关部门，需要有高层管理者协调。只靠安全、环保、职业卫生部门的努力，权威性不强，因此企业领导对内审应重视，管理者代表应亲自组织实施并审批内审报告。

（2）现场审核时，审核小组应本着客观、独立、公正的原则，以事实为依据，以 QHSE 体系文件的规定为准绳，可采用查阅文件、记录、面谈和现场检查等方式，在与员工进行面谈时，发问清楚明了、态度温和，从简单问题着手，由浅入深，避免提带有侵犯性的问题，在对现场进行检查时最好沿工作流程进行，确定主要的危害和风险区，充分利用审核检查表，详细记录符合和不符合的项目,收集客观证据,做出准确判断。

(3)内审是否有效的关键是纠正措施的落实及其跟踪审查。只有将在内审中发现的不符合项进行纠正,才能保证体系的不断改进,因此,审核完成后受审核方应针对不符合项采取积极的纠正措施,防止其滋生、蔓延或进一步扩大,造成更大的不良后果,内审员进行跟踪验证,督促受审核方认真分析原因,防止再发生,立足于改进 QHSE 管理体系,为完善后的运行创造良好条件。严重不符合项一般要求在 3 个月内完成,一般不符合项在 1 个月内完成,性质非常轻的轻微不符合项可在现场审核期间由受审核方立即完成整改。

(4)除内部审核外,外部审核、管理评审、体系认证都是保证体系持续改进的有效手段,企业应根据体系文件要求认真组织实施。

QHSE 管理体系是质量、健康、安全、环境为一体的管理模式。该管理体系的建立使企业内的职责和权限更明确、清晰,为企业节省了大量的审核时间及审核经费,为企业带来了经济效益。同时,我们还应该清醒地看到:该国际标准本身并不能直接产生效益,而是隐藏在企业无数个管理细胞中的一个,它只教给企业一个方法,一个有效控制和管理企业的途径。因此,企业一定要避免僵化,不要认为它无所不能。企业按照该国际标准来进行管理,绝不是要扼杀人的创造性。如果一切陷入主观教条中,那么就完全违背了标准建立者的初衷了。

课题二　施工质量分析

在施工过程中出现质量问题有时是不可避免的,但是,质量问题的出现总是有一定的原因,只有把这些原因搞清楚,才能有针对性地制订改进措施,进而提高工程质量。在全面质量管理中,应用的统计方法很多,常用且有效的主要有 7 种统计方法:排列图法、因果分析图法、频数直方图法、管理图法、分层法、相关图法和统计调查分析表法。此外,还有正交试验法、优选法、运筹学、系统图法、矩阵图法、矩阵数据分析法等。

一、排列图

排列图又称巴累托(Pareto)图或主次因素排列图,这是找出影响产品质量主要问题的一种有效方法。

巴累托是意大利经济学家,他最早用排列图来分析社会财富占有状况。后来,美国质量管理学家朱兰(J. M. Juran)在质量管理中采用了排列图。

把影响工程(产品)质量的缺陷、特性或要因(简称项目),用宽度相等、高度为该项目频数的直方,按着由高到矮的原则,由左向右排列到直角坐标中并对应画出各项目累积比率变化曲线。这种图称为质量管理用的排列图(图 4-2)。

排列图一般有两个纵坐标(左边纵坐标表示频数,即不合格品件数;右边为频率,即不合格品的累计百分数)和一个横坐标。横坐标表示影响质量的各种不同因素,按因素影响程度的大小,即按造成不合格品的多少,从左到右排列。直方图的高度表示某个因素影响的大小;曲线表示各影响因素大小的百分数。通常把累计百分数分为 3 类:0 ~ 80% 为 A 类,80% ~ 90% 为 B 类,90% ~ 100% 为 C 类。A 类为影响质量的主要因素;B 类为次要因素;C 类为一般因素。

1. 排列图作图方法

1)决定调查对象,收集数据

要确定调查对象、调查范围、调查内容、提取数据的方法、应用工具、施工单位、采取的操作方法、材料来源、材料质量、规格等,然后通过实测收集一批数据,并按内容和原因进行分层。

2)排列项目,进行计算

把经过整理的数据,按照频数(点数)的大小重新排列项目,计算各自的比率、累计百分率(表4-3)。

3)在坐标纸上画出纵、横坐标,并画出各项目的直方

在横坐标上从频数大的项目起自左到右依次写入项目名称。纵坐标表示累计百分率和频数。纵坐标和横坐标的长度比,一般为1:1~2:1。按照这个比例来决定刻度的间隔。各直方宽度相等,直方之间不留空隙。

4)画出累计百分率曲线

根据累计百分率在各直方图相应部位点上点,连接这些点,便得一根曲(折)线,称为“累计百分率曲线”。曲线的起点为0%,终点为100%,将0~100%分为5等分,标出刻度,写上数字0、20、40、60、80(%)。

5)写入必要事项

写上标题、期间、数字合计、工序名称、制作者。

6)分析主要因素

习惯上把主次因素排列图的累计百分率分为3类。在80%和90%处绘两条横线,把图分成3个区域。0~80%为A类;80%~90%为B类;90%~100%为C类。累计在80%以内的因素,称为A类因素,显然它是主要因素。

2. 排列图的用途

(1)找主要问题。利用排列图,可以从很多问题中找出其中最主要的问题。

(2)调查质量不良及故障的原因。

(3)鉴定技术改进的成果。

3. 排列图应用要点及注意事项

(1)在制作排列图时,要掌握尽可能多的情报(数据、资料等)。

(2)要抓住关键的少数,因素分类不宜过多,突出一两个主要原因,以便集中力量去解决它。

(3)要变换分层方法,从不同方面进行分类,从各种不同角度分析问题,画出排列图进行比较,这样容易从复杂的问题中找出最主要的问题。

(4)对一个问题采取措施前后都要画出排列图,对照分析,验证效果。

4. 制作排列图的要点

(1)确定调查对象、范围、内容等,通过实测实量收集一批数据,并根据内容和原因分类。

(2)按频数大小重新排列项目,计算频数总值,并算出各项目的频率的累计百分比。

(3)通过对排列图的分析,弄清影响质量的主要因素与次要因素。一般认为影响质量的主要因素有1~3个,不太重要的因素可合并在“其他”项,以减少项目数。

(4)纵坐标除用质量问题的次数来表示外,也可用经济损失来表示。

如某结构混凝土进行质量检验,发现存在若干质量问题,其数据见表4-3。做排列图如图

4-2所示。

某路面质量问题数据　　表4-3

序　　号	项　　目	频　　数	频　　率(%)	累计百分比(%)
1	强度不足	78	56.5	56.5
2	蜂窝麻面	30	21.7	78.2
3	局部露筋	15	10.9	89.1
4	振捣不实	10	7.2	96.3
5	早期脱水	5	3.7	100
合　计		138	100	

根据图4-2得出如下结论:强度不足是主要因素,蜂窝麻面是次要因素,其他3项是一般因素。为了进一步分析主要因素形成的原因,还可以对"强度不足"进行因果分析,找出原因,再用排列图法找出主要原因,这种方法称为分层法。

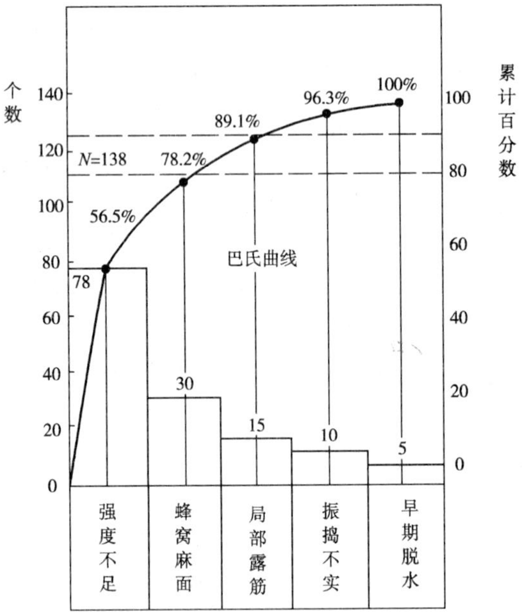

图4-2　某结构混凝土质量问题排列图

二、因果分析图(鱼刺图)

影响工程质量的原因很多,但从大的方面分析,不外乎材料、机械设备、施工方法、检测仪器、工人本身和施工环境6个大的原因。每一个大原因各有许多具体的小原因。在质量分析中,可以采用从大到小、从粗到细、"顺藤摸瓜"、追根到底的方法,把原因和结果的关系弄清楚,这种方法称做因果分析法(图4-3)。

1. 因果分析图的作图方法

1)决定特征

即确定制作什么质量特征的因果分析图(可由排列图法得知)。

2)画上干线

从左向右画出粗箭头,并将质量特征写在箭头处(图4-4)。

3)画出大原因

一般可按照影响质量的6大原因(人、机器、材料、工艺、测量、环境)作为大原因,画出箭头。

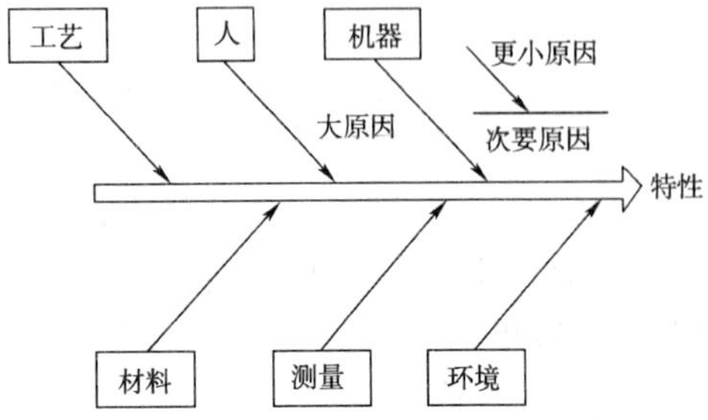

图4-3　因果分析图

4)画出中原因、小原因

分析影响大原因的特征作为中原因,画上箭头;再分析中原因的特征作为小原因,画上箭头;……;依次分析下去。

5)检查有无漏画

画完全部大、中、小,以及更小的原因后,要检查有无漏画原因。

6)对影响大的原因标出记号

对画入图中的各种原因,选影响最大的原因若干个,画上红圈。

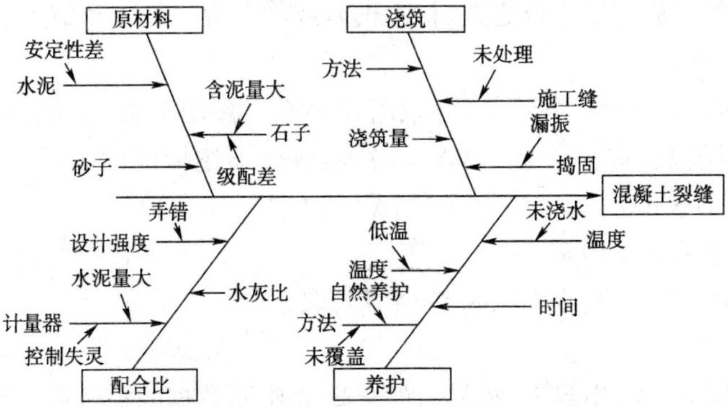

图 4-4　某混凝土构件裂缝因果分析图

2. 因果分析图的绘制和使用注意事项

在绘制因果分析图时,要广泛听取各方面的意见,同时在作图时应注意以下事项:

(1)质量特性(结果)要提得具体而简单明确。

(2)一个质量特性(结果)要作一张图。

(3)主干箭头方向要从左向右,以便看图方便。

(4)要因的分析尽可能深入细致,要因的表达要具体、简练。

(5)一次讨论的时间不要太长,必要时可先试画草图。

(6)对于重要的原因应附有特殊标志。

(7)要特别注意听取现场人员的意见。

三、质量分布分析图(直方图)

1. 直方图的概念

质量分布分析图又称直方图,它是将质量检测数据按一定的要求加工整理,然后画成长方形的统计图(图 4-5),每个长方形的高度代表一定范围内数据所出现的频数,从而由频数的分布情况来分析质量问题,通过它可以了解质量状况是否正常。

1)收集数据

数据不能太少,太少了易使误差大,准确度不够。一般取 50 ~ 200 个,一般总个数为 N。如某公路实测弯沉值的记录见表 4-4 所列,共有 100 个数据,即 $N=100$。

实测弯沉值(0.01mm)　　表 4-4

数据										X_{max}	X_{min}
256	248	241	255	248	259	240	238	252	241	259	238
246	256	237	252	248	263	254	250	238	245	263	237
248	250	237	244	232	259	246	256	240	234	259	232
250	252	249	250	240	247	251	250	245	244	252	240
242	247	245	245	252	238	248	252	246	247	252	238
243	248	244	244	234	252	250	246	254	247	254	234
252	246	250	248	246	245	268	248	254	241	268	241
249	250	249	246	243	248	260	246	248	248	260	243
244	256	246	252	230	231	246	250	249	254	256	230
250	238	246	246	246	246	252	256	241	247	256	238

2）求出数据中的最大值 X_{max} 和最小值 X_{min}

全体数据中的最大值与最小值之差，称为极差或散差 R。这个 R 描述了数据分布范围。

3）确定组距和分组

分组要适当，一般以分成10组为宜。组数用 K 表示，组距用 h 表示，一般先定组数，再定组距。

关于组数 K 有经验公式：$K=1.87(N-1)^{0.4}$，或按下述情况确定：$N<50$，$K=5\sim7$；$N=50\sim100$，$K=6\sim10$；$N=100\sim250$，$K=7\sim12$；$N>250$，$K=10\sim20$。

关于组距 h 有公式：$h=R/K$。

按上表，$N=100$，取 $K=8$，则 $h=38/8=4.75$，取 $h=5$。

4）确定分组区间值（组界值）

为了避免数据刚好落在组界上，组界值的数据要比原数据的精度高一位。第一区的上下界值可按下式计算：

$$
\begin{aligned}
&(X_{min}-h/2)\sim(X_{min}+h/2)\\
=&(230-5/2)\sim(230+5/2)\\
=&227.5\sim232.5
\end{aligned}
$$

第二区的上界值：第一区的上界值 $+h$

第三区的上界值：第二区的上界值 $+h$

……

5）编制频数分布调查表

分组区间值确定之后，就可以绘制频数分布调查表，见表4-6所列。

在质量检测数据中，每个数据出现的次数即为频数。频数的统计有以下两种情况：

①在一组数据中，某一数据反复出现的次数如某10个预制构件的尺寸误差分别为10、9.6、9.8、9.6、9.9、9.7、9.6、9.9、9.8、9.6（mm），由统计可知，9.6的频数为4，9.8和9.9的频数为2，9.7和10的频数为1。

②将一组数据划分为若干区间，统计数据在该区间出现的次数。如上列的数据可划分为9.55～9.75、9.75～9.95、9.95～10.15共3个区间，在9.55～9.75区间内，数据有5个。其余两个区间的数据出现的次数也依此统计，结果见表4-5所列。

频数分布调查 表4-5

组号	组的边界	组中数	频数
1	9.55～9.75	9.65	5
2	9.75～9.95	9.85	4
3	9.95～10.15	10.05	1

某路面弯沉值频数分布调查 表4-6

序号	分组区间界限值	组中值	频数统计	频数
1	227.5～232.5	230	3	0.03
2	232.5～237.5	235	3	0.03
3	237.5～242.5	240	9	0.09
4	242.5～247.5	245	32	0.32
5	247.5～252.5	250	38	0.38
6	252.5～257.5	255	10	0.10
7	257.4～262.5	260	3	0.03
8	262.5～267.5	265	1	0.01
9	267.5～272.5	270	1	0.01

6）画频数分布直方图

从频数分布调查表上已可了解数据的分布情况，但为了进一步了解产品质量情况，还可画出频数分布直方图，该图横坐标表示分组区间，纵坐标表示各个组间数据发生的频数，根据表 4-6 画成的频数分布直方图，如图 4-5 所示。

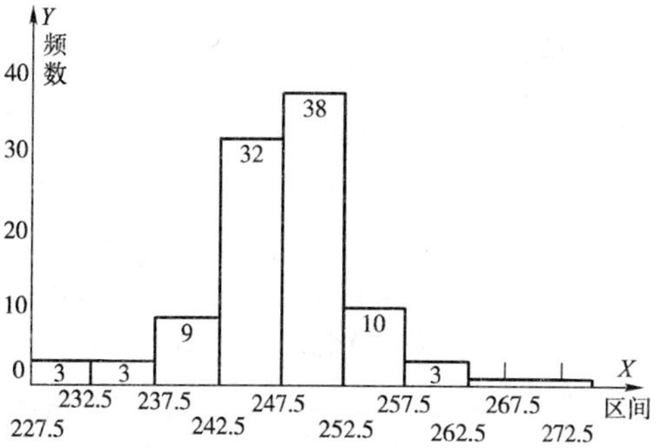

图 4-5　频数分布直方图

2. 频数分布直方图的用途

频数直方图在质量管理中的主要用途，有以下两个方面：

1）直接估算次品率

首先应算出两个统计特征值，即平均值 X 和标准偏差 σ，然后据此可估算超公差上、下限所出现的次品率和合计次品率。

2）判断质量分布状态

作直方图的目的之二是通过观察图的形状，来判断产品质量是否稳定，预测生产过程的不合格品率。方法是用直方图与公差（或规范）进行对比，看直方图是否都在公差要求的范围内。具体如图 4-6 所示，图中 B 是实际尺寸分布范围，T 是公差范围。这种对比有以下 6 种情况：

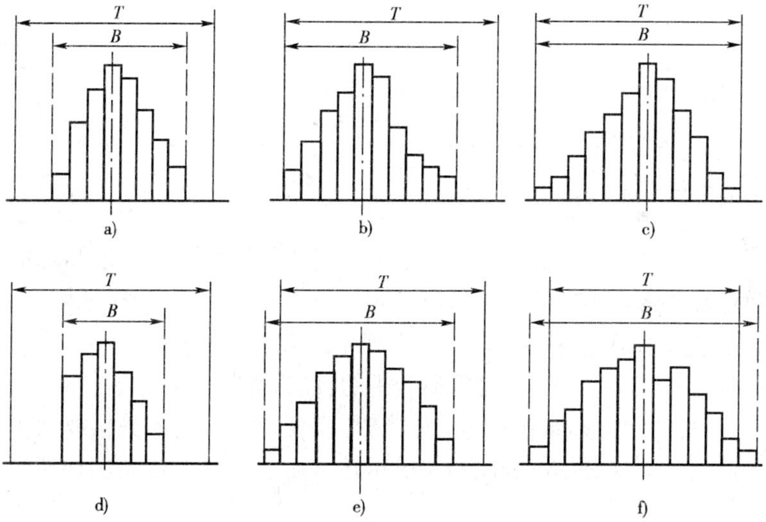

图 4-6　直方图与公差对比图

（1）如图 4-6a）所示，B 在 T 中间，平均值也正好与公差中心重合，实际尺寸两边还有一定余地，这样的工序质量是很理想的。

（2）如图 4-6b）所示，B 虽然落在 T 内，但因偏一边，因此仍有超差可能，须采取措施把分布移到中间来。

（3）如图 4-6c）所示，B 在 T 中间，但两侧完全没有余地，稍有不慎就会超差，必须缩小分布范围。

（4）如图 4-6d）所示，公差范围大于实际分布，此时应考虑适当放宽精度，降低成本。

（5）如图 4-6e）所示，B 过分偏离 T 的中心造成超差，应采取措施纠正。

（6）如图 4-6f）所示，实际尺寸大于公差，产生超差，应缩小实际分布，提高操作精度。

四、调查表

调查表又称检查表，是用来进行数据收集、整理，并给其他数理统计工具提供依据和粗略原因分析的一种工具，是日常了解问题、监视质量情况的一种简单易行的方法。调查表的格式各种各样，一般根据调查目的有以下几种：

(1)工序分布调查表。可用来作频数分布直方图。

(2)不良项目调查表。可用来作排列图。

(3)缺陷位置调查表。用来调查质量状况。

(4)不良要因调查表。可用来作散布图。

(5)检查评定工程用调查表等。

表4-7是某工地由工长填写的装配式T形梁混凝土外观缺陷检查表，也称不良项目调查表。它是用来记载混凝土外观存在的各类缺陷，以便针对缺陷，找出原因，采取措施，保证混凝土外观质量。

从表4-7可以看出，缺陷类型比较集中，主要与模版本身刚度、支撑系统的牢固性有关，其次与下灰厚度、振捣时间、振捣方法和预埋铁件的固定也有一定的关系。

不 良 项 目 调 查　　表4-7

施工工段	蜂窝麻面	露筋	胀模	露浆	表面不平	埋设件偏差	其他
1	一	T	正	下	T	正	
2	T	一	正一	正	一	T	
3	一	T	一	T	正	一	

五、分层分析法

分层分析法也称分类法。这是一种把记录的原始质量数据按照一定标志加以分类整理，以便分析质量问题及其影响因素的方法。分层的目的，是为了通过分层把性质不同的数据和错综复杂的影响因素分析清楚、找到问题的症结所在，以便解决问题。

将数据分层时，不能随意地分，而是根据分析的目的，按照一定的标志加以区分，把性质相同、在同一条件下收集的数据归纳在一起。分层时，应使同一层内的数据波动幅度尽可能小、而层间的差别尽可能大。这是搞好分层的关键所在。质量分层的标志多种多样，一般可按下列分类进行分层：

(1)按不同时间分。

(2)按操作班组或人员分。

(3)按使用的机械设备分。

(4)按使用的原材料分。

(5)按工程部位、项目或类别分。

(6)按操作方法分。

(7)按不同检验手段分。

(8)其他分类法。

现以某桥梁公司某月份因工程质量问题造成的损失为例介绍分层法。

第一步，列出总的工程质量损失调查表，见表4-8所列。

工程质量损失调查 表 4-8

序　号	工程名称	损失金额(元)	所占比率(%)	累积比率(%)
1	混凝土工程	2 400	48	48
2	砌石工程	1 500	30	78
3	桥面工程	400	8	86
4	安装工程	300	6	92
5	其他	400	8	100

从表中可以看出，混凝土工程和砌石工程的质量所造成的损失，占的比例最大(共 78%)。所以，将这两项的损失再进行分层分析。

第二步，列出混凝土工程和砌石工程质量分层调查表(表 4-9、表 4-10)。

第三步，从表 4-9、4-10 中可以看出，对混凝土工程的质量造成损失影响大的是混凝土强度不足和蜂窝座面；对砌石工程的质量造成影响大的是灰浆不饱满和垂直缝通缝。如果我们对此采取改善措施并取得成效，质量事故损失率就能明显下降。本例还可以结合运用因果分析图继续分层直到可以用来采取措施时为止。

分层区别对待的方法，是一种非常重要的方法，在运用其他统计方法时，往往都要用分层法。

混凝土工程质量损失调查 表 4-9

序　号	工程名称	损失金额(元)	所占比率%)	累积比率(%)
1	混凝土强度不够	1 300	54.2	54.2
2	蜂窝麻面	700	29.2	83.4
3	预埋件偏移	150	6.2	89.6
4	其他	250	10.4	100

砌石工程质量损失调查 表 4-10

序　号	工程名称	损失金额(元)	所占比率(%)	累积比率(%)
1	灰浆不饱满	700	46.7	46.7
2	垂直缝通缝	400	26.7	73.4
3	表面不平整	150	10	83.4
4	其他	250	16.6	100

六、管理图法(控制图法)

上述的排列图、直方图、因果分析图，其所表示的都是质量在某一段时间时的静止状态。从管理角度考虑，最好能在施工过程中，对产品质量加以严格控制，这就必须在产品生产过程中及时了解质量随时间变化的状况，使它处于正常变化(即处于稳定状态)而不发生异常变化(即非稳定状态)。1926 年，美国贝尔研究所的休哈特(W. A. shewhart)博士，首先提出管理图方法，用来检查、判断工序的状况，管理图目前已成为质量控制常用的方法之一。

1. 管理图的概念

管理图也可称为控制图。产品的质量情况由工序的状态决定的，一定状态的工序，所制造的产品就形成一定的波动分布情况。管理图法就是利用生产过程处于稳定状态下的产品质量特征值分布服从正态分布这一统计规律，来识别生产过程的异常因素，控制生产过程由于系统性原因造成的质量波动，保证工序处于控制状态。

2. 管理图的基本形式

观察产品质量波动分布情况：一是看围绕着什么中心分布；二是看分布的离散程度。管理图就是从这两个方面来观察产品质量波动分布情况，从而了解工序的变动情况。它通过观察每组数据的平均值(X)与极差(R)随时间推移的变化情况，来实现控制过程。

管理图是判断生产过程的质量状态和控制工序质量的一种有效工具。管理图的基本形式如图 4-7 所示。

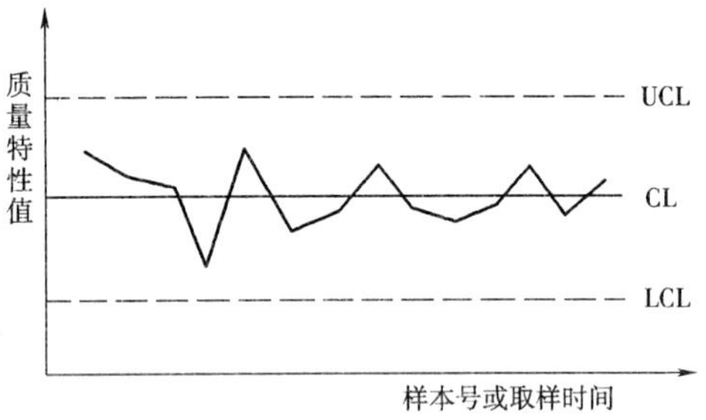

图 4-7　管理图的基本形式

为了区别由不可避免的原因引起的工序变动和由异常原因引起的工序变动，在管理图上画有控制界线。控制界限是根据数理统计学原理，采取 3 倍标准偏差法(3σ)计算确定的。即将中心线定在控制对象的平均值(包括单值、平均值、极差、中位数等的平均值)上面，以中心线为基准向上向下各量 3 倍标准偏差值即为控制上限和下限。管理图的中心线记为 CL(Center Line)，上控制界线记为 UCL(Upper Control Line)，下控制界线记为 LCL(Lower Control Line)。在生产过程中，按规定取样，测定其特征值，将其统计量作为一个点画在管理图上，然后连接各点成一条折线，即表示质量波动情况。

根据质量数据种类管理图(控制图)分为两大类 10 种类型。

第一类为计量值控制图，主要有：

(1)X 图，即单值控制图。

(2)X-R 图，即单值与极差控制图。

(3)X-R 图，即平均值与极差控制图。

(4)X-R 图，即中值(中位数)与极差控制图。

(5)X_{max}图，即最大值控制图。

(6)X-R_s 图，即单值与移动极差控制图。

第二类为计数值控制图，主要有：

(1)P_n 图，即不合格品数控制图。

(2)P 图，即不合格品率控制图。

(3)C 图，即缺陷数控制图。

(4)U 图，即单位缺陷数控制图。

3. 管理图的制作

X-R 管理图的理论依据比较充分，检验生产过程不稳定的能力也强，因此是最常用的一组控制图，现主要介绍 X-R 管理图的制作方法。

(1)收集数据。原则上收集 50 个以上的近期数据，表 4-11 为某公路高程误差实测数据。

(2)把数据按时间和分批的顺序排列、分组、列表。

(3)计算每组的平均值 X。

(4)计算每组的极差 R，并列入表中。

(5)计算各组平均值 X 的平均值和极差 R 的平均值。

(6)计算控制界限。

(7)绘制管理图(图4-8),在图上绘出中心线和上下控制界限,标上尺度,写上CL、UCL、LCL及其数值。

(8)在图上打点,每天定时按规定测试,用测得的数据计算出平均值 X 和 R,点绘在管理图(图4-8)中。

某公路高程误差实测数据 表4-11

组号	测定值(cm)					小计	平均值	极差
	X_1	X_2	X_3	X_4	X_5		X	R
1	1	1	0.5	1.5	-1	3.0	0.60	2.5
2	1	2	-1	0.5	2	4.5	0.90	3.0
3	2	0.5	2	1	0	5.5	1.10	2.0
4	2	2.5	0.5	1	1	7	1.40	2.0
5	1.5	-1	1.5	1.5	1.5	5	1.00	2.5
6	0	-0.5	0	0	1.5	1	0.20	2.0
7	2	-0.5	-1	-0.5	0.8	0.8	0.16	3.0
8	0	1.7	-1	1	-1	0.7	0.14	2.7
9	-1	1	1	-0.5	1	1.5	0.30	2.0
10	1	-1	0	0	0	0	0	2.0
合计						29	5.8	23.7

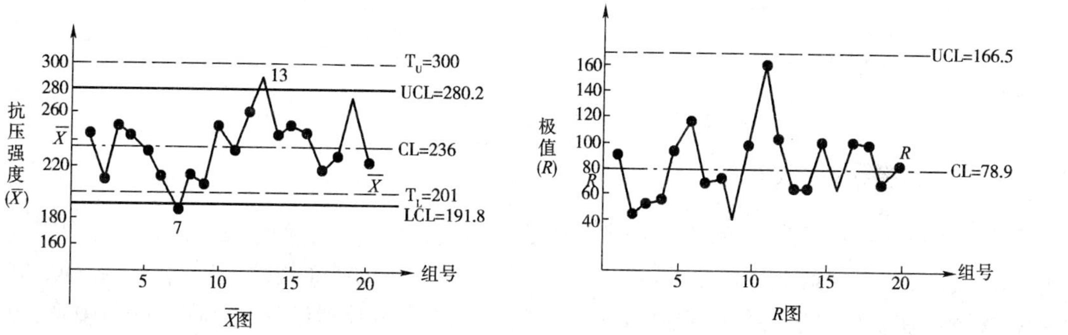

图4-8 某公路高程误差管理图

4. 管理图的分析

使用管理图的目的是为了维持生产过程中的工序质量稳定,预防不合格产品的出现,在施工过程中应将从管理图中得到的信息,及时采取措施,改变与调整生产状态。管理图处于稳定状态,应该符合下列条件:

(1)管理图上点子全部落在控制界线之内,即可认为施工过程中没有出现异常情况。任何一个点子越出控制界限之外,则表示存在着一个外来的不正常原因,一定要设法找到原因,予以消除,以提高工程质量。

(2)点子排列应当以数据平均值线(CL)为中心,在控制界限内呈随机排列。如果点子排列有下述情况者,即认为点子排列不随机,应当判断为发生了异常情况。

①点子在中心线的一侧多次出现,7次以上者。

②点子在中心线一侧多次出现。如连续11个点中有10个点在同一侧者;连续20个点中

有 16 个点在同一侧者，如图 4-9a）所示。1 ~ 11 点除 7 点外，其于余 10 个点均在同一侧，应引起注意。

③连续 7 个以上的点子上升或下降，就应当判定生产工序有异常情况，需采取措施，如图 4-9b）所示。

④连续 3 点中，有 2 个点在上方或下方的 2 横线以外出现者，如图 4-9c）所示。

⑤点子的排列出现“周期性”变动，即使所有的点都在控制界限线之内，也要认为生产工序存在异常情况，如图 4-9d）所示。

⑥由于某种偶然事故、操作上的错误等原因会造成一个极端数据，而使图上点子远远抛出界限线，如图 4-9e）所示。

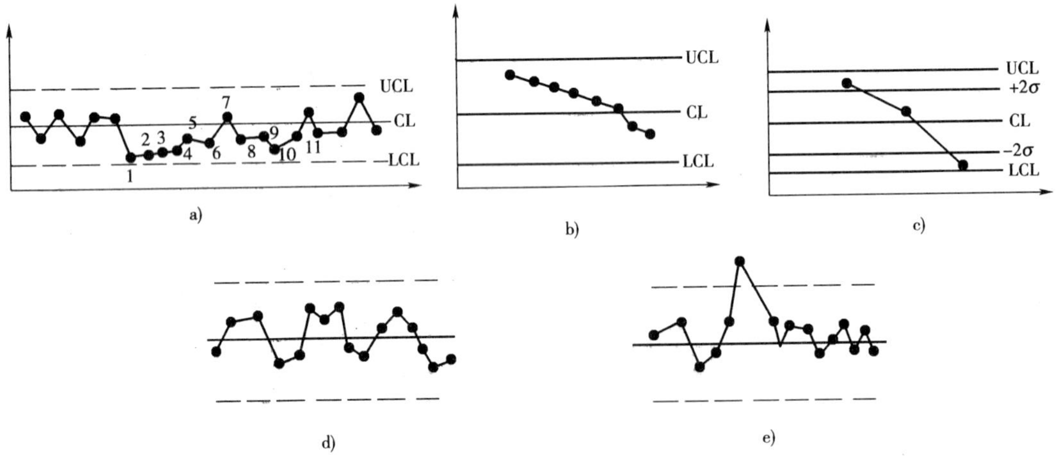

图 4-9　管理图分析

七、相关图法（散布图）

相关图又称散布图。这种图可用来分析研究两种数据之间是否存在相关关系。把两种数据列出之后，在坐标纸上打点，就得到一张相关图。从点子的散布情况可判别两种数据之间是否有关系。在质量管理中借助相关图进行相关分析，可研究质量结果和原因之间的关系，进一步弄清影响质量特性的主要因素。

相关图的几种基本类型如图 4-10 所示。在该图中，分别表示以下关系：

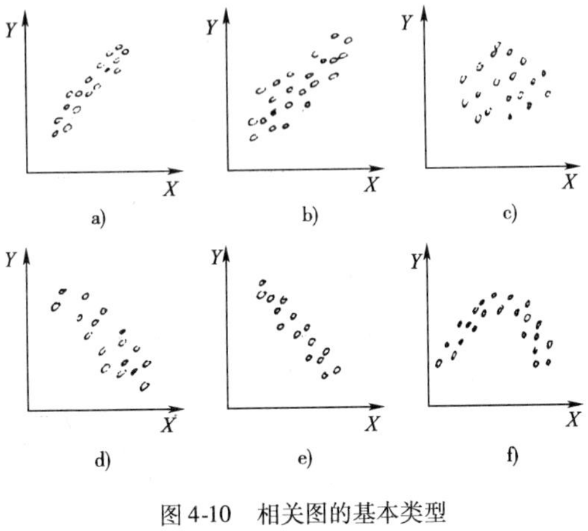

图 4-10　相关图的基本类型

（1）正相关（X 增加，Y 也明显增加），如图 4-10a）所示。

（2）弱正相关（X 增加，Y 也略有增加），如图 4-10b）所示。

（3）不相关（X 与 Y 没有关系），如图4-10c）所示。

（4）弱负相关（X 增加，Y 略有减小），如图 4-10d）所示。

（5）负相关（X 增加，Y 明显减小），如图 4-10e）所示。

（6）非线性相关（X 增加到某一范围时，Y

也增加，但超过一定范围后 Y 反而减小)，如图 4-10f)所示。

从图 4-16a)、e)两种图形可以判断，X 是质量特性 Y 的重要影响因素，因此控制好因素 X，就可以把结果 Y 较有效地控制起来。

课题三　施工项目质量控制

一、施工质量控制概述

质量控制就是质量事故的防范，是质量管理工作的重点。公路施工项目的质量控制，就是对公路施工项目的所有环节进行质量控制。

1. 质量控制的依据

1)设计图纸和有关规范

严格按照设计图纸和技术规范中写明的试验项目、材料性能、施工要求和允许偏差等有关规定进行施工，没有监理工程师的同意，不得引用其他任何标准。

2)合同条款

图纸和技术规范是对工程的具体要求，而合同条款则是要求承包人执行规范，按图纸施工的法律保证，二者结合起来才能保证工程质量达到规定水平。

2. 质量控制的程序

质量控制一般应按以下程序进行，质量控制程序流程如图 4-11 所示。

1)开工报告

在各单位工程、分部工程或分项工程开工之前，承包人提交工程开工报告给高级驻地监理工程师审批。工程开工报告应提出工程实施计划和施工方案；依据技术规范列明本项工程的质量控制指标及检验频率和方法；说明材料、设备、劳力及现场管理人员等项的准备情况；提供放样测量、标准试验、施工图等必要的基础资料。

2)工序自检报告

承包人的自检人员按照监理工程师批准工艺流程和提出的工序检查程序，在每道工序完工之后首先进自检，自检合格后，报监理工程师进行检查认可。

3)工序检查认可

监理工程师应紧接承包人的自检或承包人的自检同时，对每道工序完工后进行检查验收并签字认可，对不合格的工序指示承包人进行缺陷修补或返工。前道工序未经检查认可，后道工序不得进行。

4)中间交工报告

当工程的单位、分部或分项工程完工后，承包人的自检人员再进行一次系统的自检，汇总各道工序的检查记录及测量和抽样试验的结果提出交工报告。自检资料不全的交工报告，监理工程师应拒绝验收。

5)中间交工证书

监理工程师应对按工程量清单的分项完工的单项工程进行一次系统的检查验收，必要时应做测量或抽样试验。检查合格后，请高级驻地监理工程师签发“中间交工证书”。未经中间交工检验或检验不合格的工程，不得进行下项工程项目的施工。

6)中间计量

对填发了“中间交工证书”的工程,方可进行计量并由高级驻地监理工程师签发“中间计量表”。完工项目的竣工资料不全可暂不计量支付。

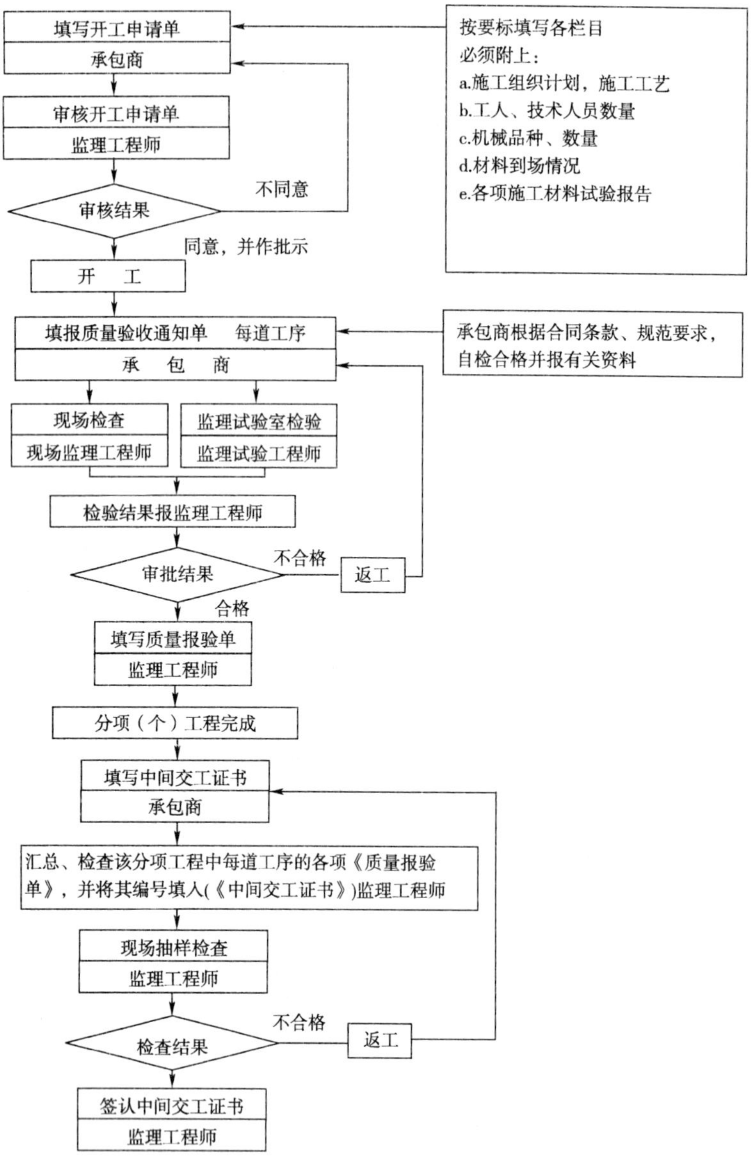

图4-11 质量控制流程图

为了保证工程质量,监理工程师在工程施工监理过程中应做到4不准:①人力、材料、机械设备准备不足不准开工;②未经检查认可的材料不准使用;③施工工艺未经批准,施工中不准采用;④前道工序未经验收,后道工序不准进行。

从质量控制流程图可以看出,分项工程开工前,承包人必须向监理工程师提出开工申请,并说明施工材料、设备、人员的准备及施工方案,开工申请得到监理工程师批准后才能开工。同时在施工过程中承包人必须要有自己的内部质量管理系统,对施工质量进行检查,发现不合格的工程,自己就进行修补或返工,直到达到规范标准后才填写“质量检验通知单”,报请监理人员验收。监理人员对报请验收的工程再进行质量检查,不合格的工程仍要进行修补或返工,直到达到规范标准为止。对于合格的工程,监理工程师签发“中间交工证书”,进入中间计量。

3. 质量控制的分项划分

结合公路工程的专业性质,将公路工程项目划分成若干工程分项或专业,按照质量控制的基本程序和内容,依据合同条款、图纸和规范的规定,对质量进行分项控制。这样做有利于专业对口、分工明确、责任清楚、便于管理。一般可按下列分项进行划分:

1)道路专业

①路基土石方;②路面;③路基防护及排水;④交通工程。

2)桥隧专业

①大中桥;②隧道工程;③小桥涵;④立交。

3)试验

①土工;②钢筋及水泥混凝土;③沥青混合料。

4)测量

①平面及高程;②几何尺寸;③其他。

5)材料

①外购;②当地加工。

4. 质量分项控制程序的制定

各工程分项和专业的控制程序各不相同。现以路面质量控制程序的制定过程为例。路面是用各种材料,如砂、碎石、矿渣、工业废渣、水泥混凝土、沥青混合料等经过制备、运输、摊铺和压实建筑而成的。因此路面施工的质量在很大程度上取决于路面材料的制备、摊铺和压实工艺。抓住路面材料的制备、摊铺、压实这3个主要环节的质量控制,路面质量就会得到保证。

我们再具体到沥青混凝土路面面层的施工,其质量控制可以总结为以下几个程序:

1)沥青混合料配合比设计

由承包人按规定的级配范围并参考沥青用量,在试验室制订符合规范规定的各组沥青含量配合比设计,并将各组沥青含量配合比设计所做的试验结果报监理工程师审批后应以正式文件批准试拌。

2)拌和厂试拌

承包人应按批准的沥青混合料配合比设计进行工厂试拌,试拌时应严格控制拌和温度和拌和时间。根据沥青混合料试拌情况可推荐一组最佳沥青用量和最佳沥青拌和时间的混合料报监理工程师批准后试铺。

3)沥青混合料的试铺

承包人应根据监理工程师批准的最佳沥青用量的混合料进行试铺,试铺时应严格控制摊铺和碾压温度。试铺后经各项指标测试满足标准要求后,承包人提交一份沥青混合料的试铺报告,经监理工程师以正式文件批准后方可进行大面积的铺筑。

4)正式铺筑沥青混凝土面层

承包人按上述批准的沥青混合料以及批准的试铺报告所总结的一套程序进行拌和、摊铺、压实,正式摊铺碾压时应不间断地对摊铺温度和碾压温度进行测试和记录,待路面摊铺、压实并经各项指标测试一切符合标准后,填写中间交验申请书,报监理工程师批准。

5)计量

在承包人和监理工程师都在场的情况下进行实际量测,由承包人填写计量申请,监理工程师审查认可后签字。

其他工程分项和专业的质量分项控制程序可参照上述方法制定。

5. 质量控制的基本方法

(1)设立管理点。

(2)开展质量统计分析,掌握工程质量动态。开展工人和班组的自检和互检,同时组织专业人员进行专门检验。

为了充分发挥施工过程中质量控制的预防作用,必须系统地、经常地掌握各施工处、施工班组在一定时间(月、季等)内产品质量或工作质量的现状及发展动态。为此,就必须开展质量状况的统计分析。统计分析的指标一般有以下两类:

①工程质量指标。主要有优良品率、合格率及其分布情况,用以考核分部(项)工程的质量水平。

②工作质量指标。主要有废品率、返修率等。

通过分析,查出发生质量问题的原因。如图纸错误、材料不合格、不按图施工、违反工艺及操作规程、技术指导错误等。在几个原因同时起作用的情况下,要分清主次。原因力求具体,以便采取预防措施和防范对策。

二、设计质量的控制

尽管设计质量主要由设计单位负责,但是施工单位可以从以下几个方面对设计质量进行控制:

(1)积极地参与设计方案的讨论、审定和图纸会审。特别是对于某些有特殊施工工艺要求的工程,参与设计方案的讨论是很重要的。这样做,不仅是考虑施工方便,而且可将通过回访得到的用户意见和要求反馈给设计部门。

(2)主动地向设计单位提供有关企业的技术装备、施工技术水平和工程质量保证情况等资料,使其设计时尽量地考虑施工单位的实际水平。

(3)做好施工过程中的技术核定,及时修改不符合现场实际的设计差错或原设计方案。

三、施工准备阶段的质量控制

施工准备阶段的工作质量,对公路产品最终的质量也有很大的影响。项目首批人员进场后,应尽快索取设计图纸和技术资料,指定专人管理并公布有效文件清单。应依据设计文件和设计技术交底的工程控制点进行复测。当发现问题时,应与设计方协商处理,并应形成记录。项目总工应主持图纸审核,并形成会审记录。项目经理应按"项目管理实施规划"和"项目质量保证计划"中工程劳务分包和物资采购的规定,选择并评价公司授权范围内的分包方和供应商,并保存评价记录。项目部应对全体施工人员进行质量知识培训,并应保存培训记录。

1. 施工方案和施工组织设计的质量保证

为了保证施工方案和施工组织设计的质量,要讲究科学的编制程序和方法,在编制时要进行技术经济分析和比较,做到设计优化。

2. 检查施工准备工作的质量

按有关准备工作的计划做如下检查:

(1)全场性的施工准备工作。

(2)单位工程的施工准备工作。

(3)作业条件的准备工作。

(4)临时性的生产设施是否达到技术标准,施工用机械设备是否检测、试验和鉴定等。

3. 做好技术交底

使施工人员熟悉工程情况、设计意图、要求、质量标准和施工方法,做到人人心中有数。

4. 材料、半成品的质量控制

对材料、半成品的质量控制包括以下方面:

(1)严格按质量标准订货、采购、包装和运输。

(2)物资进场要按技术验收标准进行检查和验收。

(3)按规定的条件和要求,进行堆存、保管和加工。

(4)按进度计划及时地配套供应现场。

对采购的材料、半成品,如果到货时才进行验收,一旦发现不合格,就会影响按时供应。因此,对比较重要的材料和半成品,要把质量管理延伸到供应或生产单位。可采用的办法有:了解材料供应或生产单位在管理上是否能保证质量;对供应和生产单位定期访问和调查;或者派出常驻检查员,执行材料的供应监督,按合同规定在技术上、管理上给予帮助等。

5. 施工机械、设备的质量保证

施工机械设备的质量也是一个很主要的因素。首先,要做到在用的机械设备无隐患、技术性能良好;其次,对于精密仪器和仪表等应保持正常的灵敏度和精确度。

四、施工阶段的质量控制

1. 施工技术交底

(1)单位工程、分部工程和分项工程开工前,由项目总工主持,向项目部有关人员和施工作业队负责人进行书面技术交底;由作业队负责人、现场技术员再向现场具体操作人员进行技术交底。技术交底资料应办理签字手续并归档。

(2)在施工过程中,项目总工对由业主或监理工程师提出的有关施工方案、技术措施及设计变更的要求,应在执行前向执行人员进行书面技术交底。

2. 工程测量

(1)测量组在项目开工前应编制“测量控制方案”,经项目总工批准后实施,测量记录应按要求归档保存。

(2)在施工过程中应对测量点线妥善保护,严禁擅自移动。

3. 材料质量控制

(1)项目部应在公司确定的合格材料供应商名录中按计划招标采购材料、半成品和构配件。

(2)材料的搬运和贮存应按搬运贮存规定进行,并应建立台账。

(3)项目部应对材料、半成品、构配件进行标识。

(4)未经检验和经检验为不合格的材料、半成品、构配件和工程设备等不得投入使用。

(5)对业主提供的材料、半成品、构配件、工程设备和检验设备等,必须按规定进行检验、验收和妥善保管,发现不适用、不合格或丢失等情况,应书面报告业主。

4. 机械设备质量控制

(1)项目部应按设备进场计划进行施工设备的调配和必要的进场验收。

(2)现场的施工机械须能满足施工需要。

(3)应对机械设备操作人员的资格进行确认,无证或资格不符合者,严禁上岗。

5. 计量器具质量控制

项目部应按规定控制计量器具的采购、检定、使用、保管、维修和检验。

6. 工序控制

(1)项目质量控制实行先铺设试验段。施工过程均应按要求进行工序“三检“(即自检、互检和交接检)。隐蔽工程、指定部位和分项工程未经检验或已经检验定为不合格的,严禁转入下道工序。对查出的质量缺陷应按不合格控制程序及时处置。

(2)过程质量控制应由每道工序和岗位的责任人负责。

(3)分项工程完工后,必须经监理工程师检验认可。

(4)施工作业人员应按规定经考核后持证上岗。

(5)施工管理人员及作业人员应按操作规程、作业指导书和技术交底文件进行施工。

(6)施工管理人员应记录工序施工情况。

7. 特殊过程控制

(1)对在“项目质量保证计划”中界定的特殊过程,应设置“工序质量控制点”进行控制。

(2)对特殊过程的控制,除应执行一般过程的规定外,还应由专业技术人员编制专门的作业指导书,经项目总工审批后执行。

8. 工程变更

应严格执行工程变更程序,经有关程序批准后方可实施。

9. 成品防护

成品防护是施工生产过程的重要环节,是对施工工程成品的符合性提供有效的保护,以防止成品损坏。项目部应对施工半成品和成品,采取有效措施妥善保护。

成品防护的期限从施工开始直至工程交付责任期满为止的项目施工全过程。

成品防护的主要范围有:

(1)工程设备。如工程系统中的照明设施等。

(2)施工过程中的工序成品。如承台、墩身、盖梁及各种预制件等。

(3)完工后交工前的成品。如整个工程。

(4)工程完工至交付业主前的成品保护。

成品防护程序为制订成品防护方案→进行技术交底→实施成品防护→监督检查→对防护不当造成的质量问题进补救处置和验收。

五、竣(交)工验收阶段的质量控制

单位工程完工后,项目总工应组织有关专业技术人员按质量验评标准规定,根据合同要求进行全面验证。

对查出的施工质量缺陷,应按不合格品控制程序进行处理。

项目经理部应组织有关专业技术人员按合同要求编制工程竣工文件,并应做好工程在预验收合格后,应对工程产品采取防护措施。

工程交工后,项目经理部应编制符合文明施工和环境保护要求的撤场计划。

课题四　施工项目质量缺陷处理

质量缺陷是指施工存在的问题。在施工过程中,质量缺陷的出现是不可避免的,但是,质量缺陷是可以尽可能减少的，特别是质量事故，甚至是可以完全避免的。

一、质量缺陷的处理方法

质量缺陷的处理概括起来应做好以下两大工作。

1. 质量缺陷性质的确定

质量缺陷性质的确定，是最终确定缺陷问题处理办法的首要工作和根本依据。一般通过下列方法来确定缺陷的性质。

1）了解和检查

是指对有缺陷的工程进行现场情况、施工过程、施工设备和全部基础资料的了解和检查，主要包括调查、检查质量试验检测报告、施工日志、施工工艺流程、施工机械情况以及气候情况等。

2）检测与试验

通过检查和了解可以发现一些表面的问题，得出初步结论，但往往需要进一步的检测与试验来加以验证。检测与试验主要是检测该缺陷工程的有关技术指标，以便准确找出产生缺陷的原因。例如，若发现石灰土的强度不足，则在检验强度指标的同时，还应检验石灰剂量、石灰与土的物理化学性质，以便发现石灰土强度不足是因为材料不合格、配比不合格或养护不好，还是因为其他如气候之类的原因造成的。检测和试验的结果将作为确定缺陷性质的主要依据。

3）专门调研

有些质量问题，仅仅通过以上两种方法仍不能确定。如某工程出现异常现象，但在发现问题时，有些指标却无法被证明是否满足规范要求，只能采用参考的检测方法。如水泥混凝土，规范要求的是28d的强度，而对于已经浇筑的混凝土无法再检测，只能通过规范以外的方法进行检测，其检测结果作为参考依据之一。

为了取得这样的参考依据并对其进行分析，往往有必要组织有关方面的专家或专题调查组，提出检测方案。对所得的这一系列参考依据的指标进行综合分析研究，找出产生缺陷的原因，确定缺陷的性质。这种专题研究，对缺陷问题的妥善解决作用重大，因此经常被采用。

2. 质量缺陷处理方法

对于质量缺陷的处理，应当坚持原则，不应以降低质量标准或使用要求为前提，而且要考虑对造形及美观的影响，以保证缺陷处理后的质量能够满足要求。在实施过程中，可以结合工程实际情况，主要采用下列两种方法处理工程质量缺陷。

1）整修与返工

缺陷的整修，主要是针对局部性的、轻微的且不会给整体工程质量带来严重影响的缺陷。

如水泥混凝土结构的局部蜂窝、麻面，道路结构层的局部压实度不足等。这类缺陷一般可以比较简单地通过修整得到处理，不会影响工程总体的关键性技术指标。由于这类缺陷很容易出现，因而修整处理方法最为常用。返工的决定应建立在认真调查研究的基础上。是否返工，应视缺陷经过补救后能否达到规范标准而定。补救，并不意味着规范标准的降低，对于补救后不能满足标准的工程必须返工。如某承包人为赶工期曾在雨中铺筑沥青混凝土，监理工程师只得责令承包人将已经铺完的沥青面层全部拆除重铺；一些无法补救的低质涵洞也被炸掉重建；温度过低的沥青混合料在现场被监理工程师责令报废等。

2）综合处理办法

综合处理办法主要是针对较大的质量事故而言的。这种处理办法不像返工和整修那样简单具体，它是一种综合缺陷（事故）补救措施，能够使得工程缺陷（事故）以最小的经济代价和工期损失，重新满足规范要求。处理的办法因工程缺陷（事故）的性质而异，性质的确定则以大量的调查及丰富的施工经验和技术理论为基础。具体做法可组织联合调查组、召开专家论证会等方式。实践证明这是一条合理解决这类问题的有效途径。

二、质量缺陷的避免

出现工程质量问题的原因是多种多样的，有些是我们主观上的，因而通过努力可以避免；有些则是客观因素造成的，虽然不能完全根除，但还是可以尽量避免的，至少可将损失降低到最低限度。为避免质量缺陷，施工中应做好以下工作。

1．认真制定施工方案，并建立审查制度

施工方案是承包人在施工前按照合同、规范的规定对其所使用的材料、工程设备和操作工艺等内容进行的具体计划和安排。施工方案必须满足两个基本条件：一是方案的目标必须以技术规范的要求为基础；二是操作工艺必须切实可行并能保证为施工人员所执行。因此，它不仅涉及到施工技术，而且更主要的是一个施工管理问题。制定施工方案的优点就在于它能使施工管理人员在施工前就能全面地分析和掌握施工过程中各个环节的施工难点，并通过人员、机械、材料的合理调配，采用必要的技术措施及预防措施，使工程施工得以顺利进行，避免出现工程质量缺陷。

施工方案的制订和审查应着重考虑以下3个问题。

1）方案的制订方式

承包人在制订施工方案时有两种方式：“自上而下式”和“自下而上式”。

（1）自上而下式

自上而下式就是施工方案由项目经理部一级制订，然后再向下面所属的工程处或施工队贯彻落实。有的承包人只组织总工程师及几个主要负责人制订方案，这种方式有很多弊病。首先，由于施工方案包括人员、机械、材料及施工技术等各方面内容，而这种制订方法只能保证主要技术指标的正确和人员、机械、材料及材料在数量上的合理分配，而不易保证所制订的具体施工工艺方案与实际情况相一致；其次，方案在实施前，还需由上而下层层传达和布置，传达的过程往往成了一个“打折扣”的过程，甚至还发现过现场施工人员根本不知道还有“施工方案”这回事；另外，还有由于承包人的基层单位没有参加方案的制订，对合同技术要求与传统施工方法的差异没有进行过分析和研究，更不会对施工方案进行改进，只有在发生质量事故后，才意识到施工方案原来是有缺陷的。实践表明，采用这种施工方案制订方法，施工过程中质量缺陷较多。

（2）自下而上式

自下而上式指承包人将制订施工方案的任务交给最基层单位，由基层单位制订出方案的初稿后，再逐级上报会审，直至项目经理部最后终审并报监理工程师批准。这种制订方式是一种比较科学的方式，充分调动了全体施工人员的积极性，将责任下放到每个施工、管理及技术人员，要求大家必须充分了解并掌握技术规范要求，并就这些要求结合各自的专业岗位提出实施方案的措施。这样的方案综合了各方面的因素，吸取了各方面的智慧，因而是切实可行的。

2）原材料样品的代表性

原材料样品的质量是制订施工方案的依据之一。如石灰土的石灰剂量必须首先根据石灰中活性氧化物的含量来设定；水泥混凝土的配合比设计必须以石料的物理力学性能及水泥的等级为依据。如果样品的试验结果不能真正反映原材料的质量，就会造成大的质量事故。

因此，在审查施工方案时应对此十分重视，并使这种质量事故隐患消灭在正式施工之前。

原材料质量发生变化的原因一般有两个：一个原因是由于工程使用的材料数量很大，承包人选择的原料样品与进入现场的原料性质不一致，运输也可能使材料的性质发生变化；另一个原因是现场存放的材料随着存放时间的长短以及气候条件等因素的改变而发生了变化。

为防止材料性质的变化给工程质量带来的影响，在审查施工方案时，应充分注意试验样品对原材料的代表性，承包人要注意对料场的选择及对原材料的保管。

3）设备性能的掌握

一般来说，规范中对设备的安装和设备的性能指标有详细的规定和要求。但是，要想制订出一个较好的施工方案，还必须尽可能了解和掌握设备的性能，特别是施工设备的优缺点，找出一个合理的设备组合方案。否则，即使使用最先进的施工设备，也不能完全保证工程质量。

2. 加强试验、测量工作

1）加强试验工作

（1）完备试验设备

试验设备的完备与否，直接关系到试验结果的完整性和准确性。首先，应当根据合同要求建立各级试验室，完备试验仪器；其次，所有的试验设备和试验仪器必须经过监理工程师的认可，承包人必须对所有试验仪器进行校准后方可使用。

（2）真实的试验结果

试验结果是反映工程质量的数据形式，如果没有严肃认真的试验工作态度，没有真实的试验结果，要保证工程质量是不可思议的。

（3）满足试验频率的要求，要用数据说话

规范对每道工序，包括材料的性能、各种混合料的配合比、成品的强度等都规定了试验检测的频率，并且要求没有试验数据的工程一律不予验收。试验频率的高低，反映着试验结果对工程质量的代表程度，试验频率越高，对工程质量的评价就越准确。

2）加强测量工作

测量是对工程几何尺寸进行控制的手段。规范要求，开工前监理人员要对施工放线进行检查，测量不合格不准开工，在施工过程中要进行控制和检查，对发生的误差随时调整，避免误差的积累。验收时，要对验收部位各项几何尺寸进行测量，不符合要求的要进行整修，甚至返工。

加强测量工作，是为了消除工程中存在的几何尺寸的缺陷。因此，加强放线测量和施工过程测量是测量工作的两个重要环节。

放线测量是控制几何尺寸最基本最关键的手段。测量的偏差所造成的后果常常不是一般的质量缺陷，而大多是严重的质量事故。因此，在正式施工前，对放线所依据的基准点、导线点等控制要素，都要进行严格检查和复核，对所有的测量记录、报表要进行严格的审查。

在施工过程中加强测量的控制和检查，是为了保证施工按几何尺寸的要求进行。施工中，由于施工现场繁杂，控制桩或控制点往往容易受到碰撞、破坏甚至丢失，其准确性很难完全保证，加之施工人员的施工水平不一，即使放线准确无误，几何尺寸质量缺陷仍有可能发生。因而加强测量控制与复核是避免这种缺陷的最有效方法。

要避免由于测量工作不足而带来的工程质量缺陷，除了加强测量检测工作，增加检测频率，最重要、最基本的一点就是必须重视测量工作，做到建立完善的测量组织系统，充实测量技术力量，采用先进的测量手段和提供完备的测量设备。

3. 抓施工关键部位

抓施工的关键部位，可以重点从以下几个方面着手。

1）严把原材料关

原材料的试验报告必须以制订施工方案时所选用的材料为准。施工时使用的材料与制订施工方案时的材料样品在时间、地点上必须一致。不能以材料的出厂报告代替原材料的试验报告。

2）加强测量和试验工作

应当随时对原始基准点、导线点、控制点进行复核，经常校核测量仪器，做好测量记录。关键部位和可疑点的检验不受试验频率的限制，可以增加试验次数。现场技术员应随身携带简单的测量仪器和试验器具，便于及时发现可疑点。

3）结构物施工

（1）灌注桩施工

首先要保证施工的连续性。断桩大都是因施工的不连续造成的。施工管理人员和技术人员必须首先检查保证连续的措施是否可靠、齐全，如电力供应、水源情况、原材料供应、机具供应等；其次要保证混凝土灌注量及灌注时间。灌注量一般不应超过或少于设计量的15%，灌注间隔时间不超过15min。

（2）水泥混凝土拌和

由拌和场集中拌和的混合料发生质量问题的可能性很小，施工管理的重点应当放在分散的小搅拌机所进行的施工上。小搅拌机人为影响因素多，缺乏严格的计量系统，故要重点控制质量，同时注意避免离析现象的发生。有时，还应注意搅拌场尘土飞扬对混凝土质量的影响。

（3）预制混凝土梁的管理

预制混凝土梁一般施工人员都比较重视，除了某些偶然因素外，发生质量问题的可能性较小。所以，质量管理工作的重点应放在对施工方案的检查上，防止关键性技术指标的错误。对于预应力梁，应充分注意张拉后的灌浆时间是否在规定的范围内，以及灌浆过程、反拱度等情况。

（4）混凝土的养护

混凝土的开裂、强度损失等病害大都是由于养护不好造成的。如桥面板浇筑完后，如果养护跟不上，由于桥面板较薄，蒸发面积较大，水分损失迅速，很容易发生开裂。

4）道路施工

根据道路结构的不同，主要有下列关键环节：

（1）路基工程

路基工程的管理重点主要是层厚、含水量，这是影响路基工程质量的关键指标——压实度的主要因素。只要控制好层厚、含水量，就可基本避免土方工程压实度不足的病害。另外，高程、平整度的控制也是重点。高程、平整度控制好了，就会减少造成上层结构高程、平整度、厚度不合格的影响因素。

（2）底基层石灰土

一般来讲，材料的配合、物理力学性能已经被检验，所以施工时的控制重点应当放在控制用灰量、拌和均匀性、平整度和高程上。这些方面控制好了，日常养护能够跟上，则强度即可保证。压实度也是一个重要指标，也应引起足够的重视。尤其是在冬天和雨天施工应更加注意。

(3)水泥稳定级配碎石基层

混合料如果在能够自动控制计量的搅拌机上生产，则离析和摊铺时间首先是控制的重点。由于运输及摊铺的原因，离析很容易发生，若能及时发现，就能保证在水泥初凝前使缺陷得以避免。控制摊铺时间，是为了防止混合料过了初凝时间再摊铺、碾压，导致强度不足的病害。

养护也是一个主要控制的方面。由于越来越接近面层，平整度和高程的控制更加重要。

(4)沥青混合料面层

面层一旦摊铺，加强对混合料的拌和、出厂、摊铺温度及高程、平整度控制，是避免质量缺陷的最有效、最及时的办法。压实度主要通过碾压遍数来控制。事后的一系列室内外试验只是对成品的最终检验，而要避免缺陷的产生则应对拌和、摊铺温度、几何尺寸进行不断地检测、观察和调整。

应当说明的是，施工关键部位的确定与很多因素有关。如施工设备、施工水平、管理水平、技术素质等。以上所述仅仅是一些例子，具体每道工序的管理重点还需根据具体情况来确定。

三、工程质量事故等级划分和报告制度

1. 工程质量事故

工程质量事故，是指由于勘察、设计、施工监理、试验检测等责任过失而使工程在下述时限内遭受损毁或产生不可弥补的本质缺陷，因构造物倒塌造成人身伤亡或财产损失以及需加固、补强、返工处理的事故。

(1)道路工程。现场监理签字工程项目通车两年内。

(2)结构工程。施工过程中和设计使用年限内。

2. 公路工程质量事故的分类及其分级标准

公路工程质量事故分为质量问题、一般质量事故及重大质量事故3类。

1)质量问题

质量较差、造成直接经济损失(包括修复费用)在20万元以下。

2)一般质量事故

质量低劣或达不到合格标准，需加固补强，直接经济损失(包括修复费用)在20万~300万元之间的事故。一般质量事故分为3个等级：

(1)一级一般质量事故。直接经济损失在150万~300万元之间。

(2)二级一般质量事故。直接经济损失在50万~150万元之间。

(3)三级一般质量事故。直接经济损失在20万~50万元之间。

3)重大质量事故

由于责任过失造成工程倒塌、报废和造成人身伤亡或者重大经济损失的事故。重大质量事故分为3个等级：

(1)具备下列条件之一者为一级重大质量事故：

①死亡30人以上；

②直接经济损失1 000万元以上；

③特大型桥梁主体结构垮塌。

(2)具备下列条件之一者为二级重大质量事故：

①死亡率0人以上、29人以下；

②直接经济损失500万元以上、不满1 000万元；

③大型桥梁主体结构垮塌。

(3)具备下列条件之一者为三级重大质量事故：

①死亡率0人以上、9人以下；

②直接经济损失300万元以上、不满500万元；

③中小型桥梁主体结构垮塌。

3. 质量事故报告制度

国务院交通主管部门归口管理全国公路工程质量事故，省级交通主管部门归口管理本辖区内的公路工程质量事故。质量事故的调查处理实行统一领导、分级负责的原则。重大质量事故由国务院交通主管部门会同省级交通主管部门负责调查处理；一般质量事故由省级交通主管部门负责调查处理；质量问题原则上由建设单位或企业负责调查处理。

任何单位和个人均有权力和义务将工程质量事故的情况及时报告有关部门。公路工程在建项目，施工单位为事故报告单位；交付使用的工程，接养单位为事故报告单位。

质量事故发生后，事故发生单位必须以最快的方式，将事故的简要情况同时向建设单位、监理单位、质量监督站报告。在质量监督站初步确定质量事故的类别性质后，再按下述要求进行报告：

(1)质量问题。问题发生单位应在2d内书面上报建设单位、监理单位、质量监督站。

(2)一般质量事故。事故发生单位应在3d内书面上报质量监督站，同时报企业上级主管部门、建设单位、监理单位和省级质量监督站。

(3)重大质量事故。事故发生单位必须在2h内速报省级交通主管部门和国务院交通主管部门，同时报告省级质量监督站和部质监总站，并在12h内报出《公路工程重大质量事故快报》。

质量事故书面报告内容包括：

(1)工程项目名称，事故发生的时间、地点，建设、设计、施工、监理等单位名称。

(2)事故发生的简要经过、造成工程损伤状况、伤亡人数和直接经济损失的初步估计。

(3)事故发生原因的初步估计。

(4)事故发生后采取的措施及事故控制情况。

(5)事故报告单位。

4. 重大质量事故的现场保护

重大质量事故发生后，事故发生单位和该工程的建设、施工现场，采取有效措施抢救人员和财产，防止事故扩大。

监理等单位应严格保护事故 ，因抢救人员、疏导交通等原因，需要移动现场物件时，应当做出标志，绘制现场简图并做出书面记录，妥善保存现场重要痕迹、物证，并应采取拍照或录像等直录方式反映现场原状。

质量事故处理实行“三不放过”原则：①事故原因不清不放过；②事故责任者和群众没有受到教育不放过；③没有防范措施不放过。

公路工程质量事故建立定期报告制度。各级质量监督站每季末将《公路工程质量事故情况季报》报上一级交通主管部门和质量监督站。

质量事故发生后事故发生单位隐瞒不报、谎报、故意拖延报告期限的，故意破坏现场的，阻碍调查工作正常进行的，拒绝提供与事故有关情况、资料的，提供伪证的，由上级主管部门按有关规定给予行政处分。构成犯罪的，由司法机关依法追究刑事责任。

公路工程同时接受社会监督，交通部设工程质量举报电话。

课题五　施工项目质量检查与评定

一、公路工程项目的质量检查

1. 质量检查的依据

(1)交通部颁布的各种施工和验收规范，及质量检验评定标准。

(2)原材料、半成品、构配件的质量检验标准。

(3)设计图纸、施工说明书等有关设计文件。

(4)招标文件及合同条款。

2. 质量检查的内容

1)施工准备阶段的检验内容

(1)对原材料、半成品、成品和构配件等进场的质量检查，新产品的试制和新技术、新工艺的推广等的事先试验检查。

(2)对工程地质、测量定位、标高等资料进行复核检查。

(3)对构配件放样图纸有无差错的复核检查。

2)施工过程的检查内容

要对分部(分项)工程的各道工序进行检查。坚持上道工序不合格不能进入下道工序的原则。隐蔽工程项目应做好隐蔽工程检查记录，并归档保存。施工现场所用的水泥混凝土、水泥砂浆都必须按规定取样，进行强度试验，原材料和半成品进场要验收材料性能试验报告，如水泥、沥青、钢材等。

3)竣工验收的检查内容

竣工验收的检查范围，包括分项工程、分部工程和单位工程的检验。其检查内容主要有：

(1)检查施工过程中的自检原始记录。

(2)检查施工过程的技术档案资料。

(3)对竣工项目的外观检查。

(4)对使用功能的检查等。

3. 质量检验的方法

检验是指通过测量、试验等质量检测方法，将工程产品与其质量标准相比较并做出质量评判的过程。工程质量检验是质量控制的一个重要环节，是保证质量的必要手段。

检验可分为全数检验和抽样检验两大类。

1)全数检验

全数检验是对一批产品中的每一个产品进行检验，从而判断该批产品的质量状况，即对工程进行逐项的全部检查。全数检验的可靠性好，但检验工作量大，往往难以实现，只用于关键性的或质量要求特别严格的分项、分部工程和非破坏性的检查。

2)抽样检验

抽样检验是对要检查的内容，从总体中按一定比例，抽出部分子样进行检查(如道路开样洞、混凝土做试件等)，判断总体的质量情况。抽样检验以数理统计学为理论依据，具有很强的科学性和经济性。公路工程不同于一般产品，它是一个连续的整体，且采用的质量检验手段又多属于破坏性的，所以，在公路工程检验中，多采用抽样检验。

抽样是从总体中抽取样本的过程，并通过样本了解总体。抽样检验分为非随机抽样和随机抽样两大类。非随机抽样指人为的有意识的挑选抽样，其检验结果可信度低。目前多采用随机抽样的方法，使总体中的每一单位或位置都有同等的机会能被抽到，避免抽样的片面性和倾向性。

随机抽样的方法有多种，适合于公路工程质量检验的随机抽样方式一般采用下面3种方法：

(1)单纯随机抽样

单纯随机抽样指首先对总体中各个体进行编码，然后利用随机数表或掷骰子、抽签等方式获得随机数，直接从总体中抽取样本的方法。

(2)系统抽样

有系统地将总体分成若干部分，然后从每一个部分抽取一个或若干个个体，组成样本的方法称为系统抽样。

(3)分层抽样

分层抽样是指将工程或工序分成若干层，然后按一定比例确定每层应抽取样本数，对每层则按单纯随机抽样法抽取样本。分层时，应尽量使层内均匀，而层间不均匀。分层抽样法便于了解每层的质量状况，分析每层产生质量问题的原因。

二、公路工程项目的质量评定

1. 建设项目的划分

根据建设任务、施工管理和质量检验评定的需要，公路建设项目按规定划分为单位工程、分部工程和分项工程，其具体划分办法参见《公路工程质量检验评定标准》(JTG F80—2004)(下称《标准》)。

(1)单位工程。在建设项目中，根据签订的合同，具有独立施工条件，可以单独作为成本计算对象的工程。公路项目被划分为路基工程、路面工程、大中桥梁工程、互通立交工程、隧道工程和交通安全设施6个单位工程。

(2)分部工程。在单位工程中，按结构部位、路段长度及施工特点或施工任务划分为若干个分部工程。如在路基工程中，又划分为路基土石方工程、排水工程、小桥、涵洞工程、砌筑工程及大型挡土墙等分部工程。

(3)分项工程。在分部工程中，按施工方法、材料、工序及路段长度等划分为若干个分项工程。如路基土石方工程又划分为土方路基、石方路基、软土地基处理、土工合成材料处治等分项工程。

施工单位、监理工程师和质量监督部门应当按照规范规定对工程进行划分，逐级进行工程质量的监控和管理。

2. 工程质量评分办法

施工单位应在各分项工程完工后，按《标准》所列的基本要求，实测项目和外观鉴定进行自查，按照“分项工程质量检验评定表”。提交真实、完整的自查资料对工程进行自我评分，监理工程师应按规定对工程质量进行检查，对施工自检资料进行签认和评分。质量监督部门根据抽查资料和确认的施工自查资料以及监理工程师的质量管理资料对工程质量逐级进行评定，作为交工、竣工验收评定质量等级的依据。

公路项目质量评分以分项工程为评定单元，采用100分制评分方法进行评分。在分项工程评分的基础上，逐级计算各相应分部工程、单位工程评分值、建设项目的单位工程优良率和评分值。

1）分项工程评分办法

分项工程质量检验内容包括基本要求、实测项目和外观鉴定和质量保证资料4个部分。只有在其使用的材料、半成品、成品及施工工艺基本符合规范的要求且无严重外观缺陷和质量保证资料真实并基本齐全时，才能对分项工程质量进行检验评定。

分项工程的实测项目分值之和为100分，外观缺陷或资料不全时，须予扣分。

分项工程评分 = 实测项目各检查项目得分之和 - 外观缺陷扣分 - 资料不全扣分

（1）基本要求检查

规范中对各分项工程列有基本要求，应按基本要求进行认真检查，如不符合基本要求的规定，不得进行工程质量的检验和评定。

（2）实测项目

实测项目是对规定检查项目采用现场抽样方法，按照规定频率和下列计分方法对分项工程的施工质量直接进行检测评分。

检查项目除按数理统计法评定的项目外，均应按单点（组）测定值是否符合标准要求进行评定，并按合格率计分。

检查项目合格率（%）= 检查合格的点（组）数 × 100/该检查项目的全部检查点（组）数

检查项目评定分数 = 检查项目规定分数 × 合格率

对于路基路面压实度、弯沉值、路面结构层厚度、水泥混凝土抗压强度和弯拉强度、半刚性材料强度等项目，则采用《标准》所列的数理统计方法进行评定计分。

（3）外观缺陷扣分

对工程外观缺陷分档次进行扣分。对于较严重的外观缺陷，施工单位必须采取合适措施进行整修处理。

（4）资料不全扣分

分项工程的施工资料和图表残缺，缺乏最基本的数据，或有伪造涂改资料时，不予检验和评定。资料不全者应予以扣分。

施工单位应提交的质量保证资料主要有：

①所用材料、半成品和成品质量检验结果。

②材料配合比、拌和加工、控制检验和试验数据。

③地基处理和隐蔽工程施工记录。

④各项质量控制指标的试验记录和质量检验汇总图表。

⑤施工过程中遇到的非正常情况记录及其对工程质量影响的分析。

⑥施工中如发生质量事故，经处理补救后，达到设计要求的认可证明文件等。

2）分部工程和单位工程评分办法

《标准》对分项工程和分部工程区分为一般工程和主要工程，分别给予1和2的权值。进行分部工程和单位工程评分时，采用加权平均值计算法确定相应评分值。即：

分部（单位）工程评分 = Σ[分项（分部）工程评分 × 权值]/ Σ分项（分部）工程权值

3）建设项目工程质量评分方法

建设项目工程质量的评分，采用单位工程优良率和建设项目工程质量评分值两个指标。

单位工程优良率(%) = 被评为优良的单位工程数量×100/建设项目中单位工程总数

各合同段工程质量评分采用所含各单位工程质量评分的加权平均值。即：

各合同段工程质量评分值 = Σ[单位工程评分值×该单位工程投资额]/合同段总投资额

工程各合同段交工验收结束后，由项目法人对整个工程项目进行工程质量评定，工程质量评分采用各合同段工程质量评分的加权平均值。即：

工程项目质量评分值 = Σ[合同段工程评分值×该合同段投资额]/ Σ施工合同段总投资额

三、工程质量等级评定

工程质量评定分为优良、合格和不合格3个等级，应按分项、分部、单位工程和建设项目逐级评定。

1. 分项工程

分项工程评分不低于85分者为优良；70～85分者为合格；低于70分者为不合格。

经质量监督部门检查评定为不合格的分项工程，经加固、补强、返工或进行整修，满足设计要求后，可以重新评定其质量等级，但只可复评为合格。

2. 分部工程

分部工程所属各分项工程全部合格，其加权平均分不低于85分，且所含主要分项工程全部评为优良时，则该分部工程评为优良；如分项工程全部合格，但加权平均分低于85分，或加权平均分虽不低于85分，但主要分项工程未全部达到优良标准时，则该分部工程评为合格；如分项工程未全部达到合格标准时，则该分部工程为不合格。

3. 单位工程

单位工程所属分部工程全部合格，其加权平均分不低于85分，且所含主要分部工程全部评为优良时，则该单位工程评为优良；如分部工程全部合格，但加权平均分低于85分，或加权平均分虽不低于85分及以上，但主要分部工程未全部达到优良标准时，则该单位工程评为合格；如分部工程未全部达到合格标准时，则该单位工程为不合格。

4. 建设项目(或标段)

建设项目所含单位工程全部合格，其工程质量等级为合格；所含单位工程全部合格，单位工程优良不低于80%，且建设项目(或标段)的工程质量评分值不低于85分时，其工程质量等级才可评为优良；所含任一单位工程不合格时，则建设项目(或标段)的工程质量为不合格。

课题六　施工项目交(竣)工验收

一、施工项目交(竣)工验收依据

公路工程验收分为交工验收和竣工验收两个阶段。

交工验收是检查施工合同的执行情况，评价工程质量是否符合技术标准及设计要求，是否可以移交下一阶段施工或是否满足通车要求，对各参建单位工作进行初步评价。交工验收由项目法人负责。

竣工验收是综合评价工程建设成果，对工程质量、参建单位和建设项目进行综合评价。竣工验收由交通主管部门按项目管理权限负责。交通部负责国家、部重点公路工程项目中

100km 以上的高速公路、独立特大型桥梁和特长隧道工程的竣工验收工作；其他公路工程建设项目，由省级人民政府交通主管部门确定的相应交通主管部门负责竣工验收工作。

公路工程竣（交）工验收工作应当做到公正、真实和科学，竣（交）工验收的依据有：

（1）批准的工程可行性研究报告。

（2）批准的工程初步设计、施工图设计及变更设计文件。

（3）批准的招标文件及合同文本。

（4）行政主管部门的有关批复、批示文件。

（5）交通部颁布的公路工程技术标准、规范、规程及国家有关部门的相关规定。

二、交工验收

1. 公路工程（合同段）进行交工验收应具备的条件

（1）合同约定的各项内容已完成。

（2）施工单位按交通部制定的《公路工程质量检验评定标准》及相关规定的要求对工程质量自检合格。

（3）监理工程师对工程质量的评定合格。

（4）质量监督机构按交通部规定的公路工程质量鉴定办法对工程质量进行检测（必要时可委托有相应资质的检测机构承担检测任务），并出具检测意见。

（5）竣工文件已按交通部规定的内容编制完成。

（6）施工单位、监理单位已完成本合同段的工作总结。

公路工程各合同段符合交工验收条件后，经监理工程师同意，由施工单位向项目法人提出申请，项目法人应及时组织对该合同段进行交工验收。

2. 交工验收的主要工作内容

（1）检查合同执行情况。

（2）检查施工自检报告、施工总结报告及施工资料。

（3）检查监理单位独立抽检资料、监理工作报告及质量评定资料。

（4）检查工程实体，审查有关资料，包括主要产品质量的抽（检）测报告。

（5）核查工程完工数量是否与批准的设计文件相符，是否与工程计量数量一致。

（6）对合同是否全面执行、工程质量是否合格做出结论，按交通主管部门规定的格式签署合同段交工验收证书。

（7）按交通部规定的办法对设计单位、监理单位、施工单位的工作进行初步评价。

项目法人负责组织公路工程各合同段的设计、监理、施工等单位参加交工验收。拟交付使用的工程，应邀请运营、养护管理单位参加。参加验收单位的主要职责是：

项目法人负责组织各合同段参建单位完成交工验收工作的各项内容，总结合同执行过程中的经验，对工程质量是否合格做出结论。

设计单位负责检查已完成的工程是否与设计相符，是否满足设计要求。

监理单位负责完成监理资料的汇总、整理，协助项目法人检查施工单位的合同执行情况，核对工程数量，科学公正地对工程质量进行评定。

施工单位负责提交竣工资料，完成交工验收准备工作。

项目法人组织监理单位按《公路工程质量检验评定标准》的要求对各合同段的工程质量进行评定。

监理单位根据独立抽检资料对工程质量进行评定，当监理按规定完成的独立抽检资料不能满足评定要求时，可以采用经监理确认的施工自检资料。

项目法人根据对工程质量的检查及平时掌握的情况，对监理单位所做的工程质量评定进行审定。

3. 质量评分

各合同段工程质量评分采用所含各单位工程质量评分的加权平均值。即：

各合同段工程质量评分值 = Σ[单位工程评分值 × 该单位工程投资额]/合同段总投资额

工程各合同段交工验收结束后，由项目法人对整个工程项目进行工程质量评定，工程质量评分采用各合同段工程质量评分的加权平均值。即：

工程项目质量评分值 = Σ[合同段工程评分值 × 该合同段投资额]/ Σ施工合同段总投资额

工程质量等级评定分为合格和不合格，工程质量评分值大于等于 75 分的为合格，小于 75 分的为不合格。

公路工程各合同段验收合格后，项目法人应按交通部规定的要求及时完成项目交工验收报告，并向交通主管部门备案。国家、部重点公路工程项目中 100km 以上的高速公路、独立特大型桥梁和特长隧道工程向省级人民政府交通主管部门备案，其他公路工程按省级人民政府交通主管部门的规定向相应的交通主管部门备案。

公路工程各合同段验收合格后，质量监督机构应向交通主管部门提交项目的检测报告。

交通主管部门在 15 天内未对备案的项目交工验收报告提出异议，项目法人可开放交通进入试运营期。试运营期不得超过 3 年。

交工验收提出的工程质量缺陷等遗留问题，由施工单位限期完成。

三、竣工验收

1. 竣工验收应具备的条件

(1)通车试运营 2 年后。

(2)交工验收提出的工程质量缺陷等遗留问题已处理完毕，并经项目法人验收合格。

(3)工程决算已按交通部规定的办法编制完成，竣工决算已经审计，并经交通主管部门或其授权单位认定。

(4)竣工文件已按交通部规定的内容完成。

(5)对需进行档案、环保等单项验收的项目，已经有关部门验收合格。

(6)各参建单位已按交通部规定的内容完成各自的工作报告。

(7)质量监督机构已按交通部规定的公路工程质量鉴定办法对工程质量检测鉴定合格，并形成工程质量鉴定报告。

公路工程符合竣工验收条件后，项目法人应按照项目管理权限及时向交通主管部门申请验收。交通主管部门应当自收到申请之日起 30 日内，对申请人递交的材料进行审查，对于不符合竣工验收条件的，应当及时退回并告知理由；对于符合验收条件的，应自收到申请文件之日起 3 个月内组织竣工验收。

2. 竣工验收的主要工作内容

(1)成立竣工验收委员会。

(2)听取项目法人、设计单位、施工单位、监理单位的工作报告。

(3)听取质量监督机构的工作报告及工程质量鉴定报告。

(4)检查工程实体质量审查有关资料。

(5)按交通部规定的办法对工程质量进行评分,并确定工程质量等级。

(6)按交通部规定的办法对参建单位进行综合评价。

(7)对建设项目进行综合评价。

(8)形成并通过竣工验收鉴定书。

竣工验收委员会由交通主管部门、公路管理机构、质量监督机构、造价管理机构等单位代表组成。大中型项目及技术复杂工程,应邀请有关专家参加。国防公路应邀请军队代表参加。

项目法人、设计单位、监理单位、施工单位、接管养护等单位参加竣工验收工作。

3. 参加竣工验收工作各方的主要职责

竣工验收委员会负责对工程实体质量及建设情况进行全面检查。按交通部规定的办法对工程质量进行评分,对各参建单位进行综合评价,对建设项目进行综合评价,确定工程质量和建设项目等级,形成工程竣工验收鉴定书。

项目法人负责提交项目执行报告及验收所需资料,协助竣工验收委员会开展工作。

设计单位负责提交设计工作报告,配合竣工验收检查工作。

监理单位负责提交监理工作报告,提供工程监理资料,配合竣工验收检查工作。

施工单位负责提交施工总结报告,提供各种资料,配合竣工验收检查工作。

4. 工程质量评分

竣工验收工程质量评分采取加权平均法计算,其中交工验收工程质量得分权值为0.2,质量监督机构工程质量鉴定得分权值为0.6,竣工验收委员会对工程质量评定得分权值为0.2。

工程质量评定得分大于等于90分为优良,小于90分且大于等于75分为合格,小于75分为不合格。

竣工验收委员会按交通部规定的办法对参建单位的工作进行综合评价。评定得分大于等于90分且工程质量等级优良的为好,大于等于75分为中,小于75分为差。

竣工验收建设项目综合评分采取加权平均法计算,其中竣工验收工程质量得分权值为0.7,参建单位工作评价得分权值为0.3(项目法人占0.15,设计、施工、监理各占0.05)。

评定得分大于等于90分且工程质量等级优良的为优良,大于等于75分为合格,小于75分为不合格。

负责组织竣工验收的交通主管部门对通过验收的建设项目按交通部规定的要求签发《公路工程竣工验收鉴定书》。

通过竣工验收的工程,由质量监督机构依据竣工验收结论,按照交通部规定的格式对各参建单位签发工作综合评价等级证书。

5. 竣工文件

公路工程建设项目建成后,施工单位、监理单位、项目法人应负责编制工程竣工文件、图表、资料,并装订成册,其编制费用分别由施工单位、监理单位、项目法人承担。

各合同段交工验收工作所需的费用由施工单位承担。整个建设项目竣(交)工验收期间质量监督机构进行工程质量检测所需的费用由项目法人承担。

对通过验收的工程,由项目法人按照国家规定,分别向档案管理部门和公路管理机构、接管养护单位办理有关档案资料和资产移交手续。

对于规模较小、等级较低的小型项目,可将交工验收和竣工验收合并进行。规模较小、等级较低的小型项目的具体标准由省级人民政府交通主管部门结合本地区的具体情况制订。

四、有关交(竣)工竣验收罚则

项目法人违反规定,对不具备交工验收条件的公路工程组织交工验收,交工验收无效,由交通主管部门责令改正。

项目法人违反规定,对未进行交工验收、交工验收不合格或未备案的工程开放交通进行试运营的,由交通主管部门责令停止试运营,并予以警告处罚。

项目法人对试运营期超过 3 年的公路工程不申请组织竣工验收的,由交通主管部门责令改正。对责令改正后仍不申请组织竣工验收的,由交通主管部门责令停止试运营。

质量监督机构人员在验收工作中滥用职权、玩忽职守、徇私舞弊的,依法给予行政处分,构成犯罪的,依法追究刑事责任。

课题七　施工项目工程移交与缺陷责任

一、工程移交

1. 交工证书

当工程已经按合同要求建成,具有独立使用价值,并合格地通过了按合同规定的各项交工检测、检验,且已按交通部《公路工程竣工验收办法》规定编制好竣工图表和施工资料后,承包人可就此向监理工程师提出交工验收并发给交工证书的申请,同时抄送业主(如果尚有少量因受季节影响或其他原因暂不能施工或完成,但并不影响工程使用的一些附属工程或剩余工作时,需附有在缺陷责任期内尽快完成这些未完工作的书面保证)。监理工程师在收到该申请后,应在 14 天内审核并报业主,业主在收到该申请后的 21 天内应组织交工验收。交工验收由业主主持,由质监、设计、管养等有关部门和监理工程师参加组成交工验收小组,按交通部《公路工程竣工验收办法》进行,并写出交工验收报告报上级主管部门。

如果经交工验收认为工程质量合格,业主应在此项验收工作完毕后 14 天内向承包人签发交工证书。证书中写明按合同规定本合同工程的交工日期(即验收小组决定的签发交工证书的日期),同时办理合同工程的移交管养工作。交工证书签发并移交管养后,承包人即不再负责对本工程的照管和维护。本工程即进入缺陷责任期。

对交工验收可能出现的例外情况,作如下处理:

(1)如果业主未能在上述规定的时间内组织交工验收,则业主应从规定期限最后一天的次日起承担延期验收的工程照管和养护费用;或发给交工证书的工程不能立即移交管养时,承包人仍应继续负责工程照管和养护。监理工程师在与承包人和业主协商后,应确定与此相关的工程照管与养护费用补偿额并加到合同价格上。

(2)如经交工检验认为工程质量虽合格,但某些工程影响使用尚需整修和完善,且不同于缺陷责任期内的缺陷修复,则应缓发交工证书,限期修好。待整修和完善工作完成,经监理工程师复查认可达到质量要求并报请交工验收小组核批后,再发给交工证书。

(3)如经交工验收认为工程质量达不到合格标准,则监理工程师应根据交工验收小组的意见,在验收工作完毕后 7 天内向承包人发出指令,要求承包人对不合格工程认真返工重做或进行补救处理。承包人在完成上述不合格工程的返工与补救工作后,应重新提出交工验收申请,经交工验收小组复验认为达到合格标准后才发给交工证书。

组织办理交工验收和签发交工证书的费用由业主承担。但按照第(3)项，达不到合格标准的交工验收费用由承包人承担。

上述程序与处理办法，也适用于合同规定有单独工期的单项工程。

2. 竣工验收与鉴定书

承包人应按照交通部的《公路工程竣工验收办法》的规定和其附件一的内容和要求编制竣工图表和施工文件。各分部(项)工程的竣工图须在有关工程完工后在业主规定的时间内提交监理工程师审查，全部工程完工后，在全部工程的交工证书签发之前，承包人须向业主提交6套监理工程师认为完整、合格的竣工文件。在缺陷责任期内应补充竣工资料，应在签发缺陷责任证书之前提交。

当建设项目工程全部完工并合格地通过交工验收后，业主应汇总各合同段工程的交工验收报告，向上级主管部门提出竣工验收的申请。竣工验收由上级主管部门主持，由建设、质监、设计、管养、业主以及各合同段的监理工程师等有关部门代表组成竣工验收委员会，按交通部《公路工程竣工验收办法》的规定进行，对建设项目的管理、设计、施工、监理等方面做出综合评价，写出竣工鉴定书。

二、缺陷责任与保修

在投标书附录中写明的缺陷责任期，其时间从签发交工证书之日算起。

在缺陷责任期满前，由业主会同监理工程师及有关部门参加，对工程进行一次全面检查使本工程按合同所要求的条件(正常磨损除外)，达到业主和监理工程师认为合格的程度，为此，承包人应该做到：

(1)在缺陷责任期内，尽快完成在交工证书中写明的未完成工作，并完成对本工程缺陷的修复或监理工程师指令的修补工作。

(2)在缺陷责任期满后的14天内，按照业主和监理工程师在缺陷责任期满前检查结果而发出的指令，对存在的缺陷、病害或其他不合格之处进行修补、重建及修复。

(3)承包人在缺陷修复施工过程中，应服从管养单位的有关安全管理规定，由于承包人自身原因造成的人员伤亡、设备和材料的损毁及罚款等责任由承包人自负。

在缺陷责任期内，下述原因造成的缺陷修复费用应由承包人自行负责：

(1)承包人所用的材料、设备或操作工艺不符合合同要求。

(2)承包人的疏忽或未遵守合同中对承包人规定的义务。

如果监理工程师指令承包人修复的缺陷是不属于上述原因造成的，则监理工程师应根据“变更估价”的规定，在与承包人协商并报业主批准后，确定合同价格的增加额。

如果承包人未能在规定的时间内执行缺陷修复的指令，则业主有权雇佣其他人从事这些工作并支付报酬。如果监理工程师根据合同判定这些工作应是承包人自费进行的工作，则监理工程师在与业主和承包人适当协商后应确定由此造成的或伴随产生的费用，此项费用应由承包人负责，业主可从应退还给承包人的保留金中扣除或向承包人索回。

在缺陷责任期内，如果在本合同工程中出现任何缺陷、病害或其他不合格之处，则监理工程师可指令承包人，并抄送业主，会同监理工程师一起调查上述缺陷、病害或其他不合格之处的原因。如果调查结果确定是属于承包人的责任所造成，承包人应自费修复上述缺陷、病害或其他不合格之处。

在缺陷责任期结束后，监理工程师签发缺陷责任期终止证书之日，工程进入保修期，保修期一般为 5 年，若路基工程（含隧道、桥涵）与路面工程分开招标，5 年保修期从最后完工的工程项目开始计算。桥梁工程的保修期可适当延长。在保修期内承包人应对由于施工质量原因造成的损坏进行自费修复。若承包人不履行保修义务和责任，则承包人应承担由于违约造成的法律后果。

思 考 题

1. 什么是全面质量管理？与其他管理方式相比有何优点？

2. 推行全面质量管理应做好哪些基础工作？

3. 什么是 QHSE 管理体系？其管理模式及体系构成是什么？

4. 排列图作图时，纵横坐标的意义及要求有哪些？

5. 排列图中的累计百分率曲线是如何绘制的？如何用其进行主要因素的分析？

6. 什么是因果分析图？对因果分析图有哪些绘制和使用时的注意事项？

7. 直方图中的纵横坐标分别代表什么？如何应用直方图来判断质量分布状态？

8. 使用分层分析法将质量数据进行分类时，常采用哪些方法？

9. 管理图中的中心线和控制界限是如何确定的？最基本的管理图是哪一种？

10. 采用管理图进行质量分析时，如何判断工序异常？

11. 叙述工程项目质量控制的依据及程序。

12. 如何确定质量缺陷的性质？对质量缺陷的处理措施有哪些？

13. 科学合理的施工方案编制方式是什么？为什么说原材料样品的质量是制定施工方案的依据之一？

14. 什么是工程质量事故？对工程质量事故是如何分类的？

15. 叙述质量事故报告的主要内容及事故处理的“三不原则”。

16. 质量检查的主要依据及方法有哪些？

17. 叙述施工准备阶段和施工阶段质量检查的主要内容。

18. 公路项目质量评分办法是什么？如何对分项工程进行质量评分？

19. 分项工程评分时，缺乏最基本的数据或伪造资料的，不予检验或评定，承包人提供的完善的施工资料应包括哪些？

20. 工程质量等级评定应如何进行？

21. 什么是交工验收？由谁负责进行？交工验收有何条件？

22. 什么是竣工验收？由谁负责进行？竣工验收有何条件？

单元五　施工项目材料管理

知识点

1. 材料管理的任务，材料定额的概念、分类、作用及其制定与管理；
2. 材料计划的编制程序、要求及编制要点；
3. 材料管理的主要工作、几种主要材料的管理方法及降低材料成本的措施。

技能点

1. 材料消耗定额制定的几种方法，确定保险储备量和季节储备量；
2. 材料管理的 ABC 分类法，对钢材、木材、水泥、沥青、油料、地方材料、成品、半成品及周转材料进行管理；
3. 核算材料的成本。

本单元主要学习施工项目材料管理的任务、材料定额、材料计划的编制、材料管理的主要工作、几种主要材料的管理、降低材料成本的措施。

课题一　材料管理的任务

一、路用材料供应和管理的特点

受公路项目施工生产特点的影响，路用材料供应和管理工作具有一定的特殊性和复杂性。表现为以下几点：

(1)路用材料的品种、规格繁多，既有大宗材料，又有零星材料，这就决定了路用材料的资源复杂、供应渠道和供应方式的多样性。

(2)路用材料的品种、规格及数量的构成比例随工程对象而不同，这就反映了路用材料的多变性。

(3)由于公司项目和施工材料供应受季节性影响，各阶段用料的品种和数量都不相同，这决定了材料消耗、供应和储备的不均衡性。

(4)由于公路项目施工的流动性，需要随着工程地点的改变而选择路用材料的供应和运输方式。

(5)由于公路项目施工周期较长，决定了材料储备数量较大，占用的材料资金较多。

二、材料管理的工作内容

材料管理的工作内容(图 5-1)包括以下几个方面：

(1)了解材料产地，进行货源、价格、生产、流通等材料市场信息调查。

(2)根据施工生产计划制定材料供应计划。

(3)选择供应对象,开展材料采购、订货业务活动。

(4)选择运输方式,组织材料运输。

(5)组织材料的验收、保管、加工和发放。

(6)监督材料的使用和组织回收、利旧等。

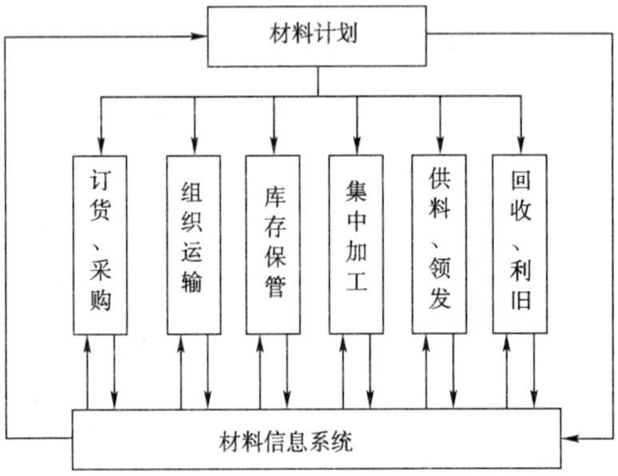

图 5-1　材料管理工作的内容

三、公路施工项目材料管理的任务

公路施工项目材料管理的基本任务,是要以最低的材料成本,保质、按期、成套地供应施工生产所需要的材料,并监督和促进材料的合理使用。

材料管理的具体任务是:

(1)保证材料的供应,满足施工生产的需要。

(2)降低材料的消耗和损耗。

(3)降低材料供应的成本。

(4)监督材料的使用并促进技术进步。

根据上述材料管理工作的任务,材料管理人员应该达到"一熟悉、三懂、四能"的要求。

一熟悉:就是熟悉所管理材料的品种、规格、性能、价格、产地、厂家等材料市场信息。

三懂:就是要懂材料生产、储运、检验、管理、加工和使用的基本知识;要懂材料定额的制定原理和方法;要懂公路项目的施工工艺和方法。

四能:就是能进行材料预算和材料计划的编制;能进行材料的统计分析和材料成本的核算、分析和控制;能进行材料定额的编制、分析和修订;能胜任材料供应管理全过程的日常业务工作。

材料管理人员包括与材料有关的各类专业管理人员,如材料预算员、计划员、保管员、采购员、统计核算员等,根据业务分工的需要,上述"一熟悉、三懂、四能"的要求可有所侧重。

课题二　材 料 定 额

一、材料消耗定额

1. 材料消耗定额的概念

材料消耗定额,是指在一定的生产技术组织条件下,完成单位产品或单项工程必须消耗的材料数量。所谓一定的生产技术组织条件,首先是指一定的工程对象和结构性质。工程对象不同,材料消耗量也不同。其次是指一定的施工工艺方法。施工方法不同,材料消耗量也不同。第三,是指一定的工人技术熟练程度。工人的技术熟练程度不同,材料消耗量也不同。第四,是指一定的组织管理水平。

2. 材料消耗定额的作用

材料消耗定额有以下作用:

(1)是编制材料计划、组织材料供应的重要依据。

(2)是核算材料消耗的依据,从而也是划分材料供应部门与需用单位双方责任的基础。

(3)是监督和促进公路项目施工厉行节约,加强材料核算和材料成本控制的重要工具。

3. *材料消耗定额的种类*

(1)材料消耗概算定额。是公路工程概算定额的组成部分,用来估算或概略计算主要材料和设备的需要量。它是编制备料计划和重要材料申请的依据。

(2)材料消耗预算定额。是公路工程预算定额的组成部分,系以分部、分项工程的单位工程量,按社会平均必要的消耗水平来计算和确定的。因其项目较细,所以是编制工程预算、材料用量计划、申请计划和供应计划的依据,是施工过程中材料管理使用的主要定额。

(3)材料消耗施工定额。是公路工程施工定额的组成部分,应结合施工单位或具体工程项目材料消耗的实际情况编制,供工程项目内部管理使用。其内容较预算定额更为细致和具体。施工定额应按平均先进原则制定,是工程项目编制作业计划和工料预算,进行限额领料和考核工料消耗的依据。

4. *材料消耗的构成分析*

分析材料消耗的构成,是正确制定材料消耗定额的前提。公路项目材料消耗由以下3个部分组成。

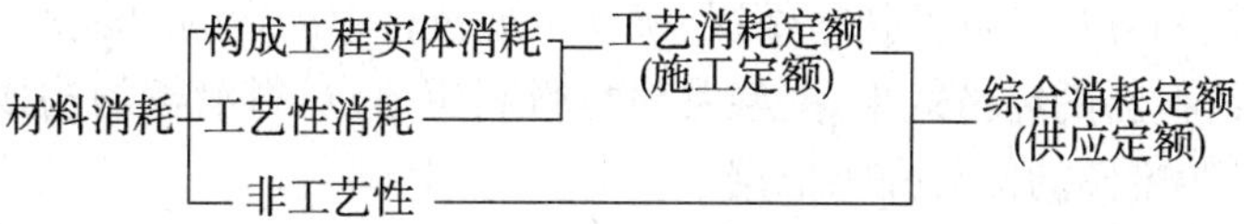

(1)直接构成工程实体的材料消耗。这是材料的有效消耗部分。

(2)工艺性损耗。由两个因素构成:一是在材料加工准备过程中产生的损耗,如端头短料、边角余料等;二是在施工过程中产生的损耗。工艺性损耗是不可避免的,但随着技术的进步和工艺水平的提高,能够减少到最低限度。

(3)非工艺性损耗。包括废品、次品、不合格品的材料消耗;运输保管不善而带来的损耗;供应条件不符合要求而造成的损耗,如大材小用,优材劣用等;材料化验取样损耗;以及其他原因造成的损耗。非工艺损耗是很难完全避免的,有的还不是施工本身原因造成的,因此不能不予以考虑。

上述材料消耗中,前两种构成材料的工艺消耗定额,施工定额就属于这一类;再加上非工艺性损耗,即构成材料综合消耗定额(又称材料供应定额),预算定额就属于这一类。

在实际工作中,非工艺性损耗按工艺消耗定额的比例确定,一般以材料供应系数表示。即:

$$\text{非工艺性损耗} = \text{工艺消耗定额} \times \text{材料供应系数}$$

$$\text{材料供应定额} = \text{工艺消耗定额}(1 + \text{材料供应系数})$$

从以上分析可见,要降低材料消耗,就要在降低工艺损耗和非工艺损耗上下功夫。

5. *材料消耗定额的制订与管理*

1)材料消耗定额的制订

材料消耗定额的制订有以下几种:

(1)统计分析法。即根据单位工程或分部、分项工程材料消耗的历史统计资料,并考虑到当前施工生产的具体情况来计算和确定材料消耗量。

(2)实验法。即按一定的技术标准测试,并根据试验得出的数据,通过整理分析,确定材料的消耗。

(3)技术计算法。即以施工图和施工工艺技术文件计算结果为基础,确定最经济合理的材料消耗数量。

(4)实际测定法。在一定的技术组织条件和技术熟练工人操作条件下,通过在现场实地进行观察和测定,并将得出的数据加以分析整理而确定材料的消耗数量。

(5)经验估计法。根据生产人员和技术人员的经验进行估计,依此确立材料消耗量。估计时要考虑最多消耗量(a),最低消耗量(c),一般情况的消耗量(b),则估计结果为$(a+4b+c)/6$。

在实际工作中,通常是把上述几种方法结合使用。主要材料的消耗定额一般以技术计算法为主,同时根据生产经验和统计资料加以补充或修正。辅助材料的消耗定额可根据不同情况分别采用统计分析法和经验估计法等制订。

此外,不同种类的材料消耗定额,也应选用不同的制订方法。材料消耗定额和预算定额,因项目较细,应以实验法、技术计算法和实际测定法为主制订。概算定额则可用统计分析法为主制订。

2)材料消耗定额的管理

即要经常考核和分析定额的执行情况,确切掌握执行中出现的问题和原因,及时反映达到定额的水平和节约材料的经济效果,并经常对材料利用率、材料消耗的构成、定额与实际用料的差异进行分析,为定额的修订提供依据。

二、材料储备定额

材料的消耗是逐渐进行的,而材料的采购是集中、分批进行的,因此,必须建立一定的材料储备。材料储备过多会占用较多的流动资金,储备过少又不能保证生产的正常进行,为此需要制订一个合理的储备定额。材料储备包括以下几个部分。

1. 经常储备

经常储备是为保证正常施工需要和加速材料周转而建立的储备。这种储备是不断变化的。当一批材料进场时达到最大值,随着材料被使用而逐渐减少直到达到最小值。当第二批材料进场时,又达到最大值,如此周而复始,如图5-2所示。

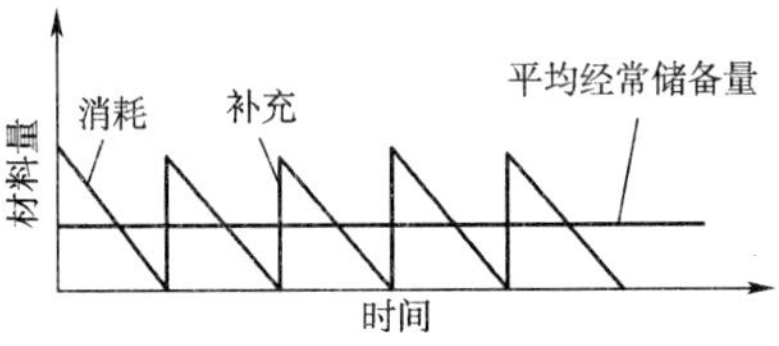

图5-2　经常储备

其中,经常储备的最大值称为经济订货量,即材料存储总费用最低的订货量。存储总费用由以下几部分构成:

(1)订货费用,包括材料价款之外每次订购材料运抵仓库之前的一切费用,如采购人员工资、出差费、采购手续费、检验费等。订货费用的特点是随订购次数的增加而增加。

(2)材料费用。即材料用量与材料单价的乘积。

(3)仓库费用。即材料入库所需的一切费用。包括该批材料在库占用流动资金的利息,占用仓库的费用,库存期间的保管、保险及材料损耗费等。仓库费用按平均库存量的比例计算,库存量越大,仓库费用就越大。

2. 保险储备

保险储备是为预防原材料运输误期,或品种、规格不符合需要以致影响正常施工而建立的储备。保险储备在正常情况下是不动用的,它固定地占用一笔流动资金(图5-3)。保险储备量有两种确定方法：

（1）经验统计法。即根据某种材料误期的历史资料，求出平均的误期天数，作为保险储备天数。此时有：

保险储备量 = 平均误期天数 × 材料平均日消耗量

（2）实际分析法。即一旦供应误期，即从提出采购开始到材料进场可以投入使用为止，以其所需的天数作为保险储备天数。此时有：

保险储备量 = 从采购到进场投入使用所需天数 × 材料平均日消耗量

保险储备的材料一经动用后，就应在下批材料到达时补上，以经常保持在规定的水平。

3. 季节储备

季节储备是为保证正常生产和克服某些原材料的供应受季节性影响而建立的材料储备。这里所说的季节性影响主要是指材料生产有季节性（如砂、石采集），或运输受季节影响（如冬季河道封冻停航）。

季节性储备量的大小，取决于季节性储备天数，即季节供应中断的长短。季节性的材料储备是在生产正常进行的情况下建立的，如图 5-4 所示。

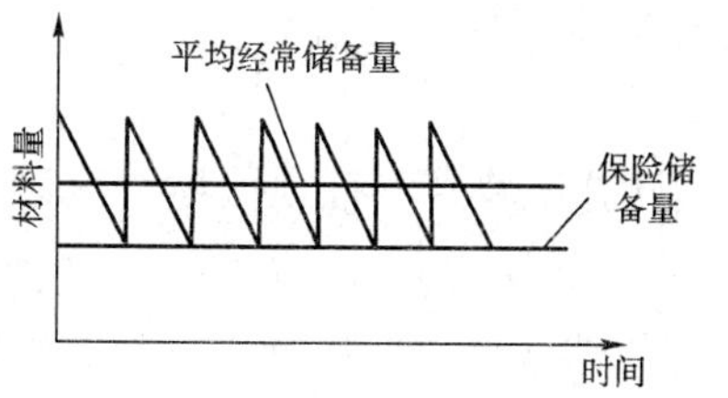

图 5-3　保险储备

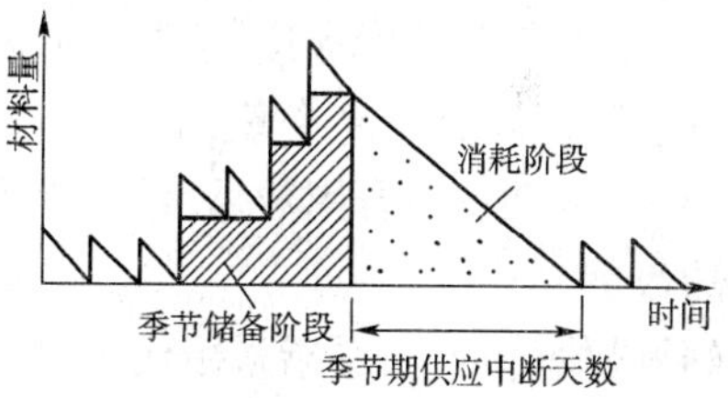

图 5-4　季节储备

季节性储备量的计算公式如下：

季节性储备量 = 季节性储备天数 × 材料平均日消耗量

以上材料的 3 部分储备中，最为重要的是经常性储备。

课题三　材料计划的编制

一、材料计划的编制程序

材料计划的编制大致分为 3 个步骤：①计划材料的需用量；②确定储备量；③经过平衡编制材料的申请采购计划。这 3 个步骤实际上是确定材料的需用量、储备量和供应量 3 项指标。其计算方法汇总于表 5-1。

直接计算法是直接利用材料消耗定额计算材料需用量。当没有相应的材料消耗定额或不能确定的辅助材料及新工艺、新技术项目的材料需用量时，可采用间接计算法。算出材料需用量后，还要按照计划期内的工程进度确定分期需用量，如年计划分季、季计划分月、月计划分旬的需用量等。

工程用料的需要量可由工程部计算提出。其他用料原则上谁用料谁计算提出，再由材料部门综合汇总。

材料需用量、储备量确定后，通过平衡再得出材料的申请采购量。根据表 5-1 中的计算公式，确定申请采购量还要考虑以下因素：

材料计划指标的确定 表 5-1

材料需用量	直接计算法	材料需用量 = 计划工程量 × 材料消耗定额
	间接计算法	1. 比例、系数法，用以计算辅助材料需用量 2. 动态分析法：材料需用量 =（上期实际消耗量/上期实际完成工程量）× 本期计划工程量）×（材料消耗增减系数） 3. 类似计算法：材料需用量 =（类似工程材料消耗定额（指标）×（计划工程量）×（调整系数）
材料储备量	材料储备量 = 以天数表示的储备定额 × 材料平均日消耗量 最高储备量 = 经常储备量 + 保险储备量 最小储备量 = 保险储备量 必要时再考虑季节储备	
材料请购量	材料请购量 = 材料需要量 + 计划期末储备量 - 计划期初可利用量 - 技措降低量 计划期初可利用量 = 上期末预计库存量 - 计划期中不合用数量	

（1）计划期末储备量：系为下期工程顺利进行所建立的储备量。

（2）上期末预计库存量：系根据编制计划时已掌握的实际库存量，再考虑到报告期末的预计进货量和预计消耗量计算得出。

（3）计划期中不合用数量：系考虑库存材料中，由于规格、型号不符合计划期工程要求而扣除的数量。

（4）技措降低量：系指采用代用材料或技术措施后，冲抵的材料消耗量和材料消耗降低的数量。

二、对材料计划的要求

材料计划的编制过程是一个不断分析研究材料供应情况和使用情况的过程，也是一个不断平衡的过程。通过平衡，材料计划要达到以下要求：

（1）保证用料的品种、规格、数量的完整性和齐备性。

（2）保证供应的适时性，即计划的供应时间要适应工程的需要，既不过早，也不过迟。

（3）注意前后期的连续性，即本期的计划要以上期计划的执行情况为依据，同时又要为下期施工做好准备。

（4）通过编制计划，发现材料管理工作中的薄弱环节，提出计划期内材料管理工作的主要任务和努力方向，从而更好地保证正常施工的需要和降低材料费用。

三、各类材料计划的编制要点

1. 年度材料计划

年度材料计划是材料的控制性计划，是采购、订货的依据，因此要特别注意平衡。

年度材料计划是根据签订的工程承包合同和年度施工计划，参照工程结构情况和工期要求，按预算定额和概算定额编制的。编制年度材料供应计划时，应当计算各种材料的需要量；期初、期末材料储备量；经过综合平衡确定材料的申请采购量，据此编制申请计划和采购计划。

对年度材料计划的要求是预见性要强，规格、品种、质量都要确定落实，订货后一般不宜变动。因此编制时应尽量摸清货源和库存情况，既不能留缺口，也不可盲目高估，要实事求是，注意综合平衡。

2. 季度材料计划

季度材料计划是根据季度施工计划编制的,可以对年度材料计划做必要的调整,是落实材料采购任务、组织运输和供应的实施性较强的计划。

3. 月材料计划

月材料计划是根据工程进度,以分部(分项)工程为对象,按分部(分项)工程的材料预算进行编制,是材料计划中的重要环节,是直接供料和控制用料的依据,要求全面、及时、准确。

4. 旬材料计划

旬材料计划是月材料计划的调整和补充,是送料的依据。在施工队以下的基层施工单位,旬计划的作用更大。

5. 工程项目材料预算

工程项目材料预算是工程项目一次性材料计划,是编制季度、月和旬材料计划以及推行工程项目经济承包的重要依据。

课题四 材料管理的主要工作

一、订货采购

1. 采购原则

在材料采购时是应当做到货比三家,开展"三比一算",即同样材料比质量;同样质量比价格;同样价格比运距,最后核算成本。对于一次性购买或临时性购买来说,主要应考虑供货单位在质量、价格、运费、数量、交货期、供应方式等方面是对我方最为有利。对于工程的主要原材料,组织货源应争取取近舍远,直达订货,尽量减少中转环节。

2. 材料订货方式

材料的采购订货一般在两种基本方式,即定期订货和定量订货。

1)定期订货

定期订货是事先确定好订货时间,例如,每季度、每月或每旬订购一次,到达订货日就组织订货。每期订货数量等于下次到货前所需材料数量减去现有库存量,用公式表示为:

每期订货数量 =(订货或供应间隔天数 + 保险储备天数)× 平均日消耗量 - 实际库存量 - 已订在途量

式中已订在途量是指已订货尚未到达而在供应间隔中可以到货的数量。

2)定量订货

定量订货是一种不定期的订货方式,即在材料的库存量由最高储备降低到最低储备之前的某一储备量水平时提出订货,订货的数量是一定的,一般为经济批量。

提出订货时的储备量称为订货点储备量,它由采购期的材料消耗量和保险储备量组成。订货点储备量的确定,有以下两种情形:

(1)材料的消耗和材料采购期固定不变时

订货点储备量 = 材料采购期 × 材料平均日消耗量 × 保险储备量

上式中材料采购期也即材料备运时间,包括办理材料采购、订货、发运的时间,以及材料在途、装卸、验收入库、使用前加工准备的时间。

(2)材料消耗和材料采购期有变化时

订货点储备量 = 平均备运时间 × 平均日消耗量 + 保险储备 + 特殊情况下增加的储备

上述定期订货与定量订货两种方式各有其优缺点，各自要求一定的内部条件和外部条件，因而它们适用的范围也不同，现列表 5-2 进行比较。

定量定货与定期定货的比较　　表 5-2

定量订货	定期订货
(1)订货时间不受限制，在材料的需求率波动较大的情况下，适应性较强； (2)可随时订货补充库存，故保险储备量可少一些； (3)要求货源充足，随订随有； (4)要对每种材料实行经常性盘点，由于各种材料到达订货点的时间不同，需单独组织订货和运输，既加大了材料管理工作量，还可能增加订货及运输费用	(1)较适用于材料的需求率稳定或波动较小的场合； (2)由于定期订货，保险储备量宜大一些； (3)可事先与供货单位协商供应时间，能有计划的安排产需衔接，对产需双方有利； (4)不要求实行严格的经常性盘点，可简化订货和材料管理工作，降低订货费用

二、仓库管理

对管理工作的基本要求是：不仅要管好材料，还必须面向生产第一线，主动配合基层生产单位完成施工任务，并积极处理和利用库存积压材料和废旧材料。根据上述要求，仓库管理的基本内容包括以下几点：

(1) 按合同规定的品种、数量和质量要求验收材料。

①材料的数量验收有以下几种情况：

a. 在一般情况下，要全数检查。

b. 对于数量较大，协作关系稳定、证件齐全、包装完整、运输良好者可进行抽检。

c. 从境外进口的材料、物资，要进行全数检验。

②材料的质量检验有以下 3 种情形：

a. 从外形可以判断其质量合格者，可由保管员招待检验。

b. 需要进行技术检验才能确定其质量合格者，要由技术检验部门或专职人员进行抽检。

c. 凡需进行物理化学试验的，应由技术检验部门抽检。

(2)按材料的性能和特点，合理存放，妥善保管，防止材料变质和损耗。

(3)组织材料发放和供料。对材料发放的基本要求是按质、按量、齐备、准时，确保生产第一线的需要；严格出库手续，防止不合理的领用，促进材料的节约和合理使用。

要积极实行现场送料，即根据限额发料计划，由仓库有计划的备料，并把材料直接送到现场，服务到队组。现场送料的好处是：能使材料消耗定额得到严格执行，控制材料的合理使用；保证施工需要，使工人能集中精力搞好生产；便于材料部门深入掌握现场材料使用情况，实行监督。同时，也利于主动调剂余缺，加强材料供应的计划性和预见性。目前，现场送料的具体做法有：

①大配套送料。指工程所需的大宗材料，如钢筋、木材、水泥、沥青等，按供应计划，统一提前备料，直接送到现场。

②小配套送料。指工程所需的一般材料，如工具、零星材料、劳保用品等，根据供应计划，结合施工进度，分别配套送到队组。

③限额送料。根据施工队限额领料单将材料送到现场。

④急料专送。根据施工中急需或查漏补缺的情况，通过材料的平衡调度，按指定时间急料

专送。

(4)组织材料回收和修旧利废。

(5)定期清仓,做到账、卡、物三相符,掌握材料使用动态和库存动态。

三、施工现场的材料管理

1. 施工准备阶段的现场材料管理

(1)编好材料预算,提出材料的需用量计划及铁件、构件加工计划。

(2)根据施工平面图,安排和落实材料的堆放和临时仓库设施。

(3)组织材料的分批进场。当场地狭小时,要考虑场地的多次周转使用,按时间、按地点使用场地。

(4)组织材料的加工准备,尽可能集中加工,例如对木板、模板、钢筋实行不同程度的集中加工,对水泥混凝土、沥青混合料的集中配料拌合等。通过对材料的集中加工,可以减少材料消耗,提高材料利用率,保证材料质量,也可以减轻劳动强度,提高机械化和专业化水平,还可以减少临时设施的规模,节约施工临时用地,有利于实现文明施工。

2. 施工过程中的现场材料管理

(1)严格限额领料,以推动材料的合理使用和节约。

(2)坚持中间分析和核算。也就是施工过程中分阶段(一般按分部工程分阶段,也可按时间分阶段)进行材料使用的分析和核算,以便及时发现问题,防止材料超用。

(3)组织材料回收,修旧利废。

(4)及时进行现场清理,做到随做随清。

3. 工程完工后的材料管理工作

(1)清理现场,回收、整理余料,做到工完场清。

(2)在工料分析的基础上,按单位工程核算材料消耗,并分析原因,总结经验。

四、材料管理的 ABC 分类法

尽管工程材料的品种繁多,但其重要程度各不相同,只有实行分类管理,才能提高管理效率。

材料管理 ABC 分类法的基本原则是,对工程中使用的各种材料,按其价值占材料总价值的百分比和其品种(或用量)占材料总品种(或总用量)的百分比分为 A、B、C 三类,根据各类材料的特点,采取不同的管理对策。分类标准及管理对策见表 5-3 所列。

材料的 ABC 分类标准及管理对策 表 5-3

分类	占总品种数	占总价值数	管理要点	订货方式
A	5% ~15%	60% ~80%	精心管理,慎重订货,经常检查,压低库存	应计算每种材料的经济订货量
B	15% ~25%	15% ~25%	一般管理,库存进行一般检查,保险储备较大	可采用定期订货或定量订货
C	60% ~80%	5% ~15%	简化管理,可按最高储备定额适当加大订货批量。采购容易的也可随需随购	一般可采用定量订货

材料的分类管理方法,不是一经确定就不能改变的,在不同地区和不同时间,应根据材料供应具体情况适时进行调整。

五、运输业务的组织

1. 合理选择运输方式

根据运量、运距和施工单位自身的运输力量,合理确定运输方式。远距离材料的运输,一般可由材料生产或供应单位代办;本地区大宗材料的运输可委托专业运输单位承担;小批量及零星材料的运输可由施工单位自行完成。

2. 讲求装卸方法,提高装卸质量

目前,造成材料耗损较大的一个重要原因是包装质量问题。要提高包装质量,应选择专用运输工具,采用合理的包装容器、夹具。当然,配备包装容器需要一定的投资,但是这种投资完全可以由减少材料损耗和提高运输效率这两方面带来的经济效益来补偿。选择包装容器时,首先要考虑材料的品种和性质,使材料在运输中的损耗量减少。另外,还要考虑易于装卸,以及能充分利用运输能力的要求。

课题五　几种主要材料的管理

一、钢材

(1)特殊专用钢材。要早计划、早订货,统一组织供应。必要时,在进场前就要核算出需用量,与厂家订立供需合同,以免受货源不足和价格上扬等因素影响,造成工期拖延和经济损失。

(2)大宗通用钢材可由企业统一询价,统一订货,集中仓储,按月计划组织供应。

(3)零星用料、临时追加补充钢材可由经理部自行采购供应。

二、木材

企业可依据各项目经理部的季(月)度计划,就地组织货源,统一采购,统一供应。

三、水泥

在公路项目施工过程中,水泥的用量大,运输、保管比较困难,对水泥的管理应注意以下几点:

(1)水泥应尽可能立足本地资源,尽可能利用汽车运输的方式组织供应。因外地资源,需要火车运输,装卸次数多,运距长,运输制约环节多,时间上没有保证;破损多,浪费大,成本高。

(2)水泥供应要选择年产量大,质量稳定,有配套运输能力的厂家,且应相对稳定。

(3)水泥的订货,应结合年度计划,在年初签订全年供需合同,以求批量订货,争取价格优惠。

(4)关于水泥的价格,在和厂家协商订货价格时,不要认为是淡季,批量又大,就猛压价,而应按全年均衡供应数,商定双方均可接受的价格。订货价格绝非越低越好。因为当前经济法制还不健全,合同制约性差;如价格太低,一到水泥旺销季节,水泥厂就可能优先执行价高的合同,低价所订的合同就很难完整全面的履行,造成部分供应中断。

(5)水泥的仓储量原则上应能满足一个月施工需要,至少也有半月的用量储备。

四、沥青

沥青是关系路面质量的决定性材料之一，而且用量及运输量大，用料时间集中。因此在订货时既要考虑沥青的质量、价格和厂方的供货能力，又要考虑运输距离。如北京城建集团在济青公路第八合同段施工中，在筹划沥青备料时，发现国内的沥青，只有新疆克拉玛依炼油厂的产品，运距达3 000多公里，铁道运输制约因素多，对确保质量和按时供应把握不大；用辽宁省盘锦炼油厂的产品，该厂的沥青优先保证辽宁省的公路建设所需，能否保证供应，事先确定不下来；到铁道部门去联系运输，也不能列入必保项目；如利用汽车运输，需用25辆车连续不断运输，才能保证施工需要。在此情况下，他们又考察了进口资源。发现新加坡的沥青质量好，价格合理，海运直达青岛港，港口至沥青拌合站仅40km。在权衡国内外产品的质量、价格、运距、保障程度之后，他们毅然决定使用进口沥青，取得了很好的效果。

五、油料

公路施工的机械化程度越来越高，因而油料消耗量也越来越大。因此在采购中也可实行企业统一询价，统一订货，各项目经理部自行提运的办法。在油料的管理上，实行单车核算，防止油料的不正常流失。

六、地方材料的供应

1. 地方材料

地方材料主要指白灰、砂子、石料、土等，在整个公路工程施工中占有极其重要的地位，其特点是：

(1)需要量大。

(2)料源分布广，采购工作量大。

(3)运输量大，用料点沿线分布，组织运输困难。由于价格原因和地材产地交通条件制约，国营运输公司的车辆基本用不上，绝大部分靠农用拖拉机和个体运输车辆承运。

(4)供应厂家合同意识、经济法制观念较差。生产、运输地方材料的单位，不是政府职能部门和国营企业，绝大部分是个体户或由个人承包的乡镇企业。他们在经营活动中，合算就干，不合算就不干，合同意识、信誉观念淡薄，给组织供应增加了困难。

(5)质量把关难。由于生产厂矿多为个体、集体企业、厂方，无质检组织和手段，产品出厂无检验，运输单位又不管质量，这给材料质量控制增加了难度。

2. 地方材料的采购前期工作

"FIDIC"条款规定：地方材料供应厂点，要经取样试验合格后才能确定。为适应这一要求，就要提早实地勘察地材资源地，主动邀请监理工程师一同去取样、送验。还要教育各级材料人员搞好配合，充分理解和支持监理工程师履行职责，创造一个好的工作环境。要做到不辞辛苦，不怕麻烦，不怕反复，严格按规定取样、送验。化验报告要妥善保管，以备查用。

3. 地方材料供应的措施与方法

(1)依靠地方政府动员公路沿线广大群众关心支持公路建设，在群众中倡导支持公路建设光荣的风气，依靠地方政府对地方材料的价格实施宏观控制。

(2)广泛调查研究，摸清各种地材产地、产量、质量，运输条件，做到胸中有数，为日后洽商订货留有回旋余地。

（3）物资系统内部合理划分供应职责，勘察、选厂、送验、签订合同统一由企业负责；进料、验收和结算由各项目经理部负责。这种“统”、“放”结合的分工，既能确保供应，控制价格，又能充分调动各级材料人员的积极性。

（4）地方材料的供应，应掌握好以下原则：一是质量必须合格；二是确保供应；三是争取合理的价格；四是在质量、价格同等条件下，优先照顾长年供货单位以及和公路施工有密切关系的单位及个人。

（5）在订货价格上，要“突破一家，控制全局”。要首先选择年产量大，在当地同行中有显著地位的厂家作为突破口，以大批量订货，争取价格优惠。然后以此价格为参照，和众多的中小厂家商谈供需合同，以便借助“榜样”的力量，控制价格。

（6）为解决需求量大与合同供应单位保证程度差的矛盾，可采取两条措施：首先是超量预备供应厂家，超量签订供需合同，在供应过程中，优存劣汰，保持“东方不亮西方亮”。其次是所签合同，均为验收后付款，且规定执行合同按使用单位月计划为准送料；订货数量经双方同意可以增减，但必须提前半个月通知对方。这样，可避免因中断执行合同带来的结算争议和我方承担的法律责任。

（7）尊重分包单位自备材料的意愿，鼓励他们带地方材料施工。分包单位大都是当地的，发挥他们在人际关系、料源选择、运输道路等方面的优势，鼓励他们自找料源，组织运输，这不仅大大减轻施工单位的供应压力，而且也可调动分包单位的积极性，对确保工程进度和材料供应都有着很大的作用。

（8）在地方材料的价格问题上，应遵循两个基本原则：一是在研究确定合同订货价格时，在考虑双方利益，既要从严掌握，又要使供方有钱要赚。价格适中为宜，价格压得过低，供货单位无钱可赚或利润微薄，供应就没有积极性。二是在供应过程中，既要保持价格的相对稳定，维护合同的严肃性，又不能死守合同价格，在不调价将影响施工时，就应实事求是，合情合理地上调价格，只是调价应持慎重态度，不宜过频。

（9）沥青路面施工特别是面层施工所用的小规格碎石，产量一般较少，用量又比较集中，应及早备料。

七、成品、半成品及周转材料的供应

1. 混凝土构件

构件的加工：特大桥、大桥的梁在现场预制；长向预应力桥面板和通用构件应由构件厂集中加工，局部工程非标准构件、小型构件最好由各施工单位现场预制，这样既可保证构件的加工质量，又可使构件成本得到控制。

2. 其他成品

护栏和交通标志牌可由全路统一制作或在专门的生产厂采购；桥梁垫板由经理部会同监理工程师一同选择厂家，集中组织加工供应；其他非标准加工件，可自行组织加工。

3. 周转材料

周转材料可采用企业统一调剂的方式，不足部分由项目部就地采购补充。周转材料的管理要突出解决好防丢失的问题。

课题六　降低材料成本的措施

由于材料费一般占工程成本的60%～70%，努力改善材料管理，降低材料成本，对于降低整个工程项目的成本有着重要意义。

一、材料成本的核算

材料成本的核算是以材料的预算成本为依据的,用公式表示如下:

材料成本的超支或节约 = 材料预算成本 - 材料实际成本

材料预算成本 = 材料计划用量 × 材料预算单价

材料实际成本 = 材料实际用量 × 材料实际单价

为了保证降低材料成本,就必须降低材料的实际成本,使材料的实际成本低于其预算成本。材料成本的降低额也可用下式表达:

材料成本降低额 = 材料实际用量 ×(预算单价 - 实际单价)+(材料计划用量 - 材料实际用量)× 预算单价

上式的右端有两大项:前一项反映材料的价差;后一项反映材料消耗的量差。

目前,在公路施工项目中,材料费的计算有两种方式:一种按工程量和预算定额计算材料用量和材料单价;另一种是招投标工程,工程费用(包括材料费用)采用大包干形式一次包死。不管采用哪种方式,在施工过程中降低材料成本的主要途径只能是减少材料的实际消耗量和降低材料的实际单价,也即是利用"量量"和"价差"两个因素。下面列举一些具体措施。

二、减少材料消耗量的措施

减少材料消耗量,绝不是偷工减料,应以保证工程质量为前提。为此,应采取下列措施:

(1)加强验收,防止供应中的缺吨、短方、少尺、少件现象。特别是对于3大主要材料和大宗材料,一定要把好验收关。

(2)严格控制材料的规格和质量,使其符合使用要求,以避免大材小用、优材劣用等不合理的使用。如水泥的质量对其用量有很大影响,石料的质量符合要求,就会减少使用中的浪费。

(3)严格实行限额领料制度,控制用料。为此要做好每道工序和材料预算工作,只有预算准确,限额领料才会有依据。

(4)原材料集中加工,扩大成品供应,减少材料加工中的损耗,提高材料的利用率。据有关人员的初步统计,钢筋集中加工可节约5%,砂浆及混凝土的集中拌合,石灰土、沥青混合料的集中拌合和机械拌和,都会大大减少使用量。

(5)改进材料的配合比设计,合理使用化学添加剂,采用先进的施工工艺等可降低材料消耗。

(6)精心施工,控制工程构筑物和构件的尺寸(如防止超长、超宽、超厚、超强度、超标准等),以减少材料消耗。

(7)经常多方面分析材料的使用情况,核定和修订材料消耗定额,使施工定额保持平均先进水平。

(8)改善运输、装卸、包装、保管等条件,降低材料在使用前的损耗。

(9)加快周转性材料的周转,提高复用次数。

(10)建立材料包干使用的经济责任制,把材料的节约与浪费同职工的经济利益挂钩。

三、降低材料单价的措施

(1)选购合理价格的材料。

(2)就近采购、就近供应，节约运费。
(3)组织直达供应，减少中转环节。
(4)合理设置仓库、堆场和加工场所的位置，节约场外运输费和场内倒运费。
(5)充分利用地方资源，在保证工程质量的前提下，多用当地材料代替外运材料。
(6)修旧利废，做好废旧物资的回收利用，如旧油层的再生利用和重复利用。
(7)合理储备，不超储，不积压，根据施工进度计划，提出材料配套供应计划。
(8)回收包装用品，加快包装材料和专用夹器具的周转。
(9)改进装卸作业，节约装卸费用，减少材料损耗，提高运输效率。
(10)推行仓库管理承包、材料资金包干等经济承包制度。

思　考　题

1. 公路施工项目材料管理的任务是什么？
2. 简述材料消耗定额的制订与管理。
3. 如何确定材料的保险储备量和季节储备量？
4. 材料计划的编制程序包括哪几个步骤？简述各类材料计划的编制要点。
5. 简述材料的 ABC 分类标准及管理对策。
6. 简述地方性材料供应的措施与方法。
7. 简述材料成本的核算方法。
8. 降低材料单价的措施有哪些？

单元六 施工机械设备管理

知识点

1. 施工机械设备管理的任务,公路施工机械的使用性能、产量定额及选择方法;
2. 公路施工机械装备的决策及新增设备的装备管理程序;
3. 施工机械的作业方式与合理使用及定机、定人、定责任的三定制度;
4. 机械设备的检查、保养和修理方法。

技能点

1. 进行公路施工机械的选择与组合;
2. 机械设备的检查、保养和修理方法。

本单元主要学习施工机械设备的任务、公路施工机械的选择、公路施工机械装备、施工机械使用管理、机械设备的检查、保养和修理。

课题一 施工机械设备管理的任务

一、公路施工机械发展方向

(1)专用大型化。指发展大功率、大容量、大能力、专门用途的新机种,以提高生产率和适宜大型工程的需要。有的采用多台发动机或多机联合使用,有的研制新型大功率发动机。

(2)多能小型化。指为了适应不同的工程对象、不同的作业要求而发展起来的多动能、利用密度高、机动轻便的小型施工机械,如挖掘机通过更换正铲、反铲、拉铲、装载起重、打桩、钻孔个工作装量,可完成多种作业。

(3)液压化。就是在各种施工机械上广泛采用液压以液力传动技术,简化传动机构,减轻机械重量,便于实现标准化、序列化和通用化,使机械的设计制造和操纵维修比较方便,机械作业平顺可靠,因而发展较为迅速。

(4)组装化。是某些具有一定性能的独立存在的组件,在施工现场按作业需要进行组合安装,成为所需工作性能的机械。各组件互相联合,结构简单,拆换方便,有利于组织专业化、系列化生产,满足多种机械需要,扩大作业范围。

(5)机电液一体化。是指采用现代电子与液压技术,发展无线电遥控、自动控制、自动测量计量,保安控制等,以提高机械的自动化程度。

对于一个施工项目,具备与每一项作业任务完全相适应的机械装备是比较困难的,而且也没有必要如此。机械的拥有量和机种、机型配备,应根据既有利于施工生产需要,又要使机械设备充分得到利用,发挥最大效益的原则出发,结合长远的发展规划进行装备,以期达到最佳的技术经济效益。

二、施工机械设备管理的任务

(1)合理选用机械,发挥设备效能

实行项目法施工后,项目经理部对施工机械的选用具有一定的自主权,使设备符合施工现场的需要。

(2)正确使用,保证安全生产,提高使用效率

每种机械都有一定的使用范围和特定的使用条件,如土方机械的经济运距、限制坡度、超载等等。只有按照一定的标准和规定,正确使用才能保证安全生产,并取得经济效益。

(3)做好维修保养,提高机械完好率

施工机械在使用过程中,必然会产生技术状况的不断变化,以及某些不可避免的不正常现象,如松劲、干摩擦、音响异常等,这些隐患如不及时处理,就会造成设备过早磨损,甚至导致严重事故。做好设备的维修保养工作,要及时处理发生的问题,随时改善设备的技术状况,防患于未然,要把事故消灭在发生之前。实际证明,机械的寿命在很大程度上决定于维护保养的好坏。

(4)加强配件管理,保障维修的需要

设立专门的配件仓库,由专人负责管理,对配件进行合理的储备。配件管理人员要深入调查,用概率法去统计所属机型易磨损、易损坏的配件,并要求技术人员提供这方面的资料,以便做到合理储备。

(5)更新改造,满足生产发展需要

更新改造,就是把机型老、生产效率低、能源消耗高的机械淘汰,代之以机构先进、技术完善、效率高、性能好、能源消耗低的机械设备。机械设备的更新改造方式是:

①机械设备的改装。是指为了扩大使用范围,或增加产量进行的对原有设备的改装。通过改装能够充分利用现有设备,减少新设备的购置,节约投资。

②机械设备的技术改造。是指把科学技术的新成果用于企业的现有设备,改变现有的设备的陈旧技术状态。

③机械设备的原型更新。就是同型号的设备的以旧换新。这种方式不具有技术更新的性质,不利于企业的技术进步。

④机构设备的技术更新。是以性能更新好的新设备代替原有陈旧设备。这是实现设备的更新和技术进步的主要途径。

上述前两项属设备改造,后两项属设备更新。

课题二　公路施工机械的选择

一、施工机械的使用性能

施工机械的使用性能是选择施工机械的主要考虑因素。使用性能主要是指以下几项。

1. 牵引性

对于土方机械来说,牵引性是一个重要的指标,它反映的是在各种作业速度下能够发出的最大牵引力,它直接影响着这些机械的作业性能与作业效率。牵引性是用牵引功率和牵引效

率来评价的,牵引效率表明土方机械在工作时发动机功率利用的有效程度。

牵引反映在土方机械的牵引特性上。在使用过程中,牵引特性有助于合理的使用机械,有效地发挥它们的生产率。例如,推土机在工作中突然遇到阻力增大时,往往由于驾驶员来不及调整铲土深度,而不得不脱开主离合器,否则会导致发动机熄火。所以,正确地掌握推土机的牵引性,就便于掌握一定的切土深度,使机械尽可能地在接近额定有效牵引力的范围内作业。

2. 机动性

机动性是反映施工机械在直线行驶时的稳定性和在狭窄场地的转向和通过能力。机动性与操纵性有很大关系。操纵性是以最小转弯半径来确定的。机动性影响机械的适用程度。

3. 动力性

动力性是反映施工机械在不同挡位行驶时所具有的加速性能,以及所能达到的最大行驶速度和爬坡能力。

4. 稳定性

稳定性是表明施工机械在作业时,在坡道上行驶抵抗纵向和横向倾翻和滑移的能力。

5. 经济性

经济性主要表示施工机械在作业过程中燃料消耗是否经济合理的性能。通常用两个指标来评价:

(1)发动机额定比油耗,即每千瓦小时所消耗的燃料克数。

(2)发动机额定小时油耗率,即发动机每小时所消耗燃料的千克数。

这两项指标可以用来比较相同机种不同型号机械经济性的好坏。

二、施工机械的产量定额

机械产量定额也称定额生产率,是国家或某一部门按同类型平均水平而制定的统一标准。它是衡量施工生产率高低的尺度。

定额生产率分为单项和综合两种。前者多用在对具体施工点选择机型和确定使用数量的依据,后者多用于施工预算和竣工决算。

常用的土方机械产量定额见表6-1所列。

常用土方机械的单项产量定额(单位为100m³/台班)　　表6-1

项目		松土	普通土	硬土
推土机(59kW)运距40m/增减10m		0.62/增减0.14台班	0.67/增减0.15台班	0.75/增减0.16台班
铲运机(6m³)运距400m	单独作业	0.75	0.82	0.98
	有助产	—	0.75	0.88
挖掘机(0.5m³)运距2km	单独作业	0.23	0.25	0.27
	装车	0.45	0.50	0.56
装载机(1.2 m³)运距2km	单独作业	0.57	0.61	0.88
	装车	0.41	0.45	0.50
倾卸车(3.5t)运距2km/增减1km	配合挖掘机	2.76/增减1.21台班	3.06/增减1.42台班	3.38/增减1.57台班
	配合挖掘机	2.53/增减1.14台班	2.91/增减1.36台班	3.28/增减1.55台班

三、施工机械的合理选择与组合

1. 选择施工机械的原则

工程量和施工进度是合理选择机械的重要依据。一般地，为了保证施工进度和经济效益，施工量大时采用大型机械，施工量小则采用中、小型机械。但这也不是绝对的，因为影响机械施工的因素是多方面的。比如，一个大型项目，由于受道路、桥梁和电力供应等条件的限制，大型机械不易通过，或不能发挥作用。因此，考虑用较小型的机械进行施工，更为合理。总而言之，选择施工机械应遵循下述原则。

1)与工程的具体时间相适应

在路基工程中，施工范围非常的广泛，施工条件千变万化，选用的施工机械一方面其类型适合于工地的气候、地形、土质、施工现场大小、运输距离、施工断面形状尺寸、工程质量要求等；另一方面，机械的容量要与工程进度及工程相符合，尽量避免因机械工作能力不足和剩余造成延缓工期或机械利用率太低的现象，在条件允许的情况下，尽量选择能满足施工内容的机种和机型。

2)具有较好的经济性

施工机械的经济性主要和机械固定资产消耗及利用率有关。固定资产消耗与施工机械的投资成正比。包括折旧费、大修费投资的利息等费用；而机械的运行费用则与完成的施工量成正比，包括劳动工资、直接材料费、燃料费、劳保设施费。采用大型机械进行施工，虽然依次性投入大，但它可以分摊到较大的工程量当中，对工程成本影响较小。因此，在选择机械时，必须权衡工程量与机械费用的关系，同时要考虑机械的先进性和可靠性。

3)保证工程质量要求和施工安全

对于技术要求高的作业项目，应考虑采用性能优良或专用机械，以保证工程质量和较高的生产率。但应注意不可片面追求高性能专用机械的安全性能，如行驶稳定，有翻车或落体保护装置、防尘隔音、危险施工项目可遥控作业等。此外，在保证施工人员、设备安全的同时，应注意保护自然环境，施工现场及其附近已有的其他建筑设施不因采用机械而受到破坏或质量降低。

2. 施工机械的合理组合

(1)主要机械和配套机械的配合。机械的工作容量、数量及生产率应捎有储备，机械的工作能力应配合适宜，以充分发挥主导机械的生产率。例如，挖掘机与运输车辆配合作业，挖掘机的铲土容量与运输车的厢容量相协调，一般因 3 ~ 5 斗能装满运土车车厢为宜，以保证作业的连续性。

(2)牵引车与配套机器的组合。路基施工中，经常会有一些辅助性机器或拖式机械无独立的动力行走装置，需要配以另外的牵引车牵引工作，这是两者组合要协调和平衡，避免动力剩余过大，造成浪费，或动力不够而不能完成要求的作业。

(3)配合作业机械组合数尽量少。组合数越多，其总的效率就越低，例如，两台效率为 0.8 的机械组合时，其总效率只有 $0.8 \times 0.8 = 0.64$，而且每一组合中，当其中一台发生故障时，组合中的其他机械便无法正常工作。

(4)尽量选用系列产品。整个机械施工中，应减少同一功能机械的品种类型，力求统一，尽可能使用标准化、系列化产品，以便于维修和管理。

3. 施工机械的选择方法

1)根据施工的工作业内容选择

例如路基施工包括土石方挖掘、装载、运输、压实、修整及挖沟等基本内容,以及除树根、松土、爆破、表层清理和处置辅助性作业,每种作业都由相应的施工机械完成。表6-2列出各项作业内容选择机械的种类,可供参考。

根据作业内容选择施工机械　　表6-2

工程类别	作业内容	选择的机械与设备
准备工作	(1)清基(树丛、草皮、淤泥、黑土、岩基、废墟、冰雹等清除)和料场准备; (2)松土、破冻土(<0.2m)	(1)伐木机、履带式拖拉机和推土机、挖掘机、装载机、水泵、高压水泵; (2)松土器、大犁、平地机
土方开挖	(1)底宽大于2.5m的河渠、坑基、池塘、港口、码头、采土场等; (2)小型沟渠和基坑	(1)推土机、铲运机、挖掘机、装载机; (2)冲泥机、吸泥机、开沟机、清淤机
石方开挖	(1)砾石开采; (2)岩石开采; (3)石料破碎	(1)挖掘机、推土机; (2)移动式空气压缩机、凿岩机、挖掘机、推土机、爆破设备等等; (3)破碎机、筛分机
冻土开挖	河渠、基坑、池塘、港口、码头	推土机、冻土犁、冻土锯、冻土拍、冻土铲
土石填筑	(1)大中型堤坝、高质量路基、场地、台阶等; (2)小型堤坝、路基、梯田台阶	(1)推土机、铲运机、羊足辗、压路机、夯板碾压机、洒水车、平地机; (2)推土机、平地机、铲运机、大犁
运输	(1)机械设备调运; (2)土石运输	(1)火车、轮船、装货汽车、卡车; (2)起重机、推土机、铲运机、装载机、载货汽车、卡车
整形	(1)削坡; (2)平整	(1)平地机、大犁、推土机、铲运机、挖掘机; (2)平地机、推土机、铲运机、大犁

2)根据土质条件选择

土石是机械施工的主要对象,其性质和状态直接影响施工机械的作业质量、工效及成本等,因此土质条件是选择机械的一个重要依据。

(1)根据机械通行性决定。所谓通行性是用于工程车辆在土质等条件下限制下,在工地行驶的可能程度。在潮湿状态下的黏土上,随着车辆行驶时间的延长,土的强度将逐步降低,承载车辆的能力也随之降低,最终将不能行驶。相反地,在干燥状态下的砂土上,行驶初期虽然比较困难,但一旦稳定之后便很容易行驶。一定土质地面的车辆通行性,可通过对土性质变化的测定来确定。

(2)根据土质的工程特性选择。土质条件不仅对机械的通行性影响,而且也左右着各种机械施工的可能性和难易程度。工程性质不同,应选择不同的施工机械。土方开挖机械选择见表6-3、表6-4所列。压实机械选择可参考表6-5。

硬土开挖和运输机械的选择 表 6-3

施工机械 / 土质	推土机	铲运机	正铲挖掘机	反铲挖掘机	装载机	压土器	开沟机	平地机	自卸汽车	底卸汽车	钻孔机	凿岩机
黏土和壤土	✓	△	✓	✓	✓	✓	✓	✓	✓	✓		
砂土	✓	✓	✓	✓	✓	✓	✓	✓	✓	✓		
砂砾石	✓	×	✓	✓	✓	×	△	△	✓	△		
软岩和块岩	△	×	✓	△	△	×	×	×	✓	×	✓	✓
岩石	×	×	×	×	△	×	×	×	✓		✓	✓

注：✓-适用；△-尚可用；×-不适用。

软土开挖机械选择 表 6-4

机械 / 软土状况	通用推土机	低比压推土机接地比压(kPa)			水路两用挖掘机	挖泥船
		19.6~29.4	11.8~19.6	<11.8		
湿地	△	✓	✓	✓	✓	×
轻沼泽地	×	✓	✓	✓	✓	×
重沼泽地	×	×	△	✓	✓	△
水下泥地	×	×	×	✓	✓	✓

注：✓-适用；△-尚可用；×-不适用。

适合于相应土质的压实机械 表 6-5

土质名称 / 机械名称	块石、圆石、砾石	砾石土	砂	砂质土	黏土、黏性土	混杂砂石的黏土、黏性土	非常软的黏土、黏性土	非常硬的黏性土	备　注
压路机	B	A	A	A	B	B	C	C	用于路基路面的平整
自行式轮胎压路机	B	A	A	A	A	A	C	B	最经常使用
牵引式轮胎压路机	B	A	A	A	A	A	C	B	用于坡面、坡长5~6m时最有效率
振动压路机	A	A	A	A	C	B	C	C	使用路基基层
夯实机	A	A	A	A	C	B	C	C	适用于狭窄地点的碾压作业
夯锤	B	A	A	A	B	B	C	C	适用于狭窄地点的碾压作业
推土机	A	A	A	A	B	B	C	A	适用于推平作业
沼泽地区推土机	C	C	C	C	B	B	A	C	常用于含水量高的土壤

注：A-适合使用；B-无适合的机械时使用；C-不适合使用。

3）根据运距选择机械

主要针对铲土运输机械而言，考虑土的状态、性质及工程规模，结合现场实际条件，可参考

表 6-6 选用。

施工机械经济运距　　表 6-6

机　械	履带推土机	履带装载机	轮胎装载机	拖式铲运机	自引式铲运机	轮式拖车	自卸汽车
经济运距(m)	<80	<100	<150	100 ~ 500	200 ~ 1 000	>2 000	>2 000
道路条件	土路不平	土路不平	土路不平	土路不平	土路不平	平坦路面	一般路面

4)根据气象条件选择

在雨季施工就不得不考虑使用效率较差的履带式机械,代替在干燥条件下、机动灵活、效率较高的轮胎式机械进行作业。冬季施工使用的机械,应考虑进行冻土开挖、填筑、碾压等作业时,机械施工可否达到规定的技术要求。同时,应选用与破冻土等特殊作业相适应的机械,如松土器、冻土犁等。选择合适的施工机械,还要考虑与工程间接有关的条件。比如对较大的施工单位来说,同时承担的可能是几个不同的施工任务,需要考虑机械设备相互之间的协调与配合。此外,诸如电力、燃润料供应,机械维修与管理,机械的调迁等,都对选择机械有制约作用。

5)作业效率

对于不同的机械,在相同的条件下,作业效率也不相同,准确地求出作业效率值是困难的,表 6-7 是在不同作业条件下和机械技术状况下作业效率的参考值。

施工机械作业效率 η 参考值　　表 6-7

作业条件	机械技术状况					作业条件	机械技术状况				
	优秀	良好	普通	较差	很差		优秀	良好	普通	较差	很差
优秀	0.83	0.81	0.76	0.70	0.63	较差	0.63	0.61	0.57	0.52	0.45
良好	0.78	0.75	0.71	0.65	0.60	很差	0.52	0.50	0.47	0.42	0.32

4. 选择机械的程序和评价方法

机械设备的选择实际上是个决策过程,可按图 6-1 所示的程序进行。

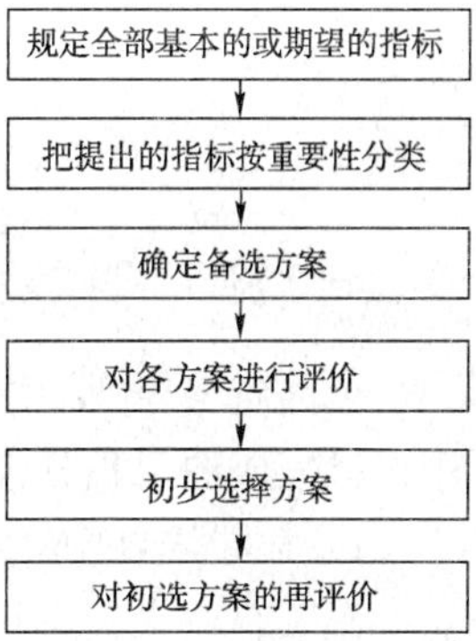

图 6-1　选择机械的程序

第一步,规定全部基本的或期望的指标。根据装备的目的提出拟装备的机械应满足的性能或其他要求,并用指标形式表示出来。这些指标可分为两大类:一是技术类指标,如性能、规格、技术参数等;二是经济类指标,如费用、消耗额等。

第二步,把提出的指标按重要性分类。即将基本的指标作为“必须达到”的重要指标,将期望的指标作为“具备也很好”的指标,以便根据指标的重要性定出其等级和进行评分。

第三步,确定备选方案。根据提出的指标要求,选择能满足基本指标的机械设备作为备选方案。

第四步,对各方案进行评价。首先是把不符合“必须达到”的指标要求的方案删去,然后对保留下来的每一方案的各项指标进行定级和评分。一般可按指标的重要性和作用将其分为 10 个等级。对每个方案的每个指标项目,按优劣程度以 0 ~ 10 分来评分。将各方案每一指标项目的等级乘以相应的评分数,就得到该指标项目的得分数。将各方案得分数相加,得出总分,即表示各方案的优劣。见表 6-8 所列。根据表分析结果,机械 A 得 770 分,机械 B 得 774 分,机械 C 得 804 分。

机械设备综合评价表 表 6-8

序号	指标				方案								
	项目	经或技	等级		机械 *A*			机械 *B*			机械 *C*		
					资料	评分	得分	资料	评分	得分	资料	评分	得分
1	费用生产效率	经	10		13.5	9	90	11.75	6	60	14.1	10	100
2	可靠性	技		10		8	80		7	70		8	80
3	安全性	技		9		7	63		9	81		8	72
4	节能性(耗电 kW·h/t)	经	9		100	8	72	90	9	81	80	10	90
5	使用寿命	经	8		15	8	64	20	10	80	20	10	80
6	保养方式	技		8		6	48		6	48		7	56
7	维修费用低	经	7			8	56		7	49		7	49
8	运转费用低	经	9			6	54		7	63		6	54
9	便于在工地上安装	技		6		8	48		8	48		7	42
10	便于在工地上转移	技		5		7	35		6	30		7	35
11	环保性	技		4		5	20		6	24		4	16
12	灵活性	技		5	良好	10	50	一般	8	40	良好	10	50
13	购价低(万元)	经	10		6.5	9	90	6.0	10	100	7.0	8	80
	经 济 类	53%	53				426 344 770			433 341 774			453 351 804

第五步,初步选择方案。选择得分最高的方案 *C*。

第六步,对初选方案的再评价。如果有许多个方案的得分数又很接近时,在做出最后选择前,还必须考虑各个方案潜在的缺点和不良后果,并考虑预防性措施以及当潜在问题发生时应采取的应急办法。在此基础上地机械设备做出最后决定。

课题三 公路施工机械装备

一、施工机械装备决策

公路施工企业使用机械有 3 种方式:企业自行装备机械(自有机械)、租赁机械,或把需要用机械完成的工程分包给专业机械施工公司去完成。

1. 自有与租赁的决策

施工企业在考虑是否自行装备机械时,一个重要的因素是能否为机械提供常年、大量的工程量,以保证机械有较充分的利用率。

在现有施工工艺条件下,适于自行装备机械去完成的工程或者作业有:土石方工程机械,路面工程机械,基础工程机械,混凝土搅拌、捣固及运输机械,钢筋加工机械等。

当不具备常年、大量工程量的条件,而生产又需要时,可采用租赁机械的办法来解决。

施工企业在进行自行装备与租赁决策时,另一个要考虑的重要因素是本地区施工机械租赁业的发展程度。为此,就要对自行装备租赁进行经济分析和比较。

2. 外购与自制的决策

企业装备机械时,如所需机械在市场上已有正式产品供应,应以外购为宜,而不宜自制。如确实面临外购或自制的决策时,应考虑以下因素:

(1)需要装备的机械是通过定型设备、非标准设备还是专门机械设备。

(2)需要装备的机械是现有机械设备的配套设备、更新用设备,还是研制的新设备。

(3)企业自制能否保证机械设备的技术性能和质量。

(4)企业有无多余的生产能力自制机械设备。企业自制时还要进行成本分析,并对自制设备的运转费用、维修费用进行估算和分析。

(5)有无其他供应来源或委托加工条件等。

总之,企业装备机械必须注重经济效果,从保证技术性能、质量经济合理性方面综合考虑。切忌盲目地搞自制。

二、新增设备的装备管理程序

新增设备的装备程序一般可分为必要性审查、适用性审查、法规性审查、综合比较评选等4个步骤。

1. 必要性审查

所谓必要性审查,又称为常用性审查,是指施工企业有无必要自己来购置这种设备。企业不能单纯为了眼前的施工需要就决定购置某种设备,必须从长远考虑。只有在经济上符合企业的长远利益时,才容许自行购置机械设备。

必要性审查的基本依据是预测的长期利用率。如果某项机械设备只能短期使用而看不到长期使用的可能,或即使可以长期使用而利用率并不是很高的情况下,一般来说,企业自行购置的经济上是不合算的。

在具有长期利用可能的情况下,设备的利用率应达到何种水平才能是企业在经济上合理地拥有该种设备,可以利用计算法或查表法来进行决策:

(1)计算法。以设备的有效使用期为分析期,计算自有与租用两者总费用现值相等的利用率,由此求得企业拥有该设备所必须达到的利用率的经济界限。

(2)企业自购设备的优缺点。当上述利用率考察通过后,并不等于必要性审查已全部过关,还要进一步考察企业外部还有没有其他方法可以在更经济的条件下解决同样的施工生产需要,而不需要企业直接添置设备。

2. 适用性审查

适用性审查就是考察机械设备全面技术性能(包括其细节在内)能否满足施工生产的需要,主要是从以下几个方面考虑:

(1)机械设备的技术性能与施工工艺之间的匹配关系。

(2)机械设备的技术性能与施工作业环境之间的匹配关系。

(3)机械设备的技术性能与综合机械化组列之间的匹配关系。

(4)其他方面的匹配关系。

3. 法规性审查

在国家装备政策及有关法律中,往往对企业选用设备做某些具体的规定。如果违反了这些规定,则不能投入使用。故在选用机械设备时,应了解国家的有关法规,以免投资失误。

4．综合比较评选

在完成必要性审查、适用性审查及法规性审查后再进行综合比较评选来确定最终方案。

课题四　施工机械使用管理

一、施工机械的作业方式与合理使用

1．单机作业方式

凡是单台的施工机械，在某生产过程中不需要其他机械的直接配合，就能保证其生产的连续性，独立地发挥其应有的生产效率者，称为单机作业方式。单机作业方式并不等于只有一台机械进行作业。在同一时间里，在同一个工地上可以安排好几台同一类型的机械互不干扰地进行工作，仍然称为单机作业方式。

2．综合机械化作业方式

在一项施工任务中，最终的施工目的是通过一系列的不同类型的机械设备的前后衔接作业而达到的，相邻的机械时间存在着直接配合的关系，这种方式称为综合机械化作业方式。在这种作业方式中的每一台机械能否发挥其连续作业的最佳效率，除了机械本身的技术性能外，还要看衔接环节是否互相匹配，是否运转正常而定。在整个综合机械化组列中，只要有一个环节（一种机械或一台机械）发生故障，就可能导致整个组列停止生产。

在公路施工中，综合机械化作业已成为主要施工方式。

3．设备合理使用的标志

1）高效率

机械使用必须使其生产技术性能得以充分发挥，在综合机械化组列中至少应使主要机械设备的生产技术性能得以充分发挥。

2）经济性

经济性是指在可能的条件下完成单位实际工程量的机械成本为最低。对于一个既定的工程项目，即使选用的机械设备或综合机械化组列已经达到了比较理想的效率指标，但不一定符合经济性的要求。

3）设备不正常损耗的防护

设备不正常损耗是指由于使用不当或缺乏应有的措施而导致机械设备的早期磨损、过度磨损、事故损坏以及各种使原机技术性能受到损害或降低等。设备不正常损耗防护就是设法采取防护措施以避免不正常的损耗发生。

只有上述3个标志全部满足以后才认为已经达到了合理使用的较高水平。

二、定机、定人、定责任的三定制度

1．三定制度的主要优点

（1）人机固定，责任明确。有利于增强定机人员的责任心及爱机心理，有利于保持机械设备的良好技术状况，有利于落实奖惩制度。

（2）每台机械设备，除了有安全操作规程及使用说明书所说明的要点外，往往还有其独特的使用特点。人机固定原则有利于定级人员熟悉本机的这些特点，这对于发挥机械效率、预防和排除机械故障、避免事故的发生具有十分重要的意义。

(3)三定制度有利于开展单机经济核算、红旗设备竞赛等以单机为对象的评比考核活动，提高机械管理水平。

(4)有利于机械运行的原始资料正确、完整、连续地统计，提高机械统计工作水平。

(5)有利于做好机械定员工作，加强劳动管理。

2. 三定制度的实施

(1)凡是多人多班作业或单人多班作业的机械设备，应该以机械为单位，任命一人为机长，其余人员则为机组成员，在机长领导下共同对机械负责。

(2)一人一机单班作业的机械设备，或是一人管理多台机械设备，司机就是机长，对机械负全责。

(3)一些小型设备不可能有专职操作人员或保修人员，应固定在班组里，由班组长对机械设备负责，并实行班组长领导下的分工负责制。

(4)机械设备在建制单位内部调拨流动时，原则上规定定机人员应随机调动。

(5)要注意技术培训工作，消灭机多人少现象，否则由于人手不够，很容易造成临时调动非定机人员去支援操作，或使用不合格人员，从而打乱了三定关系。

(6)维修工人与机械设备之间往往不易做到单机固定的程度，而且这样做在经济上不一定合理。有条件时，可以按一定的比例关系配置维修工人，实行维修小组与机群之间的包修关系。表6-9为部分机械的操作、维修工人配置参考比例。

部分机械的操作、维修工人配备比例参考表 表6-9

序号	机械名称	规格型号	操作人员应配数		维修人员应配数	
			每台班人员	5台以上平均数	每台班人员	3台以上平均数
1	单斗挖掘机	$\geqslant 1m^3$	2	2.2	1.8	1.5
2	单斗挖掘机	$>0.6m^3$	2	2.2	1.5	1.3
3	自卸汽车	柴油	1	1.2	0.6~0.7	0.5~0.6
4	装载机		1	1.4	0.7	0.6
5	压路机	8~15t	1	1.2	0.4	0.3
6	自动铲运机	$6\sim10m^3$	2	2.2	1.1	0.9
7	拖拉机	≥58.8kW(80马力)	2	2.2	1.2	0.9
8	拖拉机	≥58.8kW(80马力)	1	1.2	0.8	0.6
9	铲运机	$<10m^3$			0.3	0.2
10	推土机	≥58.8kW(80马力)	2	2.2	1.2	1.0
11	推土机	≥58.8kW(80马力)	1	1.2	0.9	0.8
12	混凝土搅拌机	250~800L	1	0.6	0.2	0.2

注：①表中所配维修人数只指直接修理工，辅助工种未包括在内。核算修理工与工人数的比例应为1:1(包括车、刨、铣、电、木、漆、板金等)。

②双班作业的单机，因修理频率增加，维修人员应按比例增加50%。

③表中保修人员配备比例，包括大修、中修、小修及各级保养人员，其中大中修占配备比例的40%，小修和各级保养占60%。

3. 定机人员的职责规定

1)机组人员的责任

(1)努力钻研技术，熟悉本机的构造原理、技术性能、安全操作规程及保养规程等，要具有过硬的技术本领。

(2)正确操纵使用机械设备,发挥机械效率,完成各项定额指标,保证安全生产及降低各项消耗。

(3)认真执行每班例行的保养工作,使机械设备经常处于清洁、润滑良好,调整适当,紧固件无一松动状态,经常检查设备的附件附具,保持完整无损。

(4)及时,准确填写各项运行记录,并保持完整及完好。

(5)认真执行以岗位责任制为中心的各项管理制度。

2)机长的职责

机长除了作为一名操作工人应完成上述各项任务外,还应做到:

(1)督促、检查全组人员对机械设备的合理使用及定期保养工作。

(2)检查及汇报各项运动记录。

(3)对本机组人员的技术考核提出意见。

(4)搞好本机组内及兄弟机组之间的团结协作和劳动竞赛。

3)多班制作作业的机械设备,班与班之间的交接班规定

机械设备交接班时,首先应由交方填写交接班记录,并做口头补充介绍,经接方核对相符签收后下班。交接班的内容是:

(1)交清本班生产任务完成情况,工作面情况及其他注意事项或要求。

(2)交清机械设备运转及使用情况,特别应注意介绍有无异常情况及处理经过。

课题五　机械设备的检查、保养和修理

一、机械设备的检查

机械设备的检查是指对机械设备的运行情况、工作精度、磨损程度进行的检查和校验,是设备维修、修理的基础和首要环节。

1. 按检查时间间隔不同划分

(1)每日检查。一般在交接班时,由操作人员同"例保"结合起来执行。目的是及时发现不正常的状况,进行必要的维护保养工作。

(2)定期检查。按照检查计划,在操作人员参考下,定期由专职维修人员执行。目的是通过检查,全面、准确地掌握零件磨损的实际情况,以便确定是否有进行维修的必要。

2. 按检查的方法不同划分

(1)直观检查。就是用人们的感觉器官进行的检查。

(2)工具仪表检查。就是利用一定的检测或仪表、仪器进行监测。近年来,应用仪器仪表进行连续检测有了较大的发展。凡是能用物理量表示的各种变化的地方,诸如磨损、材质疲劳、抽承间隙加大、能耗升高或转运密封环出现泄露等,都可用仪器进行不间断的跟踪检查,从而摸清机械设备的实际技术状态。

二、机械设备的保养

1. 机械设备保养的目的

(1)通过保养,使机械设备保持良好的技术状况,以利正常施工。

(2)提高机械设备运转的可靠性和安全性,减少故障,避免事故。

(3)减少机械零部件的磨损，延长零部件的使用寿命，节约零不见消耗，从而降低机械成本。

2. 做好机械设备的维护保养工作

1)坚持做好机械的"例保"工作

"例保"就是例行保养，又称日常保养，是由操作人员在每班开机前、使用间歇中和停机后按规矩定项目和要求进行。

"例保"的基本内容是："清洁、润滑、紧固、调整、防腐"十字作业法。实践证明，做好"例保"工作，是保证机械设备状况良好、安全运行、延长使用寿命的重要条件，也是机械设备各级保养的基础。

2)实行强制保养

强制保养是指每台设备运转到规定的时限，不管其技术状况好坏，都必须按规定的作业范围和要求进行检查保养，不得无故拖延。

当然，对于作业有一定周期的设备，为避免生产中断，强制保养的期限允许有一定的机动，但一般也只有提前保养。特殊情况下，延后不得超过各级定检时间的10%，以确保安全运转。

机械设备的保养期限，是根据各级类机械设备的磨损规律、作业条件(室内或室外，固定或移动)、操作和维修水平，以及经济性这4个主要因素决定的，保养周期过长，虽可减少保养次数，节约保养工作量，但会增加故障和小修工作量，降低机械设备的安全性和可靠性而得不尝失。保养期过短，虽可使机械设备保持良好的技术状况，但增加保养次数和工作量，经济性差，有时还会因频繁拆装而损伤零件。强制保养一般分为一、二、三级保养，个别大型机械可实行四级保养。一级保养通常由操作工人承担；二、三级保养则由专职保养(维修)工人负责。

三、机械设备的修理

1. 机械设备的修理类型

机械设备的修理一般分为小修、中修和大修3类。小修是以维修工人为主，操作工人参加，对设备进行全面清洗、部分接替检查和局部修理。中修是更换与修复设备的主要零件和数量较多的其他磨损零件，并校正机构设备的基准，以恢复和达到规定的精度、功率和其他技术要求。大修是将机械设备全部拆修，使之全面恢复至规定的精度、性能和效率。

2. 机械设备的修理方式

1)检查后修理

这种方式实现只规定机械设备的检查计划。根据检查的结果和积累的修理资料，再确定修理的日期、内容和工作量。这种方式较为简便，但计划修理日期和内容需要等到检查后才能确定，因而会影响修理前的准备工作。

2)定期修理

这种方式根据机械设备的实际使用情况，参考有关检修周期，规定修理工作的计划日期和大致的修理工作量。确切的修理日期和工作内容，应根据每次修理前的检查来规定。这种方式比较切合实际，有利于做好修理前的准备，缩短修理时间，保证修理质量。

3)标准修理

这种方式也称强制修理，即根据机械设备的零件使用寿命，对设备的修理日期、修理类型、内容和工作良都预先制定具体的计划并按计划执行，而不管设备的实际技术状况如何。这种方式便于做好修理前的准备工作，并能有效地保证设备正常运转。但只有在对设备零件的磨损情况有详细研究的基础上，采用这种方式才是科学合理的。这种方式适用于一些特别重要的设备。

4）事后修理

事后修理也称故障修理，就是常说的“坏了再修，不坏不修”的方式。这种方式适用于坏了对生产影响不大、价格低、易于购买的一般次要设备。

对不同类型的设备，可以分别采取不同的修理方式。为了保证生产顺利进行，降低维修费用，避免“过分保养”现象，应区别不同情况，对重点设备采用定期修理或标准修理方式，对一般设备则采用检查后修理和事后修理方式。

3. 机械设备的修理制度

1）计划预防修理制度

计划预防修理制度简称计划与预制，是进行有计划的维修、检查和修理，以保证机械设备经常处于完好状态的一项制度。这种制度是建立在“预防为主、养修并重”基础上的，主要内容包括日常维护、定期检查、计划修理（小、中、大修）。计划预修制的基本特点是通过计划实现预防性。实行计划预修的主要根据是修理周期及其结构。

所谓修理周期，是指相邻两次大修理之间机械设备的工作时间。修理间隔期是指相邻两次修理（不论是大修、中修或小修）之间机械设备的工作时间。修理周期结构是指在一个修理周期内大修、中修、小修（有时包括定期检查）的次数和排列的次序。修理周期结构的示例如图 6-2 所示。

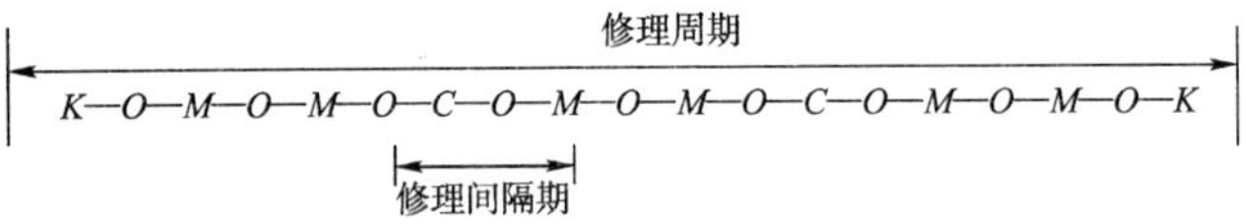

图 6-2　修理周期结构

K-大修；*O*-检查；*C*-中修

不同类型和使用特点的机械设备，修理周期结构也不相同。一般在机构设备的说明中，都规定有大、中、小修的期限。但由于影响修理期限的因素很复杂，企业还可根据机械设备的使用条件考虑不同的系数。

2）生产维修制

生产维修制包括以下维修方式：

（1）日常维修。即设备的检查（日常点检和定期点检）清扫、调整、润滑、更换、整理等活动。

（2）预防维修。其含义和主要活动是：定期检查机械设备和其他设施，以发现各种可能导致停机故障或加速磨损的情况；对设备进行维修以免发生上述情况，或者在上述情况尚处于轻微状态时，就加以调整或修理。

由此可见，预防维修适用于重点设备或一般设备的重点部位。

（3）事后维修。也称突发故障维修，适用于一般设备。

（4）改善维修。对发生故障的设备，特别是经常发生故障的部位，不单纯是加以修复，而是同过改善设计、改进材料和换上更好的零部件等手段来改善设备的素质，以延长其使用寿命，提高其生产效率，并使维修作业简单化。

（5）维修预防。是指在新机械设备的设计、制造阶段就着手减少设备故障，提高其可靠性和维修性。

在上述维修方式中，日常维修中的定期点检，以及预防维修、改善维修都是在计划按日程进行的；而事后维修则是无计划的。上述设备维修方式的总称为生产维修。

简要归纳起来，上述生产维修制的基本特点是：

(1)十分注意日常维修。其中包括日常点检和定期点检，并把它看作是预防维修的基础。

(2)重点设备和一般设备的重要部位实行预防维修；一般次要设备实行事后维修。重点设备的划分一般考虑以下条件：对生产的影响；对质量的影响；对维修保养的影响；对交货期的影响，对安全的影响等。

(3)实行预防维修，固然能减少设备的故障，但单纯实行预防维修还是比较消极的。要从根本上解决问题必须提高设备的可靠性和维修性，也就是要解决故障的起因和难以维修的问题。为此，对于使用中的设备来说，应进行改善维修，对于新设计的设备，则应行维修预防。

(4)着眼于设备的一生，从而产生了维修预防(设计、制作阶段)—日常检查(以后为使用阶段)—预防维修—改善维修的设备维修体制。

20世纪70年代以后，上述生产维修体制，在日本又发展成为全员参加的生产维修制(Total Productive Maitenance，缩写为TPM)。TPM包含以下3个方面含义：

(1)设备的全效率。就是要用最少的资金(Money)、人力(Man)、设备(Machine)、材料(Material)和最优的方法(Method)，达到产量(Production)高、质量(Quality)好、成本(Cost)低、按期交货(Delivery)，而且使作业环境保持良好，没有公害，安全(Safeth，Health，Environment)生产，同时使操作人员情绪饱满，干劲十足(Morale)。这就是日本所说的用5M，达到PQCDSM。

(2)设备的全系统。也就是建立以设备一生为对象的维修体制。

(3)全员参加。就是涉及设备的研究、设计、制造、使用、维修的所有部门的职工都参与。

思　考　题

1. 施工机械设备管理的任务是什么？
2. 选择施工机械的原则是什么？如何合理组合施工机械？
3. 施工机械的选择方法有哪些？
4. 简述新增设备的装备管理程序。
5. 施工机械的作业方式有哪几种？设备合理使用的标志是什么？
6. 如何进行机械设备的检查、保养和修理？

单元七 施工技术管理

知识点

1. 日常施工技术管理的基本任务、工作内容及其原则,施工技术管理的基础工作,技术管理制度及技术组织措施和技术革新;
2. 公路施工测量的内容,导线复测、中线复测、校对及增设水准基点,路基纵、横断面核对,桥涵复测及放样的有关内容及要求;
3. 工地试验室、验证试验、标准试验、工艺试验、抽样试验、验收试验的有关内容及要求;
4. 工程变更管理的概念、性质、有关规定、原则、程序及费用评估的主要依据及方法;
5. 工程技术档案制度及其工作任务,工程技术档案的收集、内容及其管理方法。

技能点

1. 进行公路测量管理及试验管理;
2. 进行工程变更管理及工程技术档案管理。

本单元主要学习日常施工技术管理工作、测量管理、试验管理、工程变更管理及工程技术档案管理。

课题一 日常施工技术管理工作

一、日常施工管理工作

1. 施工技术管理的基本任务

(1)正确贯彻国家各项技术政策和上级有关技术工作的指示与决定。

(2)科学地组织各项技术工作,建立良好的技术管理秩序。包括:建立和健全各项技术管理制度;充分发挥技术力量的作用,大力开展技术革新和开发工作,不断采用新技术;开展全面质量管理,确保工程质量,组织安全生产和文明生产。

(3)加强技术研究的组织和技术教育的开展,努力提高机械化施工水平,做到信息情报和技术资料的管理,促进管理工作现代化。

2. 技术管理工作的内容

根据上述技术管理的基本任务,技术管理工作的内容可分为基本工作和基础工作两大部分,如图 7-1 所示。基本工作包括技术准备工作、施工过程中的技术工作和施工技术的开发与更新 3 大项。前两项工作保证生产过程的技术秩序,立足为当前生产服务;第三项工作为施工企业的技术储备和为下一个项目的施工打基础。

3. 施工技术管理的原则

(1)从企业实际情况和要求出发,正确贯彻国家规定的技术政策、规范和规程。

(2)按技术规律要求和科学原理办事,对应用和推广的新技术、新工艺、新材料、创造和革新的成果等,要坚持经过试验,做出技术鉴定的原则。

(3)要全面考虑技术工作的经济效益。

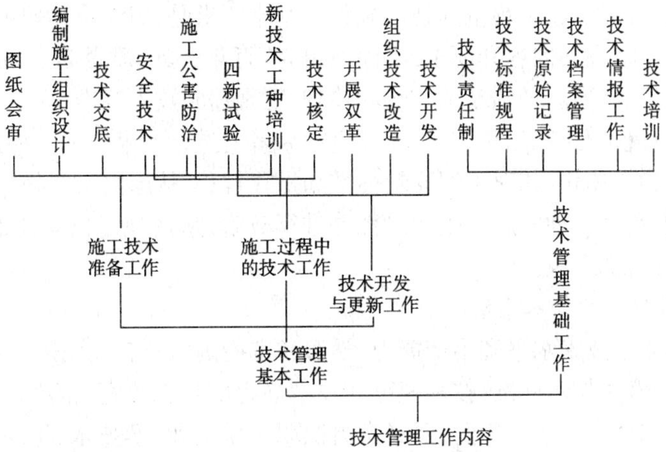

图 7-1 公路施工技术管理的工作内容

二、施工技术管理的基础工作

施工技术管理的基础工作是指为实现施工企业技术管理、实现技术管理的任务、创造技术管理的客观有利条件而应事先做好的一系列最基本的工作。其主要内容有以下几个方面。

1. 建立和健全技术管理的组织机构和技术责任制

建立与企业生产能力和规模相适应的一套技术管理机构,这是做好技术管理工作的必要条件。为此,施工企业必须建立和健全集中统一的技术管理系统,从公司到施工队各级组织都要有技术管理的职能机构和技术职能人员,明确各人职责;在总工程师领导下,全面负责企业的技术工作,做到有职有权。

2. 贯彻和完善各种技术标准、规范和规程

技术标准、技术规范和技术规程是技术标准化的主要内容,是组织现代化施工的重要技术保证,是组织施工和检验、评定各种建筑材料技术性能以及工程质量的依据。

公路工程技术标准和技术规范是对公路工程的技术、质量标准、规格及其检验方法等做出规定,是公路设计和施工技术的依据。公路工程施工技术规程(包括操作规程)是技术标准、技术规范的具体化,是根据技术标准、技术规范的要求,对施工过程、操作方法、设备和工具的使用、施工安全技术要求等所作的具体规定。

现行公路工程的技术标准和技术规范经交通部颁布的主要有:《公路工程技术标准》(JTG B01—2003)、《公路路基设计规范》(JTG D30—2004)、《公路路基施工技术规范》(JTJ 033—95)、《公路沥青路面设计规范》(JTJ 014—97)、《公路路面基层施工技术规范》(JTJ 034—2000)、《公路沥青路面施工技术规范》(JTG F40—2004)、《公路工程质量检验评定标准》(第一册土建工程(JTG F80/1—2004),第二册机电工程(JTG F80/2—2004)、《公路桥涵施工技术规范》(JTJ 041—2000)等。

技术规程因地区操作方法和操作习惯不同，一般由地区或企业自行制订执行。制订技术规程时，必须严格按技术标准和技术规范的要求，总结生产实践经验，在合理利用企业现有生产技术条件的同时，尽可能地采用国内外成熟的先进经验，以促进企业先进技术的发展。

技术标准、技术规范和技术规程，是一定历史条件下的技术经济条件下的施工生产经验总结。因此，它不是一成不变的，必然随着生产的发展、技术水平的提高，每隔一定时期要作必要的补充、修定和完善，以适应施工生产的技术管理的需要。

贯彻执行技术标准、技术规范和技术规程的基本要求是：组织全体职工学习各种有关技术标准、规范和规程，掌握其内容和要求，牢固地树立"百年大计、质量第一"的思想，自觉按照技术标准、规范和规程办事。加强技术监督和检查，发现违犯技术标准、规范和规程的行为，任何施工管理人员都有权制止和纠正，对造成严重后果者要进行严肃处理。将技术标准、规范和规程作必要的分解和具体化，如对工程质量标准和操作规程，从原料、材料开始到每道工序、半成品和成品，每一个具体工种的施工生产过程等进行分解，从而规定出具体的要求，以便明确奋斗目标，落实到班组和个人。

3. 不断提高职工的技术素质

要提高企业整个技术水平和生产能力，学习和掌握国内外有关先进技术经验，要开展科学技术研究和创新，落实技术标准、技术规范和技术规程的贯彻执行，都必须有赖于全体职工不断提高文化程度和技术水平。为此，要经常组织职工学文化、学技术、组织技术性的操作竞赛或进行必要的技术业务考核。只有这样，才能不断提高企业全体职工的技术素质水平，承担更重要、更复杂的施工生产任务。

4. 做好信息情报和技术资料管理工作

技术信息情报工作的主要内容包括：对有关技术资料的收集、整理、报道、交流，有条件的也可组织编索文摘、简介及翻译科技文献等。

技术资料管理工作的主要内容包括：对技术文件和资料的收发、复制、修改、制订、审批、装订、会签、归档、保管、借用、保密等一系列环节进行系统的科学管理。保证技术文件完整性、正确性和及时性，组织有秩序的交流，及时满足施工生产的需要。

三、技术管理制度

建立健全严格的技术管理制度，把整个企业的技术管理工作科学地组织起来，是企业进行技术管理，建立正常的生产技术秩序的一项重要工作。

1. 技术责任制

建立技术责任制的目的，是把企业各级生产组织的技术工作，纳入集中统一轨道，保证企业各级组织的各种技术岗位都有技术负责人，防止和杜绝施工中责任不清或无人负责的现象，保证工程质量和经济效益。为了达到这个目的，必须建立各级技术领导：工程局或公司设总工程师，处室设主任工程师，施工队设技术队长。实行岗位责任制，使每个技术人员各有专职，各司其事，有职有权有责。

总工程师、主任工程师、技术队长为技术行政职务，系同级行政领导成员，分别在局长、经理、主任、队长的领导下，全面负责本级范围内技术工作。各级组织的技术人员在技术工作上应分别接受他们的领导，执行他们的有关决定。

建立技术责任制，不只是使各级技术人员具有一定的职权，更重要的是充分发挥技术人员的积极性和创造性。这就要求企业的各级技术人员，必须履行自己的职责，不断改进工作作风，工作方法，提高政治思想水平，努力学习技术理论，深入实际，总结经验，善于把理论与实践结合起来，在自己的职权范围内把技术工作做好。各级技术领导应把企业的技术管理工作和其他各项管理工作有机的结合起来，使整个企业在完成生产任务的同时，不断提高技术管理水平。

2. 图纸会审制度

图纸会审是一项极其严肃和重要的技术工作，认真做好图纸会审，对于减少施工图纸中的差错，保证和提高工程质量，有重要作用。

在图纸会审以前，施工单位必须组织人员学习施工图纸，熟悉图纸的内容要求和特点，并由设计单位进行设计交底，以达到弄清设计意图，发现问题，消灭差错的目的。

图纸会审工作必须有组织、有领导、有步骤地进行，并按工程性质、规模大小、重要程度、特殊要求，分别组织图纸会审。一般由建设单位负责组织，设计单位交底，施工单位参加，进行集体会审。

公司图纸会审的要点是：全部设计图纸及说明是否齐全、清楚、明确、有无矛盾；施工的新技术及特殊工程和复杂设备的技术可能性和必要性；重点工程和具有普遍性工程的推行方法是否妥当；设计文件中提出的概算是否合理。

施工队图纸会审的要点是：除细致审核细部尺寸及研究操作上的问题外，还应对技术复杂、要求严格、施工操作困难的分部分项工程采取放大样、做模型或另绘大样图的方法进行核对；对缺乏经验的新技术、新结构，可先做实物试点，取得经验后进行施工。

图纸会审后，有关人员应在图纸上签章，将发现的问题，遗漏之处应在原图上更正补充或做变更设计处理。会审后，应填写图纸会审记录表存查，必要时还要写成文件抄送有关单位。图纸未经会审不得施工。

3. 技术交底制度

技术交底是为了使参与施工任务的全体职工明了所担负工程任务的特点、技术要求、施工工艺等，做到心中有数，以利于有计划、有组织、又快又好地完成任务。技术交底工作原则上应在正式施工前做好。

技术交底的主要内容是：工程数量，施工期限，施工设计意图，施工工艺，规范要求，质量标准及技术安全措施等。对于重点工程、重点部位、特殊工程、新结构、新工艺、新材料的工程，更需要做详细的技术交底。

技术交底工作应分级进行，分级管理。凡技术复杂（包括推行新技术）的重点工程、重点部位，应由总工程师向主任工程师、技术队长及有关职能部门负责人交底，明确关键性的施工技术问题、主要项目的施工方法和特殊工程的技术、材料提出试验项目、技术要求及注意事项等内容。普通工程应由主任工程师参照上述内容进行。施工队一级的技术交底工作，由施工技术队长负责向技术员、施工员、质量检查员、安全员以及班组长进行交所承担的工程数量、要求期限、图纸内容、测量放样、施工方法、质量标准、技术措施、操作要求和安全措施等方面技术交底工作。

施工员向班组的交底工作，这是各级技术交底的关键。施工员向班组交底时，要结合具体操作部位，贯彻落实上级技术领导的要求，明确关键部位的质量要求、操作要求及注意事项，制订保证质量、安全的技术措施。对关键性项目、部位、新技术的推行项目，应反复细致地向操作组进行交底，必要时应做文字交底或示范操作。

四、技术组织措施和技术革新

技术组织措施的根本点在于把实践证明是成功的技术和施工经验推广应用到施工中去。技术革新的目的在于,攻克薄弱环节,创造出新的技术来代替落后的技术。把两者结合起来,使革新技术和推广应用新技术成为一个完善的统一过程,从而有效地促进施工生产。

1. 技术组织措施

技术组织措施是施工企业为完成施工任务,加快工程进度,提高工程质量,降低工程成本,在技术上和组织上所采取的措施。企业应当把编制技术组织措施做为提高技术水平,改善经营管理的重要工作认真抓好,通过编制技术组织措施,结合企业内部实际情况,很好地学习和推广同行业的先进技术和行之有效的组织管理经验。

技术组织措施主要包括以下几个方面的内容:

(1)提高劳动生产率,提高机械化水平,加快施工进度方面的技术组织措施。例如推广新技术、新工艺、新材料,改进施工机械设备的组织管理,提高机械的完好率、利用率,科学的劳动组合等方面的措施。

(2)提高工程质量,保证生产安全方面的技术组织措施。

(3)施工中的节约资源,包括节约材料、动力、燃料和降低运输费用的技术措施。

为了把编制技术组织措施工作经常化、制度化,企业应分段编制施工技术组织措施计划。

2. 技术革新

在现代企业中,一切生产活动都同科学技术有着密切联系,企业生产水平的高低在很大程度上取决于生产技术的先进性。为实现公路施工工业化和现代化,创优质、高产、低成本产品,就必须立足于现有的基础上,为断地进行技术革新。

施工企业技术革新的内容是多方面的,主要有:

(1)施工工艺和操作方法的改革。如变手工操作为机械操作,简化、合并工序,采用新的施工工艺等。

(2)施工设备和工具改进。如提高机械工作效率,一机多用,配套成龙,手工工具的改革,采用新型机械,提高自动化程度等。

(3)原料、材料、燃料利用方法的改进。如降低原材料的消耗,材料代用、废物利用,综合利用等。

(4)管理方法的改革。把先进的企业管理方法、计算技术运用到工程管理中去。

(5)其他方面的技术改进。如对工程设计提出合理化建议等。

3. 公路项目施工技术开发

技术开发又称推广研究或开发研究,是指发展新工艺、新技术、新产品的一系列有计划、有组织的技术研究活动,是科学技术转化为生产力的必由之路。公路项目施工技术开发包括以下内容:

(1)建立一套具有各种施工项目特色的实用技术体系。所谓实用技术,即与社会经济条件(包括生产条件、资源条件)相协调的技术,也就是既能满足社会需要又具有最佳经济效益的技术。这里所说的经济效益,还包括社会效益(如就业、能耗、环境等方面效益)。而这里所说的技术体系,并非是一单项的操作工艺,而是配套的技术体系,包括技术标准、技术操作规程、工艺方法、技术装备、检测和检验技术,技术力量等。

实用技术不用是照搬国外的外来品,也不能单纯以自动化、机械化程度来衡量。但也不是最“土”的技术，而是施工单位在长期的生产活动中逐渐形成，并且随着当代科技成果的应用而不断完善的技术。

在现阶段，我国公路项目施工的实用技术包括：①应是投资少、见效快，为施工单位财力所能负担；②能合理利用资源，节约能源；③减少公害和环境污染；④符合国情，既能促进生产力的发展，又能提供较多的社会就业机会。对于公路施工单位来就，如特殊路基施工技术、路面平整度技术、桥梁滑模施工技术、特大跨径桥梁施工技术、快速施工技术、特种结构施工技术以及其他专业工种的施工技术等，都可列为实用技术。这种实用技术往往成为施工单位技术上的专利或“绝招”，是施工单位的一种优势。

(2)参与重要技术攻关或科研项目的研究。对施工单位主要生产中的技术薄弱环节可影响施工单位形成实用技术的“卡脖子”技术难题，优先作为攻关课题或科研项目。

(3)有计划地对职工进行智力开发。确定在计划期内对各类职工在科学知识、技术业务方面培训的要求和目标，以及相应的资金物质条件的保证措施。

对于重大技术改造方案和新技术应用方案，除进行技术可行性研究外，还应进行经济可行性论证。

课题二　测量管理

一、公路施工测量的内容

公路施工准备阶段及施工过程中，应做好施工测量工作，其内容主要有：

(1)对建设单位所交付的中线位置桩、三角网基点桩、水准基点桩、导线等及其测量资料进行检查、核对。若发现标志不足、不稳妥、被移动或测量料度不符合要求时，应进行补测、加固、移动或重新测校，并通知建设单位。

(2)补充施工需要的中线桩。

(3)测定构造物中线和基础桩的位置。

(4)补充施工需要的水准点。

(5)在施工过程中，测定并检查施工部分的位置和标高。

(6)其他施工测量。

为防止差错，施工单位自行测定的重要标志，必须至少由两组相互检查核对，并做出测量和检查核对记录。

二、导线复测

(1)当原测的中线主要控制桩由导线控制时，施工单位必须根据设计资料认真做好导线复测工作。

(2)导线复测应采用红外线测距仪或其他满足测量精度的仪器。仪器使用前应进行检验、校正。

(3)原有导线点不能满足施工要求时，应进行加密，保证在道路施工的全过程中，相邻导线点间能互相通视。

(4)导线起屹点应与设计单位测定结果比较，测量精度应满足设计要求。当设计未规定时，应满足以下要求：角度闭合差(″)为 $\pm 16\sqrt{n}$(n 是测点数)，坐标相对闭合差为 ±1/10 000。

(5)复测导线时,必须和相邻施工段的导线闭合。

(6)对有障碍施工的导线点,施工前应加以固定,固定的方法可采用交点法或其他固定方法。所设护桩应牢固可靠,桩位应便于架设测量仪器,并设在施工范围以外。

三、中线复测

(1)路基开工前应全面恢复中线并固定路线主要控制桩,如交点、转点、圆曲线和缓和曲线的起讫点等。对于高速公路、一级公路应采用坐标恢复主要控制桩。

(2)恢复中线时应注意与结构物中心、相邻施工段的中线闭合。发现问题应及时查明原因,并报现场监理工程师或业主。

(3)如发现原设计中线长度丈量错误或需局部改线时,应用断链处理,相应调整纵坡,并在设计图表的相应部位注明断链距离和桩号。

四、校对及增设水准基点

(1)使用设计单位设置的水准点之前应仔细校核,并与国家水准点闭合,超出允许误差范围时,应查明原因并及时报告有关部门。大桥附近的水准点闭合差为 $\pm 20\sqrt{L}$(mm),对单跨≥40m 的 T 形刚构、连续梁、斜张桥等水准点闭合差为 $\pm 10\sqrt{L}$(mm),在山丘区,当平均每公里单程测站多于 25 站时,水准点闭合差为 $\pm 4\sqrt{n}$(mm),高速公路和一级公路的水准点闭合差为 $\pm 20\sqrt{L}$(mm),二级以下公路水准点闭合差为 $\pm 30\sqrt{L}$(mm),L 为水准路线长度,n 为水准点间单程测站数。

(2)水准点间距不宜大于 1km。在人工结构物附近、高镇挖地段、工程量集中及地形复杂地段宜增设临时水准点。临时水准点必须符合精度要求,并与相邻路段水准点闭合。

(3)如发现个别水准点受施工影响时,应将其移出影响范围之外,其标高应与原水准点闭合。

(4)增设的水准点应设在便于观测的坚硬基岩上或永久性建筑物的牢固处,也可设在埋入土中至少 1m 深的混凝土桩上。

五、路基纵横断面核对

路基施工前,应详细检查、核对纵横断面图,发现问题时,应进行复测。若设计单位未提供横断面图,应全部补测。

六、路基放样

(1)路基施工前,应根据恢复的路线中桩、设计图表、施工工艺和有关规定订出路基用地界桩和路堤坡脚、路堑堑顶、边沟取土坑、护坡道、弃土堆等的具体位置桩。在距路段中心一定安全距离处设立控制桩,其间隔不宜大于 50m。桩上标明桩号与路中心填挖高度,用(+)表示填方,用(-)表示挖方。

(2)在放完边桩后,应进行边坡放样,对深挖高填地段,每挖 5m 应复测中线桩,测定其标高及宽度,以控制边坡的大小。

(3)路基施工期间每半年至少应复测一次水准点,季节冻融地区,在冻融以后也应进行复测。

(4)机械施工中，应在边桩处设立明显的填挖标志，高速公路和一级公路在施工中，宜在不大于200m的段落内，距中心桩一定距离处埋设能控制标高的控制桩，进行施工控制。发现桩被碰倒或丢失时应及时补上。

(5)取土坑放样时，应在坑的边缘设立明显标志，注明土场供应里程桩号及挖掘深度；作为排水用的取土坑，当挖至距坑底0.2～0.3m时，应按设计修整坑底纵坡。

(6)边沟、截水沟和排水沟放样时，要先做成样板架检查，也可每隔10～20m在沟内外边缘钉木桩并注明里程及挖深。

(7)施工过程中，应保护所有标志，特别是一些原始控制点。

七、桥涵复测及放样

(1)大桥、特大桥的主要控制标志（或其护桩），均应测定其坐标，编号绘于标志总图上，并注明各有关标志坐标，相互间的距离、角度、高程等，以免弄错，并便于寻找。

(2)桥涵中线位置、桩间距离的检查校核及墩台位置放样。当有良好的丈量条件时，均应直接丈量或用检验过的电磁波距仪测量。

(3)采用三角网法测算桥轴线桩间距离时，三角网的精度应符合施工规范要求。

(4)三角网的基线不应少于2条，依据当地条件，可设于河流的一岸或两岸。基线一端应与桥轴线连接，并尽量近于垂直，当桥轴线长超过500m时，应尽量可能两岸均设基线。基线一般采用直线形，其长度一般不小于桥轴长度的0.7倍，困难地段不得小于0.5倍。设计单位布设的基线桩应予以利用；三角网所有角度宜布设在30°～120°之间，困难情况下不应小于20°。

(5)桥梁翼墙、锥坡和调治构造物，应尽量争取在无水时测量放样。锥坡和调治物的平面多为曲线形，可根据设计的曲线方程以坐标法或其他方法测定。

(6)涵洞测量放样时，应注意核对涵洞纵横轴线的地形剖面图是否与设计图相符，应注意涵洞长度、涵底标高的正确性。对斜交涵洞、曲线上和陡坡上的涵洞，应考虑交角加宽、超高和纵坡对涵洞具体位置、尺寸的影响，并注意锥坡、翼墙、一字墙和涵洞墙身顶部和上、下游调治构造物的位置、方向、长度、高度及坡度，使之符合技术要求。

课题三　试 验 管 理

一、工地试验室

(1)公路施工过程中，应建立为现场进行工程质量控制及所需其他试验的规模齐全、设施配套的工地试验室。实验室应配备既有理论又有实践经验的工程师负责试验工作。

(2)除在施工的合同段内设置一个工地试验室外，同时应根据现场需要，增设若干个流动试验站。

(3)开始工作之前，应将工地试验室和流动试验站所在位置和面积、配备的仪器、器具等全部物品清单（含主要仪器的型号、规格、性能和说明等）报监理工程师审批。

(4)工地试验室（站）的仪器、器具应在开始工作前配齐，保证在工程进行期间正常运转使用。

(5)工地试验室（流动试验室）的各种试验工作，均应统一按合作列明的或正式颁布的国家标准及部级行业标准进行。

(6)各种试验均应采用统一的表格进行记录、报告和统一的方法进行整理、保存。

二、验证试验

验证试验是对材料或商品构件进行预先鉴定,以决定是否可以用于工程。

(1)材料或商品构件运入现场后,应按规定的批量和频率进行抽样试验,不合格的材料或商品构件不准用于工程。

(2)在施工进行中,应随机对用于工程的材料或商品构件进行符合性的抽样试验检查。

(3)随机检查各种材料的储存、堆放、保管及防护措施。

三、标准试验

标准试验是对各项工程的内在品质进行施工前的数据采集,它是控制和指导施工的科学依据,包括各种标准击实试验、集料的级配试验、混合料的配合比试验及结构的强度试验等。应按以下要求进行:

(1)在各项工程开工前合同规定或合理的时间内,应完成标准试验,并将试验报告及试验材料提交监理工程师中心试验室审批批准。

(2)监理工程师中心试验室应在承包人进行标准试验的同时或以后,平行进行复核(对比)试验,以肯定、否定或调整承包人标准试验的参数或指标。

四、工艺试验

工艺试验是依据技术规范的规定,在动工之前对路基、路面及其他需要通过预先试验方法能正式施工的分项工程预先进行工艺试验。然后依其试验结果全面指导施工。工艺试验应按以下要求进行:

(1)提出工艺试验的施工方案和实施细则并报监理工程师审查批准。

(2)工艺试验的机械组合、人员配额、材料、施工程序、预埋观测以及操作方法等应有两组以上方案,以便通过试验做出选定。

(3)试验结束后应提交试验报告,并经监理工程师审查批准。

五、抽样试样

抽样试验是对各项工程实施中的实际内在品质进行符合性的检查,内容应包括各种材料的物理性能、土方及其他填筑施工的密实度、混凝土及沥青混凝土的强度等的测定和试验。

六、验收试验

验收试验是对各项已完工程的实际内在品质做出评定,应按以下要求进行:

(1)确定钻芯抽样试验的频率、抽样方法,并请监理工程师监督试验的全过程。

(2)将按技术规范要求进行的加载试验或其他检测试验项目的试验方案、设备及方法报监理工程师审查批准。并请监理工程师对试验的实施进行现场检查监督。

(3)将试验结果报监理工程师评定。

课题四　工程变更管理

一、工程变更

工程变更既包括对全部工程项目或部分工程项目中的任何一种进行变更、增加或取消等（即工程进展中形式的变更、工程数量的变更或工程质量要求及标准方面的变更），同时也包括合同方面的任何形式的、内容的、数量的变更等。

二、工程变更的性质

在工程项目实施中，只要在原合同规定工程范围内进行变更，不超出合同规定，变更是允许的。

（1）工程中不可预见的情况出现，如不可预见的自然因素，像地质条件与原勘探钻孔点差别很大；桥梁基础下面地质状况出现裂隙、溶洞等；出现百年不遇的山洪爆发、突发地震等。

（2）工程外部环境的变化，如电力、供水等能源供应紧张、发生严重的通货膨胀、原材料短缺等。

（3）由业主方或其他第三方提出需改变设计，如高速公路施工中，当地的工厂或农民提出改通道为立交桥等；或业主提出更高填方路堤为高架等。

（4）由承包人提出工程变更，改变施工方法和工艺要求。

（5）监理工程师出于对工程协调和有利进展的考虑，指示变更承包人的施工工段顺序等。

（6）由于承包人违约或无意间造成工程缺陷等，监理工程师不得不发出指令变更工程等。

三、有关规定

（1）任何工程的形式、质量、数量和内容上的变动，必须由监理工程师签发工程变更令，并由监理工程师监督承包人实施。

（2）监理工程师认为有必要根据合同有关规定变更工程时，应经业主同意。

（3）业主提出变更时，监理工程师应根据合同有关规定办理。

（4）承包人要求变更时，监理工程师必须审查，必要时报业主同意后，根据合同有关规定办理。

（5）监理工程师应就颁布工程变更令而引起的费用增减，与业主和承包人进行协商，确定变更费用。

四、工程变更的原则

（1）考虑工程变更以后，对工程进展是否有利。

（2）考虑工程变更以后，可以节约工程成本。

（3）考虑工程变更是否兼顾业主、承包人或工程项目之外其他第三方的利益，不能因工程变更而损害任何一方的正当利益。

（4）考虑工程受阻。如遇到特殊风险、人为阻碍、合同一方当事人违约等不得不变更工程。

五、工程变更的程序

(1)意向通知

监理工程师根据合同规定对工程进行变更时,应向承包人发出变更意向通知。主要内容包括:

①变更的工程项目、部位或合同某文件内容。

②变更的原因、依据及有关的文件、图纸、资料。

③要求承包人据此安排变更工程的施工等事宜。

④要求承包人提交此项变更给其费用带来影响的估价报告。

(2)资料收集

监理工程师宜指定专人受理变更,较大的工程变更应邀请业主参加。变更意向通知发出的同时,必须着手搜集有关资料。包括以下内容:

①变更前后的图纸(或合同、文件)。

②技术变更洽商记录。

③技术研讨会记录。

④来自业主、承包人、监理工程师方面的文件与会谈记录。

⑤行业部门涉及该变更方面的规定与文件。

⑥上级主管部门的指令性文件等。

(3)监理工程师应负责有关变更的工程数量的计量与核实,以及提供有关现场的数据资料和证明,并审查提出工程变更方的理由是否充分,起草工程变令。

(4)总监理工程师或代表应负责对工程变更令的最终审查,若同意工程变更,可上报业主批准备案。

(5)若业主批准了该项工程变更,总监理工程或其代表可签发工程变更令;若业主不批准变更,监理应视工程进展情况,实事求是地向业主讲明变更的利弊;对必须变更的工程,最终征得业主同意后,签发工程变更令。

(6)工程变更令主要包括以下文件:

①文件目录。

②工程变更令。

③工程变更说明。

④工程变更费用估计表。

⑤附件:变更前后的图纸。业主、承包人、监理方面的会议、会谈记录与文件;有关设计部门对变更的意见;有关行业部门、上级主管部门的文件;承包人的预算报告;确定工程数量及单价的证明资料等。

六、工程变更的费用评估

1. 费用评估的主要依据

(1)变更通知及变更图纸。

(2)监理工程师现场计量的结果。

2. 确定变更工程单价的方法

(1)工程量清单内的单价。

(2)合同内规定的单价计算方法。

(3)国家、部、省(市)级机构颁布的概预算定额及价格参考书。

(4)参考承包人预算及实际支出证明,协商单价。

(5)计日工方法。

3. 协商价格

监理工程师应与承包人和业主对工程变更费用评估的结果进行磋商,在意见难以统一时,监理工程师应确定最终的价格。

课题五　工程技术档案管理

一、工程技术档案制度

为了给公路工程建成后的合理使用、维护、改建、扩建提供依据,施工企业必须按公路工程建设项目及单项工程,建立工程技术档案,它必须与所反映的建设对象的实物保持一致。

二、工程技术档案工作的任务

按照一定的原则和要求,系统地收集记述工程建设全过程中具有保存价值的技术文件材料,并按归档制度加以整理,以便完工验收后完整地移交给有关技术档案管理部门。

三、工程技术档案的收集

工程技术档案来源于技术资料,但又不同于技术资料。因此,在收集技术档案材料时,首先要把两者区别开来。技术档案和技术资料的差别,主要表现为以下两点:

(1)技术资料是施工活动中为参考目的而收集和复制的技术文件材料(包括图纸、照片、表报、文字材料等),它不是本单位施工活动中自然形成的。技术档案则是本单位在工程建设中直接产生和自然形成的。

(2)技术资料主要是通过交流、赠送、购买等方式收集或复制的,它对建设工程不具有“工作依据”和必须“遵照执行”的性质,它是一种参考资料。技术档案则是本建设工程施工过程中自然形成的技术文件材料转化过来的,是本工程的施工直接成果,对施工起着指导和依据的作用。

四、工程技术档案的内容

施工企业工程技术档案的内容,应包括以下两个部分:

(1)工程完工验收后交建设单位保管的技术档案。其内容有:

①竣工图表。

②图纸会审记录、设计变更和技术核定单。

③材料、构件的质量合格证明。

④隐蔽工程验收记录。

⑤工程质量检查评定和质量事故处理记录。

⑥主体结构和重要部位的试件、试块、材料试验、检查记录。

⑦永久性水准点的位置,构造物在施工过程中测量定位记录,有关试验观测记录。

⑧其他有关该项工程的技术决定。

(2)施工组织与管理方面的技术档案,由施工企业保存,供本单位今后施工参考。其内容有:

①施工组织设计及经验总结。

②技术革新建议的试验、采用、改进的记录。

③重大质量、安全事故情况、原因分析及补救措施记录。

④有关重大技术决定。

⑤施工日记。

⑥其他施工技术管理经验总结。

五、工程技术档案的管理

为做好技术档案的整理工作,必须注意做好日常技术文件的管理。施工企业应根据实际需要建立和健全技术文件的专职管理机构。技术档案的整理工作包括技术档案材料的系统整理和技术档案的目录编制。

(1)技术档案的系统整理,是在技术档案材料全面收集基础上,对技术档案材料进行科学地分类和有序地排列。分类应符合技术档案本身的自然形成规律。工程技术档案分类一般按工程项目分,使同一项工程的技术档案都集中在一起,这样能够反映该项目工程的全貌。而每一类下,又可按专业分为若干类。

(2)技术档案的目录编制,应通过一定形式,按照一定要求,总结整理成果,揭示技术档案的内容和它们之间的联系,便于检索。

思　考　题

1. 施工技术管理的基本任务和工作内容分别是什么?
2. 公路施工测量的内容是什么?
3. 简述试验管理的有关内容和要求。
4. 简述工程变更管理的概念、性质、原则、程序及费用评估的主要依据和方法。
5. 简述工程技术档案的收集、内容和管理方法。

单元八　施工项目安全管理

知识点

1. 安全管理的范围及原则；
2. 公路工程施工安全管理的措施及常规安全技术措施；
3. 公路工程施工常见事故及原因分析；
4. 环境保护的常用措施及文明施工的要求。

技能点

1. 进行安全检查及安全事故调查处理；
2. 安全教育的内容及方式；
3. 进行安全技术交底。

本单元主要学习施工项目安全管理的范围及原则、公路施工安全管理措施、公路施工安全技术措施、公路施工安全事故预防及文明施工与环境保护。

课题一　施工项目安全管理概述

施工项目的安全管理是指项目在实施过程中，为保证劳动者的安全和健康，机械设备的安全使用，物资的安全保护以及产品安全顺利地建成投产或交付使用而进行的各项管理工作的总称。安全施工极其重要，它关系到企业职工的幸福和经济利益，还涉及诸多社会问题。因此，做好施工项目的安全管理是党和国家的一项重要政策，是企业管理的首要职责，也是调动职工积极性的必要条件。没有安全的保障，就没有职工的高度积极性，就没有施工生产的高效率。因此，施工企业必须做好施工安全管理工作。

一、项目施工中的不安全因素

项目实施过程中存在的不安全因素是由人的不安全行为和物的不安全状态共同作用而产生的。控制人的不安全行为和物的不安全状态是安全控制的重点。在项目实施过程中，通过采用计划、组织、技术、控制等手段，依据并适应项目进行中人、物、环境等因素的运动规律，使其既能充分发挥自身作用，而又有利于控制安全事故不致发生的行为过程称为安全控制。安全控制的目的是保证项目实施中能避免危险、避免造成人身伤亡和财产损失。

1. 人的不安全行为与人的失误

不安全行为是人表现出来的与人的心理特征相违背的非正常行为。人在生产活动中，曾引起或可能引起事故的行为，必然是不安全行为。

人出现一次不安全行为不一定就会发生事故，造成伤害。然而不安全行为迟早会导致事故的发生。即使某项事故的主要原因是物的因素作用，但也不能排除潜在的不安全状态背后人的行为失误和转化作用。

1)不安全行为的心理因素

个体人经常、稳定表现的能力、性格、气质等心理特点的总和,称为个性心理特征。人的性格是个性心理的核心。鲁莽、草率、懒惰等性格和非理智行为往往成为产生不安全行为的原因。非理智行为的产生,多由于侥幸、逞能、逆反、凑兴等心理所支配。非理智行为在引发为事故的不安全行为中,所占比例相当大,在生产中出现的违章、违纪现象都是非理智行为的表现。冒险蛮干,则表现得尤为突出。因而,在安全管理中,控制非理智行为是相当重要的,也是非常严肃、非常细致的一项工作。

2)人的失误原因

人的失误指人的行为结果偏离了规定的目标或超出可接受的界限,并产生了不良影响的行为。人的失误大体分为两类:一是随机失误。它是由于人的行为、动作的随机性所引起的人的失误,它与人的心理、生理原因有极大的关系,随机失误往往是不可预测的,不重复出现的。二是系统失误。它是由于系统设计不足或人的不正常状态引发的失误。系统失误与工作条件有关,类似的条件可能引发失误重复发生,在人形成习惯之后,不能适应操作程序变化或出现偶然情况时,系统失误会明显增加。

人机系统中的一切因素,都可能从不同的方面对事物产生影响,使人出现失误。例如人的自身因素对过负荷的不适应原因,如超体能、精神状态、熟练程度、疲劳、疾病时的超负荷操作,以及环境过负荷、心理过负荷、人际关系过负荷等都能使人发生失误。当与外界刺激要求不一致时,也会出现要求与行为的偏差,在这种情况下,可能出现信息处理故障和决策失误。此外,由于不清楚正确的方法,而采取不恰当的行为等,也会导致错误的行为。

2. 物的不安全状态

人机系统把生产过程中发挥一定作用的机械、物料、生产对象以及其他生产要素统称为物。物都具有不同形式、性质的能量,如果出现能量意外释放,就会引发安全事故。由于物的能量可能释放引起事故的状态,称为物的不安全状态。

在生产过程中,所有的物的不安全状态,都与人的不安全行为或人的操作、管理失误有关。往往在物的不安全状态背后,隐藏着人的不安全行为或人的失误。物的不安全状态既反映了物的自身特性,又反映了人的素质和人的决策水平。

针对生产中物的不安全状态,在进行施工组织、工艺安排与具体操作时,采取有效的控制措施,把物的不安全状态消除在生产活动进行之前,是安全管理的重要任务。

二、安全管理范围

安全管理的目的就是通过对项目实施安全状态的控制,使不安全的行为和状态减少或消除,以使项目工期、质量和费用等目标的实现得以充分保证。所谓安全管理指为了保护劳动者在生产过程中的安全与健康而进行的组织管理工作,以及为此而采取的一系列技术措施。宏观的安全管理包括安全法规、安全技术和工业卫生3个方面。

1. 安全法规

加强劳动保护,保障职工的安全与健康是企业管理的一项主要原则。为切实做好安全文明生产和保障职工身体健康,应建立一系列的生产行政管理和生产技术管理制度。安全法规主要侧重于政策、规程、条例、制度等形式,规范操作或管理行为的劳动安全与身体健康得到应有的法律保障。

2. 安全技术

安全技术是为了消除企业生产中引起伤亡事故的潜在因素,而必须采取的各种技术措施。安全技术侧重于对"劳动手段和劳动对象"的管理。包括预防伤亡事故的工程技术和安全技术规范、技术规定、标准、条例等,以规范物的状态,减轻或消除对人的威胁。

3. 工业卫生

为了改善劳动生产条件,避免因生产活动可能引起的对职工健康的危害,防止职业病的发生,而采取的各种技术组织措施,称之为工业卫生。它侧重工业生产中高温、严寒、粉尘、振动、噪声、毒物的管理。通过防护、医疗、保健等措施,防止劳动者的安全与健康受到危害因素的危害。

上述3个方面的关系是:安全法规偏重于对劳动者的管理、约束劳动者的不安全行为,因此,其控制的主要内容是安全生产责任制、安全教育、安全事故的调查处理。安全技术侧重于劳动对象和劳动手段的管理,消除、减弱物的不安全状态,其控制的主要内容是安全检查和安全技术管理。工业卫生侧重于环境的管理,形成良好的劳动条件,其控制的主要内容也是安全检查和安全技术管理。

三、安全管理中的几种关系

公路工程施工现场是施工诸多生产因素的集中地,其特点是多工种立体施工,施工设施的临时性,作业环境的多变性,人机的流动性,以及自然因素的不确定性,决定了它是一种动态过程。因此,施工现场是安全管理的重点,为了有效地将施工生产因素的状态控制好,必须正确处理好以下5种关系。

1. 安全与危险并存

安全与危险在同一事物的运动中是相互对立、相互依赖而存在的。因为有危险,才要进行安全管理,以防止危险。安全与危险并非是等量并存、平静相处。随着事物的运动变化,安全与危险每时每刻都在变化着,进行着此消彼长的斗争。这也说明,在事物的运动中,不存在纯对的安全或绝对的危险。

2. 安全是生产的客观要求

安全与生产是辩证统一的。生产有了安全保障,才能持续、稳定发展。如果生产活动经常出现事故,生产势必陷于混乱,甚至瘫痪状态。因此,安全是生产的客观要求。当生产与安全发生矛盾,危及职工生命或国家财产时,需要把生产活动停下来整治,消除危险因素后,才能继续生产。

3. 安全与质量的联系

广义上来讲,质量包含安全工作质量。安全与质量交互作用,互为因果。安全为质量服务,质量需要安全的保证,施工生产中忽视哪一方面,都要陷于失控状态。所以必须一手抓"质量第一",一手抓"安全第一"。前者是从对产品成果的要求提出的,后者则是从保护生产要素的角度提出的,所以两者并不矛盾。

4. 安全与速度互保

速度与安全成正比关系,速度应以安全作保障,应当在保证质量的前提下追求安全加速度,竭力避免安全减速度。一味强调速度、置安全于不顾的做法是极其有害的。当速度与安全发生矛盾时,暂时减缓速度,保证安全才是正确的做法。

5. 安全与效益兼顾

安全技术措施的实施，定会改善劳动条件，调动职工的积极性，焕发劳动热情，带来经济效益，足以使原来的投入得以补偿。相反，如果出了安全事故，经济上也必然要造成损失，从这个意义上说，安全与效益完全是一致的。在安全管理中，既要保证安全生产，又要经济合理，还要考虑力所能及。单纯为了省钱而忽视安全生产，或单纯追求安全不惜资金的盲目高标准，都不可取。

四、安全管理原则

1. 全员管理，安全第一的原则

安全寓于生产之中，并对生产发挥促进与保证作用，两者存在有机的联系，存在着进行齐抓共管的基础。因此，安全与生产虽然有时会出现矛盾，但在安全和生产管理的目标上却表现出高度的统一。在施工中必须树立安全第一的思想。"生产必须安全、安全为了生产"。管生产的同时管安全，要求各级领导人员明确安全管理责任，同时，也向一切与生产有关的机构、人员明确业务范围内的安全管理责任。由此可见，一切与生产有关的机构、人员，都必须参与安全管理并在管理中承担责任。认为安全管理只是安全部门的事，是一种片面的、错误的认识。

2. 坚持安全管理的目的性的原则

安全管理的内容是对生产中的人、物、环境因素状态的管理，有效地控制人的不安全行为和物的不安全状态，消除或避免事故，达到保护劳动者的安全与健康的目的。没有明确目的的安全管理是一种盲目行为，它势必会纵容威胁人的安全和健康向更为严重的方向发展变化。这种盲目管理还会麻痹人的安全意识，使人丧失警惕，危害甚大。因此，安全管理必须建立健全安全施工的有关制度，使安全标准化、制度化。如安全生产责任制、安全生产教育制度、安全检查制度、安全技术设施计划制度及伤亡事故的调查和处理制度等等。要建立安全保证体系，优化安全管理方法，强化安全教育，优化安全技术组织措施。

3. 预防为主，防患于未然的原则

安全生产的方针是"安全第一、预防为主"。进行安全管理不只是处理事故，而是在生产活动中，针对生产的特点，对生产因素采取措施，有效地控制不安全因素的发展与扩大，把可能发生的事故消灭在萌芽状态，以保证生产活动中人的安全与健康。

安全第一是从保护生产力的角度和高度，肯定安全在生产活动中的位置和重要性。从施工开始就要对人、财、物加以考虑，要有专门机构和专业安全员负责抓安全工作，要配置好足够的安全设备及设施。

贯彻预防为主，首先要端正对生产中不安全因素的认识，端正消除不安全因素的态度，选择消除不安全因素的时机。在安排与布置生产内容的时候，针对施工生产中可能出现的危险因素，采取有效措施予以消除。在生产活动过程中，应明确责任，经常检查、发现不安全因素，及时采取措施，快速坚决的予以消除，是安全管理应有的鲜明态度。

4. 坚持动态安全管理的原则

安全管理不是少数人和安全机构的事，而是一切与生产有关的人共同的事。缺乏全参与，安全管理不会有生气、不会出现好的管理效果。在生产活动中，坚持全员、全过程、全方位、全天候的动态安全管理。全员的参与，将会使我们更好更多的发现各种不安全因素，集思广益，及时消除不安全因素。当然，这并非否定安全管理第一责任人和安全机构的作用，而是更加强化了这种作用。

5. 安全管理重在控制的原则

进行安全管理的目的是预防、消灭事故，防止或消除事故伤害，保护劳动者的安全与健康。事故的发生，是由于人的不安全行为运动轨迹和物的不安全状态运动轨迹的交叉而产生的。从事故发生的原理看，也说明了对生产状态进行控制，对生产中人的不安全行为和物的不安全状态的控制，必须看作是动态安全管理的重点。

6. 在管理中发展与提高

安全管理是在变化着的生产活动中的管理，其管理活动是在不断发展、不断变化、螺旋上升的过程中，适应变化的生产活动，消除新的危险因素。同时，更需要不断摸索新的规律，总结管理、控制的经验，指导变化后的管理，从而使安全管理不断地上升到新的层次。

课题二　公路施工安全管理措施

安全管理是为施工项目实现安全生产开展的管理活动。施工现场的安全管理，重点是进行人的不安全行为与物的不安全状态的控制，落实安全管理决策与目标，以消除一切事故，避免事故伤害，减少事故损失为管理目的。安全管理措施是安全管理的方法与手段，管理的重点是对生产各因素状态的约束与控制。根据施工生产的特点，安全管理措施带有鲜明的行业特色。

一、进行安全立法执法和守法

项目实施人员首先应熟悉相关的法律法规，并在项目实施过程中严格执行；同时，应针对项目的特点，制定自己的安全管理制度，并以此为依据，对项目实施过程进行经常性的、制度化和规范化的管理。按照安全法规的规定进行工作，使安全法变为行动，产生效果。

二、落实安全责任，实施责任管理

安全生产责任制是企业各项安全生产规章制度的核心，是企业行政岗位责任制度和经济制度的重要组成部分，也是最基本的安全管理制度。它按照安全方针和“管生产必须管安全”的原则，将各级管理负责人、各职能部门和各岗位员工在安全方面所应做的工作及应负责任加以明确规定的一种制度，其核心是安全生产的“五同时”，即在计划、实施、检查、总结、评价施工生产的时候，同时进行计划、实施、检查、总结、评价安全工作。

1. 建立安全控制体系

建立安全控制组织机构，形成安全组织系统；建立和完善以项目经理为首的安全生产领导组织，有组织、有领导、有层次的开展安全管理活动。明确各部门、人员的职责，形成安全控制责任系统；配备必要的资源，形成安全控制要素系统。最终形成具有安全控制和管理功能的有机整体。

2. 建立安全生产责任制度

安全生产责任制，是指企业对项目经理部各级领导，各个部门、各类人员所规定的在他们各自职责范围内对安全生产应负责任的制度。其内容应充分体现责、权、利相统一的原则。建立以安全生产责任制为中心的各项安全管理制度，是保障安全生产的重要手段。安全生产责任制应根据“管生产必须管安全”，“安全生产人人有责”的原则。明确各级领导，各职能部门和各类人员在施工生产活动中应负的安全责任。认真抓好制度落实，定期检查安全责任落实情况，及时补偿并进行总结，不断提高安全工作质量。这些人员包括项目经理、作业队长、班组长、操作工人、分包人。

(1)项目经理是施工项目安全管理的第一责任人，负责施工生产中物的状态审验与认可，承担物的状态漏验、失控的管理责任，接受由此而出现的经济损失。

(2)各级职能部门、人员，在各自业务范围内，对实现安全生产的要求负责。安全生产责任落实情况的检查，应认真、详细地记录，作为分配、补偿的原始资料之一。

(3)全员承担安全生产责任，建立安全生产责任制，从经理到工人的生产系统做到纵向到底，一环不漏。各职能部门、人员的安全生产责任做到横向到边，人人负责。一切管理、操作人员均需与施工项目经理签订安全协议，向施工项目经理做出安全保证。

3. 坚持"持证上岗"制度

一切从事生产管理和操作人员，依照其从事的生产内容，分别通过企业、施工项目的安全审查，取得安全操作资格认可证，持证上岗。

电工、电焊工、架子工、司炉工、爆破工、机操工、起重工、机械司机、机动车辆司机等特殊工种工人，特种作业人员，除经过企业的安全审查外，还需按规定参加安全操作考核，取得监察部门核发的《安全操作合格证》后，方可上岗作业。施工现场如果出现特种作业无证上岗现象时，施工项目经理必须承担管理责任。

4. 给予职工的拒绝权

(1)在安排施工生产任务时，如不安排安全生产措施，职工有权拒绝上岗。

(2)现场条件有变化，安全措施跟不上，职工有权拒绝施工。

(3)干部违章指挥，职工有权拒绝服从。

(4)设备安全保护装置不安全，职工有权拒绝操作。

(5)在作业地点条件发生恶化，容易造成事故的条件下，不采取相应的措施，职工有权拒绝进入作业地点。

三、安全教育与训练

安全教育与训练是进行人的行为控制的重要方法和手段。进行安全教育与训练要适时、宜人，内容合理，方式多样，形成制度。组织安全教育与训练要做到严肃、严格、严密、严谨，讲求实效。

1. 一切管理、操作人员应具有的基本条件和素质

(1)具有合法的劳动手续。临时性人员须正式签订劳动合同，接受入场教育后，方可进入施工现场和劳动岗位。

(2)没有痴呆、健忘、精神失常、癫痫、脑外伤后遗症、心血管疾病、晕眩，以及不适于从事操作的疾病。

(3)没有感官缺陷，感性良好。有良好的接受、处理、反馈信息的能力。

(4)具有适于不同层次操作所必需的文化。

(5)输入的劳务必须具有基本的安全操作素质。经过正规训练、考核、输入手续完善。

2. 安全教育与训练的目的

进行安全教育与训练，能增强人的安全生产意识，提高安全生产素质，有效地防止人的不安全行为，减少人的失误。安全教育、训练是进行人的行为控制的重要方法和手段。

(1)安全知识教育不仅使操作者了解、掌握生产操作过程中潜在的危险因素及防范措施。

(2)安全技能训练能逐渐使操作者逐渐掌握安全生产技能,获得完善化、自动化的行为方式,减少操作中的失误现象。

(3)安全意识教育在于激励操作者自觉坚持实行安全技能。

3. 安全教育的主要方式

安全教育的目的不仅是使操作者掌握安全知识,而且使其能够正确认真地在作业过程中表现出安全的行为。因此,进行安全教育、训练要适时、宜人、内容合理、方式多样,形成制度。组织安全教育、训练应做到严肃、严格、严密、严谨,讲求实效。

(1)广泛开展安全生产的宣传教育,使全体员工真正认识到安全生产的重要性和必要性,懂得安全生产和文明施工的科学知识,牢固树立安全第一的思想,自觉遵守各项安全生产法律法规和规章制度。

(2)新工人入场前必须完成三级安全教育。对见习生的入场三级安全教育,侧重于一般安全知识、生产组织原则、生产环境、生产纪律等,强调操作的非独立性。对民工三级安全教育,侧重于生产组织原则、生产环境、生产纪律和操作标准。

(3)结合施工生产的变化,诸如节假日前后、上岗前、事故后或工作对象发生改变等,应适时地进行针对性的安全教育。

(4)教育培训应按等级、层次和工作性质不同分别进行,对从事特种作业的人员应按规定进行资格考核和专业培训。

(5)建立经常性的安全教育培训考核制度,考核成绩要记入员工档案。

(6)特殊工种工人,除一般安全教育外,还要经过专业安全技能培训,经考试合格持证后,方可独立操作。

(7)采用新技术、新工艺、新设备施工和调换工作岗位时,也要进行安全教育,未经安全教育培训的人员不得上岗操作。

4. 安全教育与培训的内容

安全教育与训练包括知识、技能、意识三个阶段的教育。安全教育的内容是根据实际情况确定的,有其一定的目的性,具体分为以下内容:

(1)施工管理人员的安全专业技能培训。

(2)岗位的安全技术操作规程培训。

(3)施工现场的安全规章、文明施工制度培训。

(4)特种作业人员的安全技术操作规程及措施培训。

(5)新工艺、新材料、新技术、新设备在实施过程中特定的安全技术规定培训。

(6)安全保证计划中针对性安全措施要求培训。

(7)特定环境中安全注意事项培训。

(8)对潜在的事故隐患或发生紧急情况时,采取防范及自我解救措施培训。

5. 加强教育管理,增强安全教育效果

(1)教育内容全面,重点突出,系统性强,实践性强,抓住关键反复教育。

(2)反复实践,养成自觉采用安全的操作方法的习惯。

(3)使每个受教育的人,了解自己的学习成果;鼓励受教育者树立坚持安全操作方法的信心,养成安全操作的良好习惯。

(4)告诉受教育者怎样做才能保证安全,而不是不应该做什么。

(5)奖励促进,巩固学习成果。

四、安全检查

1. 安全检查目的

安全检查是指企业安全生产监察部门或项目经理部对企业贯彻国家安全生产法律法规的情况、安全生产情况、劳动条件、事故隐患等所进行的检查。安全检查与考核的目的是及时发现、处理、消除不安全因素，检查执行安全法规的状况，验证计划的实施效果，从而进行安全改进，清除隐患，提高安全控制水平。

2. 安全检查形式

安全检查是发现不安全行为和不安全状态的重要途径，是消除事故隐患，落实整改措施，防止事故伤害，改善劳动条件的重要方法。安全检查的形式有定期安全检查、突击性安全检查和特殊检查。定期安全检查是指列入安全管理活动计划，有较一致时间间隔的安全检查；突击性安全检查是指无固定检查周期，对特别部门、特殊设备等进行安全检查；特殊检查是指对预料中可能会带来新的危险因素的新安装设备、新采用的工艺、新完成的项目，以发现危险因素为专题的安全检查。

3. 安全检查内容与方法

施工项目的安全检查由项目经理组织进行。安全检查的内容包括安全生产责任制、安全保证计划、安全组织机构、安全保证措施、安全技术交底、安全教育、安全持证上岗、安全设施、安全标识、操作行为、违规管理、安全记录等。安全检查的重点是违章指挥和违章作业。

安全检查方法常用的有一般检查方法和安全检查表法。

1)一般方法

常采用看、听、嗅、问、测、验、析等方法。

看：看现场环境和作业条件，看实物和实际操作，看记录和资料等。

听：听汇报、听介绍、听反映、听意见或批评，听机械设备的运转响声或承重物发出的微弱声等。

嗅：对挥发物、腐蚀物、有毒气体进行辨别。

问：对影响安全问题，详细询问，寻根究底。

查：查明问题、查对数据、查清原因，追查责任。

测：测量、测试、监测。

验：进行必要的试验或化验。

析：分析安全事故的隐患、原因。

2)安全检查表法

安全检查表法是一种原始的、初步的定性分析方法，它通过事先拟定的安全检查明细表或清单，对安全生产进行初步的诊断和控制。安全检查表通常包括检查项目、内容、回答问题、存在问题、改进措施、检查措施、检查人等内容。

4. 安全检查后的整改

安全检查与考核的目的是及时发现、处理、消除不安全因素。消除危险因素的关键环节，在于认真地整改，真正地、确确实实地把危险因素消除。安全检查后应编制安全检查报告，说明已达标项目、未达标项目、存在问题、原因分析、纠正和预防措施。对于一些由于种种原因而一时不能消除的危险因素，应逐项分析，寻求解决办法，安排整改计划，尽快予以消除。

安全检查后的整改，要坚持“三定”和“不推不拖”，不使危险因素长期存在而危及人的安全。

“三定”指的是对检查后发现的危险因素的消除态度。“三定”即定具体整改责任人，定解决与改正的具体措施，定消除危险因素的整改时间。在解决具体的危险因素时，凡借用自己的力量能够解决的，不推脱、不等不靠，坚决组织整改。自己解决有困难时，应积极主动寻找解决的办法，争取外界支援以尽快整改，不把整改的责任推给上级，也不拖延整改时间，以尽量快的速度，把危险因素消除。

五、作业标准化

在操作者产生的不安全行为中，由于不知道正确的操作方法，为了干的快些而省略了必要的操作步骤，支持自己的操作习惯等原因所占比例很大。按科学的作业标准规范人的行为，有利于控制人的不安全行为，减少人的失误。

1. 作业标准的制定原则

(1)采取技术人员、管理人员、操作者三结合的方式，根据操作的具体条件制定作业标准。坚持反复实践、反复修订后加以确定的原则。

(2)作业标准要明确规定操作程序、步骤。怎样操作、操作质量标准、操作的阶段目的、完成操作后物的状态等，都要做出具体规定。

(3)尽量使操作简单化、专业化，尽量减少使用工具、夹具次数，以降低操作者熟练技能或注意力的要求。使作业标准尽量减轻操作者的精神负担。

(4)作业标准必须符合生产和作业环境的实际情况，不能把作业标准通用化。不同作业条件的作业标准应有所区别。

(5)作业标准要考虑到人的身体运动特点和规律；作业场地布置要考虑道路、照明、通风的合理分配，机、料具位置固定，作业方便，应符合人机学的要求。

2. 反复训练

讲求训练方法和程序，宜以讲解示范为先，符合重点突出、交待透彻的要求。边训练边作业，巡检纠正偏向。

先达标、先评标、先报偿，不强求一致。

多次纠正偏向，仍不能克服习惯操作、操作不标准的，应得到负报偿。

六、建立安全技术交底制度

施工人员了解工程的规模、特点，明确施工任务、质量标准、安全措施等。把拟建工程的设计内容、施工计划和施工技术等要求，详尽地向施工队组和工人讲解项目部在进行工程技术交底的同时要进行安全技术交底。根据安全措施要求和现场实际情况，各级管理人员需亲自逐级进行书面交底，职责明确，落实到人。

1. 安全技术交底的基本要求

(1)项目经理部必须实行逐级安全技术交底制度，纵向延伸到班组全体作业人员。项目部主任工程师做现场总交底，分部、分项工程交底由技术主管向生产副经理或栋号长、工长交底，栋号长、工长向劳务队长或班组长交底，班组长依据书面交底口头向施工人员进行交底。责任工程师要对劳务承包方的班组进行分部分项工程安全技术交底，并监督指导其安全操作。

(2)技术交底必须具体、明确，针对性强。安全技术交底须根据工程实际需要编写，由交底人填写齐全，并一式多份，其中交底人、接交底人、安全员必须人手一份。每一个作业活动的安全技术交底必须细致、全面、有针对性，需要绘制示意图时，须由编制交底人依据规范和现场实际情况绘制。

(3)技术交底的内容应针对分部分项工程施工中作业人员带来的潜在隐含危险因素和存在问题。

(4)应优先采用新的安全技术措施。

(5)应将工程概况、施工方法、施工程序、安全技术措施等向工长、班组长进行详细交底。

(6)定期向由两个以上作业队和多工种进行交叉施工的作业队伍进行书面交底。

(7)保存书面安全技术交底签字记录。交底完成后，所有接交底人员必须在交底书背面签字并交由项目部安全管理员存档。

(8)安全技术交底的执行原则是谁交底谁负责监控交底的运行情况，做到及时跟踪检查。

2. 安全技术交底的主要内容

(1)本施工项目的施工作业点和危险点。

(2)针对危险点的具体预防措施。

(3)应注意的安全事项。

(4)相应的安全操作规程和标准。

(5)发生事故后应及时采取的避难和急救措施。

七、安全事故的调查与处理

(1)发生事故后，以严肃、科学的态度去认识事故，实事求是地按照规定、要求报告。不隐瞒、不虚报，不避重就轻是对待事故科学、严肃态度的表现。

(2)积极抢救负伤人员的同时，保护好事故现场，以利于调查事故原因，从事故中找到生产因素控制的差距。

(3)分析事故，弄清发生过程，找出造成事故的人、物、环境状态方面的原因。分清造成事故的安全责任，总结生产因素管理方面的教训。

(4)以事故为例，召开事故分析会进行安全教育。使所有生产部位、过程中的操作人员，从事故中看到危害，激励他们的安全生产动机。从而在操作中自觉地实行安全行为，主动地消除物的不安全状态。

(5)采取预防类似事故重复发生的措施，并组织彻底的整改；使采取的预防措施，完全落实。经过验收，证明危险因素已完全消除时，再恢复施工作业。

(6)未造成伤害的事故(未遂事故)。未遂事故就是已发生的，违背人们意愿的事件，只是未造成人员伤害或经济损失。然而其危险后果是隐藏在人们心理上的严重创伤，其影响作用时间更长久。未遂事故同样暴露安全管理的缺陷、生产因素状态控制的薄弱。因此，未遂事故要如同已经发生的事故一样对待，应调查、分析、处理妥当。

课题三　公路工程施工安全技术措施

安全技术措施重点解决具体的生产活动中的危险因素，预防与消除事故危害。发生事故后，安全技术措施的重点是防止事故扩大，尽量减少事故损失，避免引发其他事故。安全技术与工程技术是不可割裂的。因此，要求“管生产同时管安全”。

一、常规安全技术措施

安全技术是改善生产工艺，改进生产设备，控制生产因素不安全状态，预防与消除危险因素对人产生的伤害的科学武器和有力手段。安全技术包括为实现安全生产的一切技术方法与措施，以及避免损失扩大的技术手段。

1. 安全从技术角度的分类

(1)工程结构本身的安全性，它与工程设计和施工技术有关。

(2)施工设备的安全性，它与设备供应商的设计、制造以及使用者的操作技术有关。

(3)施工过程中的设施、工具的安全性，如脚手架、基坑支护的安全设计与施工。

(4)施工现场与个人保护措施，他们主要与现场的技术管理有关。

2. 安全技术措施标准

(1)防止人失误的能力，是否能有效的防止工艺过程、操作过程中，导致产生严重后果的人的失误。

(2)控制人失误后果的能力，即使出现人的失误或险情，也不致发生危险。

(3)防止故障或失误的传递能力，即使发生了故障或失误，也能够防止引起其他故障和失误，避免故障或失误的扩大与恶化。

(4)故障、失误后导致事故的难易程度至少有两次相互独立的失误、故障同时发生，才能引发事故的保证能力。

(5)承受能量释放的能力对偶然、超常的能量释放，有足够的承受能力，或具有能量的再释放能力。

(6)防止能量蓄积的能力采用限量蓄积和溢放，随时卸掉多余能量，防止能量释放造成伤害。

3. 安全技术措施优先顺序

在采取安全技术措施时，应遵循预防性措施优先选择，根治性措施优先选择，紧急性措施优先选择的原则，依次排列。以保证采取措施与落实的速度，也就是要分出轻、重、缓、急。

安全技术措施的优选顺序为根除危险因素→限制或减少危险因素→隔离、屏蔽、联锁→故障、全设计→减少故障或失误→校正行动。

1)根除、限制危险因素

选择合理的设计方案、工艺，选用理想的原材料和本质安全的设备，并控制与强化长期使用中的状态，从根本上解决对人的伤害作用。

2)隔离、屏蔽危险因素

以空间分离或物理屏蔽，把人与危险因素进行隔离，防止能量与人体接触，防止伤害事故或导致其他事故。

3)故障、安全设计

发生故障、失误时，在一定时间内，系统仍能保证安全运行。系统中优先保证人的安全，依次是保护环境、保护设备和防止机械能力降低。

4)减少故障和失误

设立安全监控系统、提高安全系数和提高可靠性是经常采用的减少故障和失误的措施。

5)校正行动

生产区域内的一切人员，需要经常的意识或注意生产因素的变化、警惕危险因素的存在。

采用视、听、味、触警告，以校正预防危险的行动。

二、桥涵施工安全技术措施

1. 桩基施工

首先要做好河道内的防洪抢险工作。河道的主要用途是排涝防洪。对于季节性河流，从计划安排上要避开汛期施工，如果因特殊情况部分桩基需要在汛期施工时，要与当地水利保持经常性联系，遇有险情，施工设备和人员可及时撤离到安全地带。

2. 围堰打桩

围堰设计必须满足河道最高水位和有利于洪汛期施工，要设专人值班，现场必须备足物资。

3. 墩台施工

高度超过2m时，四周应设作业平台和护身栏杆；作业人员上下墩台时，应走专用马道，禁止沿脚手架爬行。

4. 大梁安装

单片梁安装就位后，禁止人员在上边行走；整跨梁安装完毕，应立即采取临边防护措施，正式桥梁栏杆安装之前，临边防护设施不得拆除。

5. 桥梁上部结构

桥梁上部结构施工时，两端应设警告标志和围挡，防止非施工车辆和人员进入。

三、大型构筑物基槽开挖和砌筑

(1) 基槽开挖深度在1.5～6.0m范围内，应视土质情况放坡；深度超过6.0m或虽不超过6.0m，条件又不允许放坡时，应编制单项施工方案。

(2)基槽边1.0m范围内不准堆放土石和其他材料，基槽周围松动的土石块应随时清除干净，防止坠落伤人。

(3)构筑物砌筑时，每天砌筑高度不宜大于1.8m，相邻两段砌筑高差不宜大于1.2m，砌筑作业面应水平增长，保证砌体的整体强度。

(4)砌体高度超过1.5m时，应搭设作业平台，高度超过2.0m时，应搭设垂直运输设施和脚手架，其技术要求应符合有关规范标准。

(5)石料装卸运输过程中，防止超载和遗洒，搬运时要量力而行，防止砸伤；正在砌筑的挡墙上，石料堆放不能超过两层，距挡墙边1.0m范围内不准堆放石料。

四、沥青作业中的安全措施

(1)沥青作业人员应事先进行体格检查。患眼病、喉病、皮肤病及对沥青有过敏反应的人不宜参加沥青作业。

(2)直接接触到沥青的作业人员，应按要求佩戴个人防护用品(如工作服、过滤式呼吸器、防护眼镜、围裙、隔垫鞋等)。工作结束后，应对全身进行沐浴冲洗。

(3)人工熬制、喷洒沥青时，应站在上风口作业，防止喷溅到皮肤上。用烙铁修补路面的人员，防止烙铁烫伤以及火源与沥青接触引起火灾。

五、爆破作业的安全措施

(1)爆破工程的施工方案必须报请当地公安机关批准后，方能组织实施。

(2)爆破工程的作业人员必须经公安机关或公安机关指定的部门培训,考试合格后,持有县级以上公安机关核发的有效操作证件,才能参加施工。

(3)爆破点距村庄太近时,必须采取防震措施:一是分散爆破点,每隔50m左右设一个爆破点,依此循环进行;二是减少装药量;三是采用表层震动爆破法等,减轻震动波。

(4)爆破点上空有高压走廊横穿路基时,必须采取防护措施;在采取防护措施的同时,在爆破点上部用草袋子、胶管帘和安全网三层覆盖,并用钢钎将网绳固定在石缝中,保证爆破碎石飞掷高度不超过1.0m,以保证高压走廊的安全运行。

(5)每一次爆破作业结束后,必须对现场进行认真的清理,防止瞎炮和爆炸物的丢失。

六、隧道施工安全措施

1. 一般规定

进洞前应先稳定好洞口的边坡和仰坡,做好天沟、边沟等排水设施,确保地表水不致危及隧道的施工安全。所有进入隧道工地的人员,必须配戴安全防护用品,遵章守纪,听从指挥。遇有不良地质地段施工时,应按照先治水、短开挖、弱爆破、先护顶、强支护、早衬砌的原则稳步前进。

2. 开挖、凿孔及爆破

开挖前应先检查支护、顶板和两帮是否牢固稳定,如有危险应先行排除。钻眼时,应先检查风钻(电钻)是否正常,严禁在残眼中继续钻眼。钻孔台车行走时应将钻架和机具都收拢到放置位置,就位时要刹住车轮,放下支柱,防止移动。

爆破作业除执行爆破作业安全措施的规定外,隧道接近贯通时,一端装药放炮时,另一端人员应撤离到安全地点。

3. 支护与衬砌

洞内支护宜随挖随支护,支护至开挖面的距离一般不得超过4m;如遇石质破碎、风化严重和土质隧道时,应尽量缩小支护工作面。

衬砌使用的脚手架、工作平台、跳板、梯子等应安装牢固,不得有露头的钉子和突出的尖角。采用模板台车进行全断面衬砌时,台车距开挖面的距离不得小于260m,台车下的净空应能保证运输车辆的顺利通行。混凝土灌筑时,必须两侧对称进行。

七、施工机械安全防护

1. 基本安全要求

(1)各种机械设备的操作人员必须经过相应部门组织的安全技术操作规程培训,考试合格后,持有效证件上岗。

(2)机械操作手上岗前,要进行身体健康状况检查,有禁忌病症的人员,不准从事机械操作工作。

(3)机械操作人员工作前,应对所使用的机械设备进行安全检查,严禁带病使用,严禁酒后作业。

(4)机械操作人员只要离开机械设备,必须按规定将机械平稳停放于安全位置,并将驾驶室锁好,或把电器设备的控制箱拉闸上锁。

(5)严禁在行走机械的前后方休息(包括乘凉、午睡),行走前应检查周围情况,确认无障碍时鸣笛操作。

2. 土方机械施工安全要求

1) 挖掘机作业安全要求

挖掘机作业时,应保持水平位置,行走机械予以制动;铲斗工作没结束时,不准旋转大臂和走轧进行装车作业时,铲斗应尽量接近车箱,但不得碰撞汽车的任何部位;汽车未停稳,司机未离开驾驶室时,不准装车;铲车装车升降时不能过猛。挖掘司机离开驾驶室时铲斗应停放落在地面上。挖掘机禁止用来起吊重物。在有地下管线的区域作业时,必须先用人工将地下管线探明并采取保护措施后,方准使用机械。

2) 推土机作业安全要求

推土机在斜坡上推土时,应先推土填平工作场地;坡道行驶时,要低档前进,并不得换档,也不准空档滑行;横向行驶坡度不得超过10°。沟槽边沿作业时,刀片不能超出沟槽边沿,并且要有专人指挥。在电杆附近推土时,电杆周围应保留一定的土堆,保证电杆的稳定。两台以上推土机在同一现场作业时,前后距离不得小于8m,左右距离不得小于1.5m。工作结束时,应将机械停放在平坦安全的地方,放下刀片,锁好门窗。

3) 压路机作业安全要求

压路机作业中,需要人工清除碾子上的粘物时,清理人员要站在两旁;禁止正面跟进,压路机工作时速不得大于5km/h。两台以上压路机在同一施工场地作业时,前后间距不得小于5m,左右不得小于1.5m。坡道上不得纵队行驶。作业中不得对其进行擦拭维修。作业后应将压路机停放在平坦坚实的地方,不得停放在土路边缘及斜坡上或妨碍交通的地方。

4) 平地机作业安全要求

平地机行驶的前方不得有坚实障碍物和人员行走或站立。转弯或调头时应用最低速度,下坡时不得用空档滑行;行驶时必须将刮刀片升到最高位置,并将其斜放,两端不得超出后轮外侧。作业后应停放于平坦安全的地方,并拉上制动器。

5) 装载、铲运机作业安全要求

装载、铲运机作业时禁止任何人上下机械或传递物件,行驶时应用低速档,并不得进行铲斗升降和翻转动作,严禁用铲斗载人。两台以上机械在同一场地作业时,应保持不小于5m的作业距离。上下坡道时应低速行驶,中途不得换档,行驶坡度不得大于6°。在坡道上不得进行维修保养作业,不得进行转弯、倒车和停车,车在坡上熄火时,应将铲斗落地,制动牢靠后,再起动行走。

3. 打桩机械作业安全要求

打桩机械打桩前,应对地下各种管线进行调查,并采取安全保护措施。打桩机安装必须平稳牢固,必要时应安装防风缆绳。桩机工作时,桩孔四周应设围栏防护,停机后,孔口应设置盖板防护。打桩机械的传动部位要有可靠的防护装置,制动装置必须齐全有效;否则,不准使用。打桩机兼作吊运钢筋笼使用时,应有专人指挥作业,防止作业人员坠入桩孔内,造成人员伤害。打桩机的电气部分,应单独设漏电开关和可靠的接零或接地保护。

4. 吊装机械作业安全要求

起重机作业时,工作场地应平整、坚实,并有排水措施;起重回转半径范围内不得有障碍物。夜间作业要有充足的照明设备。

起重机操作人员和信号指挥人员必须密切配合,指挥人员必须熟悉所指挥的起重机械的性能,被吊物的实际重量;操作人员必须执行指挥人员的信号指挥。起重机械的变幅指示器、力矩限制器、行程限位开关等安全保护装置,必须齐全完备可靠,不得随意调整和拆除,严禁用限位装置代替操纵机构进行操作。

起重作业时,重物下方不得有人员停留或通过。无论何种情况,严禁用起重设备吊运。严禁斜拉、斜吊或起吊埋设地下和凝固在地面上的重物,现场浇筑的混凝土构件,必须脱离模板后才能进行起吊。起吊构件,吊挂时应平稳,应用卡环不得用挂钩。吊挂位置选在适当处或在标明的位置上,钢丝绳与被吊物的夹角应大于45°。

跨过铁路线进行桥梁安装时,要编制特殊的吊装工程安全技术方案,并将方案报铁路部门批准同意。成立企业、政府、铁路部门等有关人员参加的现场指挥组,负责铁路观望和桥梁安装。在实施现场吊装的过程中,还应准备1~2套应急方案。

使用的钢丝绳必须有制造厂的质量合格证,钢丝绳的规格、直径、强度,必须符合该机的要求。卷筒上的钢丝绳应连接牢固,排列整齐,放出钢丝绳时,卷筒上必须保留三圈钢丝绳不得打环、打结、弯折和有接头。

5. 加工预制场站的设备安全防护

设备安装必须严格按照施工平面图和设备使用说明书进行。安装工作要有组织有计划,防止发生意外事故。设备安装完毕,必须进行综合试运转。试运转时,要有厂方人、工程技术人员、安装人员、操作使用人员联合参加,并办理验收手续,方准正式使用。

每个操作间应悬挂安全操作规程,操作人员必须严格按程序操作。每天工作前,操作人员要全面检查传动润滑、紧固、安全阀等安全装置,确认完好时方能上岗作业。巡查和辅助人员工作时,必须穿戴合格的劳保用品,人体和工具严禁进入传动部位轮、皮带机、搅拌鼓、吸风口等。作业中如发现故障需要检修时,必须切断电源,开关加锁,在有人监护的情况下进行边运转边检修,以免造成人身伤害。

在道路出入口、易燃易爆物品、重要安全装置处,要悬挂安全警告标志。

大型混凝土构件模板拆除后,应立即采取防倾覆支撑措施,两侧每隔6~10m有支撑。张拉梁板时,端头应有防护措施,作业人员应站在侧面监护仪表。浇筑梁板混凝土时,作业人员站在工作平台上,平台临边要设护栏防护。混凝土构件采用蒸气养护时,锅炉安装使用应符合《锅炉压力容器安全技术规范》的要求。室内工作时,要防止蒸气烫伤。

6. 路面施工机械作业安全要求

各种运输车辆在未竣工的路面上行驶,最大时速不得超过40km;小型机动翻斗车车速不得超过15km。严禁超载、超员。混凝土搅拌车行进中,严防搅拌鼓倒转时造成遗散;运转中的搅拌鼓应低速搅拌。

自卸汽车维修车箱顶升到位后,必须用木块垫实,防止失压时车箱回落造成人员伤害;在摊铺机工作时,非司机人员禁止在机上活动;熨平板上严禁站人。自卸汽车与沥青摊铺机要密切配合,汽车司机要服从指挥,保证沥青混凝土缓缓卸机。摊铺工作结束时,摊铺机应垂直于线路停放在路侧,并设专人警卫;摊铺机沿线路外100m处设警告标志,以防意外。

往压路机碾子上喷洒隔离剂的人员应在压路机左右两侧操作,严禁正面跟进。路面机械施工的区域内,要实行交通管制,非施工人员、车辆不准随便穿行。

7. 临时用电安全防护

(1)临时用电必须符合当地供电部门的有关安全运行规程。

(2)构件预制场、沥青混凝土搅拌站和电动设备集中使用的场所,应由技术人员编制临时用电施工组织设计,经技术负责人审核,主管部门批准后实施。

(3)在路面设计高程范围内和其他施工现场施工时,施工设施最高处与外电架空线路垂直距离应不小于表 8-1 所示。

施工设施最高处与外电架空线路最小垂直距离　　表 8-1

外电线路电压	1kV 以下	1～10kV	35kV
最小垂直距离(m)	6	7	6

(4)使用自备电源或与外电线路共用同一供电系统时,电气设备应根据当地要求作保护接零或作保护接地,不得一部分设备作保护接零,另一部分设备作保护接地。

(5)移动式发电机供电的用电设备,其金属外壳或底座,应与发电机电源的接地装置有可靠的电气连接。

(6)低压架空线必须采用绝缘铜线或铝线,架空线必须设在专用电杆上,严禁架设在树杆、脚手架上;施工现场的架空线最大弧垂距地不小于 4m。

(7)电缆线沿地面敷设时,不得采用老化脱皮的电缆线,中间接头应牢固可靠,保持绝缘强度;不得承受拉力,过路处要穿管保护,电源端必须设漏电保护装置。

(8)构件预制场,沥青混凝土搅拌站等集中用电场所配电箱,开关要分开设置,并采用两级漏电保护装置;配电箱、开关箱必须安装牢固,电具齐全完好,注意防尘。

(9)必须坚持一机一闸用电和下班断电加锁的原则。

(10)手持电动工具和单相回路的照明开关箱内必须装设漏电保护器,照明灯具的金属壳必须做接零保护。

(11)施工现场临时用电要定期进行检查,防雷保护、接地保护、变压器及绝缘强度,每季度测定一次;固定用电场所每月检查一次;移动式电动设备、潮湿环境和水下电器设备每天检查一次,对检查不合格的线路设备要及时维修或更换,严禁带故障运行。

课题四　公路施工安全事故预防

一、公路工程施工常见事故

根据资料统计表明,公路项目施工中常见的安全事故有以下几种:

(1)物体打击。如坠落物体、滚石、锤击、碰伤等。

(2)高空坠落。如从高架上坠落,或落入深坑、深井等。

(3)机械设备事故引起的伤害。如绞伤、碰伤、割伤等。

(4)车祸。如压伤、撞伤、挤伤等。

(5)坍塌。如临时设施、脚手架垮塌、岩石边坡塌方等。

(6)爆破及爆炸事故引起的伤害。如炸药、雷管、锅炉和其他高压容器爆炸引起的伤害等。

(7)起重吊装事故引起的伤害等。

(8)触电(包括雷击)事故。

(9)中毒、窒息。如煤气、油烟、沥青及其他化学气体引起的中毒和窒息。

(10)烫伤、灼伤。

(11)火灾、冻伤、中暑。

(12)落水等。

二、公路工程施工常见事故原因分析

发生安全事故不是偶然的,究其原因主要有:

(1)纪律松弛,管理混乱,有章不循或无章可循。

(2)现场缺乏必要的安全检查。

(3)从领导到群众思想麻痹。

(4)机械设备年久失修,开关失灵,仪表不准,超负荷运转或带病作业。

(5)缺乏安全技术措施。

(6)忽视劳动保护。

(7)工人操作技术不熟练,安全意识差,违章作业。

(8)领导违章指挥。

三、公路工程施工常见事故预防措施

安全工作要预防为主,消除事故隐患。小事故要当大事故抓;别人的事故要当自己的事故抓;险肇事故要当事故抓。另外,不应把搞好安全生产单纯看作技术性工作,而必须从思想上、组织上、制度上、技术上采取相应的措施,综合治理才能奏效。

1. 思想上重视

首先是项目部领导要重视。要批判"安全事故难免论"和"对安全生产漠不关心的官僚主义态度,纠正只管生产,不管安全;只抓进度,不抓安全;不出事故,不抓安全的错误倾向"。其次,要加强对职工进行安全生产的思想教育,使每个职工牢固树立"安全第一"的思想。

2. 建立健全安全生产规章制度

首先要建立安全生产责任制,健全各级项目部门的各级领导的安全管理责任制和职工的安全操作责任制,真正做到"安全生产,人人有责"。其次,要坚持安全生产检查制度。通过检查及时发现问题,堵塞事故漏洞,防患于未然。第三,要坚持安全生产教育制度。第四,要建立安全事故处理制度。事故发生后,应认真吸取教训,防止同类事故重复发生。对事故要按照"三不放过"的原则进行处理。即事故原因分析不清不放过;事后责任者和群众没有受到教育不放过;没有新的防范措施不放过。

3. 制订切实可行的安全技术措施

公路施工的安全技术措施,如针对土石方工程、高空作业、超重吊装以及采用新工艺、新结构工程的特点制订的安全技术规程;机械设备使用中的安全技术措施,如使用前通过检验排除隐患,按性能使用,超负荷运转应经过验算、加固和测试,以及加设安全保险、安全信号、危险警示和防护装置;改善劳动条件和作业环境的技术措施,如开展文明施工活动,做到施工现场整洁。

四、公路工程施工常见事故处理

施工生产场所发生伤亡事故,负伤人员或最先发现事故的人应立即报告项目领导。项目安全人员根据事故的严重程序及现场情况立即上报上级业务系统,并及时填写伤亡事故表上报企业。发生重大伤亡事故,各有关部门接到报告后,应立即转告各自的上级管理部门。其处理程序如下。

1. 抢救伤员，保护现场

事故发生后，现场人员切不可惊慌失措，要有组织，统一指挥。首先抢救伤员和排除险情，尽量制止事故蔓延扩大。同时注意，为了事故调查分析的需要，应保护好事故现场。如因抢救伤员和排除险情而必须移动现场构件时，还应准确做出标记，最好拍出不同角度的照片，为事故调查提供可靠的原始事故现场。

2. 成立调查组

企业在接到事故报告后，经理、主管经理、业务部门领导和有关人员应立即赶赴现场组织抢救，并迅速成立调查组开展调查。发生人员轻伤、重伤事故，由企业负责人或指定的人员组织施工生产、技术、安全、劳资、工会等有关人员组成事故调查组，进行调查。死亡事故由企业主管部门会同现场所在地区的市（或区）劳动部门、公安部门、人民检察院、工会组成事故调查组进行调查。重大死亡事故应按企业的隶属关系，由省、自治区、直辖市企业主管部门或国务院的有关主管部门，公安、监察、检察部门、工会组成事故调查组进行调查，也可邀请有关专家和技术人员参加。调查组成员中与发生事故有直接利害关系的人员不得参加调查工作。

3. 现场勘察

调查组成立后，应立即对事故现场进行勘察。因现场勘察是一项技术性很强的工作，它涉及广泛的科学技术知识和实践经验。因此勘察时必须及时、全面、细致、准确、客观地反映原始面貌，其勘察的主要内容有：

（1）作出笔录

①发生事故的时间、地点、气象等。

②现场勘察人员的姓名、单位、职务。

③现场勘察起止时间、勘察过程。

④能量遗散处造成的破坏情况、状态、程度。

⑤设施设备损坏或异常情况及事故发生前的位置。

⑥事故发生前的劳动组合，现场人员的具体位置和行动。

⑦重要物证的特征；位置及检验情况等。

（2）实物拍照

①方位拍照：反映事故现场周围环境中的位置。

②全面拍照：反映事故现场各部位之间的联系。

③中心拍照：反映事故现场的中心情况。

④细目拍照：提示事故直接原因的痕迹物、致害物等。

⑤人体拍照：反映伤亡者主要受伤和造成伤害的部位。

（3）现场绘图

根据事故的类别和规模以及调查工作的需要应绘制出下列示意图：

①建筑物平面图、剖面图。

②事故发生时人员位置及疏散（活动）图。

③破坏物立体图或展开图。

④涉及范围图。

⑤设备或工、器具构造图。

4. 分析事故原因，确定事故性质

事故调查分析的目的，是为了通过认真调查研究，弄清事故原因，以便从中吸取教训，采取相应措施，防止类似事故重复发生，分析的步骤和要求有以下几点：

(1)通过详细的调查，查明事故发生的经过。要弄清事故的各种产生因素，如人、物、生产和技术管理、生产和社会环境、机械设备和状态等方面的问题，经过认真、客观、全面、细致、准确地分析，确定事故的性质和责任。

(2)事故分析时，首先整理和仔细阅读调查材料，对受伤部位、受伤性质、起因物、致害物、伤害方法、不安全行为和不安全状态等7项内容进行分析。

(3)在分析事故原因时，应根据调查所确认的事实，从直接原因入手、逐步深入到间接原因。通过对原因的分析，确定出事故的直接责任者和领导责任者，根据在事故发生中的作用，找出主要责任者。

(4)确定事故的性质。工地发生伤亡事故的性质通常可分为责任事故、非责任事故和破坏性事故。事故的性质确定后，也就可以采取不同的处理方法和手段。

(5)根据事故发生的原因，找出防止发生事故的具体措施，并应定人、定时间、定标准，完成措施的全部内容。

5. 写出事故调查报告

事故调查组完成上述几项工作后，应立即把事故发生的经过、原因、责任分析和处理意见及本次事故的教训、估算和实际发生的损失，对本事故单位提出的改进安全生产工作和意见及建议写成文字报告，经全调查组同志会签后报有关部门审批。如组内意见不统一，应进一步弄清事实，对照政策法规反复研究，统一认识。不可强求一致，但报告上应言明情况，以便上级在必要时进行重点复查。

6. 事故的审理与结案

对事故的审理和结案的要求有以下几点：

(1)事故调查处理结论报出后，须经当地有审批权限的机关审批后方能结案，并要求伤亡事故处理工作在90d内结案，特殊情况也不得超过180d。

(2)对事故责任的处理，应根据事故情节轻重、各种损失大小、责任轻重加以区分，予以严肃处理。

(3)清理资料进行专案存档，事故调查和处理资料是用鲜血和教训换来的，是对职工进行教育的宝贵资料，也是伤亡人员和受到处罚人员的历史资料，因此应完整保存。

存档的主要内容有：

①职工伤亡事故登记表。

②职工重伤、死亡事故调查报告书、现场勘察资料记录、图纸、照片等。

③技术鉴定和试验报告。

④物证、人证调查材料。

⑤医疗部门对伤亡者的诊断及影印件。

⑥事故调查组的调查报告。

⑦企业或主管部门对其事故所作的结案申请报告。

⑧受理人员的检查材料。

⑨有关部门对事故的结案批复等。

课题五　文明施工与环境保护

一、环境保护的意义

在项目进行过程中，要重视环境保护。改善项目环境无论是对项目本身，还是对社会都是非常重要的，其意义体现在以下几个方面：

(1)保护和改善项目环境是保证人们身体健康的需要。有些项目可能会对周边环境产生严重影响。例如粉尘污染，就可能会使作业人员患职业性肺病；噪声污染会干扰人的睡眠，引起人体紧迫的反应，如长期连续在强噪声的环境中会损害人的听觉系统，造成听力损伤，甚至会造成神经系统紊乱等。所以，对可能会影响人体健康的项目环境必须进行保护和改善，这是保障人们身体健康的一项重要任务。

(2)保护和改善环境是保证项目顺利进行的需要。就项目内部而言，通过保护和改善环境，使项目参与者能在一个良好的环境中进行工作，这无疑对项目的顺利进行是非常有利的。而就项目外部而言，通过保护和改善环境，可以最大限度地减少来自外部的干扰，使项目顺利进行。

(3)保护和改善项目环境是项目参与者应尽的职责。保护和改善项目环境事关国计民生，作为项目的参与者责无旁贷。国家就环境保护问题颁布了相关法规，因此保护环境是国家的要求，是施工企业的行为准则。

(4)保护和改善项目环境是现代化大生产的客观要求。现代化大生产广泛应用新设备、新工艺、新材料，这些对环境质量要求很高。例如粉尘、振动超标就可能损坏设备，影响功能发挥。

二、环境保护的措施

1. 实行环境保护目标责任制

环境保护目标责任制是指将环境保护指标以责任书的形式层层分解到有关部门和人员并列入岗位责任制，形成环境保护自我监控体系。项目经理是环境保护的第一责任人，是项目环境自我监控体系的领导者和责任者。

2. 加强检查和监控工作

项目对环境的影响程度，需要通过不断检查和监控加以掌握。只有掌握了项目环境的具体情况，才能采取有针对性的措施。例如，在工程项目进行过程中，就应加强对项目现场的粉尘、噪声、污水等的监测和监控工作，并根据污染情况采取措施加以消除。

3. 进行综合治理

一方面要采取措施控制污染；另一方面，应与外部的有关单位、人员及环保部门保持联系，加强沟通。要统筹考虑项目目标的实现与环境保护问题，使两者达到高度的统一。

4. 严格执行相关法律法规

国家、地区、行业和企业在环境保护方面颁布了相应的法律、法规。项目管理者应掌握这些法律、法规，并在项目进行过程中严格执行。

5. 采取有效技术措施

在进行项目计划时，必须提出有针对性的技术措施，在项目进行过程中应按计划实施技术措施,并根据具体情况加以调整。

例如,对于工程项目来说,就可以采取以下几方面措施。

(1)防止大气污染

施工现场垃圾要及时清理出场。应搭设封闭式专用垃圾道,采用容器吊运或将永久性垃圾道随结构安装好以供施工使用,严禁凌空随意抛撒。

施工现场道路采用焦渣、级配砂石、粉煤灰级配砂石、沥青混凝土或水泥混凝土等,有条件的可以利用永久性道路,并指定专人定期洒水清扫,防止道路扬尘。

袋装水泥、白灰、粉煤灰等易飞扬的细颗粒散体材料,应在库内存放;室外临时露天存放时,必须下垫上盖,防止扬尘。除设有符合相关规定的装置外,禁止在施工现场焚烧油毡、橡胶、皮革、树叶等以及其他会产生有毒、有害烟尘的物质。

施工现场的混凝土搅拌站是防止大气污染的重点。有条件的应修建集中搅拌站,利用计算机控制进料、搅拌和输送全过程,在进料仓上方安装除尘器。采用普通搅拌站时,应将搅拌站封闭严实,尽量不使粉尘外扬,并利用水雾除尘。

(2)防止水源污染

禁止将有毒有害废弃物作为土方回填;施工现场搅拌站的废水、电石的污水经沉淀后再排入污水管道或河流,当然,最好采取措施回收利用。现场存放的油料,必须对库房地面进行防渗处理,防止油料跑、冒、滴、漏,污染水体。化学药品、外加剂等应妥善保管,库内存放时防止污染环境。

(3)防止噪声污染

防止噪声污染措施主要包括:严格控制人为噪声,进入施工现场不得高声喊叫,无故甩打模板,最大限度地减少噪声扰民;在人口稠密区进行强噪声作业时,应严格控制作业时间;采取措施从声源上降低噪声,如尽量选用低噪声设备和施工工艺代替高噪声设备与设施工艺,如低噪声振捣器、风机、空压机、电锯等;在声源处安装消声器消声;采取吸声、隔声、隔振和阻尼等声学处理的方法,在传播途径上控制噪声。

三、文明施工

"细节决定成败"——这是近年来企业管理中非常流行的管理理念,施工中的细节最能体现一个企业的文明程度,它能让客户直观地对一个施工企业产生深刻认识,文明施工无小事,是企业生存发展的必要条件,文明施工是衡量企业素质和管理水平的综合反映。

1. 健全管理组织

施工现场成立以项目经理为组长,项目总工、施工负责人、班组负责人、生产、技术、安全、消防、保卫、材料、行政卫生等管理人员为成员的施工现场文明施工管理组织,健全各项管理制度。

(1)岗位责任制。文明施工按专业岗位区分,分片管理,分别建立岗位责任制,项目经理是文明施工的第一责任人,全权负责整个施工现场的文明施工管理工作,施工现场其他人员一律按责任分工,实行个人岗位责任制。

(2)经济责任制。把文明施工列入单位经济承包责任制中,与检查考核挂钩。

(3)检查制度。定期分专业、按标准全面检查,按规定填写考评结果,张榜公布。对施工现场的文明施工管理采取综合考评与专业检查相结合的方法。班组实行自检、互检、交接检制度。现场要做到自产自清、日产日清、工完场清的标准。

(4)奖惩制度。文明施工管理实行奖惩制度,制订详细的奖惩细则,并坚持按奖惩制度兑现。

(5)持证上岗制度。工地食堂有卫生许可证,炊事员有健康证、体检合格证,医生有行医资格证书。

(6)会议制度。施工现场坚持文明施工会议制度,定期分析文明施工情况,针对实际发生的情况,制订相应的措施,协调解决文明施工中出现的问题。

(7)各项专业管理制度。文明施工是一项综合性的管理工作,除建立文明综合管理制度外,还须建立健全质量、安全、消防、保卫、机械场 、卫生、料具、环保、民工管理等制度,以及保管员岗位责任制、库存物资盘点检查制度、仓库收发料制度、库存物资维护保养制度和安全保卫防范制度等。

2. 健全资料管理

(1)上级及业主关于文明施工的标准、规定、法律法规等资料齐全。

(2)施工现场的施工日志中要有文明施工的内容。

(3)文明施工的自检资料应完整,填写内容要真实,签字手续齐全。

(4)文明施工教育、培训,考核记录均应有计划,有资料。

(5)文明施工活动记录,例会记录,综合评比记录。

(6)施工管理各方面专业资料。

3. 开展竞赛

项目经理部内部及各个施工班组之间要开展文明施工竞赛活动。竞赛形式多样化,并与检查、考评、奖惩相结合,评比结果公布于众。

4. 加强培训教育工作

要求现场工作人员坚持岗位练兵,并且要派出去,请进来,通过短期培训、上技术课、登黑板报、上宣传栏、听广播、看录像、看电视相结合等方法狠抓教育工作。专业管理人员要熟悉掌握文明施工标准。

5. 文明施工措施

(1)开工前必须按要求搞好"三通一平"和施工组织设计。施工组织设计中要有文明施工措施。

(2)施工现场应封闭施工。围档围墙要稳固、整洁、美观。主进出口门头设企业标志,两侧要挂"五牌一图"(工程概况牌、管理人员名单及监督电话牌、消防保卫牌、安全生产牌、文明施工牌和施工现场平面图),标牌应规范、整齐。进入施工现场人员应着装利索、清洁,必须戴安全帽。管理人员必须戴胸卡。

(3)施工场内道路要畅通,地面要平整,并尽量硬化;排水要通畅,要有防止泥浆、污物堵塞排水管道的措施;按要求张挂各种安全标志牌和标语,设宣传栏、读报栏和黑板报并设有吸烟处;温暖季节时有绿化布置。

(4)施工场内,建筑材料、构件和料具要按施工现场平面图的布置要求堆放整齐,并挂物料名称、品种、规格等标牌。建筑垃圾按可利用和不可利用分类集中堆放清运,做到工完场清。易燃易爆物品分类存放。

(5)施工现场要有消防措施、制度和灭火器材。灭火器材配置应合理、合格。要有消防水源。使用明火应有动火审批手续和动火监护。

(6)施工作业区与办公、生活区应明显分开。房舍建设应牢固、整齐,门窗适宜,地面硬化，墙面刷白。各区域配套设施齐全。

(7)工地内要配备经培训的急救人员、保健医药箱、安全急救措施和急救器材。要开展卫生、防病自救、互救宣传教育。

(8)施工要有防粉尘、防噪音、防扰民措施，夜间(10时至凌晨6时)未经许可不得施工，现场严禁燃烧有毒有害物质。

(9)要建立治安保卫制度，责任要分解到人。治安防范措施有力，治安秩序良好。

(10)随时接受上级检查，倾听群众反映，不断改进工作。

四、施工项目安全管理案例分析之一

1. 背景资料

某桥梁工程施工中，当立柱混凝土浇筑即将完工时，支架整体突然坍塌，致使7名现场施工人员坠落。造成4人死亡，3人轻伤，直接经济损失10.5万元的重大事故。经事后调查发现，混凝土浇筑的技术交底和安全交底均为施工单位为逃避责任而后补。

2. 问题

(1)本工程这起重大事故可定为哪种等级的重大事故？依据是什么？

(2)伤亡事故处理的程序是什么？

(3)分部(分项)工程安全技术交底的要求和主要内容是什么？

3. 分析与答案

(1)本工程这起重大事故可定为三级重大事故。

具备下列条件之一者为三级重大事故：

①死亡3人以上，9人以下。

②重伤20人以上。

③直接经济损失30万元以上，不满100万元。

(2)伤亡事故处理的程序

①迅速抢救伤员并保护好事故现场。

②组织调查组。

③现场勘察。

④分析事故原因，明确责任者。

⑤制定预防措施。

⑥提出处理意见，写出调查报告。

⑦事故的审定和结案。

⑧员工伤亡事故登记记录。

(3)安全技术交底要求

安全技术交底工作在正式作业前进行，不但口头讲解，而且应有书面文字材料，并履行签字手续，施工负责人、生产班组、现场安全员三方各留一份。安全技术交底是施工负责人向施工作业人员进行责任落实的法律要求，要严肃认真地进行，不能流于形式。交底内容不能过于简单，千篇一律，应按分部分项工程和针对具体的作业条件进行。

安全技术交底内容有：

①按照施工方案的要求，在施工方案的基础上对施工方案进行细化和补充。

②对具体操作者讲明安全注意事项，保证操作者的人身安全。

五、施工项目安全管理案例分析之二

1. 背景资料

某地下为条形基础和独立柱基础，在土方施工阶段，分包回填土施工任务的某施工队采用装载机铲土，在向基础边倒土时，将一名正在检查质量的质检员撞倒，送往附近医院抢救无效死亡。经调查，装载机司机未经培训，无操作证并且当时现场没有指挥人员。

2. 问题

(1)请简要分析这起事故发生的原因。

(2)重大事故发生后，事故发生单位应在24h内写出书面报告，并按规定逐级上报。重大事故书面报告(初报表)应包括哪些内容?

(3)施工安全管理责任制中对项目经理的责任是如何规定的?

3. 分析与答案

(1)这起事故发生的原因是：

①装载机将正在检查质量的质检员撞倒是这起事故发生的直接原因。

②装载机司机未经培训，无操作证，缺乏安全意识和安全常识是这起事故发生的间接原因。

③机械作业现场缺少指挥人员是这起事故发生的主要原因。

(2)重大事故书面报告(初报表)应包括以下内容：

①事故发生的时间、地点、工程项目、企业名称。

②事故发生的简要经过、伤亡人数和直接经济损失的初步估计。

③事故发生原因的初步判断。

④事故发生后采取的措施及事故控制情况。

⑤事故报告单位。

(3)项目经理对合同工程项目的安全生产负全面领导责任：

①在项目施工生产全过程中，认真贯彻落实安全生产方针、政策、法律法规和各项规章制度，结合项目特点，提出有针对性的安全管理要求，严格履行安全考核指标和安全生产奖惩办法。

②认真落实施工组织设计中安全技术管理的各项措施，严格执行安全技术措施审批制度，施工项目安全交底制度和设备、设施交接验收使用制度。

③领导组织安全生产检查，定期研究分析合同项目施工中存在的不安全生产问题，并及时落实解决。

④发生事故，及时上报，保护好现场，做好抢救工作，积极配合调查，认真落实纠正和预防措施，并认真吸取教训。

思 考 题

1. 叙述施工项目进行安全管理的目的及安全管理的范围。
2. 如何正确处理安全管理中的5种关系?
3. 叙述安全管理的基本原则。
4. 为保证安全生产，职工有哪些拒绝权?

5. 安全教育的主要内容有哪些?
6. 叙述安全检查的主要形式及内容。
7. 安全检查中的一般方法包括哪些? 什么是安全检查调查表?
8. 为什么要进行安全技术交底? 安全技术交底的主要内容包括哪些?
9. 安全技术措施的主要类型及安全技术措施优先原则和顺序是什么?
10. 叙述公路工程常见事故类型。
11. 如何处理公路工程施工常见的事故?
12. 为什么要进行环境保护?

单元九 劳动管理

知识点

1. 劳动管理的概念、任务和主要内容;
2. 劳动定额的概念、作用、基本要求及其制订方法;
3. 劳动定员的概念,公路施工项目劳动力的来源及劳动定员的方法,劳动组织的概念、意义及其基本形式。
4. 劳动合同的概念、特征及其订立原则,集体协商与集体合同的概念与特征。

技能点

劳动定额的制订方法。

本单元主要学习劳动管理的任务和主要内容、劳动定额、劳动定员和劳动组织及劳动合同。

课题一 劳动管理的任务和主要内容

一、劳动管理的概念

在我国,企业的职工既参与管理,是企业的主人,是管理者,同时又是劳动者,是管理的对象。企业对职工的管理应是一个完整的工作体系,即全面劳动人事管理体系。

企业的全面劳动人事管理体系是以职工为对象的人力资源的规划、开发和利用的综合性管理,其目标是充分发挥和利用企业的人力资源。

二、劳动管理的任务

1. 劳动管理的任务

根据以人为对象的系统管理的目标,劳动管理的任务在于更有效的组织和利用人力资源,以保证完成生产计划,不断提高劳动生产率,保障职工的安全和健康,并使职工在发展生产、提高劳动生产率和经济效益的基础上逐步增加工资收入。

2. 劳动生产率及其提高的途径

在上述劳动管理的任务中,中心问题是提高劳动生产率。所谓劳动生产率,是指人们在单位时间内劳动的效果和能力。通常是用劳动者在一定的时间内完成合格产品的数量多少或价值大小来表示。劳动生产率的提高,就是生产同类产品所消耗的劳动时间的节约,或者用同样的劳动时间可以生产出更多更好的产品。所以不断提高劳动生产率,是施工企业发展生产的重要保证。

劳动生产率的高低是由许多因素决定的。每个企业提高劳动生产率的具体方法和措施也不尽相同。但是企业提高劳动生产率也有一些共同性的途径，主要是：

(1)大力开展技术革新和技术革命，采用先进的机械设备、施工工艺和施工技术。

(2)实行平均先进的定额和编制定员。因为平均先进的劳动定额，反映了平均先进的劳动效率水平；合理的定员，反映了企业合理使用和节约劳动力的水平。只有采用平均先进的劳动定额和合理的编制定员，才能保证企业合理和节约地使用劳动力。

(3)不断改善劳动组织和施工组织。也即不断改善劳动者之间的分工和协作关系。解决好工作之间、班组之间、组队之间的协调和配合问题。这样，劳动者在生产过程中的合作关系得以协调，劳动生产率才可能提高。

(4)加强对职工的培训，不断提高职工的文化知识水平和技术熟练程度。只有这样，企业职工才能适应在先进技术基础上发展上产的需要，才能保证工时的充分利用和劳动效率的高度发挥。

(5)加强组织性和纪律性，巩固劳动纪律。劳动纪律是组织大生产的客观需要。没有劳动纪律，就没有正常的生产秩序和工作秩序，也就谈不上提高劳动效率。

(6)广泛开展内社会主义劳动竞赛，促进广大职工互相学习，共同提高，把少人数、少数单位的先进水平迅速地变成普遍水平。

(7)做好劳动保护工作，不断改善职工的劳动条件。不仅是为了预防伤亡事故，也是减轻劳动强度、提高出勤率、避免工时浪费、提高劳动效率的重要措施。

(8)贯彻按劳分配的物质利益原则，做好工资奖励和职工福利工作，调动职工的劳动积极性。

(9)实行和健全企业的民主管理，充分发挥职工的主人翁责任感，以充分调动职工的积极性，进而提高劳动生产率。

(10)做好思想政治，教育职工树立共产主义的劳动态度，全心全意地为人民服务。在这样的生产技术条件下，劳动者的思想觉悟不同，生产效果和劳动生产率就不大一样。经济工作愈深入，思想政治工作愈重要。

要提高劳动生产率，还要加强其他管理工作。比如：加强施工准备工作，坚持科学的施工程序；加强计划的综合平衡和施工过程中的调度工作；合理选择施工组织方案；加强质量控制，保证施工质量，防止废品和返工损失；充分利用机械设备，发挥机械的潜力；保证材料、物资的及时配套供应等等。由此可以看出，劳动生产率和其他各项管理工作的关系是很密切的。实际上，劳动生产率正是各项管理工作的综合反映。

三、劳动管理的主要内容

在上述影响劳动生产率的因素中，人的因素是最根本的因素。而如何发挥职工在劳动和工作中的能动性和有效性，重视全面劳动认识管理要解决的问题。归结起来，其主要内容有：

(1)建立健全劳动定额。

(2)劳动定员与人员规划。

(3)认识管理，包括录用、考核、奖惩、调动、升等晋级等工作。

(4)不断改善劳动组织。包括做好固定工、临时工、集体包工队间的配合和组织工作，建设好生产班组。

(5)贯彻按劳动分配原则，正确处理国家、企业、职工三者之间的经济利益，搞好职工的工资分配和奖励。

(6)组织职工的业余文化和技术培训。

(7)改善劳动条件,搞好劳动卫生和劳动保护。

(8)关心职工生活,搞好职工生活福利。

(9)加强对职工的思想政治工作,不断提高职工的思想政治觉悟。

(10)做好保证职工参与管理,当好主人翁,行使好主人翁权利的有关工作。

(11)其他劳动管理的业务性工作。如劳动工资方面的计划、统计、分析核算等管理工作。

课题二 劳动定额

一、劳动定额及其作用

劳动定额是指在一定的生产技术和生产组织条件下,为生产一定的合格产品或完成一定的工作而规定的必要劳动消耗量的标准。

所谓一定的生产技术和生产组织条件,是指一顶的工程对象、一定的施工技术和施工方法、一定的工人技术熟练程度及一定的施工组织管理水平。

劳动定额有两种表现形式,即时间定额和产量定额。时间定额是指为完成单位产品所需的劳动时间。产量定额是指在单位劳动时间内所应完成的合格产品的数量。两种定额在数值上互为倒数,即完成单位产品所需时间越少,则单位劳动时间内的合格产品的产量就越大。在施工生产中,采用较多的是时间定额。

劳动定额在生产管理中有以下作用:

(1)劳动定额是组织生产、实行计划管理的依据。这是因为只要按照劳动定额进行有关劳动量的计算,才能合理的配备劳动力,准确确定各种工作进度,并保证生产过程中各类人员的正确比例和工作时间的配合关系。另外,编制工作计划、劳动工资计划、成本计划等,都是以劳动定额为依据。

(2)劳动定额是不断地改造劳动组织,提高工人技术水平、开展技术革新和技术革命的重要手段。这是因为劳动定额是在平均先进的条件下总结劳动组织、生产技术和操作方法等经验的基础上指定的。工人为要达到劳动定额,就得改进劳动组织,不断提高技术水平。

(3)劳动定额是加强劳动纪律、开展劳动竞赛的前提。这是因为定额的执行要求各个环节紧密协调配合,要求加强劳动纪律,要求提高工时的利用。同时,只有按照劳动定额进行计算和考核,竞赛评比才有正确的依据,劳动竞赛才能广泛深入的开展。

(4)劳动定额是计算职工工资和实施奖励的基础。这是因为劳动定额是考核职工和班组的劳动数量和贡献大小、实行按劳付酬的依据。概括起来,劳动定额有组织生产和组织分配两个方面的作用。这两个方面的作用,归根结底,在于合理组织生产力,调动职工的劳动积极性,提高劳动生产力。

二、对劳动定额的基本要求

劳动定额是否能起到上述组织生产和组织分配的作用,主要取决于劳动定额的水平。对劳动定额的基本要求就反映平均先进水平。

所谓平均先进,是先进性和合理性的辨证统一。讲先进性必须注意:第一,要有利于发挥职工的劳动积极性和创造性;第二,要反映现实科学技术,考虑采用新工艺、新材料、新技术、新操作方法对提高劳动生产率、节约活劳动消耗的可能;第三,要确定一个努力目标,引导人民朝此目标奋斗。讲先进性不是要层层加码,而是从客观实际出发,立足于生产组织的客观条件和已经达到的水平,使大多数职工经过努力能达到或超过。如果定额水平过高,多数工人经过努力都达不到,就会挫伤多数工人的积极性。如果定额水平太低,多数工人不需要经过努力就能达到,这样也不能促进工人的积极性。在实际工作中,要使劳动定额水平定得恰当,还需注意以下几个问题:

(1)正确处理数量与质量的关系。数量与质量是对立统一。没有质量的数量,再多也无益;但质量富于数量之中没有数量也就没有质量。平均先进的定额水平,不仅表现为数量,还包括质量和消耗。不同的质量要求和材料消耗,对工人劳动效率的影响是不同的,公路施工劳动定额规定的质量要求,必须符合交通部颁发的公路工程质量检测评定标准。

(2)提高定额水平主要应依靠提高工人的思想政治觉悟,改进施工技术和经营管理,合理确定劳动组织,改善劳动条件和操作方法,而不能够单纯靠提高劳动强度拼体力的方法。

(3)定额水平要有充分的技术依据。对于先进的技术和方法,必须进过反复试验的鉴定,确认具有推广条件的,才能考虑反映在定额水平上。

(4)劳动定额的水平在各工种之间要注意平衡,使各工种之间的定额水平基本一致。

(5)定额水平既要适时修改,又要保持相对稳定,不能长期不变,也不能频繁修改。否则,定额就失去了标准的意义。

三、劳动定额的制订方法

1. 工时消耗的分析

为了制订先进的劳动定额,必须对工人在生产中的全部工作时间消耗,进行具体的分析和研究,确定哪些工作时间消耗是必要的,哪些是不必要的,以便采取措施,减少工时的损失。这就是说,工时消耗的分析是制订劳动定额的基础。工人工作时间消耗的组成如图 9-1 所示。

1)定额时间

定额时间是完成某项作业必须消耗的劳动时间。它由以下部分组成:

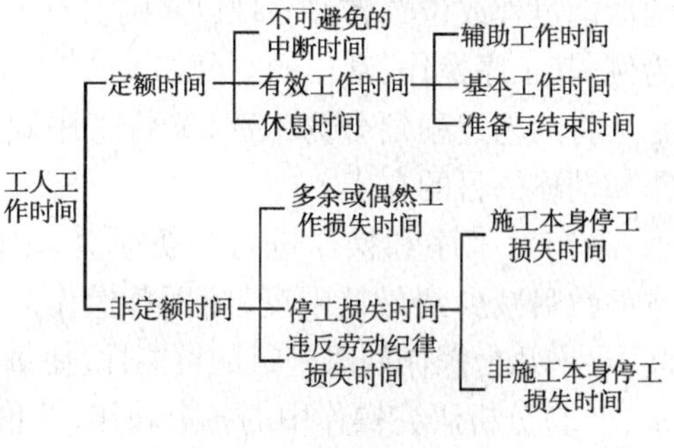

图 9-1 人工工时消耗的组成

(1)基本工作时间。是直接用于完成生产任务、实现工艺过程所消耗的时间,它是定额时间的主要组成部分。

(2)辅助工作时间。是指为了完成基本工艺过程而进行的各种辅助作业所消耗的时间。

(3)准备与结束时间。是指工人为完成一项或作业,事前进行准备和事后结束工作所消耗的时间。如事前熟悉情况、阅读图纸、领取工具、调整设备、布置工作地地点的时间;工作完成后检查设备的时间等。

(4)不可避免的中断时间。是指由于生产工艺的要求或技术组织的要求,工人暂时中断工作而不能离开的时间。如工序中途测量复核、校正设备等引起工作的中断。

(5)休息时间。是指在工作过程中为了恢复体力以及由于生理上需要为必须消耗的时间。如工人工作小休、吸烟、喝水、上厕所等所需要的时间。

2)非定额时间

非定额时间是指那些并不是为了完成某项作业所需消耗的时间。它是一种时间损失，属于无效和不必要的时间消耗，因此，不应当包括在定额时间内，而应当减少以至消除。非定额时间包括：

(1)停工损失时间，主要包括：

①施工本身造成的停工损失时间。是指由于企业组织管理不善等内部原因造成的停工时间损失。例如停工待料、工种配合不协调等造成的停工损失。

②非施工本身造成的停工时间。是指由于并非企业本身原因而造成的停水、停电以及由于气候条件所造成的停工损失。

(2)多余或偶然工作的损失时间。是指进行了正常工艺过程不必要的作业或工序所耗用的时间，以偶发事件而损失的时间。

(3)违反劳动纪律损失的时间。是指工人违反劳动纪律如迟到、早退，或违反操作规程造成事故、返工等所损失的时间。

不同的工种、不同的作业和工作内容，有不同的工时构成。通过工时构成的分析，可以提高工时的利用率，减少不必要的工时损失。

2. 操作研究

产品的生产过程可分为生产准备过程、基本生产过程和辅助生产过程。其中基本生产过程是生产过程的主要部分，又可分为工艺过程、检验过程、运输过程等。工艺过程又是由若干个工序组成，工序又可逐层分为操作和劳作。

所谓工序，也称作业，是指一个工人或一组工人在一个工作地点，对同一劳动对象连续加工的生产活动。它的特点是劳动者、工作地点、劳动对象三者不变，如果这三者中有一项发生了变化，就应当看作是另一单独的工序。操作是指工人使用一定方法去完成一定目的的工作行为。动作时操作的组成部分，指工人进行工作时的活动过程或位置转移。现以浆砌块石工艺过程为例，其工序操作、动作的划分如图9-2所示。

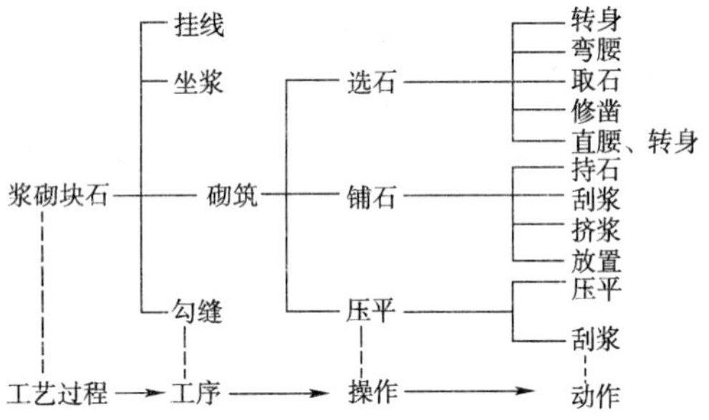

图9-2 浆砌块石工艺过程的分解

将工艺过程划分为工序，又将工序划分为操作和动作的目的在于：

(1)对工序和操作进行分析研究，以便把操作的数目减少到最低限度，缩短各操作的执行时间，寻求几个操作同时进行的可能性，使每个操作顺序合理化。

(2)分析研究操作中的各个动作，评价每个动作的必要性。反复考虑这个动作能不能取消？能不能跟其他动作合并？能不能更简化？应如何改进？通过评价得出最经济最合理的动作组合，取消那些既浪费时间、又使人劳累的不必要的动作，设计出科学的操作方法，减轻工人的疲劳，提高劳动效率。

上述操作研究的步骤既适用于手工劳作的操作，也适用于机械作业的操作。如挖土机下斗、铲土、提斗、旋转、卸土等。

工时消耗分析和操作研究，都是制订定额的基础。

3. 制订定额的技术方法

制订劳动定额，必须首先明确每一定额项目的工作内容和范围，明确的施工方法、技术要求和操作工艺，确定由相应技术等级的工人组成的劳动组织，在此基础上，通过反复实践，掌握大量数据，使定额反映平均先进水平。这里介绍制订劳动定额的常用方法——技术测定法。

这种方法是根据对技术组织条件的研究，通过现场观察、现场技术测定和计算来制定定额，其优点是精确性高，技术依据充分；缺点是工作量大，需要较多的人力和系统的资料积累，且不容易做到及时。技术测定法有好多种，比较常用的是工作日写实记录法，就是将工人在8小时工作时间内利用工时的情况，按照时间消耗的顺序，照实记录下来，其中既包括定额时间也包括非定额时间。根据记录结果，进行整理分析，剔除非定额时间，确定定额时间的消耗。

为了确定定额时间的消耗，先要计算平均工时的消耗，常用的计算方法有：

(1)算术平均数法

$$t = (\sum t_i)/n$$

式中：t——某一日的平均工时消耗；

t_i——有效的实测工时消耗值；

n——有效值的数目。

(2)三时估算法

$$M = (a + 4b + c)/6$$

式中：a——保守估算值；

b——中数数值；

c——有效值的数目乐观估算值。

平均工时消耗计算出来后，可按下述公式之一计算平均先进的时间定额：

平均先进定额＝(平均实作工时＋最先进工人的实作工时)/2

平均先进定额＝(2×最先进工人的实作工时＋平均实作工时＋最落后工人的实作工时)/4

平均先进定额＝平均实作工时与所有更先进工人的实作工时的平均数

当然，实际确定平均先进定额，并不仅是机械地按上述公式计算，还要充分考虑各种各类的影响因素，认真分析各种先进经验和操作方法，拟定正常的施工条件，使定额水平体现平均先进的性质。

劳动定额制订好后，要认真贯彻执行。首先，要做好执行劳动定额的思想教育工作，使职工明确贯彻执行劳动的定额的重要意义和严肃性。其次，要落实物资和技术组织措施，为班组完成定额提供必要的条件。第三，要建立必要的劳动定额管理制度，明确规定有关劳动定额的制度、解释、修改、使用等方面的要求和实施办法，并建立相应的定额管理机构，配备专职的定额管理人员。第四，要重视调查研究，加强工时消耗的原始记录和统计分析工作，为适时修订定额提供依据。

课题三　劳动定员和劳动组织

一、劳动定员

1. 劳动定员的概念

劳动定员，就是根据一定的工程任务，在一定的时期和一定的生产技术条件下，本着节约用人、精简机构、提高工作效率的精神、规定应当配备的各类人员的数量和比例。

确定劳动定员，是编制生产计划，合理组织生产，实行经济核算和观测按劳分配原则所不可缺少的依据和前提条件。另外，劳动定员还涉及到各类人员的质量要求、职责范围、组织机构及劳动组织形式等方面的内容。所以，确定劳动定员，还是建立和健全各类责任制的基础。

2. 公路项目施工劳动力的来源

公路项目施工过程中使用的劳动力，有企业自有劳动力和社会劳动力两大类。

1）企业自有劳动力

企业自有劳动力一般是长期、固定使用的劳动力。劳动者享受工资、福利等项固定不变的经济收入，与他们所完成的工作量，或者说与他们所付出的劳动不一定完全一致。按劳取酬仅仅是在奖金分配时有所体现，而在工资标准时体现不到。

因为历史的原因，不少施工企业所拥有的大量长期、固定使用的自由劳动者与他们本身所完成的工作量极不相符，从而成为施工企业走向市场经济的沉重负担。企业自有劳动力大的优点是，便于企业进行技术培训，形式企业固定的技术优势；企业自由劳动力是要求的主人，对企业的兴衰有一种强烈的责任感，厂兴我兴，厂衰我耻。因此，施工企业在进行工程投标时，也要求企业必须拥有一定数量的自由劳动力由于投标工程项目的施工。

2）施工企业的社会劳务

随着施工企业结构的调整和农村剩余劳动力的出现，在公路施工中大量的采用了社会劳务。施工企业的社会劳务大体上有以下3种形式：

（1）零散的社会劳务。他们作为施工企业自有劳动力不足或劳动技能不足的补充。通过设招募，编入班组，同企业工人一起劳动。只有在可以单独计量的条件下才实行计件工资制。零散的社会劳务参加施工，他们往往只拥有自己的劳动能力这一生产要素，而别无其他。

（2）包工队。由具有一定能力的组织者招募社会劳务，进入施工企业。包工队的负责人，通常被称为包工头。包工头通过契约关系、合同关系，与施工企业确定商品交换关系。施工企业只与包工头发生关系，包工队中的劳动者只同包工头发生契约关系而与施工企业无直接联系。他们根据包工头的安排进行劳动，同时又从包工头手中取回自己的报酬。因此，可以说包工头同企业是一层交换关系。包工队中的劳动者同包工头之间又是另一层交换关系。包工头通过包工队中的劳动者及其他途经（如材料、设备的购买等）实现自己的利润。包工队的劳动者则通过与包工头间的劳动力商品交换取得自己的报酬。

目前，包工队是不够健全的，他们中的大多数属无主体单位，不能得到经济合同的约束与保护。一般来说，包工队主要只拥有技术水平不高的施工生产劳动力要素；也有的包工队带有自己所拥有的极其简单的生产工具及数额不大的自有资金。

（3）协作单位。有一定施工资质的施工企业。他们掌握了施工生产要素的各个方面，或者是自有，或者是社会的。他们的施工能力和技能，一般来说是较强的、较全面的。他们通过契约、合同与施工企业建立关系，同时接受社会的全面监督。他们自己虽然是一个企业，但从其工作性质来看，仍属劳动协作范畴。

招募协作单位从事施工活动，具有分包工程的性质，尤其是对于重要的分部分项工程的分包施工，需要得到业主和监理工程师的批准。

施工企业招募上述3类社会劳务，各有利弊。从社会化大生产、组织管理、法制约束等角度来看，招募协作单位是最佳的选择，招募零散的社会劳动力则属最低水平。从所需支付的价款来看，付给协作单位的单价一般是要高一些，因为必须为他们提供一定的管理费才行。

包工头是社会零散劳动者的组织者，可以俗称为社会零散劳动者的“小组长”。包工队所需的管理费用不多，在当今的市场上机动灵活性较强，比较能适应市场经济的规律和特点，因此，普通受到施工企业的欢迎。但目前他们仍属“小生产者”的范畴，再加上法制方面不完善的缘故。大多数包工队不能作为主体工程、重要工程的施工者、组织者和管理者。

3. 劳动定员的方法

在保证生产需要的前提下，劳动定员要力求先进合理，要达到以下要求：

(1)机构设置和人员配备要精干，有利于提高生产和工作效率。

(2)正确确定各类人员之间的比例。这是保证生产和工作的重要前提。

(3)符合生产的特点和发展趋势。随着专业的发展，辅助、附属生产要实行专业化，相应的人员有减少的趋势，而技术人员、经营管理人员的比例则有增加的趋势。

根据公路工程对象多变，任务分散，工作性质复杂等特点，确定公路施工项目的定员有以下方法：

(1)按劳动效率定员。根据年度生产任务和上年度达到的劳动生产率说，并考虑历年来劳动生产率的增长幅度，确定本年度劳动生产率水平，再根据这个水平计算定员。

(2)按组织机构、职责范围和业务分工需要定员。这个方法适用于职能科室等机构管理人员的定员。

(3)按设备定员。根据机械设备的配备数量、看管定额、开动班次来确定人员。

(4)按比例定员。根据主要生产工人的一定比例来确定服务人员和辅助人员的数量。

(5)按工作岗位定员。如警卫、消防等工作的定员。

4. 定员的贯彻与管理

劳动定员一经批准就要贯彻执行。贯彻中要注意以下几个问题：

(1)把定员同落实各种形式的经济承包制结合起来。除按劳动定额实行计件、奖励制度人员以外，一般应按当年定员人数计发资金，增人不增奖，减人不减奖，以鼓励节约用人。

(2)及时、妥善地处理多余人员，或充实第一线，或另安排。

(3)保持编制定员的相对稳定。随着生产力的发展和技术经济条件的变化，职工的构成比例也应变化。但定员仍保持相对稳定，以利于提高职工的技术业务水平。一般情况是一年修订一次定员。

(4)做好劳动力的日常平衡和调剂工作，既要保证生产顺利地进行，又要消除窝工现象，使定员保持先进合理的水平。

二、公路施工的劳动组织

1. 劳动组织的概念

劳动组织是指在劳动分工的基础上，把为完成某项作业而相互协作的有关工人组织在一起，使之能协调地进行工作，充分发挥劳动效率。公路施工劳动组织的具体形式是作业队或班组，它们具有以下的性质或特征：①具有一定的作业能力；②是企业组织施工、落实计划、下达计划、下达任务的最基本单位；③是企业组织职工工资分配的基本单位。

由此可见，作业队是一切管理工作的落脚点和归宿点。项目管理关键在于作业队或班组的管理。

2. 改善劳动组织的意义

根据劳动组织的上述性质，改善劳动组织的意义在于：

(1)有利于实行科学的劳动分工和协作，充分发挥每个工人的劳动积极性和劳动效率。

(2)有利于简化完成施工过程的组织。

(3)有利于加强施工项目的管理工作。

以上几点,也是对劳动组织的基本要求。

3. 劳动组织的基本形式

根据对劳动组织的基本要求,劳动组织的基本形式主要有:

(1)专业队组。专业队组是按施工工艺需要由同一工种的工人所组成的劳动组织形式,有时也可以配备一定的辅助工。专业队的特点是:任务比较单一,有利于工人钻研技术,较快提高操作技术水平。但由于分工较细,对工种间的协作配合要求就高一些,否则工效就会显著降低。它适用于专业技术要求较高,或者专业工程量较为集中的场合。

(2)综合队组。综合队组是由完成一个分部工程或单位工程所需要的、互相联系的若干工种的工人组成的劳动组织形式。它的特点是:①具有一定的综合施工能力;②易于统一领导,工种间的协作配合好,有自身的调节能力,故能简化施工过程的组织;③要求工人一专多能,以满足工程上对不同工种工的需要,减少工种穿插的时间浪费,提高工效,缩短工期。

综合队组根据工程对象的特点,又可分为小型综合队组和大型综合队组两种。前者适于完成分部工程或扩大分部工程,由主要工种工人及辅助工人组成。后者适于完成中、小型单位工程,由多工种工人组成。

课题四　劳 动 合 同

一、劳动合同的概念

劳动合同是指劳动者与用人单位之间为确立劳动关系,明确双方权利和义务的书面协议。它是确立劳动关系的法律形式。

1. 劳动合同的特征

劳动合同除了具有合同的特征以外,还具有自己的下列特征:

(1)劳动合同的主体具有特定性。劳动合同主体的一方是劳动者,另一方则是用人单位。

(2)劳动合同的内容具有权利义务统一性和对应性。劳动合同规定劳动者,用人单位双方在实现劳动过程中的权利与义务。一方的权利是另一方的义务,反之亦然。

(3)劳动合同的具有单一性。即劳动行为是劳动合同的惟一客体。

(4)劳动合同具有要式、有偿的特征。劳动合同应当以书面形式订立;用人单位根据劳动者的数量和质量给付劳动报酬,不能无偿使用劳动者的劳动力。

(5)劳动合同具有涉及第三人利益的特征。劳动者因享有社会保险和社会福利待遇的权利,而附带产生没有参加签订劳动合同的第三人即劳动者直系亲属依法享受一定的社会保险和福利待遇。

2. 劳动合同与劳务合同的区别(表 9-1)

3. 劳动合同的订立

订立劳动合同必须遵循以下原则:

(1)合法原则。依法订立劳动合同,必须符合 3 项要求:①当事人必须具备合法资格。作为用人单位,应是依法成立的企业、个体经济组织、国家机关、事业组织,社会团体等用人单位。作为劳动者,必须具有劳动权利能力和社会行为能力。②劳动合同的内容合法。劳动合同的内容,是指劳动者与用人单位达成的劳动权利义务的具体规定。《劳动法》第 19 条规定:“应当以书面形式订立并具备以下条款:劳动合同期限;工作内容;劳动保护和劳动条件;劳动报酬;劳动纪律;劳动合同终止的条件;违反劳动合同的责任。③劳动合同除前款规定的必要条件外,当事人可以协商约定其他内容。”

劳动合同与劳务合同的区别 表9-1

项　目	劳动合同	劳务合同
1.劳动关系不同	当事人一方劳动者必须加入另一方,成为用人单位的一员,双方之间存在领导与被领导的关系,反映的是一种持续性的生产要素结合关系	当事人一方劳务提供者无需加入另一方,双方之间没有领导与被领导的关系,反映的是一次性商品的交换关系
2.劳动风险责任不同	用人单位组织劳动,享有劳动支配权,因而有义务承担劳动风险责任	劳务提供者自行安排劳动,自己承担风险责任
3.报酬性质支付方式不同	支付的劳动报酬具有按劳分配性质,支付方式为一种持续的、定期的工资支付	支付的劳务费具有劳务市场价格属性,支付方式为一次性劳务价格支付
4.法律范畴	劳动法	民法

(2)平等自愿、协商一致的原则。平等是指劳动者与用人单位的法律地位平等,双方都以平等的身份订立劳动合同。自愿是指订立劳动合同完全出于双方当事人自己的意志,任何一方不得将自己的意志强加给对方。

二、集体协商与集体合同

集体协商与集体合同制度是市场经济条件下协调劳动关系的重要形式,对维护劳动者合法权益、改善劳动关系、保障社会安定都有重要作用。

1. 集体协商

集体协商是指企业工会或职工代表,实行企业化管理的事业组织工会或职工代表,与相应的企业代表或事业组织代表,为签订集体合同进行商谈的行为。

集体协商的特征是:

(1)集体协商双方代表的法律地位平等、人数对等。

(2)集体协商是公开、平等协商。集体协商双方代表各受自几方面的组织或全体职工的委托,代表其与对方协商,应当将集体协商的内容、时间、地点和代表以及协商的情况及时向自己所代表的组织或职工通报或汇报,接受其监督,并听取其意见或建议,集思广益,以利于进一步协商。

(3)集体协商是和平协商。双方应当遵循合作原则、和平解决双方的矛盾,使双方的利益得到公正、合理的解决。

(4)集体协商是在法律规定的范围内协商。集体协商双方代表根据法律、法规的规定,就劳动报酬、工作时间、休息休假、劳动安全卫生、保险福利等事项协商,任何一方都不得要挟或欺骗对方,不得损害国家、社会、用人单位及其工会与全体职工的利益,双方达成的协议必须符合法律、法规的规定。

2. 集体合同

集体合同又称团体协约、劳动协议、集体协议,是指集体协商双方代表根据法律、法规的规定就劳动报酬、工作时间、休息休假、劳动安全卫生、保险福利等事项在平等协商一致的基础是签订的书面协议。它是企业与其工会或职工代表签订的以集体劳动事项为中心内容的集体协议。

集体合同与劳动合同的主要区别见表9-2所列。

集体合同与劳动合同的区别 表9-2

项　目	集体合同	劳动合同
1. 合同主体不同	一方是工会或职工代表,另一方是企业	一方是劳动者个人,另一方是企业
2. 合同目的	协调、稳定劳动关系	确立劳动关系
3. 合同的内容不同	主要规定职工集体劳动事项,包括职工集体劳动报酬、工作时间、休息休假、劳动安全卫生、保险福利等	规定劳动者个人劳动事项,包括劳动者个人工作内容、工作时间、休息休假、劳动报酬、劳动保护和劳动条件、保险福利待遇、劳动纪律
4. 签订程序不同	须经职工代表大会或者全体职工讨论通过,由双方首席代表签字	有劳动者个人同用人单位签订
5. 期限	1~3年	分为有固定期限,无固定期限,完成一定工作为期限
6. 法律效力	较高	较低

思　考　题

1. 劳动管理的任务和主要内容分别是什么?
2. 简述劳动定额的概念及其作用。
3. 简述劳动定额的制订方法。
4. 简述劳动定员的方法。
5. 简述劳动组织的概念、意义及其基本形式。
6. 简述劳动合同的概念、特征及订立原则。
7. 简述集体合同和劳动合同的区别。

单元十　施工项目成本管理

知识点
1. 成本的概念与分类；
2. 成本管理体系的组成及工作内容；
3. 适当履约与成本的关系及物价变动下的成本管理；
4. 各类成本确定次序和对责任成本的要求；
5. 责任成本与成本中心的划分；
6. 成本预测和成本控制计划；
7. 成本控制的要求、内容及对象。

技能点
1. 利用影响成本的因素和成本控制措施降低成本；
2. 进行成本核算。

本单元主要学习施工项目成本管理的概念、责任成本的概念及影响因素、成本计划及预测、成本控制及核算。

课题一　施工项目成本管理概述

工程项目的成本管理，是施工企业所有管理内容中最重要的内容之一。它是根据企业的总体目标和工程项目的具体要求，在工程项目实施过程中，对工程项目的成本进行有效的组织、实施、控制、跟踪、分析和考核的管理活动。加强工程项目成本管理，将有助于实现目标利润，提高成本管理水平，降低工程成本，创造良好经济效益，是公路施工企业积蓄财力、增强企业竞争力的必由之路。

公路项目施工成本，是指在施工现场发生的全部生产费用的总和(制造成本)。它包括消耗的材料、构配件、周转材料的摊销费或租赁费，施工机械的台班费或租赁费，支付给生产工人的工资，以及项目部为施工管理所发生的全部费用支出。它研究的是财务成本(即现金成本)，是以货币或资金的形式表现的。非财务成本则是一种不能通过资金形式直接表示的成本。非财务成本虽然耗费了资金，它却不能马上表现为现金支出，但是日后也会通过其他途径最终表现在资金形态上，如精神成本、企业形象和企业的声誉。因此，施工成本管理既是对资金要素的管理，又是对各项施工要素管理的综合效果，与其他生产要素管理密不可分。

一、项目成本分类

施工项目的成本是由多项费用所组成的。由于各种费用的性质和特点各异，必须对这些费用进行科学分类。费用分类的方法很多，按照研究目的的不同有不同的分类。

1. 按经济性质分类

指施工过程中所发生的费用支出，可分为活劳动、劳动对象和劳动手段3大类。为便于成本管理，可具体划分为工资及附加费、外购材料及动力费、折旧费与其他费等。

2. 按经济用途分类

施工费用按经济用途分，可分为人工费、材料费、机械使用费、其他直接费和间接费。

3. 按计入成本的方法分类

这种分类方法的目的是为了便于组织施工项目实际成本的核算，它分为直接费和间接费。直接费用发生时就能确定用于哪些工程，可以直接计入该工程成本的费用；间接费用是指发生时不用明确区分用于哪项工程，只能采用分摊费用方法计入。如项目经理部为组织和管理施工生产活动所发生的支出就属于间接费用支出。

4. 按费用与工程量的关系分类

施工费用支出的数量与工程量成果有依存关系，按这种关系可把施工费用分为变动费用和固定费用。变动费用是指成本总额随业务量的增减变化而成比例变动的费用，如构成工程或产品实体而发生的直接材料费。固定费用是指在一定时期和一定生产规模的情况下，其耗费总额不受业务量增减变化的影响，基本保持一个常数或相对固定的费用。

新的会计制度将原来的完全成本，更改为期间费用和制造成本。根据项目法施工原理，项目经理部应该对制造成本负责。

完全成本法是将企业生产经营过程中发生的所有费用都分摊到产品成本中去，形成产品的完全成本。施工企业生产经营过程中发生的所有费用一般由直接费、其他直接费、现场管理费、企业管理费、财务费用和其他费用组成。按照完全成本法，要将这些费用全部计入产品成本。但按照制造成本法，企业管理费、财务费用和其他费用这三项与项目生产关系不很密切不再计入产品成本，而是计入当期损益。

二、成本管理体系

施工企业内部的各项管理工作，如生产、材料供应、机械设备及劳动管理等工作，都同成本管理有着紧密的联系，都会反映到成本上。成本管理的好坏直接影响企业所创造利润的多少，影响企业的经济效益。

就工程成本管理的各个环节来说，其内容一般包括成本预测、成本计划、成本控制、成本核算和成本考核等环节。

1. 成本预测

成本预测是根据掌握的各类信息资料，采用科学的预测方法，对未来生产经营活动进行定性研究和定量分析，从而预测未来的成本水平及其变动趋势。按其内容可分为制订成本计划阶段的成本预测和成本计划实施进程中的预测。因此，根据施工企业的经营管理需要，可分类、分项或对某一重大经济业务进行成本预测，如对工程投标进行单项成本预测，通过预测技术，衡量得失，作为是否投标承包该工程投标报价的依据。

2. 成本计划

成本计划是以货币形式确定企业完成计划期内预定的施工生产任务的生产耗费水平和降低成本的任务。成本计划是企业施工技术财务计划的重要组成部分。施工企业应当在认真总结上期成本计划完成情况的基础上，根据企业计划期内计划完成的施工生产任务和相应的技术组织措施、施工组织设计以及成本预测等资料，制订既切实可行又具有先进性的成本计划。

编制成本计划,既要以有关的计划为依据,又要与有关计划特别是与利润计划相衔接。成本计划的实现,对于实现企业提高经济效益的要求具有重要意义。因此,成本计划提出的降低成本目标,对于动员企业广大职工挖掘潜力、控制消耗、降低成本具有指导作用。

3. 成本控制

成本控制是按成本计划制订的成本水平和降低成本目标,对成本形成过程的生产耗费进行严格的计算、调节和监督,及时发现与预定的成本目标之间的差异,并采取措施解决存在的问题,使工程的实际成本被控制在预定的目标范围内,促使成本降低的一项管理活动。施工企业进行成本控制,必须确定成本控制的标准。同时,为了有效地发挥成本控制的作用,施工企业应当建立事前控制、事中控制和事后控制的成本控制体系。事前控制是指通过成本的预测和决策,确定计划期的目标成本的活动;成本的事中控制是在成本的形成过程中,用具体的成本控制标准加以衡量,及时解决存在的问题,以达到控制生产耗费为目标的一种管理工作;成本的事后控制,又称反馈控制,它主要是在一定时期内将各类生产的实际成本与计划成本加以比较,检查成本计划的执行情况。

由于,成本费用涉及企业生产经营活动的各个方面和各个环节;因此,必须实施全面的成本控制。所谓全面的成本控制,是指在生产经营全过程实施成本控制,对全部生产耗费实施成本控制和全体职工都参与成本控制。实施成本控制,还必须采取一定的组织形式,建立有效的成本责任制。即将构成成本的生产耗费,降低成本任务,按生产耗费发生的范围进行分解,具体落实到有关职责部门或个人,实行责任成本,采取责权利相结合,成本控制与业绩考核相结合的办法,促进成本得到控制,实现降低成本、提高经济效益的目标。

4. 成本核算

成本核算是对企业工程施工所发生的生产费用进行事后核算,以便确定产品实际制造成本和归集期间费用,及时反映成本目标和成本计划的完成情况。在进行工程成本核算时,首先应对发生的费用进行审核,确认其是否属于生产耗费,能否计入工程成本,应计入哪类产品的成本等;其次,还要将确认的生产费用按用途进行归集、分配,按既定的成本核算对象分别计算其制造成本,确定最终产品的成本。

5. 成本分析与考核

成本分析是利用成本核算以及有关计划、统计、定额和技术资料,运用一定的分析方法,研究影响成本升降的诸因素及其形成的原因,挖掘降低成本的潜力的一种管理活动。成本分析按其用途可分为成本预算分析、成本控制分析和成本计划执行情况的综合分析。通过成本预测分析,提出获得最佳经济效益的降低成本方案,为制订成本计划提供依据。成本控制分析是成本计划实施过程中的分析,通过分析,及时发现差异,采取措施,使生产耗费控制在预定的限额内,保证成本计划的实现。成本计划执行情况的综合分析,是计划期终了对成本的终结分析。通过成本计划执行情况的综合分析,可以对执行成本计划的情况作出客观的评价,既肯定加强管理、降低成本的成绩和经验,又揭示存在的问题不足,指出进一步降低成本的潜在途径。在对成本计划执行情况分析的基础上,按成本责任制的有关规定,体现责、权、利相结合的原则,进一步推进成本管理工作。

上述成本预测、成本计划、成本控制、成本核算、成本分析和考核,互为条件,紧密联系,构成施工企业成本管理的完整体系。成本预测为制定成本计划提供依据;成本计划为成本控制提出目标和要求;成本控制与成本核算为成本分析与成本考核提供分析和考核的依据;成本分析与考核的结果又可供进行新的成本预测并且为制订下阶段的成本计划提供参考。如此互相作用,促使企业不断加强和提高成本管理工作。

三、项目成本管理程序及工作内容

1. 项目成本管理程序

施工项目成本管理的程序是指从成本估算开始,经编制成本计划,采取降低成本的措施,进行成本控制,直到成本核算与分析为止的一系列管理工作步骤,一般程序如图 10-1 所示。

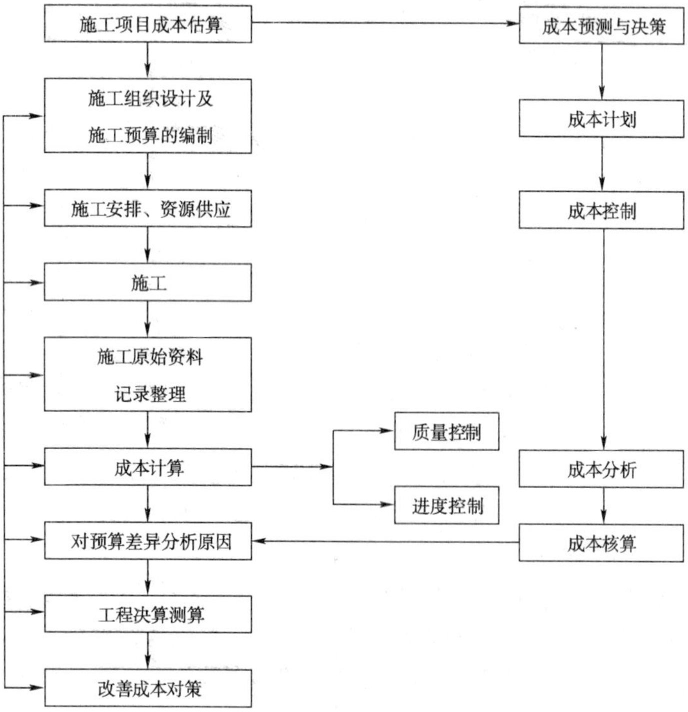

图 10-1 施工项目成本管理一般程序

2. 项目成本管理的主要内容

成本管理是企业为降低建筑产品成本而对成本的计划、控制、分析等进行的各项管理工作的总称。其具体工作内容如下。

(1)确保项目的目标成本,为编制标书报价提供依据,尽量为中标创造条件。

(2)在中标价格的基础上,编制施工项目成本计划。

(3)参与制订施工项目目标成本保证体系,协调项目部中的各有关人解决项目目标成本在实施过程中出现的问题。

(4)开展项目目标成本管理活动,设计出项目施工的“成本方案”,使项目成本总目标落到实处,包括目标分解、提出阶段性目标、实施目标检查、考核和控制等。

(5)向项目部各有关部门提供成本控制所需要的成本信息。

(6)计算出成本超支额,调查引起超支的原因,并提出应采取的纠正措施的建议和方法。

(7)对成本进行预测,按项目经理要求,定期提出项目的成本预测报告,监视项目成本变化情况,并及时将影响成本的重大因素向项目经理报告。

(8)对施工项目的变更情况做出完整的记录,对替换用设计方案提出快速、准确的成本估算,并与索赔工程师商定索赔方案。

(9)向企业和信息中心反馈成本信息并存储。

(10)对项目经理部各个部门的成本目标进行考核。

四、适当履约与成本

项目施工中,合同发生变更是屡见不鲜的事。合同变更往往是:业主要求发生变化,设计的错误或缺陷,自然条件的变化,不可抗力的出现等,都会影响项目的施工,引起方案的改变,工期的延误,从而也影响到按成本计划的实施,增加费用的支出。所以,出现合同变更后,应正确做好合同变更部分的估价,准确确定费用的承担者,合理组织变更部分的施工,这对双方都是有益的。合同变更的处理方法如下。

(1)施工项目的构造、位置发生重大变更时,先办理合同变更手续或增补合同协议,按协议价格和成本价格,修改施工进度计划和成本计划。

(2)工程中的小的变更时有发生,每次都应有变更文件,作为工期增加或减少,费用增加或减少的依据。

(3)设计变更直接引起合同变更,应按设计变更规定的甲、乙、丙三类分别处理。

(4)按合同法规定和惯例,业主提出变更相应费用有业主承担(设计变更,监理提出的变更,应属业主责任);不可抗力造成的变更,除工期顺延外,其他费用的承担按合同法和《公路工程国内招标文件范本》规定办理。

(5)涉及到工程量合同变更内容,只要按合同规定工程量增减超过一定比例时,承包方可以要求调整合同价格。

五、物价变动下的成本管理

由于工程成本是一项综合性指标,因此,工程成本管理贯穿于生产经营活动的全过程,它涉及企业的生产、技术和各项经营管理工作,内容比较广泛。因此,在当前变化多样的市场经济环境中,成本管理也具有很大的不确定性,需要对其进行动态管理。同时,根据国内外几十年来诸多工程项目总承包合同价构成的分析,材料、设备在总承包合同价款中所占比重约在50%~60%,而且它们规格品种极多,技术性强、涉及面广、工作量大、时间性强,对其有效的管理不仅将会提高施工的生产效率,加快工程进度,而且还可能因此而节约大量的采购费用,对整个工程的良性发展将会起到重要的推动作用。

课题二　施工项目的责任成本

一、各类成本的确定次序

就一个项目而言,在市场竞争的条件下,企业不可能完全按照国家的预算定额编制工程投标报价。由于企业的管理和技术水平不同,投标报价不可能相同。基于占领市场、扩大份额的考虑,有的项目报价可以偏高,有的项目甚至要低于企业成本报价。因此就制造成本而言,也有由投标报价组成的制造成本与企业下达给项目部的制造成本之区别。

施工项目责任成本就是指企业承揽了施工项目之后,向项目部下达的项目成本。它是企业对项目实行成本控制的基准。就一个项目而言,项目成本可以依次表示为:预算成本—责任成本—目标成本—实际成本。

1. 预算成本

预算成本是根据全国或地区制订的预算定额并按统一规定的编制方法计算的工程成本。预算成本不仅包括间接费用,还包括管理费用和财务费用,属于工程完全成本。对企业而言,是可以从中获取利润的工程价款。在市场竞争日趋激烈的情况下,预算成本往往会带有经营风险和市场风险。在预算成本中不能直接转移到项目成本中的内容有:①单位管理费;②利润和税金;③经营风险;④市场风险;⑤其他不在项目上发生的费用。这几项内容要进行综合考虑,针对不同项目有不同的特点,切不可一刀切,否则,就不能清楚的划分企业和项目部的成本控制责任。

2. 责任成本

企业要根据预算成本确定责任成本,建立企业层层控制项目成本的责任体系。

责任成本,应当在企业综合考虑市场因素、企业优势和劣势之后,根据企业自身的消耗定额加以确定。如果企业为了某种经营目的的需要,出现项目的预算成本低于项目的实际制造成本,则责任成本可能大于预算成本,这称为企业政策性经营亏损。要保证项目顺利完成,企业必须承担这种亏损的风险。同样,如果企业具有某一方面的施工优势,尚无竞争对手,则企业可能提高报价,获得超过一般利润水平的超额利润。这部分超额利润应该留在企业层次,不能划给项目。另外,企业对于项目部的现场管理费不能实行一刀切。不同的项目其现场管理费必然是不同的,并且现场管理费也是确定项目责任成本的一个组成部分。

通常情况下,项目责任成本包括的主要内容是材料费、人工费、机械费、其他直接费、现场管理费。前4项费用的确定要以企业内部施工预算、施工组织设计、技术措施为依据,不能把投标预算中的相应部分照搬过来。现场管理费应以核定的项目经理部定员标准按人头计算,必要时可加一个经验数据进行调整。以上是简略的确定责任成本的方法。这个责任成本实质上相当于企业制订的成本计划。在项目施工过程中,企业的有关部门要严格依据责任成本指标对项目进行监督与控制,确保项目实际成本控制在责任成本的范围之内。

3. 目标成本

如果把企业确定的责任成本照搬为项目的目标成本,这是一种缺乏能动性的做法。只有把项目成本可能包括的各种因素弄清楚,才能正确、合理地安排施工生产,完成项目预定的各项指际。因此,项目部要以责任成本为依据确定项目的目标成本,以加强对项目实际成本的控制。项目部可以在承担企业确定的责任成本的基础上,再制订项目的目标成本。通常情况,项目部在对责任成本和预算成本进行详细的分析之后,找出成本控制中可能的难点并确定关键控制点,把成本计划尽可能地按时间和分部分项工程细化,对施工方案和技术措施作进一步分析,制订详细的成本控制措施。对于责任成本中可能节约和可能漏算的情况,都要明确地计算清楚,必要时,可以同企业协商后对责任成本进行调整。

项目目标成本包括的内容有材料费、人工费、机械费、其他直接费、现场管理费、成本降低额(即项目部利润)。项目部是工程成本形成过程中的直接操作者,在成本管理实践中,实际成本不可能与责任成本完全吻合,这是由项目全过程中众多的可变因素决定的,实际成本的可塑性比较大。因此,为调动项目部控制成本的积极性,许多企业实行成本节约奖。应当注意,项目部在具体的成本管理过程中,涉及的方面和内容是很复杂的,以包代管是绝对不行的。企业的监控、项目部的自控、项目工作人员的责任心、企业内部的管理环境以及外部影响,都为成本管理造成直接的影响。确定项目的目标成本,是项目部开展成本管理必须和首要的工作。

4. 实际成本

实际成本是项目部成本管理的实际成果。实际成本同责任成本对比,可以反映项目成本控制水平,也是兑现奖惩的依据。实际成本同目标成本对比,可以反映项目部的成本控制水平,据此,可以总结成本预测和成本控制的经验教训。

二、对责任成本的要求

1. 责任成本的合理性

责任预算详细,根据不同管理层承担的施工项目内容,编制详细的工、料、机消耗数量和单价,可操作性强,透明度高。

2. 责任成本的可控性

责任成本是以责任中心的控制为前提,凡是责任中心能够完成的施工项目内容都列入责任中心控制的范围,因此,责任成本的可控性比较强。

3. 责任成本是责、权、利的结合

明确各个责任中心承担的施工项目的内容和范围后,同时授予他们相应的管理权利,根据各责任中心完成任务的情况兑现奖励,给予惩罚。

三、责任成本的划分

项目实行两层分离管理模式,即管理层和操作层的分离。管理层主要有项目经理、总工程师、合约副经理、生产副经理。项目职能部门一般应设技术质量部门(包括测量组、试验室)、机械物资部、生产管理部、安全保证部、财会部、合约部、经理办公室等。合约部牵头负责成本计划的编制、分包结算的控制;财会部负责成本核算和成本分析,其他部门负责相关市场价格的调查、费用的控制和信息的及时、准确传递。操作层由内部专业化公司和外部协作施工队伍组成。项目部将中标工程按分项(块)工程进行承包。考虑到目前企业内部操作层的实力不足、协作队伍管理水平有限、项目中标单价偏低等客观情况,一般以综合单价(包括工料机等费用)的承包方式、项目提供专用设备和进行主材供应的措施与施工单位签订承包合同。

根据责任中心的划分,确定不同层次的“责任预算”,从而确定其责任成本,进行管理和控制。

责任成本的划分是根据项目责任中心而确定的,可分为项目部的责任成本、项目职能部门的责任成本、施工队的责任成本、施工班(组)的责任成本。

项目部的责任成本,也就是项目部对企业签订的经济承包合同规定的成本。

项目组织各职能部门的责任成本主要表现为与职能相关的可控成本。

(1)施工技术部门。制订的项目施工方案必须是在技术上先进、操作上切实可行,按方案编制的预算不能大于项目的责任成本。

(2)材料部门。对项目所用材料的采购价格基本不超过项目的目标成本中的材料单料的供应数量不能超过目标成本所列数量;材料质量必须保证工程质量的要求。

(3)机械设备部门。供应项目施工所用机械设备类型应满足施工方案,充分发挥机械的效率,保证机械施工的“三率”指标(出勤、完好、利用率),保证机械是超过目标成本的规定。

(4)质量安全部门。保证工程质量一次达到交工验收标准,没有返工现象,不出现安全事故。

(5)财务部门。负责项目目标成本中可控的间接费成本,负责制订项目分年、季度间划开支，不得超过规定标准。

(6)施工队。承担责任中心管理范围内的所承担的分项工程或者是分部工程以及单位工程成本中的可控成本，即可控直接材料成本和可控的直接人工费成本以项目拨给施工队成本(即责任预算中的间接费)。

(7)施工队班(组)。施工队责任中心范围内的分部分项工程或者是分项工程的"责任中的可控制直接人工费和材料费"。也就是班组的人工费及材料费，组成施工队班(组)的责任成本。

四、项目成本中心划分

1. 可控成本与非可控成本

可控成本必须符合的3个条件为：

(1)责任中心有办法知道将有什么样的耗费。

(2)责任中心有办法计算它的耗费。

(3)责任中心有办法控制它的耗费。

凡不符合上述3个条件的，称为不可控成本。某责任中心的各项可控成本之和，即为责任中心的责任成本。

成本中心只对可控成本负责，其业绩的评价与考核也只能以可控成本为依据。但是，可控成本的划分是相对的。下一级成本中心的不可控成本可能是上一级成本中心的可控成本。如材料采购成本对工程队而言是不可控的，但对材料供应部门来说却是可控的。通常，变动成本多是可控成本，固定成本多是不可控成本。然而，情况并不总是这样的，如施工中的预制件，如外购则为不可控成本，如自制则为可控成本；管理人员工资虽属于固定成本，但却是可控的。

2. 项目成本中心划分

施工企业的责任成本控制应以工班的制造成本为基础，以项目经理部为基本责任主体。要根据职能简化、责任单一的原则，合理划分可控成本范围，赋予项目经理部相应的责、权、利，实行责任成本一次包干。公司既是本级的责任中心，又是项目经理部责任成本的汇总部门和管理部门。形成三级责任中心，即班组责任中心、项目经理部责任中心、公司责任中心。

但是，成本中心的划分有时也不能简单地按组织机构进行，还必须考虑到项目施工的特点。如隧道掘进实行轮班作业，如果能分清每一班组的实际工作量和消耗量，则以每个班组为一个成本中心，否则，就可以掘进作业为一个成本中心。

五、责任成本的影响因素

1. 施工方案与责任成本的关系

施工方案的优劣直接影响到工程项目的目标成本和利润。施工方案的优化可以降低成本、加快进度、保证质量和安全。

施工方案的制订要求如下。

(1)从实际出发，制订切实可行的方案

制订方案在资源、技术上提出的要求应该与当时已有的条件或在一定时间能争取到的条件相吻合，否则是不可能实现的。因此，只有在切实可行的范围内尽量求其先进和快速。这两者是统一的，离开这个原则再先进的技术、再快的施工速度也会落空。

(2)满足合同工期的要求

在制订施工方案时,必须保证在竣工时间上符合合同的要求,并能争取提前完成。为此,在施工组织上要统筹安排,均衡施工;在技术上尽可能地采用先进的施工工艺、新材料;在管理上采用先进的管理方法进行动态管理。

(3)确保工程质量和施工安全

在制订方案时,要提出保证工程质量和施工安全的技术组织措施,使方案完全符合技术规范、操作规范和安全规程的要求。如在质量方面制订工序质量控制标准、岗位责任制与经济责任制、质量保障体系等。

(4)在合同价控制下,尽量降低施工成本,使方案更加经济合理,从施工成本的直接费和间接费中找出节约的途径,采取措施控制直接消耗,减少非生产人员。

以上几点是不可分割的。因此,在制订施工方案时需要进行综合衡量,做多方面的分析比较,选出较好的方案。

施工方案包括的内容主要有:施工方法的确定;施工机具、设备的选择;科学的施工组织;施工顺序的安排;现场的平面布置;各种技术组织措施。施工方案前2项属于施工技术问题,后4项属于施工组织与管理问题。施工技术是施工方案的基础,同时又要满足施工组织与管理方面的要求,科学的施工组织与管理又必须保证施工技术的实现,两个方面是相互联系、相互制约的关系。

从施工方案制订的原则和内容可以看出:①施工方法可以反映施工技术水平;②合理的机械选择可以充分发挥机械的使用效率;③合理的劳动组织工人的工作效率;④合理的作业组织和施工顺序可以组织立体交叉作业,减少工作时间,在不增加资源的前提下,可以大大地缩短工期,这样可以节省人工而达到降低成本的目的。

2. 施工进度与责任成本的关系

加快施工进度,早日竣工,可早发挥投资效益。但是,在规定的工程造价内,提前完成施工任务是一项复杂的工作,必须从技术、管理和经济等各个方面综合采取措施,才能达到既缩短工期、又减少成本费用支出的目的。否则,盲目地缩短工期,加快施工进度,会增加更多的人力、物力和财力的支出,增加工程造价,提高工程成本。因此,合理工期的确定必须考虑直接成本和间接成本的支出。在实际工作中,项目开工前,必须结合项目的具体情况和资源供给的可能性,采用先进合理的施工技术、施工工艺,采取各种技术组织措施,以优化配置施工生产要素,达到既缩短工期,又不提高成本的目的。施工过程中,及时准确地进行经济核算,充分利用网络计划技术对施工过程进行实时的控制,同时充分调动职工的劳动积极性和主动性,做到人尽其才、物尽其用,从而保证工期目标的实现。

综上所述,施工进度加快是在不增加资源(人力、机械等)的条件下越快越好,否则按照工期要求完成即可。但是,有时必须要通过增加资源加快施工进度时,要进行经济比较,才能作出加快进度的决策。增加施工成本加快工期有两种情况:第一,承接的施工项目,需要大量的人力、设备等,这时要比较出新项目创造的效益大于老项目为加快进度而增加的施工成本时,可以加快施工进度;第二,业主要求早竣工,早发挥投资效益,有提前竣工奖。

施工进度与责任成本的关系为:在保证要求工期的前提下尽量降低施工成本;在项目目标成本控制下尽量加快施工进度,二者是相互联系、相互制约的统一整体。

3. 施工质量与责任成本的关系

项目质量成本是20世纪末在西方国家出现的一种保证和提高产品质量的一种方法,它把质量和成本联系起来考虑。

1)质量成本的概念

质量成本是指项目为保证和提高产品质量而支出的一切费用,以及未达到质量指标而发生的一切损失费用之和。质量成本包括两个方面:控制成本和故障成本。

控制成本包括预防成本和鉴定成本,故障成本包括内部故障成本和外部故障成本。

(1)预防成本是为了防止质量缺陷和偏差出现,保证产品质量而耗费的一切费用。包括:

①质量规划费。是指进行质量规划所需的费用,如质量分析,为试验、检验和程序控制编制规程或贯彻落实规程的耗费,这里所发生的费用主要是工时消耗费用。

②工序控制费。是指为了控制和改进现有工序生产能力,对现有工序进行调查、研究,对有关工作人员进行技术指导、示范操作、对生产过程中工序质量控制所发生的费用。

③新产品鉴定费。是指新产品、新施工工艺、技术革新项目的鉴定费用。

④质量培训费。是指培训职工提高其操作技能和提高工作质量所支出的费用。

⑤质量信息设备费。指收集、整理、分析、保存全部质量信息的活动费用,但不包括设备本身的购置费和折旧费。

⑥其他预防成本。如质量管理活动的行政费用、质量信息资料费用,有的项目为了创优,致使质量超标准而多消耗的工、料、机费用等。

(2)鉴定成本

鉴定成本指在一次交验合格的情况下,为检验产品质量而发生的一切费用的总和,包括:

①采购材料的试验和检验费。

②工序监测和其他计量服务费。

③评价产品或零配件、施工用的构配件质量所支出的试验、检验费用。

④质量评审活动费。包括工程交工前的评审费等其他质量评审活动的费用。

⑤其他鉴定成本。如约请外单位鉴定人员的酬金、破坏性试验所耗用的材料费用等。

(3)内部故障成本

内部故障成本是项目在施工生产过程中,由于产品、工程质量的缺陷而造成的损失,以及为处理质量缺陷而发生的费用总和,包括:

①废品损失。指在施工生产过程中,产品或工序在质量上达不到设计要求,必须"推倒、重做"而发生的费用;废品损失可分为生产过程的责任和材料供应单位的责任。

②返修损失。指检测、修复不合格工程或次品,使之达到质量合格而支付的费用。

③停工损失。指在施工生产过程中,因处理质量事故而导致停工和延误工期的损失。

④材料采购的损失费。指采购人员在处理所采购的材料质量不合格时,所发生的申诉和处理损失的费用。

(4)外部故障成本

指用户在使用过程中,发现工程质量缺陷而应由施工单位负责的一切费用总和,包括:

①保修费。指工程在保修期内对用户提供技术服务的费用。

②赔偿费。指由于工程质量原因,按合同规定应赔偿给用户的经济损失。

③在施工生产过程中,因违反环境保护法所引起的罚款等。

2)质量成本与责任成本的关系

通过分析,可以看出,项目成本与其产品质量水平存在着密切的相互依存关系。属于质量成本保证费用,与质量水平成正比关系,即工程质量越高,鉴定成本和预防成本就越大;故障成本属于损失性费用，与质量水平成反比关系，即工程质量越高，故障成本越低。

我们对工程质量进行控制，并不是要求质量越高越好，质量越高必然会导致成本费用的增加，反之质量过低，也将会导致成本费用的增加。因此，从经济角度看，最佳的质量水平并不是质量最好也不是质量较差时。质量成本中各项费用之间存在着一定的比例关系，根据国外资料介绍：

①故障成本大于总成本的70%、预防成本小于总成本的10%时，工作的重点应放在研究提高质量的措施和预防性上。

②故障成本接近总成本的50%时，工作的重点应放在维持现有的质量水平，它表明接近理想成本控制点。

③故障成本小于总成本的40%、鉴定成本大于总成本的50%时，工作重点应放在巩固现有质量水平，减少检验程序。

④企业的经验表明，预防成本增加3% ~5%，可使质量总成本降低30%左右。

质量成本总额比一般工程的降低成本水平还要高，特别是内部故障成本。如果质量管理上没有采取有效的预防措施，以致返工损失、返修损失以及由此而发生的停工损失明显增加。因此，为了降低成本必须对影响质量成本较大的关键因素，采取有效措施，进行质量成本控制。质量成本控制见表10-1所列。

质量成本控制 表10-1

关键因素	措施
降低返工、停工损失，将其控制在占预算成本1%以内	(1)对每道工序事先进行技术质量交底； (2)加强班组技术培训； (3)设置班组质量干事，把好第一道关； (4)设置作业队技监点，负责对每道工序进行质量复验和验收； (5)建立严格的质量奖罚制度，调动班组积极性
减少质量过剩支出	(1)施工员要严格掌握定额标准，力求在保证质量的前提下，使人工和材料消耗不超过定额水平； (2)施工员和材料员要根据设计要求和质量标准，合理使用人工和材料
健全材料验收制度，控制劣质材料额外损失	(1)材料员在对现场材料和构配件进行验收时，发现劣质材料时要拒收、退货，并向供应单位索赔； (2)根据材料质量的不同，合理加以利用以减少损失
增加预防成本、强化质量意识	(1)建立从班组到施工队的质量攻关小组； (2)定期进行质量培训； (3)合理地增加质量奖励，调动职工积极性

4. 施工安全与责任成本的关系

安全生产管理的目的，在于保护施工现场的人身安全和设备安全，减少和避免不必要的损失。要达到这个目的，就必须强调按规定的标准去管理，不允许有任何细小的疏忽。否则，将会造成难以估量的损失。

(1)不遵守安全操作规程，容易发生工伤事故，甚至死亡事故，不仅本人痛苦，家属痛苦，项目还要支付一笔可观的医药、抚恤费用,有时还会造成停工损失。

(2)不遵守机电设备的操作规程,容易发生一般设备事故,甚至重大设备事故,不仅会损坏机电设备,还会影响正常施工。

(3)忽视消防工作和消防设施的检查,容易发生火警和对火警的有效抢救,其后果更是不可想象。

(4)不注意食堂卫生管理,有可能发生食物中毒,危害职工的身体健康,也将影响施工生产。

诸如此类的事情,都是不利于项目成本的因素,必须从现场标准化管理着手,切实做好预防工作,把可能发生的经济损失减少到最低限度。

安全工作越好,施工所受的干扰也就越小,处理安全事故的费用支出也会越少。否则,如出现重大安全事故,不但给国家、集体和职工个人带来重大的损失,也会影响工人的施工情绪,导致劳动生产率下降,从而会加大施工费用的支出。因此可以说,施工安全制约着责任成本,责任成本依赖着施工安全。

5. 现场平面管理与责任成本的关系

施工现场是确定项目生产要素(即人力、材料、机械设备、临时设施)的空间位置,确保施工过程互不干扰、有序施工,达到各项资源与服务设施相互间的有效组合和安全运行,可以提高劳动生产率,减少二次搬运,降低责任成本。

1)现场平面管理的内容

(1)施工所用的水、电、通信等。

(2)施工现场的道路,排水系统畅通。

(3)材料、机械设备停放位置(包括仓库及露天)。

(4)立体交叉作业施工场地的安排。

(5)土石方填挖平衡及调配(包括横向、纵向)。

(6)生活住房、生产房屋设置的位置及管理。

2)现场平面管理与责任成本的关系

从施工场地平面管理的内容看出:统一指挥,科学管理,可节约施工成本中的其他直接费、人工费、机械使用费,否则产生的浪费也是不可忽视的。尽量做到将临时房屋、临时通信、临时用电用水、临时道路与永久性的设施结合起来,可节约直接成本。

施工现场的平面布置,是根据工程特点和场地条件,以配合施工为前提合理安排的,有一定的科学依据。但是,在施工过程中,往往会出现不执行现场平面布置,造成人力、物力浪费的情况。

(1)材料、构件不按规定地点堆放,造成二次搬运,不仅浪费人力,材料、构件在搬运中还会受到损失。

(2)钢模和钢管脚手等周转设备,用后不予整修并堆放整齐,而是任意乱堆乱放,既影响场容整洁,又容易造成损失,特别是将周转设备放在路边,一旦车辆开过,轻则变形,重则报废。

(3)任意开挖道路,又不采取措施,造成交通中断,影响物资运输。

(4)排水系统不畅,一遇下雨,现场积水严重,造成电器设备受潮容易触电,水泥受潮就会变质报废,至于用钢模、构件铺路的现象更是比比皆是。

由此可见,施工项目一定要强化现场平面布置的管理,堵塞一切可能发生的漏洞,减少浪费和损失,从而降低成本。

课题三　项目成本预测与成本计划

一、施工项目成本预测

成本预测是在成本发生之前根据预计的各种变化情况，测算成本的降低幅度，确定降低成本的目标。

1. 确定降低成本的目标

确定公路项目降低成本目标的计算公式如下：

$$\text{工程项目目标成本}=\text{工程项目预算收入}-\text{税金}-\text{项目计划利润}$$

$$\text{工程项目降低成本目标(成本降低率)}=\frac{\text{项目预处成本}-\text{项目目标成本}}{\text{项目预算成本}}\times100\%$$

在上式中，工程项目预算收入，在实行招投标情况下，即为工程中标的标价或承包合同确定的价格。项目计划利润包括工程法定利润和工程预计利润（即预计降低成本额）两项。其中工程预计利润是根据企业经营目标计划中的利润指标分解出来的，并通过单位工程经济承包合同规定必须实现的数额。

工程项目的目标成本也可用盈亏平衡分析的原理来计算，其计算公式如下：

$$\text{单位目标变动成本}=\frac{\text{工程预算收入}-(\text{税金}+\text{目标利润})-\text{固定成本总额}}{\text{计划完成工程量}}$$

$$\text{目标变固定成本}=\text{工程预算收入}-(\text{税金}+\text{目标利润})-(\text{计划工作量}\times\text{单位目标变动成本})$$

以上各公式中的目标成本，实际上是计划成本或待实现成本。

2. 降低成本的途径

（1）改进施工工艺，合理组织施工。施工过程中的劳动力消耗、材料消耗、机械台班消耗以及费用支出，很大程度上都是由施工方案和施工组织设计水平控制的。施工工艺方案和施工组织设计的合理性是最大的节约。例如，哪些构件采用现浇，哪些构件采用预制，是现场预制还是工厂预制，构件吊装采用何种设备和方法，准备采用哪些新工艺、新技术、新材料，怎样改进劳动组织等，需要进行认真研究，必要时，还应进行多方案比较。

（2）提高劳动生产率，节约开支。劳动生产率是指施工全过程中的劳动效率。提高劳动生产率，意味着以一定的劳动消耗完成较多的工程量。劳动生产率有价值指标和实物指标两种形式。

劳动生产率的价值指标，一般用全员劳动生产率表示，可按总产值或净产值计算：

$$\text{全员劳动生产率(元/人)}=\frac{\text{报告期实际完成产值}}{\text{报告期全部职工平均人数}}$$

劳动生产率的实物指标，一般按实物工程量计算：

$$\text{职工年平人均完成工程量}=\frac{\text{完成的工程量}}{\text{平均人数}}$$

（3）节约材料费用。节约材料费用应从量差和价差两方面着手，即从订货、采购、运输、入库验收、仓库管理、集中加工、合理下料、节约代用、回收利旧到综合利用各环节严格控制。

（4）节约机械使用费。在工程上应讲求机械设备的合理配备，加强设备的维修保养，提高机械设备的利用率和效率，降低机械使用台班费，此外，在设备购置与租赁两者之间做出科学的决策。

（5）保证工程质量，减少返工损失，实行全面质量管理，减少和防止不合格品、废品损失和返工损失。

(6)加强安全管理，杜绝安全事故，减少事故损失。

(7)节约施工现场管理费用。公路施工项目，涉及面广，协作关系复杂，如不加强管理，就会增加许多费用。施工管理应本着艰苦奋斗、勤俭办事的方针，量入为出，精打细算，节约开支，实行指标分层管理，提高管理效率，压缩编制，减少非生产人员，避免人浮于事的现象。

3. 计算经济效果

降低成本或增产节约的措施确定后，要计算采用这些措施后的经济效果。这实际上也是对保证成本目标的预测。

(1)由于原材料、燃料、动力等物资消耗降低而使成本降低。

$$成本降低率=[材料成本占全部成本比重(\%)]\times[材料、燃料等消耗降低(\%)]$$

(2)由于劳动生产率提高超过平均工资增长率而使成本降低。

$$成本降低率=[工资成本占全部成本比重(\%)]\times\left[1-\frac{1+平均工资计划增长(\%)}{1+劳动生产率计划增长(\%)}\right]$$

(3)由于多完成工程任务，使固定费用相对节约而使成本降低。

$$成本降低率=[固定费用占全部成本比重(\%)]\times\left[1-\frac{1}{1+完成任务量增长(\%)}\right]$$

(4)由于节约开支、压缩管理费用而使成本降低。

$$成本降低率=[管理费用占全部成本比重(\%)]\times[费用压缩(\%)]$$

(5)由于减少废品、返工损失而使成本降低。

$$成本降低率=[废品、返工损失占全部成本比重(\%)]\times[废品、返工损失降低(\%)]$$

将上述各项因素计算的成本降低率相加，即为测算的成本降低率。将测算的成本降低率与成本降低目标进行比较，如满足要求，即可把降低成本的措施落实下来，进行成本计划的编制；如不能满足要求，则还需再分析、选择或采用其他的降低成本措施，再进行测算和比较，直到满足成本降低目标的要求为止。

由此可见，成本预测过程也是不断动员挖潜，以保证达到成本降低目标，并保证成本指标与其他各项技术经济指标平衡与衔接的过程。所以，成本预测又称为成本的试算平衡。

二、施工项目成本计划

成本计划就是费用开支计划。计划成本(目标成本)是费用开支的最高限额。成本计划要有效地控制工程成本，就必须充分重视成本计划的编制。

1. 材料成本控制计划

按投标报价计算的单位估价表中的材料用量汇总统计。材料明目的粗细程度可根据需要列出，见表 10-2 所列。

由于材料是分批购买的，因此，在表 10-2 中又可以将实际发生的单价及总价多列几栏，以便在控制过程中根据情况列出已发生数和今后预测的调整数等。

2. 设备成本控制计划

如同材料一样，列出细目进行控制，见表 10-3 所列。

3. 劳务费成本控制计划

可按投标报价计算中的劳务数量进行估计，劳务来源和工资等各项成本费用应按实际情况核算。控制劳务费用的主要措施是合理安排进场和退场人员的时间，避免窝工现象，减少辅助生产人员提高工效、降低劳务成本等。在简略成本计划中可以粗略的按人月估算即可。

4. 临时工程费用成本控制计划

根据4个组织设计中临时工程项目内容制订计划，因工程规模和工期长短不同而不同，工程费用的才别是很大的。例如，工期较长的工程，合理安排各类工人进场和退场时间，可以最大限度的利用工人的住宿营地，以减少营地建筑面积。见表10-4所列。

材料成本控制计划表 表10-2

序号	材料名称	单位	用料量		单 价(元)			总 价(元)			备注
			控制数	发生数	投标估价	控制价	实际发生价	投标计算	控制数	实际发生	
一	钢材										
1	钢筋 $\phi6 \sim \phi10$	t									
2	钢筋 $\phi12 \sim \phi25$	t									
3	钢筋 $\phi25$ 以上	t									
4	高强度钢丝	t									
5	…										
二	水泥										
1	普通水泥	t									
2	耐酸水泥	t									
3	…										
三	…										
…											
					总计			××	××	××	

生产设备成本控制计划表 表10-3

序号	设备名称	规格型号	单位和数量	单 价(元)			总 价(元)			备注
				投标估价	控制价	实际发生价	投标计算	控制数	实际发生	
一	××分部工程									
1	××机械									
2	××动力设备									
二	…									
…										
				总计			××	××	××	

临时工程成本控制计划表 表10-4

序号	内容名称	单位	数 量		单 价(元)		总 价(元)	
			控制计划数	实际数	计划	实际发生	计划	实际发生
一	营地建设	m^2						
二	工地办公室	m^2						
三	临时生产面积	m^2						
…								
四	临时供水	LM						
五	临时供电	LM						
六	临时道路	LM						
…								
					总计			

5. 管理费用成本控制计划

由于投资计算时是按系数法估算的，在签订合同后，可以较详细的分项核算，编制出接近现实的控制计划。见表10-5所列。

管理费用成本控制计划表

表10-5

序号	内　容	计算方法	费　用（元）				
			计划数	实际发生数			
				季度1	季度2	季度3	季度4
一	直接管理费						
1	管理人员工资						
	…						
2	现场办公费						
	…						
二	间接管理费						
1	地区办事处管理费						
2	总部管理费						
3	中间人佣金						
…							
总计							

根据以上各类成本控制计划统计的总数，可以编制成本控制计划总表。

另外，在上述工程成本计划的大类编制基础上，应再将各类成本计划再详细深入的编制成分部、分项工程的成本计划，并按工程成本的会计科目，将工程成本统一分类，并采用合适的编码方法，以便使成本计划与今后的成本控制和成本核算互相对应。

课题四　施工项目成本控制与核算

一、施工项目成本控制要求与内容

所谓成本控制，就是在施工过程中，对工程成本的形成进行监督，并及时纠正另使工程成本限制在计划范围内，以实现降低成本的目标。

1. 成本控制的基本要求

1）掌握标准

在确定了成本控制的目标和标准后，各职能部门、各生产岗位和职工就要依据成本进行控制。掌握标准，要严格按照标准办事，实事求是，如实反映情况，对变化作具体分析，有灵活的对策。

2）分析差异

在施工过程中，往往由于某些原因，使实际发生的成本数额与预定的标准产生目标成本超支或节约。差异反映了各部门、岗位的工作质量和效果，要及时对成本分析，研究节约或超支的各种原因及其对完成成本计划的影响。

3）调整偏差

对发生的成本差异，应在查明原因的基础上，由成本管理人员定期向领导作实绩报告，提供成本差异信息，以便及时对原有不切实际的成本标准进行调整或修改。

2. 成本控制的基本内容

1)事前控制

即要做到“算了再干”。成本事前控制体现在成本预测和成本计划编制阶段，在此不再重述。

2)成本计划执行过程中的控制

在施工项目成本控制的对象、施工项目成本控制的实施中详述。

3. 成本控制的基本制度

就是以项目内部经济承包责任制为依据，以专职管理为主，群众管理为基础，分级分口的成本控制责任制和目标成本管理体系。

分级控制是从纵向成本计划指标按所属范围从上到下层层分解，并通过内部同从下到上层层保证。

分口控制是从横向把成本计划指标按性质分解，并通过承包合同落实到各职能部门据以进行费用开支的监督和控制。

二、施工项目成本控制的对象

1. 以施工项目成本形成的过程作为控制对象

(1)在工程投标阶段，应根据工程概况和招标文件，进行项目成本的预测，提出投标决策意见。

(2)施工准备阶段，应结合设计图纸的自审、会审和其他资料(如地质勘探资料等)，编制施工组织设计，通过多方案的技术经济比较，从中选择经济合理、先进可行的施工方案，编制具体的成本计划，对项目成本进行事前控制。

(3)施工阶段，以施工图预算、施工预算、劳动定额、材料消耗定额和费用开支标准等，对实际发生的成本费用进行控制。

(4)竣工交付使用及保修期阶段，应对竣工验收过程发生的费用和保修费用进行控制。

2. 以施工项目的职能部门、施工队和生产班组作为成本控制的对象

控制的具体内容是日常发生的各种费用和损失。这些费用和损失，都发生在各个部门和生产班组。因此，也应以部门、施工队和班组作为成本控制对象，接受项目经理和各部门的指导、监督、检查和考评。

3. 以分部分项工程作为项目成本的控制对象

把成本控制工作做得扎实、细致，落到实处，还应以分部分项工程作为项目成本的控制。在正常情况下，应根据分部、分项工程的实物工程量，参照施工预算定额，联系项目管理的技术素质、业务素质和技术组织措施的节约计划，编制包括工、料、机消耗数量、单价、金额的施工预算，作为对分部分项工程成本进行控制的依据。

三、施工项目成本控制的实施

1. 施工前期的成本控制

根据设计图纸和有关技术资料，对施工方法、施工顺序、作业组织形式、机械设备选型、技术措施等进行认真地研究分析，制订出科学先进、经济合理的施工方案。

根据企业下达的成本目标，以分部分项工程实物工程量为基础，联系劳动定额、材料消耗定额和技术组织措施的节约计划。在优化的施工方案的指导下，编制明细而具体的成本计划，按照部门、施工队和班组的分工进行分解，作为部门、施工队和班组的责任成本落实下去，为今后的成本控制做好准备。

2. 施工期间的成本控制

（1）加强施工任务单和限额领料单的管理。特别要做好每一个分部分项工程完成后的验收（包括实际工程量的验收和工作内容、工程质量、文明施工的验收），以及实耗人工、实耗材料数量的核对，以保证施工任务单和限额领料单的结算资料绝对正确，为成本控制提供真实可靠的数据。

（2）将施工任务单和限额领料单的结算资料与施工预算进行核对，计算分部分项工程的成本差异，分析差异产生的原因，并采取有效的纠偏措施。

（3）做好月度成本原始资料的收集和整理，正确计算月度成本，分析月度预算成本与实际成本的差异。对于盈亏比例异常的现象，则要特别重视，并在查明原因的基础上，采取果断措施尽快加以纠正。

（4）在月度成本核算的基础上，实行责任成本核算。也就是利用原有会计核算的资料，重新按责任部门或责任者归集成本费用，每月结算一次，并与责任成本进行对比，由责任部门或责任者自行分析成本差异和产生差异的原因，自行采取措施纠正差异，为全面实现责任成本创造条件。

（5）经常检查对外经济合同的履约情况。如遇拖期或质量不符合要求时，应根据合同规定向对方索赔；对缺乏履约能力的单位，要采取断然措施，立即中止合同，并另找可靠的合作单位以免影响施工，造成经济损失。

（6）定期检查各责任部门和责任者的成本控制情况。检查成本控制责、权、利的落实情况（一般为每月一次）。发现成本差异偏高或偏低的情况，应会同责任部门或责任者分析产生差异的原因，并督促他们采取相应的对策来纠正差异；如有因责、权、利不到位而影响成本控制工作的情况，应针对责、权、利不到位的原因，调整有关各方的关系，落实责、权、利相结合的原则，使成本控制工作得以顺利进行。

3. 竣工验收阶段的成本控制

（1）精心安排、干净利落地完成工程竣工扫尾工作。从现实情况看，很多工程一到竣工扫尾阶段，就把主要施工力量抽调到其他在建工程，以致扫尾工作拖拖拉拉，战线拉得很长，机械设备无法转移，成本费用照常发生，使在建阶段取得的经济效益逐步流失。

（2）重视竣工验收工作，顺利交付使用。在验收以前，要准备好验收所需要的各种书面资料（包括竣工图）送甲方备查；对验收中甲方提出的意见，应根据设计要求和合同内容认真处理，如果涉及费用，应请甲方签证，列入工程结算。

（3）及时办理工程结算。一般来说，工程结算造价：原施工图预算＋设计变更，但在施工过程中，有些按实结算的经济业务，是由财务部门直接支付的，项目预算员不掌握资料，往往在工程结算时遗漏。因此，在办理工程结算以前，要求项目预算员和成本员进行一次认真全面的核对。

（4）在工程保修期间，应由项目经理指定保修工作的责任者，并责成保修责任者根据实际情况提出保修计划（包括费用计划），以此作为控制保修费用的依据。

四、施工项目成本的动态控制措施

1. 生产进度成本

(1)根据合同工期和工程特点,编制合理的总体和阶段施工计划。

(2)向相关部门提供同步施工计划的工料机需要量计划。

(3)加强资源调度,规范现场的施工作业流程,督促、协助项目操作层按计划组织施工滞后形成的抢工期和总工期滞后形成的合同违约对成本的影响非常大。

(4)理顺施工环境,努力提供良好的施工条件。

2. 技术质量成本

(1)编制合理的施工组织设计,认真进行技术和工艺交底、培训。

(2)试验、测量及时提供科学的数据。

(3)技术质量人员熟悉规范,严格进行现场技术支持和质量管理,减少返工损失;同时与监理工程师理顺关系,做好工序的衔接和质检记录。

(4)测算竣工文件编制费用。

3. 合同成本阶段

(1)编制合理的总体成本计划和阶段性成本计划,并及时下达相关职能部门监控。

(2)选择有实力的协作单位。

(3)完善分包合同条款,提高合同谈判技巧,减少合同损失。

(4)严格按规定进行分包工程结算,准确反映报告期分包成本。

(5)加强主合同条款研究,熟悉施工现场,做好变更索赔的立项、报告及批复追踪工作,变更是力保平衡标价的重要手段。

4. 人工费

(1)项目管理层实行定岗、定员、定薪。

(2)按规定测算、计提工资、福利、三金统筹、劳保、防暑降温等费用。

(3)严格控制临时用工,执行临时用工签发单制度,不得改变工日单价。

(4)监控操作层的人员数量、质量、使用效率。

5. 材料费

(1)向操作层明确调拨材料(包括半成品)的单价或计算办法。

(2)按施工计划制订报告期材料采购计划,并按计划向操作层供货。

(3)材料(包括半成品)采购要货比三家,采用统购、招标等方式降低采购成本对操作层自行采购的材料,还要提供信息支持和进行质量把关和消耗监控,保证材料质量。

(4)材料采购数量按实际施工图纸需要量与供料方进行结算,堵塞进场计量漏洞,减少使用中的超耗问题。

(5)周转材料以不低于上级规定折旧的比例向操作层出租。

(6)按报告期对现场材料使用情况进行盘点,与已完工程定额消耗量进行对比,节奖超罚,并向合约部门提供操作层的材料结算资料。

(7)对材差较大的市场情况,应做好记录、保存凭证,向业主索赔价差。

6. 机械费

(1)向操作层明确提供机械设备的租赁价格和结算方式。

(2)做好公司机械设备向操作层的出租记录,定期向合约部门提供设备结算资料,便于结算和成本划分。

(3)监控操作层是否按合同承诺提供足够的、合格的施工机械设备。

(4)协助操作层加强设备的维修与保养,提高机械利用率。

7. 财务成本

(1)按建造合同和项目预算成本计划进行成本归集、分摊。

(2)测算财务费用。

(3)按规定控制分包工程支付和工程借款。

(4)按施工计划做好资金计划和资金管理,资金对降低采购成本等有决定性的作用。

(5)按规定计提行政固定资产折旧、税金、统筹、切块等费用。

(6)按财务规定报销差旅费等。

(7)进行报告期成本核算、分析,准确反映成本动态。

(8)至少按季度对项目资金运作情况进行分析,包括资金来源、资金去向、外欠工程款、材料费、机械费情况以及业主工程款支付滞后、过早购入材料、备用金占用、操作层借款等形成的资金积压问题,并提出扭转对策。

8. 综合事务费用

(1)测算项目行政资产的配置计划和使用、维修费用计划。

(2)测定办公用品费用,按月、按部门进行定额控制。

(3)测算水费、电费、电话费用。

(4)测算招待费用,按月、按部门进行定额控制。

五、施工项目成本核算

公路施工成本核算包括施工过程中的各种消耗、资金占用、成本和利润,具体开展核算工作时,要分别通过会计核算、统计核算和业务核算来进行核算。据此评价各责任中心的业绩,也是各责任中心兑现奖罚的依据。

1. 成本核算范围

1)责任成本核算范围

项目责任成本由直接费、其他直接费和现场经费组成,也就是项目的制造成本。

直接费是指施工过程中耗费的构成工程实体的各项费用,包括人工费、材料费、施工机械使用费。

其他直接费是指直接费以外的施工过程中发生的其他费用。内容包括冬季施工增加费、二次搬运费、仪器仪表使用费、生产工具使用费、检查实验费、特殊工种培测和工点移交、场地清理等费用、特殊地区施工增加费。

现场经费是指为施工准备、组织施工生产和管理所需的费用,包括临时设施费和现场管理费,包括支付给劳务队伍的管理费。

必须指出,实际成本各项目所包含的内容,应与预算成本有关项目的内容相一致,以利于分析各成本的节超情况。

工程项目施工过程中,所发生的下列支出不得列入成本。具体有:对外投资支出,被没收的财物,各种赞助、捐赠支出,国家法律、法规规定以外的付费,国家规定不得列入成本的其他支出等。

2)施工队成本核算范围

施工队成本核算范围是直接成本和部分间接成本(施工队级管理费);施工队班(组)核算的范围只是直接成本。

通过成本核算,使施工项目成本具有直观性、可控性。施工项目成本核算要以“谁受益、谁负担”为基准,计入受益成本核算对象,杜绝少计、漏计、乱挤、摊派等现象。

3)企业当期损益的核算范围

(1)期间费用。包括企业管理费、财务费和其他费用。在制造成本法下,间接费作为企业的期间费用而计入当期损益。

(2)投资形式的收入与支出而形成的损益。

(3)营业外收入与支出而形成的损益。

(4)其他业务收入与支出而形成的损益。

2. 项目核算与企业成本核算的区别

项目核算是企业控制下的成本核算,是以企业确定的项目责任成本为基准的核算。项目的责任成本是企业向项目下达的成本控制的责任,是项目经理部向企业承包的价款。

项目成本管理是企业成本管理的一个组成部分,但又有它的独特性。其主要区别如下:

(1)管理的任务不同。施工项目管理的任务是在企业成本管理经济责任制下,以合理的工期、优质和低耗的成本施工任务和企业下达的管理目标。而企业成本管理则是根据整个企业的现状和水平,通过对资源、费用的合理调配以及对生产任务的合理安排,使整个成本、费用在一定时期内控制在预订的目标之内。

(2)管理与核算的对象不同。项目成本管理的对象是某一个具体的工程项目,它只对该项目所发生的各项费用予以控制,仅对施工项目的成本进行核算和管理。而企业成本管理的对象是整个企业,它不仅包括多个公司、多个项目部,还包括企业的各个职能部门,它是企业内部生产经营活动的过程、全员全面的成本管理。

(3)管理的方式不同。项目成本管理是在项目经理负责下的项目管理职能,它是在施工现场进行的,与施工的质量、安全、工期等各项管理是同步的。而企业成本管理是用行政手段进行的多部门、管理它不在现场,而是由各个职能部门参与进行管理,主要负责监督和检查职能,企业成本管理与施工过程在时间和空间上分离,不能及时地了解施工项目成本发生的具体情况。

(4) 管理责任不同。施工项目成本管理是由项目经理全面负责,是根据企业与项目经理部签订的经济责任书,由项目经理部承包,项目的盈亏与项目部的全体人员的经济责任挂钩。因此,责任明确,管理到位。而企业成本管理是强调部门成本责任制,成本管理涉及到各个职能部门和各个施工单位。从而明确了各自的成本责任和成本核算范围。

3. 项目成本核算工作流程

项目经理部在承建工程项目,并收到设计图纸以后,一方面要进行现场“三通一平”等施工前期准备工作;另一方面,还要组织力量分头编制施工图预算、施工组织设计,降低成本计划及其实施和控制措施,最后将实际成本与预算成本、计划成本对比考核。

对比的内容,包括项目总成本和各个成本项目的相互对比,用以观察分析成本升降情况,同时作为考核的依据。比较的方法如下:

(1)通过实际成本与预算成本的对比,考核工程项目成本的降低水平。

(2)通过实际成本与计划成本的对比,考核工程项目成本的管理水平。

项目成本核算和管理的工作流程如图 10-2 所示。

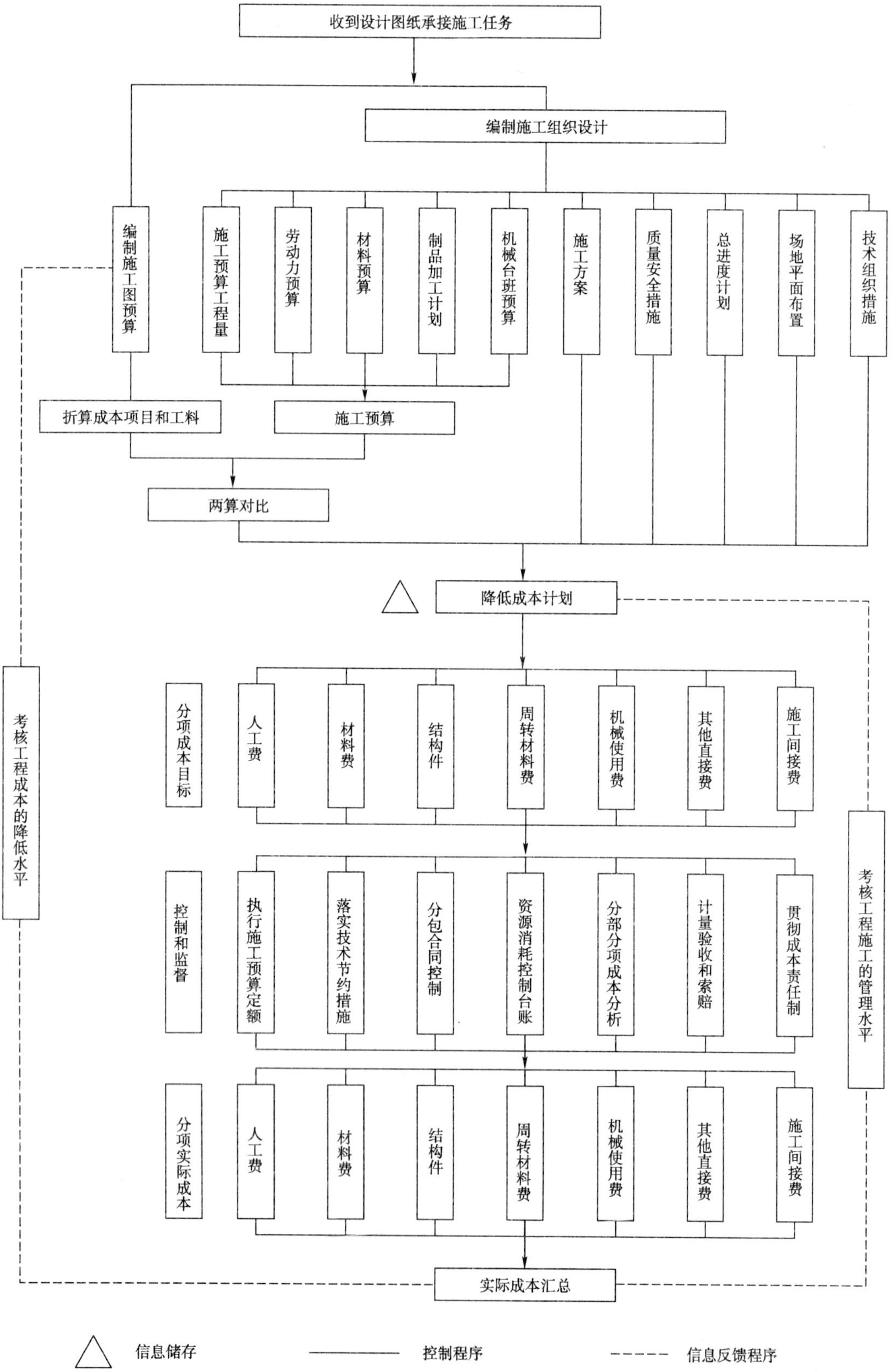

图 10-2　项目成本核算和管理的工作流程图

六、成本分析与费用考核

1. 成本分析

财会部牵头负责成本信息的收集、归集、分摊、核算、分析。

(1)总收入来自业主批复的中期计量支付报表和其他收入。

(2)成本费用来源于人事提供的工资报表、日常财务报销、合约部门提供的报告期分包结算单和财务按规定计提的折旧、管理费、税金及其他费用。

(3)按月、季、年、竣工提出成本分析报告。

分包工程成本是成本管理的核心。所有发生在操作层的费用必须按分包管理结算流程和结算制度进行结算,财务根据合约部门提供的手续齐全的分包结算单计人当期施工成本和对操作层进行工程款支付。

主材供应一般由项目经理部统一采购向操作层提供,材料部门除保证供货外,应定期对操作层的材料消耗数量进行盘点,与实际消耗数量进行对比,监控分包成本动态。机械、人工费也应进行相关数据的对比分析、监控。

工期与成本有密切关系,施工计划统计部门必须按月、季、年对工程进度进行盘点,分析计划工期与实际工期的对比关系。

两层管理模式,后勤费用开支对成本的影响比较大,应定期分析。

成本费用分析采用定期分析(月、季、年)、单项分析(分项工程结束)、专题分析相结合的方式。成本分析要做到发现节超原因,找出降低成本措施,客观评价成本计划的执行情况和修正后续成本计划。

2. 成本费用考核内容

成本费用考核是实现成本费用计划的有力保证。成本费用考核主要内容:

(1)是否编制项目成本计划及现场经费、工料机消耗量计划。

(2)分管的成本费用指标是否完成。

(3)是否对工料机消耗情况进行有效监控。

(4)是否按规定详细记录各种原始资料。

(5)是否按规定提交成本核算、分析资料。

(6)是否对操作层进行有效管理和积极支持。

(7)分包合同、分包结算、分包工程款支付是否控制有效。

(8)变更索赔工作是否有明显成效。

3. 成本费用奖罚

(1)成本费用奖罚在月度、阶段、竣工考核的基础上进行兑现。

(2)奖励的行为有变更索赔奖、成本指标完成奖、施工方案优化奖、优化配合比节约材料奖、技术进步奖等。

(3)处罚的行为有未完成指标、不按规定记录原始记录、未及时提供成本核算和分析资料等。

思　考　题

1. 什么是公路施工项目成本?

2. 项目成本管理有哪几个环节?

3. 项目成本管理的工作内容有哪些?

4. 合同发生变更导致成本发生变化时,如何处理?

5. 就一个项目而言,施工项目责任成本依次表示为哪些成本?

6. 施工项目成本的动态控制主要指哪几个方面?

7. 项目核算与企业成本核算的区别有哪些?

8. 如何降低施工项目成本?

单元十一　计量支付与合同管理

知识点
1. 合同的概念，公路项目国际承包合同的内容；
2. 工程计量、支付的目的与程序；
3. 工程费用结算的方法。

技能点
1. 利用工程计量支付程序和方法进行计量支付工作；
2. 进行工程费用的结算。

本单元主要学习合同的概念和内容、工程计量和支付、工程费用的结算。

课题一　合　　同

一、合同概述

一般意义上的合同，泛指一切确定权利义务关系的协议。《合同法》规定："合同是平等主体的自然人、法人、其他组织之间设立、变更、终止民事权利义务关系的协议。"合同具有以下特点：

(1)合同是当事人协商一致的协议，是双方或多方的民事法律行为。

(2)合同的主体是自然人、法人和其他组织等民事主体。

(3)合同的内容是有关设立、变更和终止民事权利义务关系的约定，通过合同条款具体体现出来。

(4)合同须依法成立，只有依法成立的合同对当事人才具有法律约束力。

1. 建设工程合同的概念

建设工程合同是承包人进行工程建设、发包人支付价款的合同。我国建设领域习惯上把建设工程合同的当事人双方称为发包方和承包方，这与我国《合同法》将他们称为发包人与承包人没有区别。双方当事人应当在合同中明确各自的权利义务，但主要是承包人进行工程建设，发包人支付工程款。进行工程建设的行为包括勘察、设计、施工。建设工程实行监理的，发包人也应当与监理人采用书面形式订立委托监理合同。建设工程合同是一种诺成合同，合同订立生效后双方应当严格履行。建设工程合同也是一种双务、有偿合同，当事人双方在合同中都有各自的权利和义务，在享有权利的同时必须履行义务。

从合同理论上说，建设工程合同是广义的承揽合同的一种，也是承揽人(承包人)按照定作人(发包人)的要求完成工作(工程建设)，交付工作成果(竣工工程)，定作人给付报酬的合同。但由于工程建设合同在经济活动、社会生活中的重要作用，以及在国家管理、合同标的等方面均有别于一般的承揽合同,我国一直将建设工程合同列为单独的一类重要合同。但考虑到建设工程合同毕竟是从承揽合同中分离出来的,《合同法》规定:建设工程合同中没有规定的,适用承揽合同的有关规定。

2. 建设工程合同的特征

1)合同主体的严格性

建设工程合同主体一般只能是法人。发包人一般只能是经过批准进行工程项目建设的法人,必须有国家批准建设项目,落实投资计划,并且应当具备相应的协调能力,承包人则必须具备法人资格,而且应当具备相应的从事勘察、设计、施工等资质。无营业执照或无承包资质的单位不能作为建设工程合同的主体,资质等级低的单位不能越级承包建设工程。

2)合同标的的特殊性

建设工程合同的标的是各类建筑产品,建筑产品是不动产,其基础部分与大地相连,不能移动。这就决定了每个建设工程合同的标的都是特殊的,相互间具有不可替代性。这还决定了承包方工作的流动性。建筑物所在地就是勘察、设计、施工生产场地,施工队伍、施工机械必须围绕建筑产品不断移动。另外,建筑产品的类别庞杂,其外观、结构、使用目的、使用人都各不相同,这就要求每个建筑产品都需单独设计和施工(即使可重复利用标准设计或重复使用图纸,也应采取必要的修改设计才能施工),即建筑产品是单体性生产,这也决定了建设工程合同标的的特殊性。

3)合同履行期限的长期性

建设工程由于结构复杂、体积大、建筑材料类型多、工作量大,使得合同履行期限都较长(与一般工业产品的生产相比)。而且,建设工程合同的订立和履行一般都需要较长的准备期,在合同的履行过程中,还可能因为不可抗力、工程变更、材料供应不及时等原因而导致合同期限顺延。所有这些情况,决定了建设工程合同的履行期限具有长期性。

4)计划和程序的严格性

由于工程建设对国家的经济发展、公民的工作和生活都有重大的影响,因此,国家对建设工程的计划和程序都有严格的管理制度。订立建设工程合同必须以国家批准的投资计划为前提,即使是国家投资以外的、以其他方式筹集的投资也要受到当年的贷款规模和批准限额的限制,纳入当年投资规模的平衡,并经过严格的审批程序。建设工程合同的订立和履行还必须符合国家关于建设程序的规定。

5)合同形式的特殊要求

我国《合同法》在一般情况下对合同形式采用书面形式还是口头形式没有限制,即对合同形式确立了以不要式为主的原则。但是,考虑到建设工程的重要性和复杂性,在建设过程中经常会发生影响合同履行的纠纷,因此,《合同法》要求,建设工程合同应当采用书面形式。这也反映了国家对建设工程合同的重视。

3. 建设工程合同的种类

1)从承发包的工程范围进行划分

从承发包的不同范围和数量进行划分,可以将建设工程合同分为建设工程总承包合同、建设工程承包合同、分包合同。发包人将工程建设的全过程发包给一个承包人的合同即为建设工程总承包合同。发包人如果将建设工程的勘察、设计、施工等的每一项分别发包给一个承包人的合同即为建设工程承包合同。经合同约定和发包人许可,从工程承包人承包的工程中承包部分工程而订立的合同即为建设工程分包合同。

2)从完成承包的内容进行划分

从完成承包的内容进行划分,建设工程合同可以分为建设工程勘察合同、建设工程设计合同、建设工程施工合同3类。

虽然建筑施工企业在建设工程合同中只是建设工程施工合同的当事人,但作为施工企业的项目经理还是应当对建设工程合同有一个全面的了解,学习一些建设工程中其他合同的知识。因为这些合同对建设工程施工有直接的影响。

3)从付款方式进行划分

(1)总价合同

总价合同是指在合同中确定一个完成建设工程的总价、承包单位据此完成项目全部内容的合同。这种合同类型能够使建设单位在评标时易于确定报价最低的承包商、易于进行支付计算。但这类合同仅适用于工程量不太大且能精确计算、工期较短、技术不太复杂、风险不大的项目。因而采用这种合同类型要求建设单位必须准备详细而全面的设计图纸(一般要求施工详图)和各项说明,使承包单位能准确计算工程量。

(2)单价合同

单价合同是承包单位在投标时,按招标文件就分部分项工程所列出的工程量表确定各分部分项工程费用的合同类型。

这类合同的适用范围比较宽,其风险可以得到合理的分摊,并且能鼓励承包单位通过提高工效等手段从成本节约中提高利润。这类合同能够成立的关键在于双方对单价和工程量计算方法的确认。在合同履行中需要注意的问题则是双方对实际工程量计量的确认。

(3)成本加酬金合同

成本加酬金合同是由业主向承包单位支付建设工程的实际成本,并按事先约定的某一种方式支付酬金的合同类型。在这类合同中,业主需承担项目实际发生的一切费用,因此也就承担了项目的全部风险。而承包单位由于无风险,其报酬往往也较低。

这类合同的缺点是业主对工程总造价不易控制,承包商也往往不注意降低项目成本。这类合同主要适用于以下项目:需要立即开展工作的项目,如震后的救灾工作;新型的工程项目,或对项目工程内容及技术经济指标未确定;项目风险很大。

二、公路项目国际承包合同的内容

一般分为两种情况即我国在国外承建的工程项目和在我国国内的涉外工程。其主要内容大致如下:

(1)合同序文。合同开头通常有序文,写明缔约双方当事人的名称和法定地位。

(2)合同工程范围条款。合同范围必须明确,应当把不属于合同范围的工程内容和属于合同范围内的工程内容有明确的界限。

(3)关于人的不可抗拒条款。人的不可抗拒条款是一切经济合同中不可缺少的内容。所谓人的不可抗拒条款,是指由于人力不可抗拒的以外事故,致使合同不能履行或不能如期履行,而免除当事人赔偿责任条款。

(4)合同的一般义务条款。一般可包括业主的一般义务和承包商的一般义务两方面。

(5)关于价格条款。承包工程价格条款是合同的重要条款之一。合同中价款数字除用阿拉伯数字书写外,还需用英文大写,以防有误。

(6)支付条款。在支付条款中应明确合同的支付方式、支付次数和期限等。

(7)工程变更和增减条款。

(8)关于工程工期条款。

(9)关于施工机械设备和大宗材料的进口条款。

(10)关于劳务方面的条款。

(11)关于材料试验和技术质量方面的条款。

(12)关于违约责任及仲裁方面的条款。

三、履约担保

在公路施工项目承包合同中,为了保证履行合同的诚意,一般都在合同条件中规定合同的担保条款。

1. 担保形式

(1)业主要求承包商提供的担保是最常见的担保方式。具体有:

①银行担保。担保银行应是合同双方均认可具有一定资格的银行。

②第三方的保证书。所谓"第三方",是指独立于合同双方的另一法人,他应具有一定的经济实力,并能为合同双方所接受。

③保险公司担保。条件与①相同。

④财产的物权担保。即抵押施工机械设备或进场材料等。

⑤不可撤销的银行备用信用证或直接缴纳保证金。

(2)承包商要求业主提供的履约担保主要有:

①付款保函。显示业主有足够资金偿付承包商。

②留置权转让。承包商对其完成的工程项目行使留置权,直到业主付清一切工程费用。

2. 各种担保的内容

银行的履约担保是一种在特定条件下可支付的银行承诺文件,也是对承包商遵守合同义务用经济形式表现的担保,它的内容必须是完整、严谨、公正和明确的。一般应包括以下一些内容:

(1)担保人。即指银行,应写明银行的全名、法定地址等。

(2)被担保人。指委托人/承包商,应写明承包商的全名和法定地址,并与合同文件中的名称完全一致,还应写明保函是应承包商的请求而开具的,以示为该承包商承担责任。

(3)受益人。指工程业主(用于履约保函、预付款保函、缺陷责任期保函等)。在承包商发生违约行为后,有权凭银行保函向银行索偿其担保金额,作为对业主所受损害的赔偿。

(4)担保原因。指被担保人与受益人之间有何种合同契约关系,例如某年某月某日双方签订了何种合同及合同号码,被担保人有履约责任。

(5)担保金额。因银行保函系货币履约保证书性质,应写明担保赔偿的货币名称和最高限额。国际惯例是银行担保金额通常为合同价的10%,有时在5%~10%之间。

(6)有效期限。包括担保的起始日期和失效日期,应有年月日的具体时间。一般履约担保的有效期要一直到工程缺陷责任期终结后30天为止。如果工程确实出现竣工期限延长,承包商(被担保人)应当与业主协商,并书面通知银行,将履约保函的有效期适当延长。

(7)担保责任。应当写明担保人是在被担保人违约条件下才有保函规定限额内的偿讨责任。

(8)索偿兑现条件。即受益人凭何种证明文件向银行索偿,即可兑现。有一种"首次要求

（或称‘五条件’）索偿即付”的保函，这是在索偿兑现前即已完全剥夺了被担保人申辩权利的保函；也有一种是受益人应提供被担保人违约证据才可索偿兑现的保函。

(9)保函的失效与注销。写明保函在有效期满即自动失效，并应退还银行注销。

(10)保函的开具方式。书面保函形式应有银行的责任人签署。

3. 履约保证金

履约保证金是承包商(委托人)和担保公司(担保人)为业主(债权人)的利益联合地与各自地提供履约合同的保证。如果承包商违约，担保公司要么支付保证金，要么继续完成工程来履行承包商应负的合同义务。担保人可以替换承包商或者从财务上资助失约的承包商完成工程。若担保人继续完成工程，则有权支取合同总价与违约的承包商已经合理地取得的支付之间的差额。担保人的义务限于保证金的数额以内，据合同规定为合同价的10% ~100%不等。

4. 预付款担保

由银行提供的预付款担保即预付款保函，主要用于担保承包商应按合同规定偿还业主已支付的全部预付金额，如果业主不能从应付工程款中扣还全部预付款(例如承包商中途毁约，中止工程等等)，那么，业主作为保函的受益人有权凭保函向银行索偿该保函的担保金额。

预付款保函的担保金额一般与业主所付的预付款是等值的，一般为合同价的10%左右。由于预付款将逐月从工程进度款中扣除，因此，预付款保函的担保额也应随扣还后余额减少。

承包商在通过银行开出此种保函时，应当在保函上写明这一点。

承包商全部还清预付款后，业主应退还预付款保函，承包商将其退回担保银行注销。

5. 工程缺陷责任期的担保

工程缺陷责任期的银行保函主要用于担保承包方对完工后的工程缺陷进行修复。在工程缺陷责任期内，如果业主或监理工程师发现工程缺陷，应当通知承包商进行缺陷修复，倘若真是承包商责任而承包商拒绝或无力修复时，业主可以凭保函向银行提取缺陷责任期银行保中担保的金额，请其他承包商修复。

缺陷责任期保函的担保金额根据合同文件的规定办理，其保函有效期与缺陷责任期限相同。

承包商在规定的工程缺陷责任期内圆满地完成了缺陷修复任务，或者根本没有发生任何要修复的工程缺陷，业主聘请的总监理工程师应签发缺陷责任终止证书，并将缺陷责任期的银行保函退回。

有些工程项目没有采用工程缺陷责任期银行保函，而是将履约担保的银行保函的担保期，一直用到工程缺陷责任期终止后30d才失效。

6. 保留金

保留金是对履约保证金或担保的补充。其做法是从给承包商的月进度工程付款中，按某一百分比留下一笔款项，一旦承包商违约，或没有在规定的时间内履行合同义务时，利用保留金补偿完成这种合同义务的开支，保留金可用在工程竣工前，亦可用在缺陷责任期。保留金通常为早期月付款的5% ~10%，总数额最多不超过合同价的5%。有些合同规定，承包商在完成工程后可得保留款额的一半，另一半在缺陷责任期终止后退还。

国际工程的招标文件中，也有规定保留金可由合适的银行担保或政府债券来代替，由承包商选择，并在累积期完成后达到规定的数量。必须注意，这种担保应由批准或指定的银行开具，且是无条件的，在合同需要时即可换成现金。担保的期限应比合同中的缺陷责任期长一些。

7. 留置权的使用

如《公路工程国内招标文件范本(2003 年版)》(以下简称《范本》)54 条规定:“承包人为本工程提供的设备、临时工程和材料,一经运至现场,即视为供本工程施工专用,没有工程师的书面同意,不得将上述任何物品或其任何部分运出现场”。

《范本》第 63 条进一步规定了在承包商违约时,业主可以“在向承包商发出通知的 14 天后,进驻现场并接收工程,并在不解除承包商按合同规定的任何义务与责任,也不影响合同赋予业主或工程师的各种权利的情况下,辞退承包商。业主可以自己完成该工程,或雇佣其他承包商去完成该工程。业主或其他承包商在为完成该工程时,可以使用他们认为合适的原承包商的机械设备、临时工程和材料。业主并可以在任何时候出售上述任何施工机械设备、临时工程和未经使用的材料,并把该款项用作承包商抵偿据合同规定应该或即将向业主支付的任何款项。”这些规定实质是业主在遇到承包商违约时,可以行使留置权这种合同的担保形式。

工程履约担保是工程保证担保中最重要的部分,同时也是我国现阶段的主要担保品种之一。业主与承包商在工程施工合同中的权利和义务在工程项目出现问题时履行的前提是在合同签订前的各种法律法规、管理办法以及要求在合同文本中清楚的体现。因此,对建筑工程项目的承包商违约的处理就可以更顺畅,各方的利益可以得到更好的保证。毕竟工程建设履约担保的目的是要保证建设项目顺利完成,同时保护担保人和业主的合法权利。

工程履约担保关系的原则,不论它们是出自成文的法律条款、合同,还是一般法规,有一点是共同的,就是都必须提供保证各方的权利、义务和责任。

工程履约担保关系的基础在于,义务人与担保人之间,义务人是损失最终承担者。理论上,担保关系与信贷和保险不同,因为它是针对担保人以其自身信用使合同义务人得到合同的中介服务。担保人并不应承担损失,因为义务人应对建设项目风险进行全面控制。

工程履约担保关系中的一个重要方面是担保人在建设项目中合同规定的工程款的合理使用,这同时也是担保人法律利益的安全保证。当担保人就一个特定建设合同向承包商提供业主支付保函时,权利人应出示资金证明或开出与工程履约担保金额对等的保函,保证有足够的工程款将被用于支持建设项目的建设,只要工程款项都被用于工程项目,这就减少了担保人当义务人将来因权利人首先违约时不能完成工程项目时的支出。因此,法律应规定权利人和义务人只能将工程款用于成本支出。

工程款是担保人保证工程质量和安全的另一个原则手段,担保人应该有权命令在未得到担保人许可的情况下,权利人停止或继续向义务人付款。如果权利人没有按合同向义务人付款,而后造成担保人损失,权利人必须作出相应的赔偿,或减少相应数量的担保责任。

涉及改变工程性质的重大变更(特别包括是承包商没有经验的工程)、增加合同金额、不正常的延长工期。将使担保人可以免责。而且任何包含改变担保合同权利人或义务人的变更视为重大变更将使保证人免责,不管是否涉及合同内容。

工程保证担保作为防范工程建设项目在建设期间风险的一种有效手段之一,已经被广泛地运用在全世界各个国家和地区。但是在我国因为正处于发展阶段,并不能被包括业主、承包商在内的行业认可,因此,尽管工程保证担保在我国已经开展了数年的时间,却没有真正发挥到工程担保应该有的效用。很多省市推行工程保证担保的初衷是由于这些年拖欠民工工资问题的日益突出而想到了这一“杀手锏”,有的地方甚至将工程保证担保作为反腐败的“良药”。但实际上,这些仅仅是工程保证担保的辅助效用。其真正的效用是保证合约双方能按照合同的约定保证质量、保证工期、保证工程款的支付,最终做到保证工程项目的完工。

履约担保关系的协调十分复杂和繁琐，尤其对担保人来说，其面对的是债权人和债务人针锋相对的竞争性的需求。履约担保对担保人来说是一个风险很大的业务，尤其是在现今我国的整个建筑工程行业的相关法律法规体系从致力偏向于保护项目业主到2003年开始的逐渐重视农民工的薪资拖欠问题，都使得工程承包方及工程施工方处于既要对业主的垫资工程签下不平等的条约，又要自己想办法解决民工的工资问题的两难境地。这样担保人也就很难保证双方的工程施工合同维持在合理价格上。保证人是否有能力解决双方违约责任的冲突，并充分利用法律武器保护自己是十分重要的。

课题二　工程计量与支付

一、计量支付的目的

尽管业主在招标文件中提出了工程量清单，但工程量清单中开列的工程量是该工程的预计工程量，不能作为承包商履行本合同规定的义务过程中应予以完成的工程的实际和准确的工程量。由此可知，不管招标时设计文件是初步设计还是施工图设计，要在工程项目实施之前非常准确地确定工程量是不可能的。招标时的工程量清单，只是在设计图纸和技术规范基础上预计的工程量，其主要作用是为招标者提供一个计算报价的共同依据，即按工程量清单投标并计算单价和总价，施工时按实际完成的工程量付款。因此，在施工过程中必须对实际完成的工程量进行计量。

合同中未在工程量清单中填入单价或总额价的工程细目，将被认为其已包含在本合同的其他细目的单价和总价中，业主将不另行支付。

二、计量

1. 计量的程序

《范本》第56.1规定：除另有规定外，监理工程师应该根据《公路工程施工监理规范》和合同规定，对承包人提出的已完工程量通过计量来核实工程量和确定其价值，并据此价值按照规定向承包人支付。

承包人应派代表参加计量工作，并应提供计量所需的一切详细资料和必要的人员、设备及永久工程的记录与图纸。

如果承包人未派人参加上述计量，则由监理工程师所作的计量应认为是对工程的正确计量。如果承包人对监理工程师计量核实结果不予同意，应在7天之内向监理工程师提出申辩，监理工程师收到此申辩后，应会同承包人复查对记录和图纸的计量审核，或予确认，或予修改。如果承包人不参加此复查，则应认为监理工程师复查核实的结果是正确的。

2. 计量的方法

1）监理方单独计量

可以由监理工程师完全控制被计量的工程部位，质量不合格的不予计量。

2）承包商单独计量

由于承包商是自行计量，往往可能出现多记和冒记的问题，有时在计量方法和细节上会有差错，因此，要求监理方要认真细致地审查计量结果，并定期抽查或复查，以保证计量的准确性。

3)监理方和承包商共同计量

这是较普遍采用的计量方法。因为监理方和承包商共同在施工现场计量,可以当场解决分歧,减少争端,能较合理地保障计量结果的准确性和客观性,节约时间,效果较好。

3. 计量工作的具体内容

1)计量前的基础工作

在工程量正式量测之前,承包商和监理工程师应进行的基础工作如下:

(1)首先了解工程量清单前言和技术规范中规定的计量方法。

(2)工程质量必须合格。也就是要求,对承包商的工程质量,应由监理方的质量监理工程师检查验收工程质量,并签发了该部分工程或单项工程质量合格证书后,计量人员才能对已完工的部分工程进行实际计量工作。

(3)计量的几何尺寸应以净值为准,实际计量的工程量以图纸设计尺寸为基础,再考虑施工中具体情况予以改变和确认。除非合同另有规定。

2)计量记录

依据《范本》第56条规定:要求计量工作做好记录和图纸的管理与保存工作,计量记录必须分类归档,对于一个大型的公路工程项目,要进行多次计量,将会自然形成一系列的计量资料,只有加强和完善记录管理和归档工作,才能使工程项目的计量工作顺利完成,也有利于工程项目的合同管理。

工程计量工作中,承包商在计量记录与相关方面应做到以下几点:

(1)应有一套保存在工程现场的图纸,按照工程实际进度情况,用彩色笔将所进行的工程位置在图纸上标示出来,并在适当的位置做详细补充说明,如工程的开始位置和时间、结束位置和时间及几何尺寸等数据,这将有利于做好计量记录。

(2)应有一套编码和档案管理系统。一般编码应与技术规范的章节号相同。另外对于计量证书的号码及所计量的数量也应有号码表示。所有计量证书必须要有承包商和监理工程师共同签署,只有这样才能作为支付的凭证。

(3)对于工程现场存放的材料及工程设备应每月计量记录一次,其计量表中应记录已发到现场的材料和工程设备的种类与数量,以及这些材料和工程设备的发票面额值;已计量的数量应记录下每一次报表中的预付金额及回收金额。材料和工程设备计量证也应单独编制号码成册保管,并应与发票及所有材料的累计账册一同归档管理。

(4)对于工程变更应记录下达的变更指令及号码,保存变更的图纸及文字数据资料,已经过三方同意的单价和价格调整,新增加的费用项目的计量证书应另编系列号码予以分开存档。

(5)承包商还应记录好工程量清单中所列出的分类项目和数量,与实际计量后的工程量数值进行差值对比和分析。再记录下由监理工程师签字同意的任何进度支付证书中应得到的款项。

(6)对于计日工和其他用暂定金额支付的计量证书,最好另立系列号码,记录下同意的计日工单价、付款金额、付款报表号码等。

3)计量时间与方式

对于计量的时间要求,一般情况下是每月计量一次。承包商必须按"中间计量单"(见《监理规范》)和监理方一起计量,并由监理工程师同时签发该月的中期支付证书。对隐蔽工程,则必须在工程隐蔽之前,请监理工程师检查质量,合格后立即计量。

计量的方式有:

(1)室内按图纸计算法，一般常用于结构工程方面，如钢筋混凝土结构、钢结构等。

(2)实地进行测量或勘察，如土方工程，对挖方的横断尺寸和挖方的深度等都要实际丈量才行。

(3)根据现场记录，比如计日工的记录等。

工程量的详细计算工作必须由承包商下属的专人负责，由监理工程师审查复核，若在计量中意见不一致发生争端时，应由承包商和监理工程师协商解决；若协商后解决不了争端，仍由监理工程师决定计量的方法和数量。承包商若认为出入很大，可以行使仲裁的权利。

(4)计量单位与计量精度

计量单位一种是物理单位，以公制或国际单位计量，如长度用米、千米、公里，面积用平方米，体积用立方米，重量用克、千克、吨等；另一种计量单位是自然计量单位，一般采用十进位自然数计算，如用个、台、座等，时间单位用年、月、周、日等。

关于计量的精度，为计量统一方便，可选取浮点数四舍五入至小数点后合适的位数。一般是实际工程施工中的计量单位与精度应该和工程量清单中的相一致。

(5)计量分析

计量分析的作用为：一是用实际完成的工程量，计算出实际工程进度与计划进度的差异，从而采取措施加快工程进度；二是将实际完成工程量与原设计图纸及工程量清单中的数量进行对比分析，发现实际计量的数量增加或减少的原因，并想办法进行改正。

计量分析时，要对计量的工具和方法是否合适、计量的结果是否准确等，查找原因和问题，以便查出多计、错计或漏计、少计的工程量部分，并尽可能与监理工程师的意见达到一致。

三、支付

1. 工程费用支付的程序与方法

1)支付前的基础工作

支付工作之前应做好以下几个方面基础准备工作，才能进入支付认证和付款：

(1)工程质量合格和计量准确

承包商自己要特别注意过好这两个关口，由监理工程师签字认可才行。

(2)明确技术规范和投标报价单的规定

技术规范中每一章、每一节中都对支付工作做了具体的规定，详细论述了各工程细目的工作内容及要求，对哪些内容不单独计量和支付，其价款该摊付到哪一细目中都作了具体规定，还对每一工程细目的支付项目进行了划分。所以技术规范是承包商在投标报价时的依据和指导性文件，又是工程费用支付的依据和指导性文件，是承包商、业主和监理工程师三方都应遵循的支付准则。

承包商的投标报价单是费用支付时的单价依据。对于有单价的工程细目，则以此单价来支付工程费用，并应注意该单价的包容程度。对于无单价的工程细目，其费用可能已摊人到其他细目的单价之中，因此承包商还必须完成技术规范和图纸所规定的全部工作内容并达到规定的要求。

单价的价值构成包括了该工作细目所需要的人工费、材料费、施工机械设备使用费、管理费、利润、税金等。单价包含的工程或工作内容是指该细目的单价按规定应包含的内容。

(3)吃透合同条款，做好施工记录

对于工程项目的支付，除了工程量清单中所列细目的正常支付外，还有许多在招标时无法预计的支付细目,承包商必须依据合同条款规定,及时提出支付与索赔的书面报告,并做好这些额外工作细目的工程记录及图纸保存,准备随时提供给监理工程师审查,以便得到签证和付款。比如物价上涨、计日工、工程变更等。

(4)支付时间与程序必须符合合同的规定

2)支付程序

依据《范本》,工程费用支付的程序是承包商提出付款要求和月报表,监理工程师审批后签证,业主在合同规定时间内付款。

(1)承包商提出支付要求的月报表

依据《范本》第60.1款规定,承包商在提出付款申请时应出具一系列的月报表,报表中应说明承包商自已认为有权得到涉及以下方面的款项:已完成的永久工程的价值;承包商的设备、临时工程、计日工等款项;工程材料和待安装的工程设备的发票价值的百分比;考虑法规变更与物价上涨因素的价款调整;按合同规定承包商有权得到的任何其他金额,如索赔款,额外工作付款等。

(2)监理工程师的审核与签证

依据《范本》第60.2款规定:监理工程师在接到承包商的付款申请月结账单的21天内,要认真审核承包商的月结账单,若发现所列出的数量不正确或任何一个工程细目的质量不符合要求,则调整承包商的月结账单;当审核合格后,要注意扣除预付金和保留金,然后算出本月应付款额的净值。将付款净值与合同中规定的临时支付证书的最小限额比较,若小于最小限额,就不开具支付证书,暂缓支付。每月支付最低限额,根据不同的工程项目进行具体规定。例如公路工程项目规定每月支付金额不低于合同总价的2%。

(3)业主的付款

依据《范本》第60.15款规定,在监理工程师将中期支付证书送交业主后21天内,或在最后付款证书送交业主后42天内,由业主支付给承包商款项。若业主未在规定的时间内支付,则承包商有权要求业主按投标书附件中规定的利率,从应付款之日起向承包商支付全部未付款额的利息。

3)支付方法

依照FIDIC合同条件规定和国际惯例,常常采用按工程进度的时间段付款的方法:首先是由业主向承包商预付开工预付款,属于业主提供给承包商的无息贷款;其次就是大量的工程期中支付,即按每月完成的工程价值及其他款项进行综合支付;最后支付与工程结算,在工程竣工后,由业主与承包商之间进行全面的付款结算;保留金的最后退回与清算,在工程的缺陷责任期终结以后,由监理工程师开出缺陷责任终止责任书后,由业主和承包商双方办理保留金的清退手续。

此外,支付方法也可以分工程量清单之内的支付与清单之外的支付。也可以按工程内容的单项分类不同,分为土石方工程支付、路基工程支付、路面工程支付、桥梁结构工程支付、隧洞支付等。

2. 支付的项目

1)开工预付款的

(1)开工预付款的支付

在承包人提交了履约担保和签订了合同协议书并提交了开工预付款担保14天内,监理工程师应按投标书附录中规定的金额签发开工预付款支付证书,并报业主审批。

开工预付款的担保金额应等于开工预付款额，提供这种担保的银行所需的担保费用由承包人承担。银行保函的正本由业主保存，该保函在业主将开工预付款全部扣回之前一直有效，担保金额将随开工预付款的逐次扣回而减少。

业主应在该支付证书收到后14天内核批，并支付开工预付款的70%的价款；在投标文件载明的主要设备进场后，再支付预付款30%。承包人不得将该预付款用于与本工程无关的支出，监理工程师有权监督承包人对该项费用的使用，如经查实承包人滥用开工预付款，业主有权立即通过向银行发出通知收回开工预付款保函的方式，将该款收回。

(2)开工预付款的扣回

开工预付款在期中支付证书的累计金额未达到合同价格的30%之前不予扣回，在达到合同价格30%之后，开始按工程进度以固定比例(即每完成合同价格的1%，扣回开工预付款的2%)分期从各月的期中支付证书中扣回，全部金额在期中支付证书的累计金额达到合同价格的80%时扣完。

2)材料、设备预付款

(1)材料、设备预付款的支付

业主应给承包人支付一定比例的材料、设备预付款，以供购进将用于和安装在永久工程中的各种材料、设备之用。此项金额应按投标书附录中写明的主要材料、设备单据所列费用(进口的材料、设备为到岸价，国内采购的为出厂价或销售价，地方材料为堆场价)的百分比支付。

其条件是：

①材料、设备符合规范要求并经监理工程师认可。

②承包人已出具材料、设备费用凭证或支付单据。

③材料、设备已在现场交货，且存储良好，监理工程师认为材料、设备的存储方法符合要求。

则监理工程师应将此项金额作为材料、设备预付款计人下一次的期中支付证书中。这种支付不应被视为是对上述材料或设备的批准。

在预计竣工前3个月，将不再支付材料、设备预付款。

(2)材料、设备预付款的扣回

当材料、设备已用于或安装在永久工程之中时，材料、设备预付款应从期中支付证书中扣回期不超过3个月。已经支付材料、设备预付款的材料、设备的所有权应属于业主，工程完工时所有剩余的材料、设备的所有权归属承包人。

3)工程变更费用

(1)一般规定，所有因工程变更而发生的费用应按合同的规定进行估价。如果这类变更是承包人的责任造成的，则一切因变更而引起的额外费用应由承包人承担。合同中工程量清单开列的工程数量由于施工计量后的实际增加或减少则不应列人工程变更的范围。由于非承包人的原因引起的工程变更，在得到监理工程师变更指令的情况下，则应以合同中规定的单价或价格进行估价。

(2)单项工程变更后的价格调整。如果合同中的任何一个工程细目变更后的金额超过签订的合同价格的2%，且该工程细目的实际数量大于或小于工程量清单所列数量的25%时，才虑价格调整。

4)计日工

如果监理工程师认为必要，可以指令按计日工完成任何需要变更的工程。对于这种变更的工程，应按合同中包括的计日工明细表中所定的细目，和承包人在其投标书中对细目所报的单价或价格，向承包人付款。

承包人应向工程师提交作为已付款凭证可能需要的收据或其他凭单，并应在订购材料之前向工程师提交订货报价单，以供批准。

对所有按计日工方式施工的工程，承包人应在该工程进行过程中，每天向工程师送交确切地开列有受雇于该工程的所有工人的姓名、工种及工时的清单一式两份，以及表明该项工程所用材料和承包人设备的名称和数量的报表一式两份，这样，承包人才能获得以计日工计算的付款。

5）价格调整

合同预期工期在24个月以上者，如果在送交投标书截止日之前的28天以后，由于国家或地方的法律或法规发生变更，迫使承包人在施工中的费用发生变化，承包人可向工程师申请对价款进行调整。

6）误期违约赔偿费和提前竣工奖金

该项费用的支付数额和办法按合同规定执行。

7）暂定金额

指包括在合同之内并列人工程量清单中，以此名称标明的，为了实施本工程任何一部分，或为了供应货物、材料、设备或服务，或供不可预见费用的一项金额。这项金额可按工程师的指令全部或部分地使用，或者根本不予动用。

暂定金额支付的方式，由监理工程师在与业主和承包人协商之后确定，或按合同工程量清单中相似或相同项目的单价按计日工的方式计价。按计日工方式付款应符合计日工的有关规定。

当监理工程师提出要求时，承包人应出示按暂定金额支出的报价单、发票等凭证，但如果监理工程师是根据投标书标明的单价或价格而作价的情况不在此列。

8）保留金

业主从中期支付证书中扣除合同规定比例的保留金，直至保留金的金额达到投标书附录中规定的限额为止。如果承包人未履行合同中所承担的责任，则保留金归业主所有。

在整个工程缺陷责任期满并发给缺陷责任终止证书后14天内，监理工程师签发保留金支付证书，将保留金退还给承包人。

课题三　工程费用的结算

工程价款结算是指对建设工程的发承包合同价款进行约定和依据合同约定进行工程预付款、工程进度款、工程竣工价款结算的活动。

一、结算的依据

1．进度款的结算依据

进度款的结算依据是经确认的工程量。承包人应按专用条款约定的时间，向工程师提交已完工程量的报告。工程师接到报告后7天内按设计图纸核定已完工程量，并在计量前24小时通知承包人，承包人为计量提供便利条件并派人参加。承包人收到通知后不参加计量，计量结果有效，作为工程价款支付的依据。工程师收到承包人报告后7天内未进行计量，从第8天起,承包人报告中开列的工程量即认为被确认,作为工程价款支付的依据。工程师不按约定时间通知承包人,致使承包人未能参加计量,计量结果无效。对承包人超出设计图纸范围和因承包人原因造成返工的工程量,工程师不予计量。

2. 竣工结算依据

主要依据以下资料:施工合同;中标投标书的报价单;施工图设计及设计变更通知单、施工变更记录、技术经济签证;取费定额及调价规定;有关技术资料;竣工验收报告;工程保修书;其他有关资料。

二、结算的原则

(1)国家有关法律、法规和规章制度。

(2)国务院建设行政主管部门、省、自治区、直辖市或有关部门发布的工程造价计价标准、计价办法等有关规定。

(3)建设项目的合同、补充协议、变更签证和现场签证,以及经发、承包人认可的其他有效文件。

(4)其他可依据的材料。

工程预付款结算应符合下列规定:

(1)包工包料工程的预付款按合同约定拨付,原则上预付比例不低于合同金额的10%,不高于合同金额的30%,对重大工程项目,按年度工程计划逐年预付。计价执行《建设工程工程量清单计价规范》(GB 50500—2003)的工程,实体性消耗和非实体性消耗部分应在合同中分别约定预付款比例。

(2)在具备施工条件的前提下,发包人应在双方签订合同后的一个月内或不迟于约定的开工日期前的7天内预付工程款,发包人不按约定预付,承包人应在预付时间到期后10天内向发包人发出要求预付的通知,发包人收到通知后仍不按要求预付,承包人可在发出通知14天后停止施工,发包人应从约定应付之日起向承包人支付应付款的利息(利率按同期银行贷款利率计),并承担违约责任。

(3)预付的工程款必须在合同中约定抵扣方式,并在工程进度款中进行抵扣。

(4)凡是没有签订合同或不具备施工条件的工程,发包人不得预付工程款,不得以预付款为名转移资金。

三、结算内容

(1)项目经理部应做好竣工结算基础工作,指定专人对竣工结算书的内容进行检查,重点如下:

①开工前的施工准备和“三通一平”的费用计算是否准确。

②钢筋混凝土结构工程中含钢量是否按规定进行了调整。

③加工订货的项目、规格、数量、单价与施工图预算及实际安装的规格、数量、单价是否相符。

④特殊工程中使用的特殊材料的单价有无变化。

⑤施工变更记录、技术经济签证与预算调整是否相符。

⑥分包工程费用支出与预算收入是否相符。

⑦施工图纸要求与实际施工是否相符。

⑧工程量有无漏算、多算或计算失误。

(2)企业预算主管部门在编制竣工结算报告和结算资料时,应坚持以下原则:

①以单位工程或合同约定的专业项目为基础,对原报价单的主要内容进行检查和核对。

②发现有漏算、多算或计算误差的,应及时进行调整。

③若施工项目由多个单位工程构成,应将多个单位工程竣工结算书汇总,编制成单项工程竣工综合结算书。

④由多个单项工程构成的建设项目,应将多个单项工程竣工综合结算书汇编成建设项目总结算书,并撰写编制说明。

(3)承包人办理工程价款结算时,应填写工程价款结算帐单,经发包人审查签证后,通过开户银行办理结算。

(4)工程价款可以使用期票结算。发包人按发包工程投资总额将资金一次或分次存入开户银行,在存款总额内开出一定期限的商业汇票,经其开户银行承兑后,交承包人,承包人到期持票到开户银行申请付款。

(5)承包人将承包的工程分包给其他分包人的,其工程款由承包人统一向发包人办理结算。

(6)承包人预支工程款时,应根据工程进度填写工程价款预支帐单,送发包人和银行办理付款手续,预支的款项应在月终和竣工结算时抵充应收的工程款。

(7)实行预付款结算,每月终了,应根据当月实际完成工程量、合同单价和取费标准,计算已完工程价值;编制工程价款结算账单和已完工程月报表,送建设单位和开户银行办理结算。

(8)施工期间,不论工期长短,其结算价款一般不得超过承包工程合同价值的95%,结算双方可以在5%的幅度内协商确认尾款比例,并在工程承包合同中订明,尾款应专户存入银行,工程竣工验收后清算。

(9)承包人收取备料款和工程款时,可以按规定采用汇兑、委托收款、汇票、本票、支票等各种结算手段。

(10)工程竣工结算报告及结算资料,应按规定报送企业主管部门审定,加盖专用章,在竣工验收报告认可后规定的期限内递交发包人或其委托的咨询单位审查。承发包双方应按约定的工程款及调价内容进行竣工结算。

(11)工程竣工结算报告和结算资料递交后,项目经理应按照《项目管理目标责任书》的承诺,配合企业预算主管部门督促发包人及时办理竣工结算手续。企业预算部门应将结算资料送交财务部门,据以进行工程价款的最终结算和收款。工程竣工结算后,承包人和发包人应将工程竣工结算报告及完整的结算资料纳入工程竣工汇总,及时归档保存。

四、结算方法

1. 按月结算

实行旬末或月中预支,月终结算,竣工后清算的办法。跨年度施工的工程,在年终进行工程盘点,办理年度结算。

2. 竣工后一次结算

建设项目或单项工程全部工期在12个月以内,或工程承包合同价值在100万元以下的,可以实行工程价款每月月中预支,竣工后一次结算。

3. 分段结算

当年开工，当年不能竣工的单项工程或单位工程按照工程形象进度，划分不同阶段进行结算。分段的划分标准，由各部门或省、直辖市、计划单列市规定，分段结算可以按月预支工程款。

4. 结算双方约定并经开户银行同意的其他结算方式

思　考　题

1. 建设工程合同如何分类？
2. 建设工程合同的特征是什么？
3. 计量工作的程序是什么？
4. 项目经理部对竣工结算书的内容进行检查的重点有哪些？
5. 如何进行工程费用的结算？

参考文献

[1] 陈传德主编. 公路建造师工作手册. 北京:人民交通出版社,2005.

[2] 中国公路建设行业协会,重庆交通学院,长沙理工大学主编. 公路工程施工项目管理实务. 北京:人民交通出版社,2005.

[3] 杨思明,林红霞主编. 路桥工程施工项目管理实用手册. 北京,人民交通出版社,2005.

[4] 陈烈主编. 公路工程项目管理. 北京:人民交通出版社,2002.

[5] 交通部第二公路工程局,西安公路交通大学主编. 公路施工项目管理手册. 北京:人民交通出版社,2001.

[6] 全国建筑业企业项目经理培训教材编写委员会编. 施工项目管理概论. 北京:中国建筑工业出版社,2001.

[7] 全国建筑业企业项目经理培训教材编写委员会编. 施工项目成本管理. 北京:中国建筑工业出版社,2001.

[8] 全国建筑业企业项目经理培训教材编写委员会编. 工程招投标与合同管理. 北京:中国建筑工业出版社,2001.

[9] 成虎著. 工程项目管理. 北京:中国建筑工业出版社,2001.

[10] 邬晓光主编. 工程进度监理. 北京人民交通出版社,1999.

[11] 李宇峙主编. 工程质量监理. 北京:人民交通出版社,1999.

[12] 关庆年主编. 公路工程管理. 北京:人民交通出版社,1994.

[13] 陈传德编著. 施工企业经营管理. 北京:人民交通出版社,2003.

[14] 卢向南主编. 项目计划与控制. 北京:机械工业出版社,2004.

[15] 吴守荣主编. 项目采购管理. 北京:机械工业出版社,2004.

[16] 李启明,朱树英,黄文杰编著. 工程建设合同与索赔管理. 北京:科学出版社,2001.

[17] 雷俊卿主编. 合同管理. 北京:人民交通出版社,1999.

[18] 严薇主编. 土木工程项目管理与施工组织设计. 北京:人民交通出版社,1999.

[19] 毕星,翟丽主编. 项目管理. 上海:复旦大学出版社,2000.

[20] 吴必达编著. 项目经理必做的100件事. 北京:中国致公出版社,2002.

[21] 潘金祥主编. 项目经理实用手册. 北京:中国建筑工业出版社,1996.

[22] 周直主编. 工程项目管理. 北京:人民交通出版社,2000.

[23] 徐伟,李建伟主编. 土木工程项目管理. 上海:同济大学出版社,2000.